・山东省特色重点学科"人口、资源与环境经济学"、山东省高等学校优秀青年创新团队支持计划、中国博士后科学基金资助

・国家自然科学基金项目"中国东部地带欠发达地区污染密集型产业空间演变机理、环境效应与优化调控研究"(41871121)资助

・山东省重点研发计划(软科学项目)"山东省可持续发展实验区现状分析与绩效评价体系研究"(2019RZB01194)资助

人地系统演变与优化的理论和实证研究

——以山东省为例

程钰 著

A Theoretical and Empirical Study on the Evolution
and Optimization of the Human-Earth System:
A Case Study of Shandong Province

中国社会科学出版社

图书在版编目（CIP）数据

人地系统演变与优化的理论和实证研究：以山东省为例 / 程钰著. —北京：中国社会科学出版社，2020.11
ISBN 978 - 7 - 5203 - 7370 - 8

Ⅰ.①人… Ⅱ.①程… Ⅲ.①人地关系—研究—山东 Ⅳ.①F129.952

中国版本图书馆 CIP 数据核字（2020）第 189586 号

出 版 人	赵剑英
责任编辑	刘　艳
责任校对	陈　晨
责任印制	戴　宽

出　　版	中国社会科学出版社
社　　址	北京鼓楼西大街甲 158 号
邮　　编	100720
网　　址	http://www.csspw.cn
发 行 部	010 - 84083685
门 市 部	010 - 84029450
经　　销	新华书店及其他书店
印刷装订	北京市十月印刷有限公司
版　　次	2020 年 11 月第 1 版
印　　次	2020 年 11 月第 1 次印刷
开　　本	710×1000　1/16
印　　张	21.75
插　　页	2
字　　数	357 千字
定　　价	118.00 元

凡购买中国社会科学出版社图书，如有质量问题请与本社营销中心联系调换
电话：010 - 84083683
版权所有　侵权必究

前　言

在工业化、城市化、信息化、全球化的推动下，影响人地关系地域系统的因素发生了显著变化。资源环境是人类社会经济发展的载体和基础，20世纪50年代后世界和中国经济高速增长引发了严峻的资源环境问题。近几十年特别是20世纪下半叶以来由于片面追求经济增长，众多全球性问题如气候变化、土地退化、荒漠化、水资源短缺、自然灾害、环境公害、化学物质迁移、生物多样性减少等呈现在公众面前，人类活动对地理环境的影响逐渐显现。经济高速增长引发的资源环境问题背后实质上是人地关系的急剧恶化，其深层次是由于哲学层面上对人地关系的不恰当认知导致的源自于发展观念的不合理选择，因此对人地关系演变与调控的研究具有重要意义。近年来，随着人口数量不断增长和城市化、工业化的快速推进，中国社会经济发展也越来越受到资源环境的刚性约束，公众对资源环境的需求越来越接近甚至超越资源环境承载能力。山东省具有"中国缩影"之称，作为中国经济大省、工业大省、人口大省，社会经济发展正处于工业化转型、城镇化加速、市场化完善和国际化提升的新阶段，是进行人地关系研究的典型区域。

研究以人地关系地域系统理论与实证研究为主线，采取文献查阅和实地调研相结合、定性和定量相结合、理论研究与实证研究相结合、综合比较和归纳论证相结合、宏观分析和微观分析相结合的方法，在综合分析人地关系地域系统演变影响因素与作用机制的基础上，解析山东省人地关系地域系统的时间演变过程和空间分异格局，选取生态脆弱型、海陆兼备型和资源导向型3种地域系统类型，在人地关系地域系统基本理论的指导下，开展典型地域系统的人地矛盾问题辨析和定量判断，由此提出人地系统优化可持续发展的调控机制，形成以下结论：

（1）人地关系地域系统研究呈现研究区域多尺度、研究手段多样化、多学科交叉融合的特点，但系统性综合研究、基础性研究仍然是薄弱环节，因此加强人地关系地域系统的理论与实证研究是人地关系研究的重要内容和必然趋势。人地关系向人地系统、人地关系地域系统的转变是对人地关系理论与认知的深化，强调人地系统的整体性概念，能够将系统的方法引入相关研究中，为人地关系的综合集成系统研究提供基础。

(2) 人地关系互动演化的曲线符合 Logistic 模型，在阻止因子 s ($0 < s < r$) 和作用系数 δ ($0 < \delta < 1$) 以及最大承载力 K 的条件下，人类活动强度在 $K/(\delta t(r-s))$ 至 K/δ 之间是维持人地关系协调的基本条件。资源环境条件日益成为经济增长的约束性要素，在索罗模型的基础上进一步推导经济增长的资源环境尾效。

(3) 区域自然地理环境、人文地理环境、人类活动、需求结构、区际关系、区域发展环境、空间管治措施是影响人地关系地域系统演变的 7 个主要因素，其中自然地理环境是人地关系地域系统演变的基础；人文地理环境是系统演变的内在动力；人类活动是系统演变的直接动力；需求结构是系统演变的间接动力；区际关系是系统演变的外部动力；区域发展环境是系统演变的推动力；空间管治措施则是系统演变的调控力。在此基础上，构建人地关系地域系统演变的内部作用、外部作用和整体作用机制。

(4) 1949 年至今，山东省人地关系大致可以划分为相对协调阶段（1949—1978 年）、矛盾凸显阶段（1979—2002 年）、逐步协调阶段（2003 年至今）。山东省人地系统整体可持续性状态呈现部分经济要素、社会要素和生态环境要素状态逐步改善，但资源环境约束性作用依然较强的特征，良好的生态环境质量供给与需求矛盾持续突出成为制约山东省人地关系协调的重要因素。

(5) 定量测度山东省 1991—2012 年人类活动强度和资源环境水平的耦合度与人类活动强度对资源环境水平的响应度，山东省 1991—2012 年人类活动强度指数由 0.410 逐步上升到 0.819，资源环境水平由 0.736 逐步下降到 0.537，两者耦合度基本在 0.959 以上，处于高水平耦合阶段，协调度由良好协调向高度协调演变。资源环境水平对人类活动强度响应具有对应性和连续性，始终表现为负响应特征，但胁迫效应幅度逐年缩小，通过回归分析发现市场化程度和区域开发效率是造成响应度减小的最主要因素。

(6) 根据组合类型划分结果，从人地关系地域系统地级市空间格局来看,威海、青岛属于高水平协调型,枣庄、滨州、潍坊和泰安属于中等水平协调类型,日照、临沂、东营、烟台和德州属于低水平协调型,淄博、莱芜和济宁属于不协调型,聊城和菏泽属于勉强协调型;从人地关系地域系统县级市空间格局来看,鲁东、鲁中和鲁北地区县市的协调类型相对较好,但鲁南、鲁西地区县市特别是菏泽和临沂地区县市协调类型相对较差,区域之间协调类型差异较大。

(7) 选取生态脆弱型、海陆兼备型和资源导向型人地关系地域系统类型作为典型分析案例,生态环境敏感脆弱、淡水资源先天不足、环境污染严重是黄河三角洲高效生态经济区人地中的主要矛盾,区域中部和西翼开发过度,而区域东翼和中部部分县市区的人地关系相对协调;渔业生产中的结构性和深层次矛盾突出、海洋产业结构不合理、淡水资源不足等问题是山东半岛蓝色经济区存在的主要人地矛盾,人地关系的可持续性正在由一般可持续性向强可持续性转变;经济发展方式粗放、产业结构不合理、流域环境问题严重等是西部隆起带人地主要矛盾,枣庄市人地系统的脆弱性基本介于 0.208—0.377 之间,属于较低强度的脆弱性水平。

(8) 在时间和空间角度下,人地关系研究的目标是协调人地关系,促进人地关系地域系统的不断优化,实现区域可持续发展。从"人"的生产力、需求力和调控力以及"地"的承载力、缓冲力和恢复力角度,把握人地关系地域系统整体调控思路,并在此基础上构建人地系统调控的区际协调机制以及适应性机制。从优化"人"与"地"之间相互作用方式与作用强度、强化生态安全调控、优化"人"与"地"之间相互作用的空间结构以及保障措施等方面提出对策。

本书在内容安排上包括以下 8 个部分:

(1) 第一部分:导言。从国际、国内和山东省 3 个层面阐述研究背景,归纳总结研究意义、研究内容、技术路线、研究方法以及创新点等相关内容。

(2) 第二部分:国内外研究进展与述评。梳理、总结与归纳国内外人地关系相关研究的特点与不足之处,总结展望人地关系的研究趋势。

(3) 第三部分:基础理论与基本概念。分析人地关系的相关理论依据,梳理判断人地关系、人地系统、人地关系地域系统的相关基础理论。

(4) 第四部分:人地关系地域系统演变影响因素与作用机制研究。阐释人地关系演变的状态,分析地域系统演变的影响因素,构建系统演变作用机制。

（5）第五部分：山东省人地关系地域系统演变实证分析。划分山东省人地关系演变的阶段，综合评估山东省人地关系可持续性状态，解析山东省人地关系的演化过程和空间格局。

（6）第六部分：山东省典型人地关系地域系统类型人地矛盾评估。辨析黄河三角洲高效生态经济区、山东半岛蓝色经济区和西部隆起带等典型区域人地关系的主要矛盾，并运用数理统计方法综合评估研究区的人地关系可持续性状态。

（7）第七部分：山东省人地关系地域系统优化路径与对策。构建人地关系地域系统优化调控的整体思路，从"人"与"地"之间的相互作用方式和作用强度、"地"的生态环境承载能力和空间结构以及制度保障等方面提出人地关系优化路径。

（8）第八部分：结论与展望。通过对研究的全面回顾与逻辑概括，提炼总结基本结论，展望未来的研究趋势。

目 录

第一章 导言 …………………………………………………… (1)
 第一节 研究背景及意义 ……………………………………… (1)
 第二节 研究内容与技术路线 ………………………………… (6)
 第三节 研究方法 ……………………………………………… (10)
 第四节 研究创新点 …………………………………………… (11)

第二章 国内外研究进展与述评 ……………………………… (13)
 第一节 国外研究进展与述评 ………………………………… (13)
 第二节 国内研究进展与述评 ………………………………… (27)

第三章 基础理论与基本概念 ………………………………… (50)
 第一节 基础理论 ……………………………………………… (50)
 第二节 基本概念与内涵 ……………………………………… (63)

第四章 人地关系地域系统演变影响因素与作用机制研究 ………… (75)
 第一节 人地关系地域系统状态演变 ………………………… (75)
 第二节 人地关系地域系统演变影响因素解析 ……………… (87)
 第三节 人地关系地域系统演变作用机制构建 ……………… (138)

第五章 山东省人地关系地域系统演变实证分析 …………… (149)
 第一节 山东省人地关系地域系统演变阶段划分 …………… (151)
 第二节 山东省人地关系地域系统可持续性评估 …………… (159)
 第三节 山东省人地关系地域系统演变及影响因素 ………… (178)
 第四节 山东省人地关系地域系统空间格局分析 …………… (194)

第六章 山东省典型人地关系地域系统类型人地矛盾评估 (222)
第一节 人地关系地域系统类型划分的基本原则与类型选取 (222)
第二节 生态脆弱型人地关系地域系统研究 (226)
第三节 海陆兼备型人地关系地域系统研究 (240)
第四节 资源导向型人地关系地域系统研究 (256)

第七章 山东省人地关系地域系统优化路径与对策 (274)
第一节 人地关系地域系统优化的总体思路 (274)
第二节 山东省人地关系地域系统优化路径 (283)
第三节 创新人地关系地域系统优化调控对策 (308)

第八章 结论与展望 (318)
第一节 主要观点与结论 (318)
第二节 研究展望 (322)

参考文献 (324)

后　记 (339)

第一章

导　言

第一节　研究背景及意义

一　研究背景

（一）全球经济高速增长引发严峻的资源环境问题

20世纪50年代以来，世界经济工业化和社会城市化急剧发展以及强大技术手段的运用，强烈地改变着全球经济结构和生态环境结构，并引发了一系列生态环境的变化[①]。近几十年的快速增长促使世界经济进入繁荣发展的黄金时期，生产力水平得到极大提高，然而由于片面追求经济增长，付出了环境污染和生态破坏的巨大代价，许多全球性问题如全球气候变化、土地退化、荒漠化严重、水资源短缺、自然灾害、环境公害、化学物质迁移、生物多样性减少等呈现在公众面前，人类活动对地理环境的影响逐渐显现，比如在过去的50年里，全球的二氧化碳排放量增加了4倍，汽车和化肥中的氨氮排放严重污染了海洋和湖泊，鱼类数量减少了1/4，全球约有2/3的地区面临着淡水资源紧缺的问题，一些国家尤其是非洲和中东沙漠地区等国家水荒尤为严重，据联合国教科文组织（UNESCO）和粮农组织（FAO）的不完全统计，全球耕地面积日渐减少与耕地需求增加的矛盾日渐突出。

中国是实施可持续发展战略最早的发展中国家之一，但面临着比其他

[①] 孙鸿烈：《中国生态环境问题与对策》，科学出版社2010年版，第22—23页；Messerli, B., Martin Grosjean and Thomas, "From Nature – dominated to Human – dominated Environmental Changes", *IGU Bulletin*, Vol. 19, No. 1, January 2000.

国家更为严峻的可持续发展压力,随着人口数量不断增长和城市化、工业化的迅速推进,中国的发展越来越受到资源环境的约束,公众的资源环境需求越来越接近或者超过了区域的资源保障能力以及资源环境承载能力。据统计,近年来中国每年因大气污染、水质污染和生态环境恶化以及区域性自然灾害造成的经济损失高达2830亿元,由于生态灾害和环境污染每年造成的经济损失占当年GDP总量的8.5%—10%,最高甚至可达当年GDP总量的14%[①]。

可持续发展压力具体体现在:①处于工业化中后期和城镇化加速发展阶段。GDP高速增长、基础型产业结构、城市空间扩展的无序甚至失控[②],资源的相对不足、环境容量有限等促使区域发展呈现明显的压缩型、复合型、结构型特点,如2011年我国78%的淡水和50%的地下水被污染,全国地表水409个国控断面中,劣Ⅴ类水质比例仍达到16.4%,符合大气环境质量一级标准的大中城市仅占3.3%[③]。②城乡居民生存和发展基本需求的环境公共服务产品隐患较多,如黄淮海地区、长江河谷、四川盆地和珠江三角洲地区以及广州、北京、南京等大城市灰霾天气日趋严重[④],农村饮用水水源地水质达标率过低(2009年试点村饮用水达标率仅为41%、2011年城市用水水质达标率为89.6%)。③自然灾害引发的次生环境问题和突发环境事件呈高发势头。中国是自然灾害类型多、发生频率高、灾害强度大的国家[⑤],近年来几次特大自然灾害的影响范围都超乎寻常,如2008年四川汶川8级强震影响范围包括震中50km范围内的县城和200km范围内的大中城市,造成了非常严重的次生环境问题。据统计,2000年以来发生重大环境污染事件约75起,如2005年松花江、2009年渭河重大石油污染事件等。④国土空间人地矛盾日渐激化,如我国人均淡水、耕地、草地、森林资源占有量分

---

① Wu, C. H., "On a Different Scale – putting China's Environmental Crisis in Perspective", *Environment Health Perspectives*, Vol. 108, No. 10, October 2000.

② 中国可持续发展研究会:《可持续发展的回顾与展望》,社会科学文献出版社2010年版,第155—190页;解振华:《国家环境安全战略报告》,中国环境科学出版社2005年版,第1—10页。

③ 环保部:《中国环境公报(2011)》,中国环境科学出版社2012年版,第2—5页。

④ 范新强、孙照渤:《1953—2008年厦门地区灰霾天气特征》,《大气科学学报》2009年第5期。

⑤ 陈颙、史培军:《自然灾害》,北京师范大学出版社2008年版,第3—8页。

别仅为世界平均水平的 1/4、1/3、1/2、1/10，沙化土地年均增加高于 3000km²、天然草地年均减少 200 万 hm² 等。⑤应对全球环境问题的压力持续加大。以气候变化为核心的全球性环境问题已从单纯的科学研究领域演变成当今国际政治、经济和外交的热点议题，如 CO_2 等温室气体排放总量大、增长快、排放强度高等不利现实使中国在国际社会面临越来越大的减排压力①。

（二）资源环境问题的实质是人地关系的急剧恶化

资源环境是人类社会经济发展的载体和基础②，经济高速发展引发的资源环境问题实质上是人地关系的急剧恶化，更深层次而言是哲学层面上源自于发展观念不合理导致的人地关系恶化。由于人的价值取向和发展伦理观指导人地关系地域系统实践的失衡以及自身人口众多、生态环境脆弱、资源稀缺等因素③，在工业化、城市化、信息化、全球化的发展推动下，影响人地关系地域系统的因素包括人类需求结构因素、人类活动结构因素、地理环境因素和区际关系因素都发生了显著变化，人类对资源的掠夺、对生态的破坏、对环境质量的降低以及对空间的占有都达到了空前规模，加剧了全球与区域的人地关系矛盾。上述人地矛盾问题的恶化，源自于对"地"的无价值认识的传统发展观，传统发展观念在促进经济增长的同时，也带来许多"有增长无发展"的资源环境问题，人类对物质的需求不断增大，生产和消费的规模也超过了任何时代，区域性的资源环境问题已蔓延到全球。缓和及解决人地矛盾不断恶化的现实性问题，需要充分发挥人口、资源与环境经济学和地理学交叉学科的优势，运用人口、资源与环境经济学和地理学的基本理论和方法来揭示、分析人口经济过程以及自然资源和生态环境的基本规律与辩证关系，为人地关系的协调制定切实可行的路径与保障措施。

---

① 威廉·诺德豪斯（William Nordhaus）：《均衡问题：全球变暖的政策选择》，社会科学文献出版社 2011 年版，第 23—34 页；胡鞍钢、管清友：《中国应对气候变化》，清华大学出版社 2009 年版，第 32—39 页。

② 蔡运龙、王学军、陈静生：《人类环境系统及其可持续性》，商务印书馆 2007 年版，第 1—3 页。

③ 中国社会科学院城市发展与环境研究中心：《中国环境与发展评论：全球化背景下的中国环境与发展》，中国社会科学出版社 2010 年版，第 35—39 页。

(三) 具有"中国缩影"之称的山东省是进行人地关系研究的典型尺度区域

山东省省情和中国国情极为类似，犹如中国的缩影①，作为全国经济大省、工业大省、人口大省，社会经济发展正处于工业化转型、城镇化加速、市场化完善和国际化提升的新阶段，重型化的工业结构、应对气候变化对以煤炭为主的能源结构、加快推进的工业化进程、相对脆弱的生态环境等提出异常严峻的挑战。自20世纪90年代以来，山东省经济持续高速和超高速增长，GDP年均增长率达到11.67%，特别是2003年以来GDP年均增长率达到12.3%以上，高速增长所带来的经济增长方式粗放、巨大的总量减排压力、严峻的生态环境安全防范形势、突出的海洋经济发展与生态保护的矛盾以及建设与保护森林和湿地生态系统的迫切需求、水资源紧缺、水生态建设与修复的任务艰巨、农村面源污染严重等一系列问题日渐突出。2010年、2011年黄河三角洲高效生态经济区和山东半岛蓝色经济区相继提升为国家区域发展战略，2011年沂蒙山区（18县市区）享受中部地区政策，日照成为钢铁精品试点基地，成为全国唯一的钢铁产业转变发展方式试点省份的典型。综上所述，以中观尺度区域山东省为研究对象，具有一定的典型性、代表性与指导性。

其中，黄河三角洲高效生态经济区、山东半岛蓝色经济区、西部隆起带以其鲜明的地域特色和不同的人地相互作用发展阶段分别代表了生态环境脆弱型、海陆兼备型、资源导向型三种不同人地关系地域系统类型，黄河三角洲高效生态经济区具有生态环境脆弱、环境承载力低、经济社会发展对生态环境压力大、后备资源丰富等特征。山东半岛蓝色经济区具有经济发展水平高、国土开发密度大、海岸带环境脆弱、海洋资源综合开发前景广阔等特征。西部隆起带具有工业化和城市化发展阶段层次低、基础性产业密集且高污染部门多、矿产资源丰富、人地矛盾突出等特征。因此，研究山东省以及上述三种地域系统类型人地关系特征、演变机理以及空间格局具有典型意义。

此外，本书选题得到国家自然科学基金"典型人地关系地域系统可持续性评估和生态环境安全预警研究"（41271553）以及山东师范大学博士

---

① 任建兰、程钰、来逢波：《经济全球化背景下山东省三维目标评判及对策研究》，社会科学文献出版社2010年版，第156—161页。

研究生科研创新基金和首届全国优秀博士论文培育计划"人地关系地域系统演变和优化调控研究（BCX1305）"等相关课题项目支撑。同时，在此之前参与围绕社会经济发展过程中生态环境与经济发展矛盾的山东省人口、资源环境与经济学相关重大理论与实践课题，探索两者相互协调发展的机制与途径等相关综合性研究，也为本书提供了扎实的研究基础。

二 研究意义

（一）发挥学科交叉优势，提供区域综合研究范例

发挥人口、资源与环境经济学和地理学等学科的交叉优势，运用人地关系地域系统理论，梳理人地关系地域系统形成机理、结构特点和发展趋势，解析在不同需求结构和发展阶段下人地关系地域系统中"人"和"地"相互作用强度及两者失衡的矛盾表征，通过人地关系地域系统生态环境安全防范和可持续发展调控的实践，检验和创新人地关系地域系统理论指导区域可持续发展实践的理论价值，丰富和完善区域生态环境问题辨识路径和显性指标、人地系统调控的技术手段和方法，对典型区域人地系统动态优化调控与集成整合手段和途径提供指导，提供区域综合研究的范例。

（二）体现人地系统理论在协调人口、资源环境与经济中的主线作用

协调人口、资源环境与经济的本质是实现区域可持续发展，而人地关系地域系统协调发展理论最能够揭示区域可持续发展系统的本质，反映区域可持续发展系统的内部作用机制并相应地指导其实践。人地关系地域系统理论将人口、资源环境与经济相关问题推进到以区域为研究层面的人口、资源环境与经济相关问题，为区域人口、资源环境与经济相关问题研究提供了可调控、可操作性。人地关系地域系统理论强化了人口、资源环境与经济问题研究的科学理性，成为学科范式体系的重要基础。

（三）将现代空间分析手段与数学模型应用于人地关系地域系统时空演变

将现代空间分析手段应用于人地关系地域系统的空间格局分析，较好地分析不同尺度下人地关系地域系统的空间格局特征。将数学模型应用于人地关系地域系统时空演变过程中，探究各个影响因素对人地关系地域系统演变的影响程度。运用数学模型和现代空间分析手段，提高研究的技术性和科学性，为不同时空尺度人地关系地域系统研究提供技术借鉴与

(四) 为山东省协调人地矛盾及可持续发展提供区域战略支撑

以人地关系地域系统理论为研究指导，以山东省为例，分析人地系统演化的时空分异规律，选取在山东省乃至全国具有典型意义的3个类型区，开展不同人地关系地域系统类型可持续性分析和演化过程、格局、机理研究，可为人地关系地域系统防范生态环境风险、促进人地协调发展总结一般规律，对同类人地关系地域系统研究提供示范借鉴，还可为其他领域如环保、国土、海洋等部门提供生态环境空间信息服务，对于保障国家资源环境安全和需求、加快经济发展方式转型、改善人与自然关系、提供公众基本需求的环境质量、协调区域关系、实现公平发展等均具有重要的现实意义。

第二节 研究内容与技术路线

一 研究内容

研究以经济学、地理学、环境科学、生态学等学科理论作为指导，以人地关系地域系统时空演变和调控机理为研究对象，对山东省以及选取的典型分析区域进行了实证分析。研究的结构安排和主要内容如下（见图1-1）。

(1) 第一章导言。主要阐述国外、国内和山东省研究背景，选取黄河三角洲高效生态经济区、山东半岛蓝色经济区和西部隆起带等典型区域作为研究对象，分析研究在理论层面、技术层面和实践层面的意义，明确研究内容和技术路线以及研究方法等，并从研究方法、理论研究和实证研究等方面阐述论文的创新点。

(2) 第二章国内外研究进展与述评。从不同的视角和维度梳理、总结与归纳国内外人地关系的相关研究，并对相关研究进行分析评价，归纳已有研究的特点与优势以及相应的不足之处，并对未来人地关系的研究趋势予以概括。

(3) 第三章基础理论与基本概念。分析人地关系的系统科学理论，生态经济学、环境经济学、资源经济学和人口、资源与环境经济学等经济学相关理论，区域尺度、地域功能、区域分工、空间分异等地理学相关理

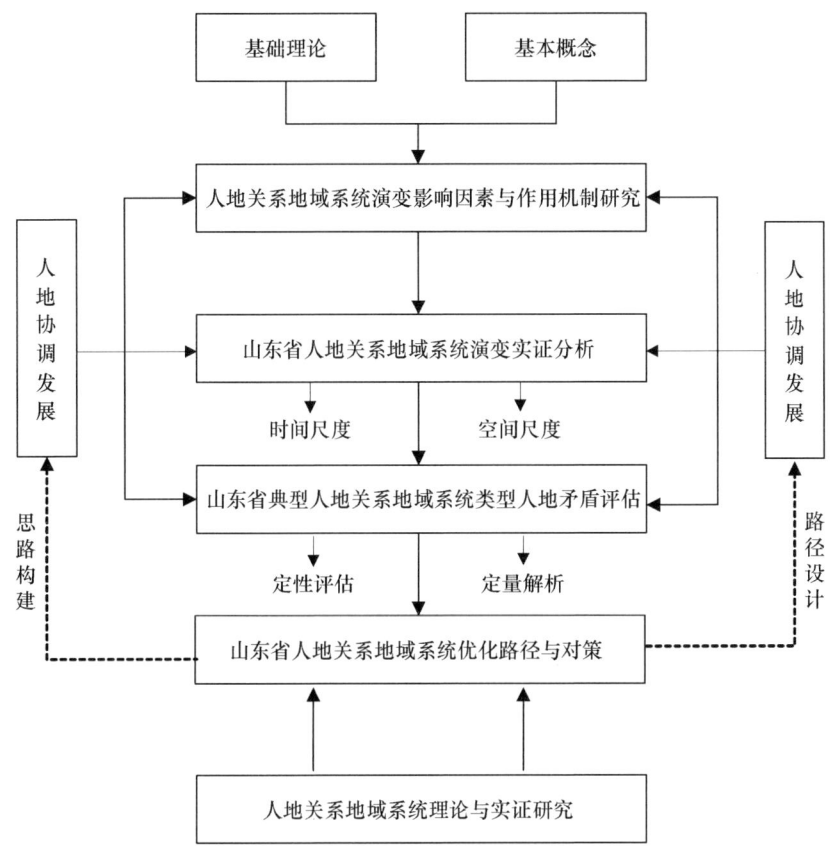

图 1-1 逻辑框架图

论，并辨析认识人地关系、人地系统、人地关系地域系统的概念、特征、结构、功能及原理。

（4）第四章人地关系地域系统演变影响因素与作用机制研究。从地理系统熵的角度分析人地关系演变的10种状态，并阐释人地关系互动演化的规律，运用数理统计方法推导"人"对"地"的影响模型以及"地"对"人"的约束模型。详细分析自然地理环境、人文地理环境、人类活动因素、需求结构因素、区际关系因素、区域发展环境、空间管治措施等方面对人地关系地域系统演变的影响路径，并分析各个影响因素在人地关系地域系统演变中的作用，构建人地关系地域系统演变的内部作用机制、外部作用机制和整体作用机制。

（5）第五章山东省人地关系地域系统演变实证分析。在对山东省区域开发的资源环境基础及其影响分析的基础上，分析人地关系地域系统演变的划分依据，并将山东省人地关系地域系统演变阶段划分为人地关系相对协调、人地矛盾逐渐凸显、人地关系逐步协调3个阶段。从"人"与"地"的状态整体评估山东省人地关系地域系统的可持续性状态。构建人类活动系统和资源环境水平指标体系，分析人类活动强度指数和资源环境综合水平指数的变化以及两者之间耦合度和协调度的演变特征，并计算分析人类活动强度对资源环境水平响应度及其影响因素。从地级市和县级市空间视角，研究人类活动强度和资源环境水平的空间格局以及两者组合类型、协调类型，总结空间格局特征。

（6）第六章山东省典型人地关系地域系统类型人地矛盾评估。以突出生态环境的基础性作用原则、强调社会经济单元的地域性原则、重视人地不可分割的原则、强调区域单元划分的连续性原则、把握综合性和主导性相结合原则，选取在山东省乃至在全国具有典型意义的生态脆弱型——黄河三角洲高效生态经济区、海陆兼备型——山东半岛蓝色经济区和资源导向型——西部隆起带作为山东省典型人地关系地域系统研究对象，辨析上述三个区域的人地关系主要矛盾，并运用数理统计方法对区域内的人地关系状态进行综合评估。

（7）第七章山东省人地关系地域系统优化路径与对策。分析人地关系地域系统优化调控的切入点、约束力、目标点、内在力、阶段性、区域性等基本原则，从地域系统内部协调机制、区际协调机制和适应性机制等方面构建人地关系地域系统优化调控的整体思路，从优化调控"人"与"地"之间的相互作用方式和作用强度、提高"地"的生态环境承载能力和强化生态环境安全调控、调控与优化人类活动和地理环境之间相互作用的空间结构以及创新人地关系优化调控的制度保障等方面提出地域系统优化路径。

（8）第八章结论与展望。通过对本书的全面回顾与逻辑概括，从理论、实践、方法、内在机理以及可操作层面提炼总结本书的基本结论，并展望未来人地关系地域系统的研究方法与技术手段、理论研究与实证研究、研究重点和热点等方面。

二　技术路线

本书按照从理论到实践，从局部到整体，从一般原理指导到区域实

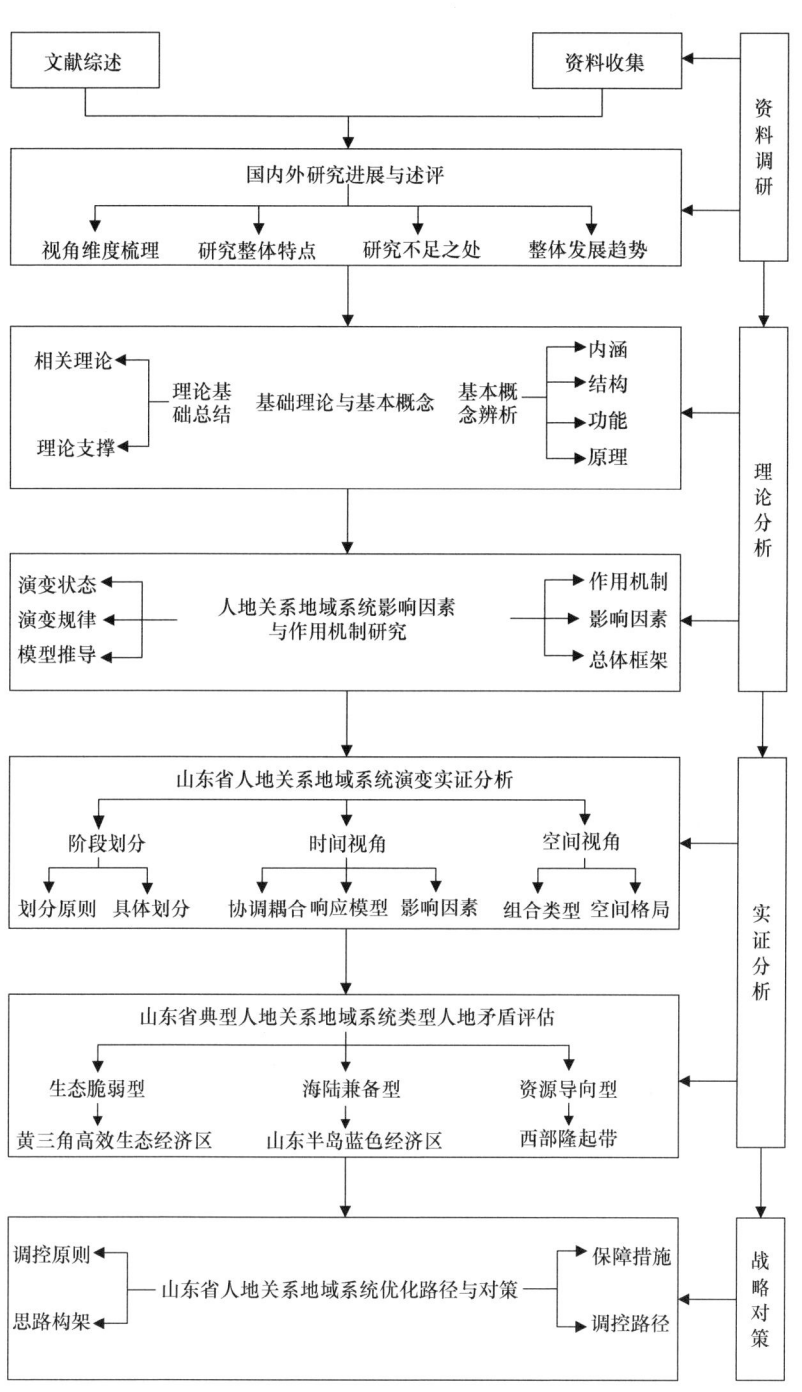

图 1-2 技术路线图

践，再到典型区域实践，从实证剖析到规律性总结的总体思路展开。首先，通过理论调研梳理与人地关系相关的国内外文献综述，总结国内外相关研究的特点、存在问题及研究整体趋向，为后续研究提供指导和借鉴。总结人地关系的系统学、经济学、地理学等相关理论基础，辨析人地关系、人地系统和人地关系地域系统的基本概念。其次，提炼人地关系地域系统演变机理，构建人地关系地域系统演变的整体思路和一般框架，为后续实证研究提供指导。展开山东省及其典型区域的人地关系矛盾辨析和计量分析，在对其时空演变规律分析的基础上，构建人地关系优化调控的整体思路，并提出相应的制度保障。

研究的技术路线如下（见图 1-2）。

第三节　研究方法

人地关系地域系统是复杂的巨系统，系统规模庞大、结构复杂，系统内部各要素相互作用、相互影响、相互渗透，使系统与环境的边界更加模糊，根据研究内容、目标和对象，以经济学、地理学、环境科学、生态学为主导，注重多学科的交叉与融合，主要采用了以下研究方法：

（1）文献查阅和实地调研相结合。在基本的研究框架、研究内容和技术路线下，通过文献图书资料、文献检索数据库等途径搜集相关国内外研究成果和数据资料，对黄河三角洲高效生态经济区、山东半岛蓝色经济区、西部隆起带等相关县市进行典型案例分析，采用实地调研、专家访谈、区域类比、方案论证和信息反馈等方法，调研区域实际情况，充分掌握第一手资料，提高获得数据的准确性以及研究的可靠性和实用性。

（2）定性分析和定量分析相结合。不同人地关系地域系统内经济子系统、社会子系统和生态环境子系统等诸要素叠加，辨识区域生态环境问题，为人地关系地域系统特征和调控机制的构建奠定基础。通过对模型的测算来反映对实际系统的研究，借助数学计量模型和计算机技术模拟人地关系演变的阶段性以及相关影响要素，并划分不同的人地关系类型，为优化调控提供依据。

（3）理论研究与实证研究相结合。在已有相关学科理论基础上，梳理人地关系地域系统协调发展的基本原理、人地关系地域系统综合分析思路和过程机理、区域可持续发展视角下的优化调控机制。在理论分析的基础上，采用面板数据分析模型、三角模型、集对分析方法等数理模型与方法，分析山东省以及典型区域人地关系地域系统的时间演变和空间格局。

（4）综合比较和归纳论证相结合。在对人地关系地域系统时间和空间特征分析的基础上，运用综合思维研究人地关系问题，把握区域发展的整体宏图，同时将人与环境的联系、地方联系、区域联系紧密地组合在一起，综合分析人地关系演化的趋势，分析转变的拐点，对人地关系演变的动态性进行深入探讨，在已有资料的基础上总结归纳人地关系演变的一般规律，充分体现学科综合交叉和归纳论证有机结合的研究方法。

（5）宏观分析和微观研究相结合。通过对山东省以及典型区域宏观分析，同时对相关影响要素的微观机理做深入探讨，实现区域研究的宏观分析和微观分析相结合，深入分析区域发展约束瓶颈，从而对研究的重点内容进行全面梳理、阐释、归纳和提炼。

第四节 研究创新点

通过上述归纳分析，研究拟实现以下目标：第一，按照人地关系地域系统理论和区域可持续发展的实践，构建人地系统发展机理与调控的一般框架和路径，为缓解人地矛盾、改善生态环境、实现人地系统可持续发展提供理论指导；第二，通过遴选典型区人地系统的关键指标以识别主要生态环境问题，研究资源环境约束对区域发展轨迹的影响，提出定性定量相结合、具有可操作性的人地关系相互作用机理和优化路径；第三，构建不同人地关系地域系统调控机制，为实现不同类型地域系统的协调和可持续发展服务。

特色与创新之处体现在：

第一，在研究方法方面，运用人口、资源与环境经济学和地理学等相关学科理论，解决传统经济学难以解决的区域发展的资源环境问题，构建相关模型并运用数理统计方法从区域可持续发展视角综合研究人地关系地域系统可持续性状态，推动人地关系地域系统方法论研究。

第二，在理论研究方面，不断优化人地关系地域系统理论，指出由人地关系向人地系统、人地关系地域系统研究转变是人地关系理论与认识的新发展，剖析区域自然地理环境、人文地理环境、人类活动、需求结构、区际关系、区域发展环境和空间管治措施 7 个因素在人地关系地域系统演变中的作用，在此基础上构建人地关系地域系统演变的内部作用、外部作用和整体作用机制。设计人地关系地域系统优化的系统内部协调、区际协调、适应性机制。

第三，在实践研究方面，从中观尺度视角研究山东省人地关系地域系统时空演变及优化路径，并解析生态脆弱型、海陆兼备型、资源导向型等不同地域类型的人地矛盾与可持续性状态，从"人"与"地"的作用方式和作用强度、提高"地"的生态环境承载能力、优化"人"与"地"相互作用的空间结构等方面提出山东省人地关系地域系统优化路径，构建区域发展综合决策机制、生态环境管理模式和生态文明制度建设等制度保障，其综合研究的视角和调控机制构建是提高区域可持续发展能力的可操作实践范式，为人地系统实现可持续发展提供操作平台。

第二章

国内外研究进展与述评

人地关系的研究一直是国内外学者研究的重要课题,许多学者从不同学科背景、不同尺度、不同层次研究人地关系。该研究在已有研究成果的基础上,查阅和搜集大量的文献资料,借助网络资源平台以人地关系、人地系统、人类活动对地理环境的影响、可持续性、资源环境约束、区域发展阶段性、区域环境监管、发展观、地理环境、需求结构、要素流动等为关键词进行相关检索,以期对国内外相关文献和研究成果进行较为系统的梳理分析,以较好地借鉴和吸收已有成果。

第一节 国外研究进展与述评

国外对于人地关系的相关研究开始较早,特别是对人与地理环境之间的辩证关系、地球环境系统的健康性、人地关系的定量研究、经济发展与环境保护的关系等方面研究较多。

一 国外研究进展

(一)人地关系思想的演变与发展

人地关系思想的产生和发展经历了漫长的历史过程,西方地理学者从不同角度分析人地关系的演变、分布规律及其内在规律,形成地理环境决定论、或然论与可能论、适应论、协调论等诸多理论,在演变过程中人地协调关系的思想逐渐完善和成熟(见图2-1)。

(1)地理环境决定论

以法国启蒙思想家 Montesquieu(孟德斯鸠)、德国著名地理学家

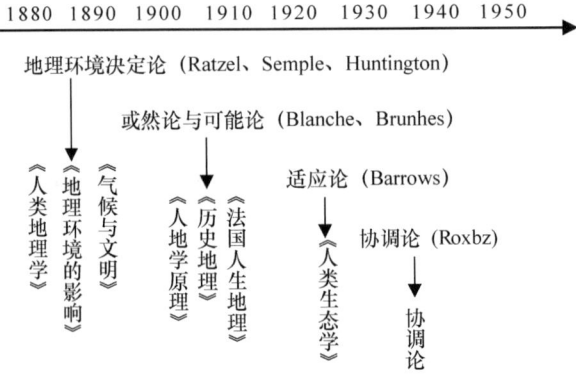

图 2-1 国外人地关系思想演变与发展基本脉络

Ratzel（拉采儿）、美国地理学家 Semple（森普尔）和 Huntington（亨丁顿）以及英国的著名历史地理学家 Buckle（巴克尔）等为代表的学者提出了地理环境决定论（Determinism）。地理环境决定论是一种典型的必然论人地观，认为地理环境是社会经济发展的必然性、决定性要素，地理环境是人类社会经济发展的最终原因，一切人文现象都受到地理环境因素的最终制约。此时期内著名的代表作主要有《论法的精神》（Montesquieu，1748）、《英国文明的历史》（Buckle，1857）、《人类地理学》（Ratzel，1882）、《地理环境的影响》（Semple，1911）、《气候与文明》（Huntington，1915）等，主要探讨地理环境对人口分布、经济兴衰、文化发展水平之间的影响。地理环境决定论掩饰了人地关系演变的实质性矛盾，过分地夸大了地理环境的决定性作用，忽视了因果观念的随机变化。

（2）或然论与可能论

主要代表人物是法国地理学家 Blanche（白兰士）和 Brunhes（白吕纳），其主要观点是地球表层的各种因果关系是地理学的主要研究对象，自然环境向人类提供了不同的可能性，人类可以按照自己的需要、愿望以及能力利用这种可能性，人地关系的主角不在于"地"而在于人类，人类对自然环境的适应是主动的而不是被动的，自然界没有必然，机遇到处存在且机遇可以由人类自由支配，因此人类居于环境之上。Brunhes 在 1923—1930 年之间曾出版 4 部专著，即《人地学原理》《历史地理》《法国人生地理》（第一卷）、《法国人生地理》（第二卷）阐述其或然论的相关观点，指出心理因素是地理事实的源泉，心理因素作为地理环境和人类社会的中介，固定的是自然，无定的是人文，两者的关系随着社会经济的发展而变化，地面自然与人文现象并非独立的，而是相互联系的，强调"旧地理学为地的叙述、新地理学为地的科学"等观点。或然论与可能论的不足之处在于过分地把心理因素作为人地关系的媒介、地理事实的源泉，始终没有找到人地关系的决定性因素。

（3）适应论

在法国"人地学派"思想的影响下，美国学者 Barrows（巴罗斯）于1923 年发表的《人类生态学》一文中提出了适应论的观点，主张地理学应该研究人类对自然环境的反应，分析人类活动的时空分布和自然环境的互动关系，这种人类生态学的观点又被称为"生态调节论"，认为地理学应该研究人类生态学，其主要目标不在于自然环境的客观实体，而在于人类对自然环境的相互适应，将人作为人地关系的中心论题，这实际上强调在人地关系中人类对环境的认识和适应，强调在资源开发和环境保护的过程中应注意与资源环境的适应，注意与地理环境的因地制宜。

（4）协调论

英国著名地理学家 Roxbz（罗士培）在描述人地关系时，首先使用了"协调"一词，表示自然环境对人类活动具有限制作用，而人类活动又利用自然环境的关系，协调论具有整体性、对称性、一致性和有序性的特点，同时协调性还具有相互的对立统一性。协调论强调人类活动利用自然时，保持自然界的平衡和协调、保持人与自然的平衡和协调以及代际和代内的公平与协调。人地协调包括两方面的含义：一方面，人对地的依赖性，人类赖以生存的物质基础和空间场所是地理环境，地理环境影响着人类活动的地域特征，制约着人类活动的深度、广度和速度；另一方面，人在地理环境中处于主动地位，地理环境可以被人类认识、利用、改变和保护。在此基础上，人类需要主动并且不断地适应地理环境对人类活动的限制，这实际上是一种不断地调整，是人类意识对环境的协调转变。协调论思想受到各国学者的认同和发展。20 世纪下半叶以来，对人地关系的认识出现了和谐论的观点，和谐论主张以人与环境的和谐为主要目标。近年来，随着人口、资源、环境、经济（PRED）等问题的日益突出，学者和公众对人地关系的认识不断提高。

值得一提的是，在人地关系理论发展演变的过程中，资源环境问题的解决需要从伦理道德上改变人类对自然环境的态度,也就是环境伦理或者生态伦理,需要对传统人地关系思想中人类中心主义的伦理观进行反思。地理学家 Marsh(马什)、Huxley(赫胥黎)分别在 1864 年、1894 年发表的《人与自然:人类活动改变了自然地理》《进化论与伦理学》中指出,人地关系中,人类作为驱动力的作用,人类活动的强弱可以引发自然环境的变化等。美国生态学家 Leopold(利奥波尔德)、Regen(里根)等明确提出了伦理学任务,认为自然环境保护需要经济、法律和伦理学的变革,确立生物和自然界的价值和权利,保护地球上的物种和生态系统。

(二) 区域人类活动与地理环境的关系

国外对人地系统的研究主要体现在区域人类活动与地理环境的关系,特别是随着工业化、城市化的快速推进以及经济规模的快速扩大,人类活动对地理环境的压力、地理环境对人类活动的约束越来越大,国外学者对土地利用/覆被变化(LUCC)资源环境变化研究、人口经济增长与资源环境的关系、典型区域人—环境系统的研究不断加强。

(1) 土地利用/覆被变化(LUCC)资源环境变化研究

在人类—环境交互作用的复合地球系统中,土地系统是最重要的纽带和桥梁,对于理解和明确系统的关系具有重要的作用。土地利用/覆被变化是区域生态环境变化的主要原因和重要组成,是全球环境变化和可持续发展的重要研究内容,其研究目标是模拟与调控人类—环境系统,涉及自然和人文科学的诸多课题,逐渐引起学者的关注。1995 年 IGBP 和 IHDP 联合共同提出"针对人类活动和全球变化间的人和生物驱动影响土地利用与土地覆被以及对资源利用和环境保护的影响"的土地利用/覆被变化(LUCC)研究计划。Turner、Lambin、Reenberg 3 人共同撰写的全球环境变化与可持续性背景下的土地变化科学明确指出应重点在人类—环境系统中理解全球的土地利用变化,强调利用空间模型,研究土地系统的可持续性、脆弱性和弹性,强调土地利用/覆被变化在全球生态系统可持续发展研究的重要作用[1]。经过近 20 年的发展,土地利用/覆被变化研究领域逐

---

[1] Turner II, B. L., Lambin, Eric F. and Reenberg Anette, "The Emergence of Land Change Science for Global Environmental Change and Sustainability", *Proceedings of the National Academy of Sciences of the United States of America*, Vol. 104, No. 52, December 2007.

渐扩展到 LUCC 引起的资源环境效应、驱动力以及不同时空下的区域研究①。LUCC 引起的资源环境效应主要体现在大气成分和气候变化的影响②、土壤退化的影响③、水资源和水循环的影响④、森林、湿地、生物多样性和生态服务功能的影响⑤、耕地资源、食物安全和人类健康的影响⑥。国外关于驱动机制研究主要体现在全球尺度、区域尺度。其中 Kasperson、Ehrlich、Turner 等学者将人类活动对土地利用/覆被变化驱动力归纳为人口、技术水平、收入、政治状况、制度文化等因素⑦，IHDP 将影响土地利用的驱动因素归纳为人口变化、经济增长、技术发展、经济政策、富裕程度以及价值取向 6 个方面⑧。

（2）人口经济增长与资源环境的关系研究

Malthus（马尔萨斯）1798 年在其著作《人口学原理》中提出了有无环境阻力下的人口增长模式，由于资源环境的约束，人口将承载在一定的范围之内。人口经济增长与资源环境的关系是人类活动与地理环境关系的集中体现，备受生态经济学、地理学、环境科学学者关注。1961 年 Duncan（邓肯）建立 POET 新社会科学范式，POET 分别代表人口、社会组织、自

---

① Turner II, B. L., D. Skole and G. Fisher, et al., *Land - use and Land - cover Change: Science/research Plan*, Stockholm and Geneva: IGDP Report No. 35 and HDP Report No. 7, 1995, p. 56; Emilio, F. Moran, "News on the Land Project", *Global Change News Letter*, Vol. 54, No. 1, January 2003; Eric, F. Lambin, Turner, B. L. and Helmut, J. Geist, "Glboal Environment Change: Moving beyond the Myths", *Glboal Environment Change*, Vol. 78, No. 11, December 2001.

② Seto, K. C. and Shepherd, J. M., "Global Urban Land - use Trends and Climate Impacts", *Current Opinion in Environmental Sustainability*, Vol. 1, No. 1, January 2009.

③ Motelay - Massei, A., Ollivon, D. and Garban, B., et al., "Distribution and Spatial Trends of PAHs and PCBs in Soils in the Seine River Basin, France", *Chemosphere*, Vol. 55, No. 4, May 2004.

④ Townsend, A. R., Howarth, R. W. and Bazzaz, F. A., et al., "Human Health Effects of a Changing Global Nitrogen Cycle", *Frontiers in Ecology and the Environment*, Vol. 1, No. 5, May 2003.

⑤ Dimitriou, E. and Zacharias, I., "Identifying Microclimatic, Hydrologic and Land Use Impacts on a Protected Wetland Area by Using Statistical Models and GIS Techniques", *Mathematical and Computer Modelling*, Vol. 51, No. 4, February 2010.

⑥ Patz, J. A., Daszak, P. and Tabor, G. M., et al., "Unhealthy Landscapes: Policy Recommendations on Land Use Change and Infectious Disease Emergence", *Environmental Health Perspectives*, Vol. 112, No. 10, October 2004.

⑦ Ehrlich, P. R. and Daily, G. C., "Population Extinction and Saving Bio - diversity", *Ambio*, Vol. 22, No. 2/3, February 1993; Turner II, B. L., Clark, W. C. and Kates, R. W., et al., *The Earth as Transformed by Human Action*, *Global and Regional Changes in the Biosphere Over the Past 300 Years*, Cambridge: Cambridge University Press, 1990, p. 94.

⑧ 李秀彬：《土地利用变化的解释》，《地理科学进展》2002 年第 3 期。

然环境和技术，人类社会对自然环境的影响来自四类要素的竞合作用①。1971 年 Ehrlich（爱里希）和 Holdren（霍尔德伦）在 *Science* 上提出 IPAT 模式，指出人类活动的影响（I）是由 P（人口）、A（人均财富量）、T（技术）共同作用导致的结果②。1972 年美国麻省理工学院 Donella Meadows（德内拉·梅多斯）等学者组成的"罗马俱乐部"发表了《增长的极限》，运用系统动力学模型分析人口的快速增长、工业化的快速推进与水土资源、粮食生产、矿产资源的极度紧张关系，提出了零增长的悲观结论。1990 年英国学者 ECCO 考虑 PRED 之间的关系也运用系统动力学研究方法研究资源环境与经济增长的关系。1966 年美国生态经济学家肯尼斯·波尔丁在《类宇宙飞船的地球经济学》中提出了宇宙飞船理论③，认为"人类经济活动和地方、国家与全球环境、增长等存在着相互作用的生态经济圈中"，若以 20 世纪的工业经济增长模式继续扩张，地球将无以为继。

经济学家往往借助于经济增长理论模型探讨经济与环境协调发展的条件问题，主要有新古典增长模型和内生经济增长模型，不同的经济理论在分析人类活动与地理环境的理论时存在较大的差异，概括而言，主要有环境因素论、资源环境约束论和适度规模论④。Daly、Pearce、Costanza 等生态学派学者认为自然资源产品和生态服务是自然资本的一部分，Costanza 于 1997 年在 *Nature* 上发表《全球生态系统服务的价值和自然资本》，全球生态服务总价值达到 33.3 万亿美元/年⑤。主流经济学家较早将自然资源视为资产，例如，Solow、Hartwick 提出把自然资源融入经济活动的新古典经济增长理论，指出如果储蓄超过人造资本和自然资本贬值（消耗）的总

---

① Otis Dunley Duncan, "Social System to Ecosystem", *Sociological Inquiry*, Vol. 31, No. 7, July 2013.

② Paul Ehrlich and John Holdren, "Impact of Population Growth", *Science*, Vol. 3977, No. 171, March 2010.

③ [英] E. 库拉:《环境经济学思想史》，谢杨举译，上海人民出版社 2007 年版，第 150—168 页。

④ 王翔:《可持续发展研究中的不同经济理论模型》，《生态经济》2008 年第 11 期。

⑤ Daly, H. E., *Beyond Growth: the Economics of Sustainable Development*, Boston: Beacon Press, 1996, p. 255; Costanza, R., Arge, R. and De Groot, R., et al., "The Value of the World's Ecosystem Services and Natural Capital", *Nature*, Vol. 387, No. 6630, April 1997; Pearce, D. W. and Turner, R. K., *Economics of Natural Resources and the Environment*, Washington D. C.: JHU Press, 1990, p. 98.

和,则发展是弱可持续的①。资源环境约束论强调资源环境约束和极限作为影响经济增长效率提高的原因,对经济增长的影响以不能破坏这种前提为主要目标②。适度规模论强调生态系统和经济系统两者的协调,特别是经济系统发展需要同生态系统相协调③。

此外,20 世纪 90 年代初,Grossman④、Shafik⑤、Selden⑥ 等学者通过分析经验数据先后提出经济发展与环境质量的"倒 U 型"曲线关系,即环境库兹涅茨曲线(EKC)。尽管后来的研究者采用不同的环境污染指标、样本数量和时间尺度对这一理论开展了众多实证研究,以验证不同条件下EKC 存在与否和表现形式,由于研究者利用的数据、方法以及研究的尺度等方面均不相同,许多研究成果得到了截然不同的结论,这在学术界引起了广泛的争论,但环境库兹涅茨曲线(EKC)为人类—环境系统的协调提供了指导和借鉴。

(3) 典型区域人类—环境系统研究

国外对于人类—环境系统的研究区域主要集中在海岸带、资源型城市、城乡接合部、海岛、社区等方面。海岸带地区面临严峻的发展与环境矛盾,因此海岸带综合管理是实现海岸带可持续发展的重要途径,许多学者和机构以人地关系的思想研究海岸带地区经济发展与资源环境之间的矛盾和冲突,研究海岸带的脆弱性与人类活动对其影响,并密切关注全球变化对海岸带可持续发展的影响以及相应的对策⑦;20 世纪 20 年代以后,大

---

① 叶静怡:《发展经济学》,北京大学出版社 2009 年版,第 166—169 页。

② Blshop, R. C. , "Endangered Species and Uncertainty: the Economics of a Safe Minimum Standard", *American Journal of Agricultural Economics*, Vol. 60, No. 1, January 1978.

③ Common, M. and Perrings, C. , "Towards an Ecological Economics of Sustainability", *Ecological Economics*, Vol. 6, No. 1, January 1992.

④ Grossman, G. M. and Krueger, A. B. , *Environmental Impacts of a North American Free Trade Agreement*, Massachusetts: MIT Press, 1991, pp. 1 – 34.

⑤ Shafik, N. and Bandyopadhyay, S. , *Economic Growth and Environmental Quality: Time – Series and Cross – Country Evidence*, Washington D. C. : World Bank, 1992, pp. 1 –55.

⑥ Selden, T. M. and Song, D. S. , "Environmental Quality and Development: Is There a Kuznets Curve for Air Pollution Emissions?", *Journal of Environmental Economics and Management*, Vol. 27, No. 2, February 1994.

⑦ Juhasz, F. , "An International Comparison of Sustainable Coastal Zone Management Policies", *Marine Pollution Bulletin*, Vol. 23, No. 12, December 1991; Prandle, D. , "A 5 – year Scientific Research Programme for Managing Coastal Seas", *Marine Pollution Bulletin*, Vol. 23, No. 5, May 1991; Hildebrand, L. P. and Norrena, E. J. , "Approaches and Progress toward Effective Integrated Coastal Zone Management", *Marine Pollution Bulletin*, Vol. 25, No. 5, May 1992.

规模的工业化生产促进了经济的快速发展，矿产资源成为经济增长的重要生产元素，20世纪60年代以来，一些重要的资源型城市开始转型，比如德国鲁尔、法国洛林、日本北九州等地区，研究历程大致经历了理论奠基与初步发展阶段、理论规范性研究阶段、转型研究阶段、可持续发展研究阶段等[1]。

城乡接合部被认为是目前全球范围经济与环境矛盾最剧烈、问题最多、矛盾最尖锐的地区之一，也是国外众多学者的重点研究领域，主要从宏观或者中观角度研究人类活动因素对于城乡接合部的影响，在土地利用/覆被变化的检测与模拟、驱动力分析、生态系统的演变与调控、环境污染等领域研究较多[2]；海岛往往具有经济结构单一、生态系统脆弱等特征，是人地系统矛盾最为尖锐的地区，国外海岛人地关系的研究主要运用区域规划、生态经济学理论、行为科学理论、实际调研等理论与方法从监测、研究人类活动对海岛资源环境的影响、人地关系相互作用的动态过程以及人地关系的调控方法和途径等方面开展[3]；当前，以社区为基础的自然资源管理（CBNRM）正逐渐成为自然资源管理和环境保护的趋势性方法或者路径，成为相关政策研究的中心议题，研究热点多集中在其概念辨析、基本发展模式、概念框架、经验与优势等几个方面[4]。

---

[1] Mayes, R. and Pini, B., "The 'Feminine Revolution in Mining': A Critique", *Australian Geographer*, Vol. 41, No. 2, February 2010; Lockie, S., Franettovich, M. and Petkova – Timmer, V., et al., "Coal Mining and the Resource Community Cycle: A Longitudinal Assessment of the Social Impacts of the Coppabella Coal Mine", *Environmental Impact Assessment Review*, Vol. 29, No. 5, May 2009.

[2] Fernández – Caliani, J. C., "Risk – based Assessment of Multimetallic Soil Pollution in the Industrialized Peri – urban Area of Huelva. Spain", *Environmental Geochemistry and Health*, Vol. 34, No. 1, January 2012; Liu, S. G., Zhang, T. L., Wang, X. X., et al., "Heavy Metal Pollution Characteristics of Topsoil in Suburban Areas – a Case Study of Nanchang City", *Chinese Journal of Soil Science*, Vol. 41, No. 2, February 2010; Makita, K. and Fèvre, E. M., "Population – dynamics Focussed Rapid Rural Mapping and Characterisation of the Periurban Interface of Kampala, Uganda", *Land Use Policy*, Vol. 27, No. 3, March 2010.

[3] Robertico, R. Croes, "A Paradigm Shift to a New Strategy for Small Island Economies: Embracing Demand Side Economics for Value Enhancement and Long Term Economic Stability", *Tourism Management*, Vol. 27, No. 3, March 2006; Kirstie Meheux and El Parker, "Tourist Sector Perception of Natural Hazards in Vanuatu and the Implications for a Small Island Developing State", *Tourism Management*, Vol. 27, No. 1, January 2006; M. Kent, R. Newnham and S. Essex, "Tourism and Sustainable Water Supply in Mallorca: a Geographical Analysis", *Applied Geography*, Vol. 22, No. 2, February 2002.

[4] Songorwa, A. N. and Hughey, K., "Community – Based Wildlife Management in Africa: A Critical Assessment of the Literature", *Natural Resources Journal*, Vol. 40, No. 2, February 2000; Tor, A. Benjaminsen, "Natural Resource Management, Paradigm Shifts, and the Decentralization Reform in Mali", *Human Ecology*, Vol. 25, No. 1, January 1997.

(三) 人地关系定量方法研究

定量研究是国外人地关系研究的重要方法，人地关系紧张度是定量描述人类经济社会活动压力超过自然地理环境承载力所导致的人地关系紧张程度的量值。国外衡量人地关系的定量研究主要有资源环境承载力、生态足迹、物质流模型、生态效率、能值分析、综合集成评价、脱钩指数、绿色经济核算、经济学模型、系统动力学、数理统计等模型和方法。

从资源环境承载力角度研究资源环境问题是经济学、生态学和地理学的研究热点，资源环境承载能力是指特定时空下资源环境系统在自我维持和调节能力的前提下，能够维持人类社会系统持续发展的社会经济规模和人口数量。对于资源环境承载能力的研究多体现在土地资源承载力、水资源承载能力、生态环境承载能力、经济承载能力等方面，承载力研究呈现研究对象趋向多元化、热点区域集中在生态脆弱地区、研究重点向动态模拟化方向发展、新技术新方法手段不断应用于研究之中等特点和趋势[1]；加拿大学者 William Rees 和 Mathis Wackernagel 于 1992 年率先提出生态足迹的评估模型，经过近几十年的发展，被广泛应用于全球、国家、区域、城市等不同尺度人地系统可持续性评估中。WWF 两年一度的《地球生命力报告》是生态足迹最有影响力的报告，揭示了生态足迹在人地系统研究中的重要作用。生态足迹的研究尺度主要有全球尺度、国家尺度、区域或城市尺度，其研究领域主要包括国际贸易、交通能源、旅游、饮食结构等方面[2]；生态效率概念的起源可以追溯到 20 世纪 90 年代初期，在 90 年代中后期 OECD、NRTEE、EC、WBCSD 等组织率先推出有关生态效率的报告和著作，如《生态效率的度量》《生态效率：创造更多的价值，产生更少的影响》等，目前关于生态效率的研究主要集中在生态效率的环境管理、生态效率用于基础设施、生态效率在循环经济等方面的研究；物质流分析始于 20 世纪 90 年代，并延续至今，许多学者从全球层次、国家层次、

---

[1] Wachernagel, M. and Rees, W., *Our Ecological Footprint: Reducing Human Impact on the Earth*, Gabriola Island: New Society Publishers, 1996, pp. 56 - 76; Hudak, A. T., "Rangeland Mismanagement in South Africa: Failure to Apply Ecological Knowledge", *Human Ecology*, Vol. 27, No. 1, January 1999.

[2] Bastianoni, S., Galli, A. and Pulselli, R. M., et al., "Environmental and Economic Evaluation of Natural Capital Appropriation through Building Construction: Practical Case Study in the Italian Context", *Ambio*, Vol. 36, No. 7, July 2007; Malghan, D., "A Dimensionally Consistent Aggregation Framework for Biophysical Metrics", *Ecological Economics*, Vol. 70, No. 5, May 2011.

区域层次、部门层次视角进行了众多案例研究,其中德国联邦统计局和WRI是推动物质流分析研究的重要机构,2001年EUROSTAT出版了《欧盟物质流分析导则》,为物质流分析提供了完善的统计框架[①]。

综合集成评价是对于人类—环境系统的综合评价,或者对于典型区域人地系统的生态环境安全评价、敏感性评价、脆弱性评价,在使用P-S-R、D-S-R、DPSIR、D-PSE-R等模型的同时,也选择不同尺度的生态环境或可持续发展指标体系作为人类—环境系统可持续性的评价,例如,1996年联合国可持续发展委员会制定的包括15个主题、58个核心指标的指标体系,新千年指标体系,瑞典、新西兰、英国、日本等指标体系,指标包括自然、经济、社会、福利、文化等方面,尺度涉及全球、国家、省州、地区和社区等[②];国际上往往用脱钩指数表示经济增长与物质消耗和环境污染的不同步实质,近年来逐渐成为研究热点,从应用领域来看,Weizsaecker、Schmidt Bleek、Ayres、Tapio对经济发展与资源消耗的脱钩关系进行相关研究[③],OECD、Hutler W.等运用脱钩理论把经济增长同农业生产贸易、物质流、环境污染的关系进行研究[④]。绿色经济核算和经济模型虽然并没有直接涉及人类—环境系统可持续性评估,但基本是在研究经济发展质量与资源环境的关系,例如,Dietz S.、Bartelmus P.等学者

---

① 王亚菲:《经济系统物质流核算与中国经济增长若干问题研究》,中国人民大学出版社2011年版,第15—20页。

② Meadows, D. H., Meadows, D. L. and Randers, J., *Beyond the Limits*: *Global Collapse or a Sustainable Future*, London: Earthscan Publications Ltd., 1992, p.56; Smit, B., Pilifosova, O., "Adaptation to Climate Change in the Context of Sustainable Development and Equity", *Sustainable Development*, Vol.8, No.9, September 2003; Giddings, B., Hopwood, B. and O'brien, G., "Environment, Economy and Society: Fitting Them Together into Sustainable Development", *Sustainable Development*, Vol.10, No.4, April 2002.

③ Vehmas, J., Kaivo-oja, J. and Luukkanen, J., Comparative De-link and Re-link Analysis of Material Flows in EU-15 Member Countrie, Con Account Conference, Wuppertal, 2003; Ayres, R. U., Ayres, L. W. and Warr, B., "Energy, Power and Work in the US Economy, 1900-1998", *Energy*, Vol.28, No.3, March 2003; Tapio Petri, "Towards a Theory of Decoupling: Degrees of Decoupling in the EU and the Ease of Road Traffic in Finland between 1970 and 2001", *Journal of Transport Policy*, Vol.12, No.2, March 2005.

④ Hüttler, W., Schandl, H. and Weisz, H., "Are Industrial Economies on the Path of Dematerialization? Material Flow Accounts for Austria 1960-1996: Indicators and International Comparison", Ecologizing Societal Metabolism: Designing Scenarios for Sustainable Materials Management, Centre of Environmental Science, Amsterdam, the Netherlands: Universitair Grafisch Bedrijf, 1999; Organization for Economic Cooperation and Development (OECD). *Indicators to Measure Decoupling of Environmental Pressure and Economic Growth*, OECD, 2002.

运用环境经济综合核算体系（SEEA）对资源消耗、环境污染、可持续发展能力和货币估算进行研究[1]，Scholz、Georg、Grmiaud 等学者将资源环境等经济发展约束性因素纳入内生增长模型，计算资源环境对经济增长的尾效等[2]。系统动力学方法研究在《增长的极限》（Limits to Growth）一书中得到广泛应用，在处理复杂系统内的资源环境压力、资源环境情景模拟时备受青睐[3]。

（四）全球与区域生态环境安全、健康研究

随着人类需求的开发强度加剧和对国土空间的无序开发，生态环境问题成为影响人地关系地域系统可持续发展的瓶颈和危及系统稳定甚至人类健康、生命安全的警示指标。经济学、地理学、环境科学、生态学等学科的学者分别从各自学科角度，相继提出了环境风险、环境安全、生态安全、生态环境安全等一系列的概念。E. J. Calabrese、Aniello Amendola 等学者认为环境安全是指在自然—社会—经济复合系统中，由于人类活动开发，或者由于自然原因引发的人类活动中使用的技术设施的故障在区域空间尺度上导致的可能会对人体健康、自然生态环境质量产生危害的突发性不确定性事件[4]，其研究的主要领域包括有毒有害物质、建设项目、区域等环境风险评估以及环境风险管理。J. Chanles、Costanzn 等认为生态安全是指自然的和半自然的生态系统安全，即生态系统完整性和健康的整体水平反映，其本质是生态风险和生态脆弱性[5]。

---

[1] Dietz, S. and Neumayer, E., "Weak and Strong Sustainability in the SEEA: Concepts and Measurement", *Ecological Economics*, Vol. 61, No. 4, April 2007; Bartelmus P., "SEEA – 2003: Accounting for Sustainable Development?", *Ecological Economics*, Vol. 61, No. 4, April 2007.

[2] Scholz, C. M. and Georg, Z., "Exhaustible Resources, Monopo Listic Competition, and Endogenous Growth", *Environmental and Resource Economics*, Vol. 13, No. 2, February 1999; Schou, P., "Polluting Non – renewable Resources and Growth", *Environmental and Resource Economics*, Vol. 16, No. 2, February 2000; Grimaud, A. and Rouge, L., "Non – renewable Resources and Growth with Vertical Innovations: Optimum, Equilibrium and Economic Policies", *Journal of Environmental Economics and Management*, Vol. 45, No. 4, April 2003.

[3] Li, L. and Simonovic, S. P., "System Dynamics Model for Predicting Floods from Snowmelt in North American Prairie Watersheds", *Hydrological Processes*, Vol. 16, No. 13, July 2002.

[4] Aniello Amendola, "Recent Parasdigms for Risk Informed Decision Making", *Safty Science*, Vol. 40, No. 1, January 2002; Calabrese, E. J. and Linda, A. B., "Performing Ecological Risk Assessments", *Lewis: Publishers*, Vol. 39, No. 5, May 1993.

[5] Charles, J., "Environment Monitoring and Assessment Program: Virginian Province", *U. S. Estuaries Environmental Monitoring and Assessment*, Vol. 56, No. 10, October 1999; Costanza, "The Value of the World's Ecosystem Service and Nature Capital", *Nature*, Vol. 387, No. 5, May 1997.

综合来看，国外全球或者区域生态安全研究主要集中在所选择的人地关系地域系统类型、生态环境要素辨识、生态环境安全评价模型和方法、生态环境预警基本原理、调控机制构建等方面。其中，选择的人地关系地域系统类型主要集中于流域、山区、城市、农村、绿洲、湿地等不同类型区域。在研究地域尺度上，Parr, T. W. 等学者从全球、国家、区域等尺度研究生态环境安全①以及对水质、大气、森林、土壤、地质等生态环境要素辨识并研究其生态环境安全。生态环境安全评价模型，依赖概念模型建立指标体系的方法得到广泛应用，概念模型的建立能够较清楚地反映社会活动、经济发展、生态变化等各方面的关系，应用较多的模型有 Tong, C.、Allen, H. 和 Albart, A.、Smeets, E.、Steven, A. E. 提出的 P－S－R 模型、D－S－R 模型、DPSIR 模型、D－PSE－R 模型，以及 Pirard, P. 等提出的 DPSEEA 模型②, Ted Webber、Ree, W. E. 等运用数学评价方法、模拟神经法、生态足迹法、物元模型法、景观格局分析法进行相关研究③，其中数学评价法是目前国内研究应用最多的方法，主要有 Andrewsa、Zadeh、Yakovlew 等提出的综合指数法、主成分分析法、灰色关联分析法、模糊评价法等④。国外对于全球与区域生态环境安全调控研究主要从微观层

---

① Parr, T. W. and Battarbee, R. W., "Detecting Environmental Change: Science and Society - perspectives on Long - term Research and Monitoring in the 21st Century", *The Science of the Total Environment*, Vol. 310, No. 8, August 2003.

② Tong, C., "Review on Environmental Indicator Research", *Research on Environmental Science*, Vol. 13, No. 4, April 2000; Allen, H. and Albert, A., *Environmental Indicators: A Systematic Approach to Measuring and Reporting on Environmental Policy Performance in the Context of Sustainable Development*, World Resource Institute, 1995, p. 77; Smeets, E. and Weterings, R., *Environmental Indicators: Typology and Overview*, Copenhagen: Technical Report No. 25, European Environmental Agency, 1999, p. 29; Steven, A. E., "Toward a Recycling Society: Ecological Sanitation - closing the Loop to Food Security", *Water Science & Technology*, Vol. 43, No. 4, April 2001.

③ Ted Weber, "Landscape Ecological Assessment of the Chesapeake Bay Watershed", *Environmental Monitoring and Assessment*, Vol. 94, No. 6, June 2004; Rees, W. E. and Wackernagel, M., "Ecological Footprints and Appropriated Carrying Capacity: Measuring the Natural Capital Requirements of the Human Economy", *Focus*, Vol. 6, No. 1, January 1996.

④ Andrewsa, S. S., Karlen, D. L. and Mitchell, J. P., "A Comparison of Soil Quality Indexing Methods for Systems in Northern California", *Agriculture, Ecosystems and Environ - ment*, Vol. 90, No. 1, June 2002; Zadeh, L. A., "Knowledge Representation in Fuzzy Logic", *IEEE Transactions on Knowledge and Data Engineering*, Vol. 1, No. 1, January 1989; Yakovlev, A. S., Plekhanova, I. O. and Kudryashov, S. V., et al., "Assessment and Regulation of the Ecological State of Soils in the Impact Zone of Mining and Metallurgical Enterprises of Norilsk Nickel Company", *Eurasian Soil Science*, Vol. 41, No. 6, June 2008.

面进行,如爱尔兰科克大学地理系、英国朴次茅斯地理系、英国亚伯丁 GIS 和遥感所、麦考利土地使用研究学会 (1998) 的专家共同研究设计了一个以工程、企业、产品为基础的人地系统空间决策支持体系[①], Stuart Ross 和 David Evans (2002) 认为 LCA (Life Cycle Assessment) 可以作为区域自然环境管理的一个有效手段,并能和 ISO 标准质量认证体系一起被决策[②]。

二 国外研究述评

人地关系研究一直是国外诸多学者关注的重要问题,地理学、经济学、生态学等学者从不同学科背景、不同层次和尺度探究人地关系的不同内容。国外对于人地关系的直接理论研究相对较多,人地关系的主要思想基本来源于国外相关学者的研究成果,其演变经历了相对漫长的过程,从地理环境决定论到或然论与可能论,再从或然论与可能论到适应论,以及从适应论到协调论,对于人地关系的相关研究主要体现在哲学思辨层面,正是这些基本地理现象与事实对人与地关系的解释与思考,逐渐形成了人地关系研究相关体系。而后随着技术手段和研究方法的不断进步和应用,人地关系的研究逐渐向实证化方向发展,并且其不仅表现为以人与地的整体研究为主题,而是呈现向以人地关系为基本主线的多个研究方向转变,例如,对于人类活动引起的土地类型转变及其资源环境效应、人口规模与经济增长和资源环境的关系等人地关系的相关研究。

从国外对于人地关系的相关研究可以发现,区域的、系统的、整体的相关研究得到国内外学者的高度重视与认可,同时人类活动对于地理环境的影响机制是当前国际上针对人地关系研究的核心科学前沿课题。在此发展趋势下,国外学者与相关政府部门注重选择典型区域进行一系列连续性的观测体系,以能够更好地揭示人类活动对于地理环境的作用机理和过程、格局与调控,并在基本数据观测和地理事实分析的基础上,重视借鉴系统论,建立区域人地关系演化的空间格局与时间演化模拟系统,从而更

---

① Gehtard, "SOAP – based Web Services in GIS/RDBMS Environment", *Environmental Modelling & Sotfwaer*, Vol. 20, No. 6, June 2005; Xuan Zhu, Richard, G. Healey and Richard, J. Aspinall, "A Knowledge – Based Systems Approach to Design of Spatial Decision Support Systems for Environmental Management", *Environmental Management*, Vol. 18, No. 1, January 1998.

② Majid, F., "Makhdoum, Degradation Model: A Quantitative EIA Instrument, Acting as a Decision Support System (DSS) for Environmental Management", *Environmental Management*, Vol. 19, No. 7, July 2002.

好地分析人类对于地理环境影响的方式、程度,并能够较好地区分人类活动和自然因素的影响份额,阐释人类活动对地理环境的影响度,从而为可持续性的资源开发、环境改善和减灾过程等人地关系的调控提供科学的依据与指导。

国外对于人地关系的实证性研究更多的是从人类与环境的角度展开,从典型区域的人类与环境系统研究到以全球性与区域性的人类与环境系统研究大致呈现3方面的特征:(1)重视长时间序列的观测资料的数据积累和社会经济统计数据分析,重大的研究计划、全球或者国家以及主要区域的相关研究都以地球资源环境变化的长期观测、监测与信息网络为基础,基础数据库的建设为区域可持续发展研究提供支撑,使得相关研究更加科学;(2)重视区域可持续发展的综合集成研究,人地关系的研究涉及区域的地理分布特征、自然资源系统的资源与环境、社会经济系统以及人类活动等诸多方面,在单项要素分析的基础上,综合集成研究逐渐成为关键;(3)模拟与虚拟研究成为人地关系优化模式与调控的重要手段,利用相关的室内和室外实验室,模拟重大区域资源、环境与灾害的形成机理、过程与格局,成为人地关系研究的重要方法。在相关计算机系统的支持下,采用虚拟研究方法,对分析人地相互作用的过程和机制以及不同时间和空间尺度之间的转换都具有十分重要的意义。

总体来看,国外人地关系的研究趋势表现为:分析人类活动对于自然资源利用与获取的高效方式,人地关系的影响机制与动力学为主线;采用现代的高新技术,采取长时间序列的数据模拟,从区域角度识别一系列社会经济快速发展引起的资源环境问题以及灾害问题成为重要的研究主题;以当前或者未来面临的重大资源环境问题为重点,分析区域开发与资源环境之间的相互作用机理与过程,以构建人地关系理论体系与可持续性评估为基本方向;为相关资源开发、生态环境综合整治等提供相关科学依据,为工程提供技术参数;对于选择的典型性区域开展一系列的综合、区域之间对比的系统和综合集成分析,以期建立不同类型的代表性区域可持续发展范式,为人地系统协调可持续发展提供可选择的代表性模式。

第二节 国内研究进展与述评

一 国内研究进展

我国人地关系研究发展阶段性特征较鲜明，其中人地关系的科学化研究起步于 20 世纪初期，20 世纪 50—70 年代人地关系研究的科学体系中断，使得人地关系研究停滞不前。80 年代以来，国内人地关系研究更加活跃，人地关系在理论体系构建和科学体系建立等方面得到了较好发展①，大致经历了人地关系地域系统架构形成阶段和人地关系地域系统研究完善阶段（见图 2-2）。

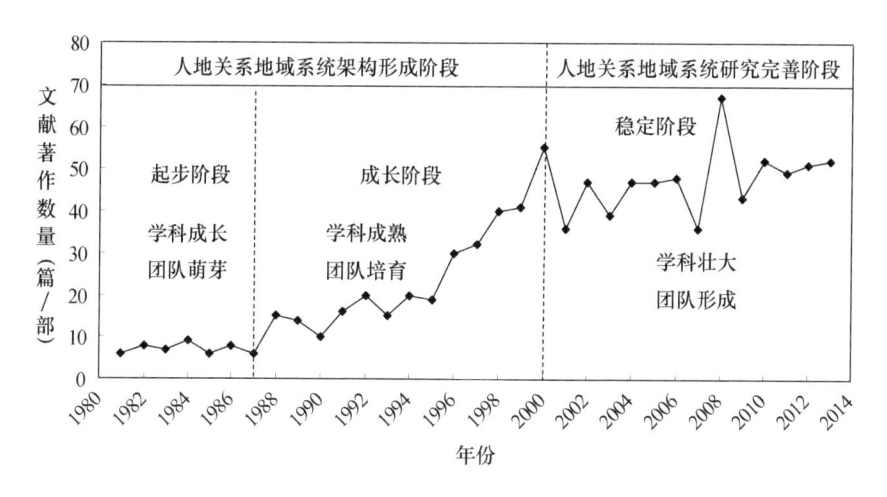

图 2-2 国内人地关系地域系统研究进程

著名地理学家吴传钧院士 1991 年在《论地理学的核心——人地关系地域系统》一文中提出，人地关系地域系统是以地球表层一定地域为基础的人地关系系统，也就是人与地在特定的地域中相互联系、相互作用而形成的一种动态结构，研究人地关系地域系统的总目标是探讨系统内各要素的相互作用及系统的整体行为与调控机理。随后许多地理学者对人地关系地域系统展开了综合研究。概括而言，国内人地关系的研究主要体现在哲

---

① 杨君、郝晋民、匡远配等：《基于和谐思想的人地关系研究述评》，《生态经济》2008 年第 1 期。

学思辨、理论研究、实证研究、优化调控、方法研究等几个方面。

（一）人地关系理论的回顾、评价、反思及对人与自然关系的哲学思考

对人地关系理论的回顾、评价与反思是人地关系研究的重要内容，确立人地关系协调的重要思想与内涵，为人地关系的理论研究与实证研究奠定了很好的基础。王恩涌（1992）和蔡运龙（1996）研究人地关系的哲学与伦理思辨、从环境决定论到和谐论的思想转变，对各种人地关系思想做了概括阐述和评价[①]。朱国宏（1995）对人地关系的认识具有辩证的历史性，评述了经济学研究视野下的人地关系演变历史，并分析人地关系与经济发展、生态保护和可持续发展的辩证关系[②]。蔡运龙（1996）认为在全球人地关系的实证演变中存在悲观派和乐观派两大阵营，指出人地关系的实证研究包括丰富的理论与方法[③]。王铮（1996）总结1979年以来中国人地关系研究的主要观点，回顾了人地关系研究的主要理论、主要研究模型、研究方法等[④]。龚建华、承继成（1997）研究人地关系演变的阶段性以及人地关系的10个一般性原则[⑤]。申玉铭（1998）研究人地关系演变的阶段，指出其原始型、掠夺型、协调型人地关系的演变过程[⑥]。香宝、银山（2000）从生产力角度研究农业经济时代、工业经济时代、知识经济时代人地系统矛盾的演变，并探讨了环境决定论、或然论（可能论）、可持续发展理论的特点和演变过程[⑦]。

刘俊杰（2001）研究早期朴素的人地适应思想、重商和重农主义人地关系思想、古典学派人地思想演变的前期历史，探讨悲观论人地思想和适度人口论、人口承载力论等现代人地关系思想的演变，提出了全球化背

---

① 王恩涌：《人地关系的思想——从环境决定论到和谐》，《北京大学学报》（哲学社会科学版）1992年第1期；蔡运龙：《人地关系研究范型：哲学与伦理思辨》，《人文地理》1996年第1期。
② 朱国宏：《人地关系论》，《人口与经济》1995年第1期。
③ 蔡运龙：《人地关系研究范型》，《人文地理》1996年第3期。
④ 王铮：《1979年以来中国的人地关系研究》，《人文地理》1996年第11期（增刊）。
⑤ 龚建华、承继成：《区域可持续发展的人地关系探讨》，《中国人口·资源与环境》1997年第1期。
⑥ 申玉铭：《中国人地关系协调与可持续发展方法选择》，《地理学与国土研究》1999年第2期。
⑦ 香宝、银山：《人地系统演化及人地关系理论考察》，《中国人口·资源与环境》2000年第10期。

下人地关系思想的历史趋势①。叶岱夫（2001）研究人地关系地域系统可持续发展的相互作用机理，探讨人地系统发展的哲学本质、人地协调的时空背景以及相互作用机理等②。徐象平（2005）研究历史时期人地变化的全过程，提出宏观、中观、微观尺度的人地关系发展演变的过程，特别是中观尺度上人地关系研究，认识人地关系演变的普遍性和特殊性，为分析和掌握人地矛盾在历史时期的动态变化提供较为科学的依据③。

（二）人地关系的内涵特点、影响机制、发展机理等理论研究

人地关系的理论研究主要包括其内涵特点、影响机制和发展机理研究，理论研究为实证研究提供了很好的指导和借鉴。近年来，国内外学者将人地关系研究的理论与方法放在非常重要的位置，促进了重大区域问题的作用发挥。

（1）内涵特点研究

王黎明（1997）提出人地关系研究的核心在于PRED，PRED构型具有综合性、针对性、区域性、动态性和可操作性的特点，提出PRED系统构型研究的基本方法和工作步骤④。申玉铭（1998）研究人地系统的动态性、开放性、复杂性、阶段性等特点，指出人地系统包括人（人地核）、PRED（人地基）、外部环境（人地库）等结构，提出了人地系统协调的八面体功能模型⑤。王爱民等（1999）对人、地内涵进行了详细的探讨，并指出人地关系演进的主客体同一化、地域一体化、深层次化、高层次化、主体扩展化等特点⑥。陈国阶（2000）研究可持续发展的人文机制指出，人地关系是互为依存、非线性关系的协同机制，人地关系的演变受到价值观的主宰，并指出协调人地关系的关键是协调人类系统内部关系。龚胜生（2000）研究指出人对地的作用包括直接利用、改造利用、适应3个层次，

---

① 刘俊杰：《人地关系思想流变：后顾与前瞻》，《西北师范大学学报》（哲学科学版）2001年第6期。
② 叶岱夫：《人地关系地域系统与可持续发展的相互作用机理初探》，《地理研究》2001年第3期。
③ 徐象平：《试析历史地理学在人地关系研究中的时间特征》，《人文地理》2005年第6期。
④ 王黎明：《面向PRED问题的人地关系系统构型理论与方法研究》，《地理研究》1997年第2期。
⑤ 申玉铭：《中国人地关系协调与可持续发展方法选择》，《地理学与国土研究》1999年第2期。
⑥ 王爱民、樊胜岳、刘加林：《人地关系理论透视》，《人文地理》1999年第2期。

地对人的作用有固有影响和反馈作用 2 种机制①。

左伟等（2001）指出人地关系系统具有整体性、结构性、层次性、功能性和动态性等特征，并提出人地系统结构功能调控模式和化学元素同构调控的内涵②。杨青山、梅林（2001）研究人地关系、人地关系系统、人地关系地域系统的内涵，提出了人地关系的经典解释和非经典解释，指出人地关系地域系统的开放性、人性、开发性、协调性等特点③。阎守邕（2003）认为人地系统能够成为一个新的学科是因为以人地相互作用机制、行为特征、演化机理、空间分异、优化调控为研究对象等不同于其他研究学科对象的矛盾的特殊性，提出人地系统研究的概念模型、分支学科和运作模式等④。

郑冬子（2003）指出人地关系是地理学的主题，地理环境与人文要素之间的关系具有并协特征和泛协特征，并协是指相反而又有相互依赖关系的特征，泛协是指系统要素在优势和非优势条件下都能发生相互影响和联系的特征，人类因素的性质对系统性质起关键作用⑤。王长征、刘毅（2004）分析人地关系演化的时间特征和空间特征，指出时空性是人地关系的重要特征，构建封闭式、掠夺式、转嫁式和互补式等区际人地关系类型⑥。方修琦（1999）指出人地关系具有多重性、异地相关性、异时相关性、主动性、动态性、多重决定性等特点⑦。韩永学（2004）指出人地关系协调系统的建立是对生态伦理学的重要补充，提出人地系统由人类系统和地理环境系统组成，人地关系协调系统具有目的性、整体性、动态性、层次性和美丽性特点，提出人地关系协调的根本需求、自我实现等 5 个原则，分析人地关系地域系统的地理熵模型⑧。任启平、李平（2006）研究人地关系地域系统经济结构的概念内涵，指出产业是人地系统的基本框

---

① 龚胜生：《论中国可持续发展的人地关系协调》，《地理学与国土研究》2000 年第 1 期。
② 左伟、周慧珍、李硕等：《人地关系系统及其调控》，《人文地理》2001 年第 1 期。
③ 杨青山、梅林：《人地关系、人地关系系统、人地关系地域系统》，《经济地理》2001 年第 3 期。
④ 阎守邕：《人地系统科学及其在 NSII 建设中的作用》，《遥感学报》2003 年第 6 期。
⑤ 郑冬子：《并协与泛协——关于地理学实在的性质和人地关系的解释》，《人文地理》2003 年第 4 期。
⑥ 王长征、刘毅：《人地关系时空特征分析》，《地域研究与开发》2004 年第 1 期。
⑦ 方修琦：《论人地关系的主要特征》，《人文地理》1999 年第 2 期。
⑧ 韩永学：《人地关系协调系统的建立》，《自然辩证法研究》2004 年第 5 期。

架,阐释了空间结构和要素流推动在人地系统中的作用①。

(2) 人地关系影响机制研究

蔡运龙 (1995) 分析科学技术在人地关系各个阶段的地位和作用,并指出今后能否协调人地系统矛盾的关键在于新的科学机制②。石建平 (2002) 分析科技革命在人地关系演进中的正负效应,分析科技在改造自然界的手段、范围和性质、演变尺度等方面的作用,以及人地变化的新特点,强调强化可持续发展的技术支撑体系③。缪磊磊、王爱民 (1999) 探讨知识经济时代科学技术依附性和人地关系协调的艰巨性,提出知识经济时代人地关系协调的框架结构④。王建革 (1998) 分析马政与华北平原人地关系的演化影响,并探讨了制度与地理环境的关系⑤。李广全、刘继生 (2001) 分析思维方式对人地关系演变的影响,分析现代主义思维方式和后现代主义的思维方式对人地关系的影响,在此基础上提出了全准思维范式与人地关系的影响⑥。樊杰、吕昕 (2002) 指出土地利用变化对人地关系地域系统的影响是人地关系地域系统研究的核心领域和重要载体⑦。

杨青山 (2002) 指出影响人地关系地域系统结构发展的基本要素是人类需求结构、人类活动结构、地理环境因素、区际关系因素等,指出在人类活动主体下人类需求结构的创新是人地系统发展的主要原因⑧。袁政 (2003) 从区域政治、经济、社会的角度研究人类社会经济活动与区域地理环境间的相互关系,提出人类社会活动与地理环境的人地关系平台系统⑨。罗静、陈彦光 (2003) 分析全球化对人地关系的影响,指出全球化人地关系呈现从区域向全球、从静态向动态、从孤立化向网络化转变的特点,同时指出全球化并不能改变人类活动的联系方式和活动方式,也没有减轻人类活动对自然环境的巨大压力⑩。王义民、乔慧 (2004) 指出自然

---

① 任启平、李平:《人地关系地域系统经济结构研究》,《经济问题探索》2006 年第 11 期。
② 蔡运龙:《科学技术在人地系统中的作用》,《自然辩证法研究》1995 年第 2 期。
③ 石建平:《新科技革命与人地关系的新发展》,《福建论坛》(经济社会版) 2002 年第 5 期。
④ 缪磊磊、王爱民:《知识经济时代的人地关系分析》,《地域研究与开发》1999 年第 3 期。
⑤ 王建革:《马政与明代华北平原人地关系》,《中国农史》1998 年第 1 期。
⑥ 李广全、刘继生:《思维方式与人地关系》,《人文地理》2001 年第 6 期。
⑦ 樊杰、吕昕:《简论人地关系地域系统的核心领域》,《地学前缘》2002 年第 4 期。
⑧ 杨青山:《对人地关系地域系统协调发展的概念性认识》,《经济地理》2002 年第 3 期。
⑨ 袁政:《人地关系理论新探》,《人文地理》2003 年第 3 期。
⑩ 罗静、陈彦光:《论全球化时代的人地关系与政策调整》,《人文地理》2003 年第 5 期。

力和社会力是人地关系演化的主要机制,其中自然力有地球外力和地球内力,社会力有经济、市场和文化作用等①。叶岱夫(2005)从人的本性内涵出发研究人地关系,提出禁欲型、纵欲型、节欲型人性特征对人地关系的影响机制,提出技术与人性相互作用的前提下人与地的互动关系与人性内涵的历史演进和理性回归②。丁文峰等(2006)研究城市化对人地关系的作用机制,城市化对地表水文过程的影响等③。

罗峰(2007)指出产权明晰的产权制度有利于缓解人地矛盾,因此主张通过农地物权化缓解人地关系的紧张程度④。杨杨等(2007)研究经济快速发展以及工业化和城市化的快速推进对浙江省人地关系的影响,并提出调整人地关系的对策建议⑤。徐中民、程国栋(2008)认为人地系统状态的变化受到人文因素和自然因素的影响,总结人文科学理论和方法演变的一般规律和思考范式,阐述人文因素的主要理论进展和方法,从 IPAT 模型出发解释人地系统演变的人文地理学因素。徐象平(2008)通过历史文献考证分析清初招民垦荒政策对人地关系的影响,并分析了清初人地关系的历史演变⑥。陈惠雄(2009)研究工业化进程对人地关系演化的影响,研究工业化对水生态的影响,从源头上改进水资源治理模式,提出改变末端治理型工业化发展模式,转变以 GDP 为中心的资源配置方式⑦。张连辉、赵凌云(2010)探讨环境观对人地关系的历史互动,并分析我国1949年以来环境改造型环境观、环境保护型环境观、生态文明型环境观所带来的人地互动关系,指出环境观与人地关系的互动推动了环境观的演变与发展⑧。孔翔、陆韬(2010)以徽州地域文化为案例研究地域文化对人地关

---

① 王义民、乔慧:《论人地系统演替的动力机制》,《信阳师范学院学报》(自然科学版)2004 年第 3 期。
② 叶岱夫:《从悖论浅议人地关系中的人性内涵》,《人文地理》2005 年第 2 期。
③ 丁文峰、张平仓、陈杰:《城市化进程中的水环境问题研究综述》,《长江科学院学报》2006 年第 2 期。
④ 罗峰:《农地制度约束下的人地关系》,《人口与经济》2007 年第 3 期。
⑤ 杨杨、吴次芳、韦仕川:《浙江省人地关系变化特征及调整策略》,《中国人口·资源与环境》2007 年第 1 期。
⑥ 徐象平:《试论清初人地关系政策的演变与调整——以黄土高原为例》,《西北大学学报》(自然科学版)2008 年第 1 期。
⑦ 陈惠雄:《工业化进程中的人地关系演化与生态悖论》,《中国工业经济》2009 年第 8 期。
⑧ 张连辉、赵凌云:《新中国成立以来环境观与人地关系的历史互动》,《中国经济史研究》2010 年第 1 期。

系的作用机制，分析农耕文化对人与自然和谐相处的积极意义，并探究地理环境在地域文化形成中的重要作用①。

（3）人地关系基本原理研究

潘玉君（1997）提出人地关系地域系统的协调共生应用理论，明确人地关系地域系统的概念，根据熵值原理提出人地关系地域系统的3种类型，运用反馈学理论研究人地关系地域系统的协调共生原理②。许然（1997）提出了人地关系系统理论与可持续发展的关系，强调了人地系统之间的协调和人地关系整体与部分的协调以及发展的观念和系统的分析方法等③。吕拉昌（1998）提出了人地关系研究的数量范式、质量范式、结构范式、行为范式、文化范式、分析范式等，使得人地关系研究更具可操作性④。王爱民等（1999）提出人地关系演进的人地渗透律、人地矛盾律、人地互动律、人地作用加速律、人地关系不平衡律，其基本原理是土地承载力限制与超越原理、人地关系关联互动原理⑤。方修琦、张兰生（1996）提出人地关系异化理论，探讨人地关系4次异化过程，指出人地系统异化受到自然、技术和社会环境的共同驱动⑥。杨青山（2002）提出人地关系协调发展的概念性原理，主要有人类活动结构的协同进化原理、地理环境协调有序利用原理、区际关系与系统自组织原理⑦。

（三）不同时间尺度的人地关系发展研究

在认识到自然能力加强、全球环境问题突出、人类社会发展模式的反思等背景的基础上，人地关系在分析全球环境变化与区域响应、人地系统机理与区域可持续发展、社会生态与环境伦理等方面发挥着越来越重要的作用。人地关系研究把时间和空间过程结合起来，改变过去脱离过程、满足静态的研究方式，实现从静态描述向动态过程状态与过程模拟结合演变。在时间尺度上主要包括全新世、历史记录以来、社会经济快速发展时

---

① 孔翔、陆韬：《传统地域文化形成中的人地关系作用机制初探——以徽州文化为例》，《人文地理》2010年第3期。
② 潘玉君：《人地关系地域系统协调共生应用理论初步研究》，《人文地理》1997年第3期。
③ 许然：《人地关系的系统理论与可持续发展》，《地域研究与开发》1997年第16期（增刊）。
④ 吕拉昌：《人地关系操作范式探讨》，《人文地理》1998年第3期。
⑤ 王爱民、樊胜岳、刘加林：《人地关系理论透视》，《人文地理》1999年第2期。
⑥ 方修琦、张兰生：《论人地关系的异化与人地系统研究》，《人文地理》1996年第4期。
⑦ 杨青山：《对人地关系地域系统协调发展的概念性认识》，《经济地理》2002年第3期。

期人地关系的演变。

（1）全新世以来人地关系研究

古地理学研究地质时期的地理环境，揭示人类历史以前的地理环境变化，以及除人类活动之外的气候变化、地质运动等对地理环境的变化。全新世是末次冰期以后的最新地质时期，也是人类社会迅速发展的时期，因此研究全新世人地关系成为过去全球变化的研究热点。邓辉（1997）、韩茂莉（2008）研究燕山地区、西辽河流域全新世以来环境选择与人地关系的影响，研究移民、农业垦殖对地理环境的影响，指出研究区域不仅是环境问题的焦点，也是进行环境整治的重点地区。黄春长（2001）采用黄土剖面土壤退化记录研究渭河流域3100年前资源退化与人地关系的演变，分析气候干旱化的环境影响[①]。

毛曦（2002）研究中国新石器时代的人地关系及其特点，分析地理环境对新石器时代文化的作用，以及新石器时代对地理环境的改造与利用，指出新石器时代人地关系具有人类对地理环境的较强依赖性、地理环境对人类的严格制约性、早期人类对地理环境的相互作用等特点[②]。朱诚等（2003）、曹光杰等（2005）研究对全新世以来长江三角洲地区人地关系的环境进行考古研究，通过粒度、孢粉、有机碳、磁化率等指标分析全新世以来人类文明的兴衰与环境演变的关系[③]。李月丛等（2004）、朱光耀等（2005）、张虎勤等（2007）采用考古和孢粉方法研究河北省南部新石器时代人地关系、安徽省新石器和夏商周时代遗址时空分布与人地关系演变、西安地区灞河与浐河流域新石器时代遗址特征与人地关系演变，对新时期时代环境考古具有重要的意义[④]。王青、朱继平（2006）从海岸变迁和海盐生产角度分析山东省北部全新世以来的人地关系演变，成为研究全新世人地关系的重要视角。侯林春等（2009）研究中国全新世暖期农业考古文

---

① 黄春长：《渭河流域3100年前资源退化与人地关系演变》，《地理科学》2001年第1期。
② 毛曦：《中国新石器时代的人地关系及其特点》，《人文地理》2002年第4期。
③ 朱诚、张强、张芸：《长江三角洲以北地区全新世以来人地关系的环境考古研究》，《地理科学》2003年第6期；曹光杰、王建：《长江三角洲全新世环境演变与人地关系研究综述》，《地球科学进展》2005年第7期。
④ 李月丛、胡金华、许清海：《河北省南部新石器时代人地关系研究》，《地理与地理信息科学》2004年第2期；朱光耀、朱诚、凌善金等：《安徽省新石器和夏商周时代遗址空间分布与人地关系的初步研究》，《地理科学》2005年第3期；张虎勤、刘博、赵文明：《浐河灞河流域新石器时代遗址人地关系的数学模型研究》，《工程数学学报》2007年第5期。

化分区及人地关系特征,提出了北方粟黍旱作农业文化区、狩猎采集或游牧文化区、南方稻作文化区、东南沿海渔猎文化区等,并分析了环境约束与游牧文化区的相互依赖关系①。李晓丽等(2010)研究西安地区定西鲁家沟全新世以来气候变迁与人类活动的关系,指出人类活动对气候变化的影响程度超过了气候变化由于自身原因产生的变化②。

(2) 历史记录以来人地关系研究

历史地理学研究历史时期的人地关系的演化,使得人地关系研究与现代地理学的研究相衔接。王铮(1996)讨论历史时期气候变化对中国人口分布、经济社会和政治疆域的影响,并从资源环境的角度分析历史气候变化对中国社会经济发展的影响③。韩光辉(1998)研究清初以来围场地区人地关系演变的过程和影响机制,深化了环境保护和资源利用的认识④。王如渊(2000)、成岳冲(1994)、束锡红(2003)利用历史统计资料分别研究北京市辽以前、辽金元、明清时期的人地关系变化趋势、明清时期宁绍地区人口变动与粮食需求的关系、宁夏由明朝到汉朝的1800年间人地关系变迁特征,并以具体翔实的历史数据解释人地关系逐渐恶化的趋势,为当今人地关系的调控提供借鉴⑤。邹逸麟(2003)研究长江三角洲地区秦汉、六朝到唐初、唐后期至宋元、明清时期、19世纪中叶至20世纪50年代、20世纪中叶至今等几个人地关系演变阶段,并提出今后应该注意的问题⑥。颜廷真、韩光辉(2004)研究清代以来西辽河流域人地关系的演变,分析了人口、土地利用、动植物等人地关系要素的变化,分析影响人地关

---

① 侯林春、彭红霞、张利华:《中国全新世暖期农业考古文化分区及人地关系特征》,《干旱区资源与环境》2009年第9期。
② 李晓丽、张成君、杨奇丽:《定西鲁家沟全新世以来的气候变迁及人地关系演化研究》,《干旱区资源与环境》2010年第11期。
③ 王铮:《历史气候变化对中国社会发展的影响——兼论人地关系》,《地理学报》1996年第4期。
④ 韩光辉:《清初以来围场地区人地关系演变过程研究》,《北京大学学报》(哲学社会科学版)1998年第3期。
⑤ 王如渊:《历史上北京人地关系演变的三个阶段》,《城市问题》2000年第4期;成岳冲:《历史时期宁绍地区人地关系的紧张与调适》,《中国农史》1994年第2期;束锡红:《历史时期宁夏区域环境及人地关系变迁特征》,《水土保持通报》2003年第5期。
⑥ 邹逸麟:《论长江三角洲地区人地关系的历史过程及今后发展》,《学术月刊》2003年第6期。

系恶化的主导因素、重要因素和基本因素①。陈剑锋（2008）研究宋至明清时期杭嘉湖地区人地关系的调整适应与演变，分析其经济增长方式和生产经营方式转变对于人地关系演变的重要影响，为人地关系的协调提供有益借鉴②。吴海涛（2010）研究元明清时期淮河流域人地关系的演变，元明清时期人地关系演变为严重不协调状态，其中黄河南泛、战乱较多、生产结构单一是对人地关系影响较大的几个因素③。

（3）社会经济快速发展时期人地关系演变

温琰茂等（1998）对广东沿海经济发展区人地系统可持续发展进行研究，研究深圳、东莞等地区社会经济高速发展背景下（1980—1984年）的水资源、大气环境质量、生态系统结构变化，并评价人地关系地域系统的可持续性指数，探讨人地系统调控的有效与合理的 SEREN 模式④。黄银洲、王乃昂等（2009）研究毛乌素沙地历史沙漠化过程中的人地关系，探寻人类活动与沙漠化的关系⑤。郭晓佳、陈兴鹏等（2009）采用能值分析理论研究宁夏人地系统的物质代谢和生态效率，构建基于社会—经济—自然子系统复合而成的能值指标体系，指出宁夏人地系统的可持续发展指数呈现先增大后持续下降的态势⑥。郭晓佳等（2010）运用能值分析理论研究甘肃省少数民族地区1985—2005年人地系统物质代谢和生态效率水平，指出其能值废弃率和环境符合率整体呈增长态势，生态环境不断恶化，人地系统不协调⑦。陈忠祥（2002）、刘祥学（2011）研究宁夏回族地区、广西民族地区人地关系演变的过程、特点、机制等，提出影响其可持续发展的制约因素，并从区域经济、生态环境、文化、社区等方面提出改善人

---

① 颜廷真、韩光辉：《清代以来西辽河流域人地关系演变》，《中国地理地理论丛》2004年第1期。
② 陈剑锋：《试述宋至明清时期杭嘉湖地区人地关系的调适》，《东岳论丛》2008年第4期。
③ 吴海涛：《元明清时期淮河流域人地关系演变》，《安徽史学》2010年第4期。
④ 温琰茂、柯雄侃、王峰：《广东沿海经济高速发展区人地系统可持续发展研究》，《地理科学》1998年第2期。
⑤ 黄银洲、王乃昂、何彤慧：《毛乌素沙地历史沙漠化过程与人地关系》，《地理科学》2009年第2期。
⑥ 郭晓佳、陈兴鹏、张子龙等：《宁夏人地系统的物质代谢和生态效率研究——基于能值分析理论》，《生态环境学报》2009年第3期。
⑦ 郭晓佳、陈兴鹏、张满银：《甘肃少数民族地区人地系统物质代谢和生态效率研究——基于能值分析》，《干旱区资源与环境》2010年第7期。

地关系的措施①。陈兴鹏等（2012）运用主成分分析法测算人类活动指数、生态环境指数和政策干预指数，研究1980年以来西北贫困地区定西市人地关系演变轨迹，指出区域人类活动对生态系统的干扰程度不断加强，虽然国家宏观政策的影响逐渐加强，但不能从根本上解决日益严峻的环境问题②。

（四）不同空间尺度的人地关系发展研究

在空间研究尺度上，主要包括宏观、中观和微观尺度。宏观尺度多以全球、国家为研究对象，例如，蔡莉（2012）提出新东部的概念并研究中国2010—2020年新东部海洋渔业资源人口承载力，预测2010—2020年全国食物需求，计算新东部海洋渔业资源人口承载力。姜冬梅、宋豫秦等（1999）研究中国北方半干旱农牧交错带小区域人地关系，认为20世纪80年代中期以来分为低效草地畜牧经济阶段、低效草地农牧经济阶段、低效草地农牧经济生态系统阶段3个阶段，提出多元系统整治模式和宏观发展模式③。中观尺度多以省份、市、县、流域等为研究对象，缪磊磊、王爱民（2000）研究西北地区兰州市人地系统可持续发展研究，指出其存在的诸多问题，并从产业人口布局、承载力改善、综合素质提高等方面提出优化措施④。宋豫秦等（2002）对淮河流域人地系统智能性自组织、协同、耗散结构、动力机制等做出详细分析，指出其人水矛盾尖锐的原因所在⑤。李陇堂等（2007）研究宁夏回族自治区人地关系演变的阶段性特征，分析人地相互作用的主导因素、时空分布和作用方式，提出其人地关系的敏感性、二元化地域结构等特点⑥。微观尺度多以村域等小地理单元作为研究对象，李小建、乔家君（2004）研究地形对山区乡村农田人地系统投入产

---

① 陈忠祥：《宁夏南部回族社区人地关系及可持续发展研究》，《人文地理》2002年第2期；刘祥学：《明代广西民族地区关系发展过程中的人地关系背景分析——以桂中地区为例》，《中央民族大学学报》（哲学社会科学版）2011年第2期。

② 陈兴鹏、郭晓佳、王国奎等：《1980年以来西北贫困地区人地系统演变轨迹——以定西市为例》，《兰州大学学报》（自然科学版）2012年第4期。

③ 姜冬梅、宋豫秦、杨勇：《中国北方半干旱农牧交错带小区域人地关系演变模式初探》，《地域研究与开发》1999年第3期。

④ 缪磊磊、王爱民：《兰州市人地系统可持续发展研究》，《中国人口·资源与环境》2000年第S1期。

⑤ 宋豫秦、张力小、曹淑艳等：《淮河流域人地系统自组织分析》，《中国人口·资源与环境》2002年第4期。

⑥ 李陇堂、徐娟、路明霞等：《宁夏大学学报》（自然科学版）2007年第4期。

出的影响,运用投入产出模型以河南省巩义市吴沟村为例研究地理要素对农田投入产出的影响①。乔家君、李小建(2006)研究河南省巩义市3个不同类型村土地利用/覆被变化对人地系统的影响,指出土地利用/覆被变化是区域人类活动的具体表现,也是表征人地系统状况和发展的重要衡量指标,验证了土地覆被的破坏化程度越大,人类改造自然的能力越强这一结果②。

(五) 人地关系的地域分异规律和地域类型分析

(1) 人地关系的地域分异规律研究

地域分异规律是人地系统的重要规律,进行综合人地关系地域差异分析是地理学人地系统研究的重要方向。人地关系的地域分异规律和地域类型是人地关系研究的重要内容,在实证研究中,由于人地系统的区域性,不同类型的人地关系研究成为研究重点,地域分异规律的研究对制定区域人地关系的协调途径具有很好的指导意义。此方面的研究成果主要包括:安树伟(1998)研究贫困地区秦巴山区人地关系演变,分析人地关系演变的影响机理,并提出控制人口增长、确立大农业发展体系、实施环境移民、解决城乡环境问题等措施缓解人地关系③。杨青山(2000)对东北经济区人地关系地域系统区划进行研究,根据自然地理环境与自然资源的地域分异、经济地域格局形成的历史过程与经济发展水平的地域差异、社会文化及发展水平差异,构建人地关系地域系统的指标体系,研究东北地区人地关系地域系统空间分异,划分4种类型的生态经济区④。王爱民等(2000)研究青藏高原东北缘及毗邻地区人地系统的空间分异,参考区域自然环境类型结构的差异、社会经济类型结构的差异提出不同人地系统类型⑤。郭伟峰、王武科(2009)根据耦合度关联模型,将关中平原44个县市区划分为协调型、拮抗型、磨合型和低水平耦合型4种类型,并认为以

---

① 李小建、乔家君:《地形对山区农田人地系统投入产出影响的微观分析——河南省巩义市吴沟村的实证研究》,《地理研究》2004年第6期。

② 乔家君、李小建:《土地利用/土地覆被对人地系统的影响分析——以河南省巩义市3个不同类型村为例》,《水土保持研究》2006年第2期。

③ 安树伟:《秦巴山区的贫困问题与人地关系的演变》,《山地研究》1998年第3期。

④ 杨青山:《东北经济区人地关系地域系统区划的初步研究》,《人文地理》2000年第1期。

⑤ 王爱民、刘加林、高翔:《青藏高原东北边缘及其毗邻地区人地关系地域系统研究》,《经济地理》2000年第2期。

拮抗类耦合型为主①。张洁等（2010）采用灰色关联方法分析渭河流域人地关系地域系统耦合空间差异分析，将渭河流域人地关系类型划分为协调型、拮抗型、磨合型、低水平耦合型4种类型②。刘立涛、沈镭（2012）以澜沧江流域为研究对象，以人地关系理论为基础构建地域空间、支持体系、人类社会等人居环境指标体系，评价流域2000—2009年人居环境的时空分异格局。张雷、刘毅（2004），吴映梅、沈琼（2006），姚辉等（2010）研究中国31个省市区、东部沿海、西南地区人地关系状态，分析区域之间的空间差异③。

（2）人地关系的地域类型研究

主要涉及喀斯特地区、山区、海水入侵区、熔岩区、西北干旱区、盆地、绿洲、湖区、流域、旅游区、流域、矿业型城市等区域。安裕伦（1994）研究喀斯特人地关系地域系统的结构与功能，认为人地关系协调必须按照地域类型，分析喀斯特人地系统的外部结构、空间组合、时间结构，提出人地系统的生态功能、承载功能、资源功能和社会功能等④。余大富（1996）以经济增长、文化特征、生态环境特质研究山区人地关系系统的基本结构和特征，提出了一元组分系统、二元组分系统、多元组分系统等类型，构建我国山区人地关系系统基本类型结构框架，指出人地系统结构变化的动力机制来源于内部驱动力、内外交流拉动力、外部推动力，分析山区人地系统结构变化的惯性演变和文化改变，总结出恢复式、蜕变式、维持式、发展式变化等几种人地系统结构的变化趋势，并从生产结构优化、人地系统边界优化等角度提出优化措施⑤。

赵明华（2000）根据山东省莱州湾沿岸海（咸）水入侵区的人地系统作用机制和调控分析，指出人类活动与海（咸）水入侵灾害的互动反馈机

---

① 郭伟峰、王武科：《关中平原人地关系地域系统结构耦合的关联性分析》，《水土保持研究》2009年第5期。

② 张洁、李同昇、王武科：《渭河流域人地关系地域系统耦合关联分析》，《干旱区资源与环境》2010年第7期。

③ 张雷、刘毅：《中国东部沿海地带人地关系状态分析》，《地理学报》2004年第2期；吴映梅、沈琼：《西南区人地关系演进状态综合评价》，《西南师范大学学报》（自然科学版）2006年第6期；姚辉、潘玉君、丁生：《人地关系演进状态系数与结果评价》，《中国人口·资源与环境》2010年第5期。

④ 安裕伦：《喀斯特人地关系地域系统的结构与功能刍议——以贵州民族地区为例》，《中国岩溶》1994年第2期。

⑤ 余大富：《我国山区人地系统结构及其变化趋势》，《山地研究》1996年第2期。

制，并从政策、经济、工程技术等方面提出人地关系调控的手段与措施①。陈慧琳（2000）对南方岩溶区人地系统的基本特征和地域类型进行探讨，划分为岩溶山地贫困区、岩溶盆地和谷地城镇区、岩溶风光旅游区等地区②。彭建等（2001）基于人地关系论的溶岩环境问题进行探讨，分析岩溶环境的脆弱性、环境承载容量小、二元三维的空间结构，指出城市和农村溶岩环境问题，从水土流失、产业结构、立法管理、环境污染等角度提出优化调控措施③。方创琳、徐建华（2001）研究西北干旱区生态重建与人地系统优化的宏观背景和理论基础，提出生态重建与人地系统优化的国内和国际背景，以西北干旱区为例提出以区域可持续发展理论、恢复生态学、社会和地生态学作为人地系统优化的理论基础④。

黄鹄等（2004）分析民勤盆地人地系统演进的动力机制，指出其在经济结构转型、人文要素、人文环境等条件变化的前提下，人地相互作用的方式、强度、后果变化的趋势以及规律性，从发展战略、区域规划、技术体系等方面提出人地系统的调控措施⑤。任启平（2005）根据经济、社会、生态环境等人地系统要素组合提出人地系统类型可划分为脆弱型、成长型、破坏型等⑥。韩增林等（2007）、张耀光（2008）研究人海关系地域系统，建议在海陆复合生态系统的理论框架下，研究人地关系系统中海洋功能的介入，形成完整的海陆人地（海）关系地（海）域系统，研究海洋国土整治、环境保护、海岸带开发的资源环境效应等课题，丰富海洋政治地理、海洋经济地理、区域海洋地理、海岛开发等研究⑦。姜逢清等（2003）、谭灵芝等（2010）研究新疆绿洲当代人地关系的紧张情势、问题

---

① 赵明华：《海（咸）水入侵区人地系统作用机制及调控分析——以山东省莱州湾沿岸地区为例》，《经济地理》2000年第2期。

② 陈慧琳：《南方岩溶区人地系统的基本地域分异探讨》，《地理研究》2000年第1期。

③ 彭建、杨明德、王剑：《基于人地关系论的岩溶环境问题探讨》，《农业现代化研究》2001年第5期。

④ 方创琳、徐建华：《西北干旱区生态重建与人地系统优化的宏观背景及理论基础》，《地理科学进展》2001年第1期。

⑤ 黄鹄、缪磊磊、王爱民：《区域人地系统演进机制分析》，《干旱区资源与环境》2004年第1期。

⑥ 任启平：《人地关系地域系统结构研究——以吉林省为例》，博士学位论文，东北师范大学，2005年。

⑦ 刘桂春、韩增林：《在海陆复合系统理论框架下：浅谈人地关系系统中海洋功能的介入》，《人文地理》2007年第3期；张耀光：《从人地关系地域系统到人海关系地域系统——吴传钧院士对中国海洋地理学的贡献》，《地理科学》2008年第1期。

的驱动力以及提出移民、外部资源的引进、技术和制度的创新等①。岳邦瑞等（2011）研究人地关系视角下的吐鲁番麻扎村绿洲聚落形态及本质特征，从土地利用变化特征着手分析其基本的要素聚落特征。

胡启武等（2010）研究鄱阳湖区人地关系转变的原因以及驱动力，指出观念和意识是人地关系转变的重要驱动力②。何小芊（2011）研究旅游地区人地关系协调与可持续发展，认为旅游者、旅游企业、政府部门以及当地居民是旅游活动的主体，构建旅游区地理环境与人类活动的反馈机制、结构关系和功能机制，提出协调旅游地人地关系的基本原则③。辛馨、张平宇（2009）基于三角图法研究中国矿业城市人地系统脆弱性，将40个矿业城市划分为6种不同的脆弱型城市，其中以 ERS 型（经济社会资源环境均衡脆弱型）为主④。刘灵坪（2012）研究滇池流域的乡村聚落与人地关系，揭示人类活动加剧的背景下滇池流域的人地互动特征⑤。韩瑞玲等（2012）运用集对分析方法和熵权分析方法构建经济、社会、生态环境脆弱性指标体系研究矿业城市鞍山市人地系统的脆弱性，指出鞍山市属于人地系统低敏感型、高应对能力型资源型城市⑥。

（六）人地关系整体优化调控研究

人地关系的优化调控是人地关系研究的重要任务，也是市场经济条件下实施可持续发展战略的重要途径，实现区域之间的协调发展和协调共生。许多学者运用多学科综合交叉和多种技术手段，开展典型区域人地系统动态优化调控的示范研究。吴传钧（1991）指出研究人地关系的总目标是为探求系统内各要素的相互作用及系统的整体行为与调控机理。主张从

---

① 姜逢清、朱诚、穆桂金等：《新疆绿洲当代人地关系紧张情势与缓解途径》，《地理科学》2003 年第 2 期；谭灵芝、王国友：《新疆墨玉绿洲耕地变化及人地关系演进驱动力研究》，《地域研究与开发》2010 年第 2 期。

② 岳邦瑞、王庆庆、侯全华：《人地关系视角下的吐鲁番麻扎村绿洲聚落形态研究》，《经济地理》2011 年第 8 期；胡启武、尧波、刘影等：《鄱阳湖区人地关系转变及其驱动力分析》，《长江流域资源与环境》2010 年第 6 期。

③ 何小芊：《旅游地人地关系协调与可持续发展》，《社会科学家》2011 年第 6 期。

④ 辛馨、张平宇：《基于三角图法的矿业城市人地系统脆弱性分类》，《煤炭学报》2009 年第 2 期。

⑤ 刘灵坪：《16—20 世纪滇池流域的乡村聚落与人地关系——以柴河三角洲为例》，《中国历史地理论丛》2012 年第 1 期。

⑥ 韩瑞玲、佟连军、佟伟铭等：《基于集对分析的鞍山市人地系统脆弱性评估》，《地理科学进展》2012 年第 3 期。

空间格局、实践过程、组织序变、整体效应、协同互补等方面去认识和寻求全球的、国家的、区域的人地关系系统的整体优化、综合平衡及有效调控机理①。

张利田、呼丽娟（1998）指出人地系统中各个子系统之间的耦合是实现可持续发展的基本条件，通过各个要素之间的复杂相互作用，对其关键环节进行调控，提出从区域经济与资源间耦合和环境间耦合两个角度调控区域经济系统②。陈佑启、武伟（1998）研究城乡交错带人地系统调控机理时提出，需要从城乡双向调控人地关系③。申玉铭（1998）从 PRED 协调发展的视角提出人地关系的优化调控措施，研究区域人口、资源、环境与经济持续发展的理论轨迹，提出其理论模式④。吕拉昌（1999）研究中国人地关系协调与区域可持续发展战略的优化路径，提出制度创新、技术创新和文化转型是优化人地系统的主要路径⑤。陆大道等（2000）提出包括生态环境补偿政策、资源价格政策等在内的对人地系统调控的政策效应机制⑥。龚胜生（2000）研究构建包括目标层、要素层、操作层的可持续发展人地关系协调框架，提出提高人口素质、控制人口增长、保护生物多样性、减轻自然灾害等 10 项人地关系协调的对策⑦。

杨青山、梅林（2001）提出人地系统协调主要是指人口生产、物质生产、生态生产和社会文化生产的协调⑧。王长征、刘毅（2003）研究沿海地区人地关系的演化，分析沿海地区人地关系演化的混沌阶段、原始和谐阶段、矛盾发展阶段、矛盾激化阶段以及区域协调阶段与可持续发展阶段

---

① 吴传钧：《论地理学的研究核心——人地关系地域系统》，《经济地理》1991 年第 3 期。
② 张利田、呼丽娟：《区域人地系统调控与区域可持续发展》，《北京师范大学学报》（哲学社会科学版）1998 年第 3 期。
③ 陈佑启、武伟：《城乡交错带人地系统的特征及其演变机制分析》，《地理科学》1998 年第 5 期。
④ 申玉铭：《论人地关系的演变与人地系统优化研究》，《人文地理》1998 年第 4 期。
⑤ 吕拉昌：《中国人地关系协调与可持续发展方法选择》，《地理学与国土研究》1999 年第 2 期。
⑥ 陆大道、刘卫东：《论我国区域发展与区域政策的地学基础》，《地理科学》2000 年第 6 期。
⑦ 龚胜生：《论中国可持续发展的人地关系协调》，《地理学与国土研究》2000 年第 1 期。
⑧ 杨青山、梅林：《人地关系、人地关系系统与人地关系地域系统》，《经济地理》2001 年第 5 期。

等,提出国际合作、可持续发展战略、大力发展海洋经济等措施①。方创琳(2003)指出区域人地系统的优化调控应该从PRED系统(人口、资源、环境、发展)改进为$P_DR_DE_DE_DE_DS_D$系统,重视人的意识建设,人地系统调控的动态机理在于模拟"人"与"地"的最佳距离,优化协调区域人地系统关键在于人地系统各要素之间、区际之间的动态协调和优化,实现人地系统社会行为对空间区位的合理占据②。刘普辛、孙小舟(2004)研究干旱区生态农业与人地协调,提出干旱区生态农业的发展方向为因地制宜发展特色农业、发展高效农业节水技术、提高人口素质、施用有机肥、加强水管理、强化法制建设等措施③。

王义民(2006)指出针对人地关系问题的区域性,需要研究人地优化的区域层次,并提出人地关系优化调控的自然区域层次、文化区域层次、人类活动地域单元层次等④。吴舜泽等(2006)以珠江三角洲为例从红线调控——优化区域空间形态、绿线调控——引导经济可持续发展、蓝线调控——强化环境安全监控体系等角度建立调控机制⑤;齐晔(2008)、李雪梅(2008)通过环境管理的视角制定包括法律制度、经济政策、管理体制、环境监控、公众参与、科技信息六位一体的区域环境管理体系⑥。张洁(2010)强调从人地关系地域系统构成要素的空间格局差异角度调控区域人地关系⑦。

(七)人地关系方法论研究

人地系统的复杂性和非线性关系使得研究人地关系需要使用合理的研究方法,以加强对人地系统作用机制的研究,选择合理的研究方法具有重要的理论意义和实践价值。

---

① 王长征、刘毅:《沿海地区人地关系演化及优化分析》,《中国人口·资源与环境》2003年第6期。

② 方创琳:《区域人地系统的优化调控与可持续发展》,《地学前缘》2003年第4期。

③ 刘普辛、孙小舟:《干旱区生态农业与人地关系协调》,《干旱区资源与环境》2004年第1期。

④ 王义民:《论人地关系调控的区域层次》,《地域研究与开发》2006年第5期。

⑤ 吴舜泽、王金南、邹首民:《珠江三角洲环境保护战略研究》,中国环境科学出版社2006年版,第119—382页。

⑥ 李雪梅:《论我国区域环境管理体系的建立和完善》,《科技管理研究》2008年第7期;齐晔:《中国环境监管体制研究》,上海三联书店2008年版,第32页。

⑦ 张洁:《渭河流域(干流地区)人地关系地域系统演变及其优化研究》,博士学位论文,西北大学,2010年。

(1) 考古学研究方法

研究史前或者历史时期的人地关系演变机制，是重要的基础工作。环境考古学者根据聚落遗址分布、地球化学元素数据、地理环境、孢粉、磁化率、有机碳分布、沉积地层分析以及相应的自然剖面数据分析探索古地质时期的洪涝灾害、河床演变、聚落变化、河流沉积环境等与人类活动的关系[①]。齐乌云等（2002）、田广金和唐晓峰（2001）研究山东胶东半岛贝丘遗址、内蒙古岱海地区距今 7000—2000 年之间的人地关系，指出地区生态环境变化的最敏感地区，其人地关系具有一定的代表性[②]。高蒙河（2005）在全面整理考古资料的基础上，采取考古地理学方法，利用文理交融的方法研究长江下游文明化初期的人地关系[③]。

(2) 定性分析方法

黄秉维（1996）指出只有将人文因素和自然因素综合研究才能为区域可持续发展研究提供理论基础和实践指导，提倡人地关系自然和人文的综合集成研究[④]。胡兆量等（1999）研究澳门人地关系，总结出人地关系规律的 4 个要点，丰富人地关系理论的内涵[⑤]。张雷（1999）分析了我国现代人地关系与资源环境基础，在诊断我国资源环境问题的基础上，提出了相应的对策建议[⑥]。蓝勇（2000）指出中国历史文化理论与实践对人地关系理论有深入研究，更加深刻地认识地理环境在人类社会发展中的作用，历史文化理论是研究人地关系的重要研究方法[⑦]。张力小、宋豫秦（2003）运用三种生产理论对中国北方荒漠化地区人地关系进行了解析，指出人口规模的扩大、物质生产的低效率和环境生产的萎缩是导致北方沙漠化扩展

---

① 朱光耀：《论人地关系的演变与人地系统优化研究》，《人文地理》1998 年第 4 期。
② 齐乌云、袁靖、梁中和等：《从胶东半岛贝丘遗址的孢粉分析看当时的人地关系》，《考古》2002 年第 7 期；田广金、唐晓峰：《岱海岳地区距今 7000—2000 年间人地关系研究》，《中国历史地理论丛》2001 年第 3 期。
③ 高蒙河：《长江下游文明化初期人地关系——多学科交叉的实践与探索》，《复旦学报》（社会科学版）2005 年第 2 期。
④ 黄秉维：《论地球系统科学与可持续发展战略科学基础（Ⅰ）》，《地理学报》1996 年第 4 期。
⑤ 胡兆量、李燕茹、阮学金：《澳门人地关系研究》，《地理学报》1999 年第 6 期。
⑥ 张雷：《我国人地关系与资源环境基础》，《中国人口·资源与环境》1999 年第 4 期。
⑦ 蓝勇：《20 世纪运用人地关系思维研究中国历史文化的理论与实践述评》，《西南师范大学学报》（人文社会科学版）2000 年第 5 期。

的根本原因①。

吕军、刘丽梅（2007）诊断内蒙古人地关系地域系统，提出人地关系非经典解释的内蒙古人地关系系统结构、制约人地关系可持续发展的内在逻辑、人地关系可持续发展战略体系、旅游发展在人地系统中的作用，指出产业生态化是实现人地关系可持续发展的主要途径②。王武科等（2009）从地域系统要素的时空演变角度研究人地关系地域系统的耦合演变和内在机制，指出气候变化、人类活动在人地关系演变中的重要作用③。李小建等（2012）研究黄河地理要素的演变与文明的产生与扩散作用，不同发展阶段的文明又反映了不同类别地理要素的组合及其共同作用，地理环境对人类文明的发展的影响应当引起足够的重视④。历史地图也是研究人地关系的重要方法之一，侯仁之主编的《北京历史地图集二集》、谭其骧主编的《中国历史地图集》为区域历史时期人地关系的变迁和现代化建设提供很好的基本材料和经验借鉴⑤。

（3）定量研究方法

定量测度人地系统的可持续性是人地系统进行科学研究的重要工作，同样也是研究的热点。随着定量测度指标体系的不断深入以及实际应用研究，其构建角度也不断趋于多样化、系统化和综合化。吴殿廷、葛岳静（1997）研究人地系统动力学，提出从人的需求和消费角度出发研究人地系统，以中国沿海地区为例分析研究内容的界定，提出人地系统研究中的物理过程、化学过程、生物过程、生态过程和文化过程 5 个基本过程，指出系统动力学研究人地系统是可行的⑥。魏晓（1999）采用耕地—粮食—人口的土地承载力方法，预计 2020 年湖南省人地关系的状态评估，划分富

---

① 张力小、宋豫秦：《三种生产理论在北方荒漠化地区人地系统分析中的应用》，《中国人口·资源与环境》2003 年第 6 期。
② 吕君、刘丽梅：《基于人地关系的内蒙古草原可持续发展研究》，《干旱区资源与环境》2007 年第 11 期。
③ 王武科、李同昇、张洁：《关中平原全新世以来人地关系地域系统时空演变分析》，《地域研究与开发》2009 年第 6 期。
④ 李小建、许家伟、任星等：《黄河沿岸人地关系与发展》，《人文地理》2012 年第 1 期。
⑤ 陈桥驿：《北京地区历史早期人地关系研究的重大成果——〈北京历史地图集二集〉评介》，《地理研究》1998 年第 1 期；周长山、陈大克：《广西历史时期人地关系的地图再现——关于〈广西历史地图集〉的编绘及数字化工程》，《广西社会科学》2008 年第 3 期。
⑥ 吴殿廷、葛岳静：《人地系统动力学研究中的几个问题》，《热带地理》1997 年第 1 期。

裕地区和临界地区，有针对性地提出提高土地生产力的具体措施①。刘继生、陈彦光（2002）以 GIS 为技术支持，建立以细胞自动机（CA）为核心的综合集成模型，结合数理统计方法，发展智能化综合集成模型体系，提出了智能化 CA – GIS 模拟方法的初步设想②。

王建华等（2003）提出了冲突模型、掠夺模型、和谐模型 3 个有关人地系统动力学的模型，模拟人与自然的互动关系。石敏俊、王涛（2005）整合生态经济模型和农户经济行为模型，构建人地关系的行为机制模型，并测度退耕还草政策对水土保持的影响③。乔家君（2005）研究村域人地关系的内涵和体系，主要有内部机理、单村研究、多村研究以及不同空间尺度的空间推绎等④。乔家君、李小建（2006）运用熵来表示人地关系状态，并以河南 3 个不同类型村为例进行了定量研究⑤。张雷和刘毅（2004）、吴映梅和沈琼（2006）、姚辉等（2010）通过构建包括区域资源环境要素在内的人地关系演进状态系数，评估东部沿海、西南地区及中国 31 个省市区人地关系状态，分析区域之间的空间差异⑥。刘建国、王琳（2007）运用 GIS 技术的空间叠置分析、缓冲区分析、坡度与坡向分析、水文分析、可视域分析等技术研究山西省临汾盆地的古代人地关系，使得 GIS 空间分析方法能够与考古学研究紧密地结合在一起⑦。李博、韩增林（2010）构建包括经济子系统、资源环境子系统和社会子系统的三角分类图模型分析沿海城市大连人地关系地域系统的脆弱性，为人地系统的定量研究提供新的范式⑧。张远索等（2011）构建生态足迹模型分析北京市

---

① 魏晓：《湖南省未来人地关系与人口承载研究》，《经济地理》1999 年第 6 期。
② 刘继生、陈彦光：《基于 GIS 的细胞自动机模型与人地关系的复杂性探讨》，《地理研究》2002 年第 2 期。
③ 石敏俊、王涛：《中国生态脆弱带人地关系行为机制模型及应用》，《地理学报》2005 年第 1 期。
④ 乔家君：《区域人地关系定量研究》，《人文地理》2005 年第 1 期。
⑤ 乔家君、李小建：《村域人地系统状态及其变化的定量研究——以河南省三个不同类型村为例》，《经济地理》2006 年第 2 期。
⑥ 张雷、刘毅：《中国东部沿海地带人地关系状态分析》，《地理学报》2004 年第 2 期；吴映梅、沈琼：《西南区人地关系演进状态综合评价》，《西南师范大学学报》（自然科学版）2006 年第 6 期；姚辉、潘玉君、丁生：《人地关系演进状态系数与结果评价》，《中国人口·资源与环境》2010 年第 5 期。
⑦ 刘建国、王琳：《地理信息系统支持的临汾盆地古代人地关系研究》，《考古》2007 年第 7 期。
⑧ 李博、韩增林：《沿海城市人地关系地域系统脆弱性研究——以大连市为例》，《经济地理》2010 年第 10 期。

人地关系的现状，并采用 GM 模型预测人地关系未来变动趋势，提出控制人口规模、提高耕地产出能力以及保持耕地产品区间流动性等措施①。

张洁等（2010）构建渭河流域人地关系地域系统耦合度模型，分析渭河流域人地关系演化的 4 个阶段②。赵兴国等（2010）构建人地关系协调度模型研究西藏人地关系，分析西藏人地关系协调发展的状态③。宋豫秦（2000）利用耗散结构理论研究我国北方农牧交错带人地系统的结构特征以及自组织分析，指出其脆弱性、低耗散性和功能性的特点④。张洁等（2010）利用系统动力学建立渭河流域人地关系地域系统动态仿真模型，提出经济高速发展模式、缺水反馈模式、缺水污染反馈模式、调水调控模式下人地系统互动关系⑤。哈斯·巴根等（2011）采用系统动力学方法研究主体功能农业区域粮食安全与人地关系，并对人地关系进行了系统仿真模拟。孙峰华等（2012）指出 TRIZ 是研究人地关系问题的一种新的理论与方法，提出 TRIZ 对地域系统人地矛盾问题的识别、人地关系矛盾网络系统和逻辑范式的构建具有重要理论和实践意义⑥。

二 国内研究述评

国内人地关系的研究一直是地理学和地理学相关学科众多学者研究的永恒主题和核心，人地关系研究被广泛应用于解决国家以及区域尺度的区域发展问题。对于人地关系的研究大致经历了由哲学思辨向理性升华转变，较为详细地阐释了人地关系的本质、基本特征、学科分支、演进区域、基本规律等内容，逐渐形成了人地系统的优化理论、人地关系协同论、人地协调共生论、人地差异协同论、人地协调阶段论等人地关系协调

---

① 张远索、张占录、孟斌等：《北京市人地关系现状及预测——基于生态足迹和 GM 模型分析》，《城市问题》2011 年第 5 期。
② 张洁、李同昇、王武科：《渭河流域人地关系地域系统耦合状态分析》，《地理科学进展》2010 年第 6 期。
③ 赵兴国、潘玉君、丁生：《西藏人地关系研究》，《西藏研究》2010 年第 5 期。
④ 宋豫秦：《耗散结构理论在我国北方农牧交错带人地系统分析中的应用》，《中国沙漠》2000 年第 S1 期。
⑤ 张洁、李同昇、王武科：《渭河流域人地关系地域系统模拟》，《地理科学进展》2010 年第 10 期。
⑥ 孙峰华、朱传耿、王振波等：《TRIZ：研究人地关系问题的一种新的理论与方法》，《地理研究》2012 年第 10 期。

共生和耦合优化理论，人地危机冲突论、人地关系错位理论、人地关系异化论等人地系统危机冲突和错位异化理论，人地关系分型、人地关系辩证论、人地关系构型论等人地关系分型辩证和系统构型理论，人地关系的理论体系正在逐步完善。人地关系的研究也趋向与指标体系评价方法、动力学模拟、综合集成研究等定量、定性方法相结合，研究的方法趋于多元化，新方法和新手段不断应用。

尽管人地关系的相关理论与实践研究取得了一系列的进展，但仍然存在许多亟待解决的问题。理论研究有待进一步展开，对于人地关系的理论研究虽然取得了一系列的成果，促进了人地关系理论体系的初步形成，但理论体系呈现多、杂、乱的特点，相较于其他学科的理论体系，缺乏研究深度，特别是在人对地的作用机理和作用规律等方面的研究相对零散，较为科学且有深度的研究成果相对较少，导致人地关系的内涵和本质不被更多的人理解；实践研究的广度和深度有待进一步开拓，从实践研究的应用情况来看，人地关系研究已经渗透到区域经济、社会和生态环境的相关领域，但广度和应用范围还有待于进一步展开，特别是对于不同类型区域、典型类型区域的深入研究相对较少；研究机构和队伍有待进一步优化，缺少直接以人地关系研究而命名的科研机构，缺乏系统综合和多学科的交叉性研究，影响了人地关系特别是其理论体系的研究，制约了学科的进一步发展。

从整体来看，国内人地关系的研究方向和趋势主要体现为：加强对人地关系的理论研究，增强人地系统调控机理与过程、格局的研究，以人地关系相互作用机理为切入点，分别从不同的时间尺度、空间尺度、学科角度全面分析人对地的作用机理，以及地对人的响应与约束，同时厘清人地相互作用的过程和格局，分析宏观尺度、中观尺度、微观尺度区域的人地关系耦合机理的差异性和总体格局，构建典型区域人地关系动态优化的调控示范区，耦合机理的基本范式等；强化对于人地关系的综合集成交叉与支持系统的研究，充分发挥系统综合和多学科交叉优势，运用定性和定量、科学与技术有机结合的综合集成方法和"3S"技术，推动国内人地关系理论与实证研究；加强人地系统演进过程中的开放性和网络性研究，目前人地相互作用的空间已经由地方微观尺度、局部地区中观尺度发展到全球性的宏观尺度，因此要加强人地关系由浅层的、局部的和半封闭的作用方式向复杂的、开放的、立体网络反馈作用方式的研究；人地关系的优化调控研究，对于人地关系的研究最终还是要落实到人地关系的优化调控上来，因此需要加强调控模式的识别、发展路径的确定以及支撑保障的构建等人地关系的优化调控研究，以期能够更好地促进人与地的协调有序发展。

第三章

基础理论与基本概念

第一节 基础理论

理论基础是指能够为研究内容提供一般规律或主要规律,并能够为研究内容的应用性研究提供一定的指导意义和共同理论的基础性理论。为了更好地对人地关系地域系统理论与实践进行指导,必须对基础理论体系加以分析。研究人地关系地域系统需要综合多学科的研究成果来支撑和指导,研究中人地关系的基本理论主要涉及系统论(SCI 理论和 DSC 理论)、经济学理论和地理学理论等基础性理论(见图 3-1)。

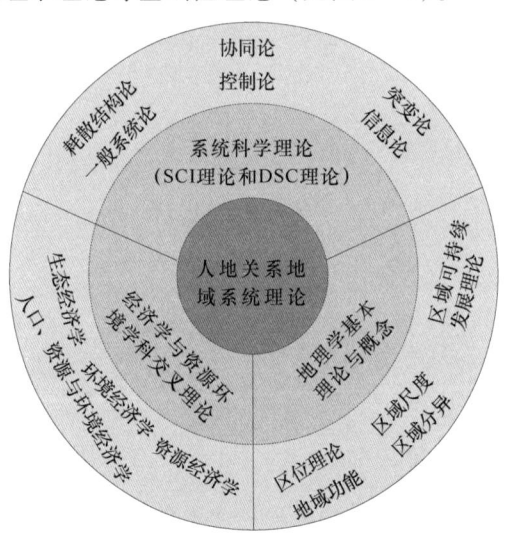

图 3-1 人地关系地域系统基本理论

第三章 基础理论与基本概念

一 系统科学理论

系统论是研究客观现实系统共同特征、本质、原理以及基本规律的科学。其中的基本思想、基本理论和主要方法广泛适用于社会、经济和生态系统。现代意义上的系统论是采用一定的方法（如数理统计方法和逻辑学）研究一般系统动力学基本规律的理论。系统理论从系统的角度分析客观事物和现象之间的相互关系、相互作用的本质性特征和内在规律性，为解决现代社会、经济和科学技术等方面的复杂问题提供较好的指导。人地关系地域系统是复杂的巨系统，其研究需要系统科学理论的相关指导，系统科学理论不仅为人地系统规律特征研究提供了定性的理论指导，也能够通过科学的、精确的数学方法模拟系统演变机制以及发展变化的过程，为研究提供定量的数学分析手段，具有较好的理论与实践指导性。新的科学思想和方法论是系统论最明显的特征，系统论主张从整体的角度出发研究不同系统之间、要素与系统之间、要素与要素之间以及环境与系统之间普遍存在的联系。

1945 年美籍奥地利生物学家贝塔朗菲（L. V. Bertalanffy）在《关于一般系统论》论文中将系统论的基本概念和原理进行了详细的阐述。现代系统科学相关理论为人地关系地域系统演变提供的基本理论主要有 SCI（老三论）理论和 DSC（新三论）理论，其中 SCI 理论主要有 L. V. 贝塔朗菲的一般系统论（General System）、N. 维纳的控制论（Cybernetics）、C. E. 申农的信息论（Information）等，后者包括 I. 普利高津的耗散结构理论（Dissipative Structure）、H. 哈肯的协同论（Synergertics）、R. 托姆的突变论（Catastrophe Theory）等。对于 SCI 理论而言，一般系统论是其最为核心和实质内容、信息论是系统论方法的基础和联系媒介、控制论是系统优化调控的关键所在。因此，SCI 理论体系的系统思想、相关分析和综合集成解决问题的思维是研究人地关系地域系统的重要方法。需要特别指出的是，SCI 理论到 DSC 理论的转变是现代系统科学体系走向一体化和综合化发展的新阶段，也是系统科学研究的不断升级与优化。这种转变的重要特征是研究问题中运用基本的数学模型和逻辑模型，通过多种变量来描述系统的运动状态，同时运用定性和定量的方法研究系统问题。人地关系地域系统的各种具体案例研究比较完善，但是对于人地系统中要素的耦合机制及其发展变化的内在规律和有效控制途径尚不清楚，其研究方法

的系统性有待提升,因此有必要将现代系统科学理论运用到人地关系地域系统相关研究中来。其中系统论的具体相关理论如下:

(一) 一般系统论

强调系统是处在一定的相互联系中同时与环境各组成部分发生各种关系的整体,系统各个要素之间、各个要素与整体之间、整体与环境之间存在一定的有机联系,构成系统内部和外部的有机结构和秩序,整体所具有的功能和性质是各个独立要素所不能拥有的,从而表现出整体的性质和功能,不等于各个要素性质和功能的简单加和,整体的功能由各系统内部的有机联系和结构决定。强调系统内部各个组成要素之间、各个内部系统之间、内部系统和外部系统之间的综合平衡协调,要求按照比例协调发展,系统的内部结构与环境适应是双向的,因此既要尊重环境自身的发展规律,也要适应系统发展的需要,不断完善系统以保持系统的基本功能。系统具有整体性、层次性、开放性和动态性的特点,系统所具有基本原理有整体性、层次性、开放性、目的性、稳定性、自组织和相似性。

(二) 控制论

控制论是指以研究各个系统共同存在的控制规律为对象的一门科学,其基本特征是处在动态中、用联系的观点、将系统与周围环境结合起来考察系统。其研究对象伸展到客观现实的各个领域,研究系统的共同控制规律,同时其研究跨越了学科的局限性,既涉及通信技术、计算机科学、数学逻辑等自然科学,也涉及经济学、历史学等社会学科。常见的控制论主要有工程控制论、生物控制论、社会控制论和智能控制论,控制论的研究方法主要有黑箱研究、功能模拟、反馈控制、信息控制等方法。其中黑箱研究方法可以根据系统的规模、复杂程度和机制等进行系统处理,可以分为黑箱控制、灰箱控制、白箱控制等方法。管理系统作为一种控制系统,由于其管理的对象、目标、状态的不同,其所运用的控制方式也不同,各种控制方式并不相互排斥,而是构成互补的关系,其中按照逻辑发展分类可以分为试探控制方式、经验控制方式、推理控制方式和最优控制方式,按照关联结构可以分为简单控制和多级控制,按照信息反馈的控制方式可以分为开环控制和闭环控制,按照系统输入的内容可以分为计划控制和目标控制。

(三) 信息论

信息论涉及经济学、地理学、物理学等相关学科内容。信息论是以信息的运动规律和应用方法为主要研究内容，以扩展人类的信息功能为主要研究目标的信息科学。信息流、物质流、能量流被并列为客观世界的三大要素，是维持社会活动、经济活动、生产活动的重要资源，在人类活动中发挥着越来越重要的作用。在各系统内部各要素以及各个系统和环境相互作用的过程中，既存在着能量和物质交换，也存在着信息交换。信息是反映客观世界各种事物的变化和特征，以物质为载体进行传播，具有一定的时效性，可以共享扩展，具有很好的价值。在一定的条件下，信息的流动对于系统的组成、结构以及功能的演化起着重要作用，是人类对于系统实施干预、控制的基本手段。信息具有客观性、价值性、时效性、共享性、延续性、传递性、可开放性等特点。信息论方法能分析不同物质运动形态的信息联系、揭示某些事物运动的新规律，是实现科学管理的有效手段，进一步揭示了反映论的本质和内在机制，更好地认识系统演变的辩证过程，丰富和完善了对于系统的基本认识。

（四）耗散结构论

1969年比利时著名物理学家普里高津（I. Prigogine）在《结构、耗散和生命》论文中首次提出了耗散结构理论，是对于非平衡统计物理学长期研究的结果。耗散结构理论是一门专门研究耗散结构的性质、形成、稳定和演变规律的科学，是关于非平衡系统的自组织理论。研究系统从无序向有序转化的条件、规律以及基本的原理，讨论自组织过程的基本的理论。在开放的系统中，某个参量的变化达到一定的阈值时，系统在此影响下可能发生突变，由非平衡状态向平衡状态转变，由原来无序混乱的状态向有序的新状态转变，这种状态需要不时与外界进行物质、能量和信息的交换，才能保持相对的稳定性，不因外界的扰动而消失，这种在远离平衡的非线性区形成的新的稳定有序结构，称为耗散结构，如城市、农村等都是一种耗散结构。形成耗散结构需要具备以下几个条件：耗散结构必须是开放的系统，能够与环境不断地进行物质、能量和信息的交换；非平衡是有序之源，系统远离非平衡性；非线性作用是有序的动力，系统内部各要素存在着非线性的相互作用；随机涨落是有序的契机等。

（五）协同论

协同论也称为协同学，是继耗散结构理论后重要的非平衡系统的自组织理论。德国物理学家赫尔曼·哈肯（Hermann Haken）1977年出版了《协同学导论》一书，建立了协同学理论，是指在一定的外部条件下，系统内部各个子系统之间通过各种复杂的非线性相互作用产生协同效应，相应的系统也从无序状态向有序状态转变、由低级向高级转化的一般机理和共性规律的研究。协同论的原理主要有协同效应原理、支配原理和自组织原理。其中协同学作用原理是通过系统内各个子系统和各个要素的相互作用，说明系统自组织现象的相关观点、原则和方法，是指各个子系统协同行为产生的超越要素自身的单独作用，形成整个系统的统一作用和联合作用。支配原理是指相关系统通过不稳定性而形成的时间结构、空间结构、时空结构。当系统接近阈值时，其中系统的少数变量影响或者决定系统的其他变量。自组织原理是指相关系统在演变的过程中，系统内部的子系统或者构成要素能够通过自行主动协同来达到系统的正常运行与宏观有序，形成新的稳定或者形成新的时间结构、空间结构和时空结构。

（六）突变论

法国数学家雷内·托姆（Rene Thom）1972年在其《结构稳定性和形态发生学》一书中提出了突变论的理论框架。在自然界各种现象和人类社会活动中，存在着大量的突变现象，其产生和发展是人类长期观察、认识和了解自然的结果。突变论考察某个过程从一种状态向另外一种状态转变的过程，外部条件的巨大变化或者微小变化都可能使得系统从一个状态向另外一个状态转变，和耗散论、结构论相似都是围绕系统平衡点而展开的系统论，因此这三种理论构成了系统论和系统科学的一个新的理论分支。近些年来，人们尝试通过建立数学模型研究系统的突变问题，探讨系统的演变以及稳定有序的结构等问题，突变论进入了发展与应用的新阶段。突变论的内容主要有稳定态和非稳定态及渐变与突变、分类定理与突变模型两个方面。其中稳定态和非稳定态及渐变与突变是指系统由稳定态到非稳定态的转变、渐变与突变是转变的规律性特征、机理以及相关的调控方法等内容。分类定理与突变模型是指通过建立系统的数学模型，研究系统由稳定态和非稳定态、渐变和突变时的参数设定研究不同参数设置情景下的系统状态，并进行相应的数学分类。

二 经济学与资源环境学科交叉理论

经济学研究如何在有限的资源环境约束条件下，实现资源的合理有效配置和充分利用，以便最大限度地解决资源环境的稀缺性和人类欲望无限性之间的矛盾，对于解决当今的资源短缺、环境污染、生态破坏等问题具有重要意义。生态经济学、环境经济学、资源经济学和人口、资源与环境经济学是生态学、环境学、资源科学、人口学等学科与经济学的交叉学科（见图3-2），这些学科为人地关系的研究提供了很好的理论支撑，为人地协调提供了很好的指导，较好地促进了经济、社会同生态、资源、环境之间的稳定、有序、协调发展。研究简要分析上述4个与人地关系密切的相关学科理论。

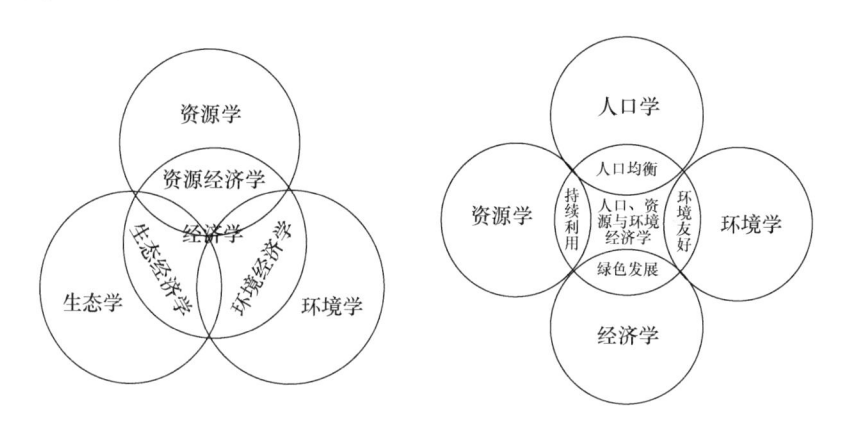

图3-2 资源环境领域相关学科

（一）生态经济学

美国经济学家肯尼迪·鲍尔丁首次提出生态经济学的概念，在《一门学科——生态经济学》这一著作中主张提高资源利用效率，减少对生态退化和环境污染的影响程度，随后许多学者对生态经济进行了大量具有理论与实践意义的探索。生态经济学是旨在整合生态系统和经济系统，为生态环境保护提供统一的思考方向，以实现永续发展为目标，主要研究生态和经济系统耦合而成的生态经济系统，即人类社会经济活动的需求与生态环境的供给之间的矛盾运动和发展规律的相关科学。将生态学、经济学的观点结合起来，从系统角度分析人类社会过去、现在、未来面对的发展问题以及解决发展问题的路径对策，对传统经济学的发展观进行了较为全面的重新阐释，其目的在于协调人类经济活动和生态环境之间的相互关系，寻求生态系统与经济系统相互适应与协调发展的途径。生态经济学对人地关系的基本运行规律的探讨拓宽了研究范围，其所倡导的综合性、层次性、地域性和战略性等特点也体现了人地关系地域系统的研究特点和方法，有利于人地系统研究的完善与深化。

(二) 环境经济学

环境经济学运用经济学和环境学的相关方法探讨经济增长与环境保护之间协调发展的科学，研究3种生产理论之间的关系以及经济再生产、人口再生产和自然生产之间的关系，以最小的劳动消耗为人类创造舒适、清洁、优美的工作环境的新学科。和生态经济学相似，环境经济学的研究对象是由经济系统和环境系统组成的环境经济系统。在经济与环境相互耦合发展的过程中，通过物质流、能量流、信息流双向的流通和相互作用，两者融合为环境经济系统，环境经济学的研究对象决定了其整体性、综合性和协调性。环境经济学的研究内容随着学科的发展不断充实和完善，一些新的研究内容与可持续发展关注的问题越来越密切，环境经济学科的发展为人地系统理论奠定了基础。其研究内容主要包括：全面认识经济对环境的驱动力机制以及环境对经济的约束机制，发现实现两者协调发展的途径；研究经济活动规律和生态规律的要求，实现以最小的劳动消耗获得最佳经济效益与环境效益的途径；等等。对经济发展与环境保护关系的研究能够较好地辨析人地系统中人类活动对环境的影响。

(三) 资源经济学

资源经济学是研究自然资源开发、利用、保护与管理中的经济因素和经济问题以及资源与经济发展关系的学科，其目的是解决经济发展过程中的资源短缺问题，促进区域经济社会可持续发展，主要包括资源稀缺及其测度、资源市场、资源价格及其评估、资源配置与规划、资源产权、资源核算、资源贸易、资源产业化管理等内容。面对人类发展的强大需求，资源稀缺和资源的可持续利用是永恒的话题，资源经济学利用稀缺资源状况及相应测度方法和指标，对最大限度地缓解资源稀缺的有效途径与方式等进行研究，为缓解资源短缺提供有效途径和借鉴。对经济手段（如价格、利率、成本核算等）、法律手段（资源法规的制定和实施）和行政手段（如制定资源利用定额、颁发资源利用许可证等）方面的研究，制定合理有效的资源利用规划，完善资源流动市场机制，有助于认识和解决资源的代际分配问题。人地系统中资源利用与保护是重要的研究内容，因此资源经济学也是人地系统的重要理论之一。

(四) 人口、资源与环境经济学

人口、资源与环境经济学是经济学中一个新的边缘学科。经济学、人口学、资源学、环境科学交叉形成的人口经济学、资源经济学、环境经济学、生态经济学等学科,其共同点是都以可持续发展为目标,打破传统的人口经济学、资源经济学和环境经济学在各自领域独自研究的做法,将人口、资源与环境三者作为一个有机变量,运用经济学基本理论和研究方法,分析和阐释人口、资源、环境与经济之间的内在规律和影响机理。人口、资源与环境经济学的研究对象是可持续发展,研究可持续发展的格局、内涵、机理、优化调控等内容,探讨可持续发展对人口、资源、环境的要求是什么,其中包括数量、质量、状态、结构等方面的要求,人口、资源、环境与社会经济相协调的状态是什么,以及如何实现这种协调。人口、资源与环境经济学主要运用经济学的研究方法分析人口、资源、环境、经济之间的相互关系,其中研究方法有成本收益方法、投入产出方法、需求供给分析方法、定性定量分析方法、规范实证分析方法、宏观微观分析方法、社会经济调查方法等经济学方法,人口预测和统计、资源核算定价等方法,环境经济评价、污染评估方法等经济学、资源学、环境学的相关方法,同时又涉及案例分析法、比较分析法、系统分析法等系列方法。人口、资源与环境经济学为人地系统开展综合性研究提供了较好的分析方法和指导借鉴。

在经济学与资源环境领域相交叉的理论中,3 种生产理论、外部性理论、公共物品理论等在学科构建和解决实际问题中起到十分重要的作用,研究对几种重要的理论做简单分析:(1)3 种生产理论。叶文虎指出人和环境组成的世界系统,在基本层次上可以概括为物质生产、人的生产和环境生产 3 种(见图 3-3)。物质生产是指人类从环境中索取生产资料并且接受人的生产环节产生的消费再生物,并作为生活资料的全过程。人的生产是指人类生存和繁衍的总过程。环境生产是指在自然力和人力的共同作用下环境对其自然结构和状态的维持和改善。3 种生产呈环状结构,3 种生产持续健康对于人地系统的可持续发展起到重要的作用。(2)外部性理论。外部性或者外部经济效应,是指在生产和消费中一个经济主体对另一个经济主体的影响不能通过市场来解决。传统理论从不同角度将外部性分为正外部性和负外部性、技术外部性和货币外部性、私人外部性与公共外部性等不同类型。环境问题常常产生跨区域、代际的影响,因此环境问题可以分为代际外部性与代内外部性,同时按照空间的影响又可以分为全球、省际、市际等类型,外部性理论的解决至今仍是一个难题。其中庇古税和科斯定理为解决外部性问题提供了两种思路,其中前者强调政府采取

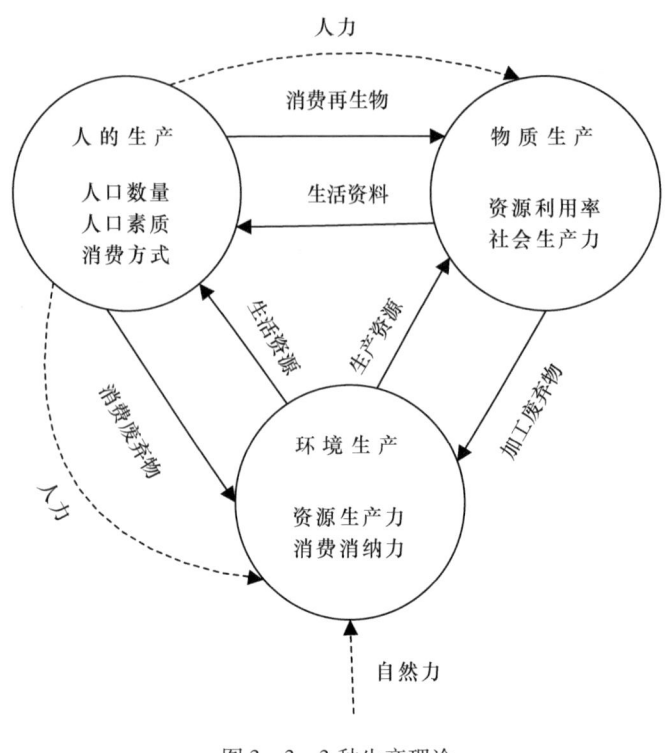

图 3-3　3 种生产理论

适当的经济政策以减小私人成本与社会成本之间的背离，后者强调把外部性问题转化为相应的产权问题，从产权的视角解决外部性问题。当前在资源环境开发的进程中，面临着大量复杂的资源环境外部不经济性问题，外部性理论在资源环境管理领域得到广泛的应用。（3）公共物品理论。按照微观经济学的相关理论，社会产品分为公共产品（Public Goods）和私人产品（Private Goods）。公共产品具有两个特性，即非排他性和非竞争性，因此在公共产品使用的过程中容易产生"搭便车"和"公地的悲剧"等问题，导致公共资源过度使用，甚至超过公共资源的承载能力，损伤全体利益。而在私有产权的交易市场很难得到有效率的交易和提供，因此需要依靠公共产权市场的介入，从而提高社会的总福利和满足社会的总需求。解决公共产品的理论主要有公共财政学理论、信息经济学和博弈论、公共选择理论等。生态产品基本上属于公共产品，容易产生"搭便车"现象和"公地的悲剧"，制度创新、政府管制是解决公共产品问题的重要机制。此外，环境资源的价值理论、循环经济理论、资源永续利用理论等也是经济学与资源环境科学重要的交叉理论。

三 地理学基本理论与概念

地理学的概念和内涵大致分为研究地球表层环境系统的科学，研究人地关系的科学，研究空间分异与差异的科学，研究区域地域综合体的科学，研究空间过程、结构和功能的科学，研究地表事象时空耦合性的科学等代表性观点。总体而言，地理学是研究地理环境中自然要素和人文要素相互作用的基本原理，阐明地域系统、空间结构、时间过程、人地关系以及各要素相互联系、相互影响、相互制约的一般因式和总体规律[1]。地理学长期以来一直从事人地关系研究，包括人类活动对区域和全球的环境的影响、人类与自然的适用性和协调性以及人类影响下的自然景观变化。巴利1998年指出人类与环境之间的复杂多样性成为我们这个时代最基本的问题之一，国内外越来越多的地理学家强调人地关系对地理学的重要性。区域尺度、地域功能、区域分工等理论是地理学的重要理论体系，这些理论对于研究人地系统的影响机理、区域空间分析、类型划分、时间演变以及调控路径等都具有重要的指导意义。

（一）区位理论

区位意思是分布的地区或者地点，地理学认为区位是以地形、地貌特征表征的区位，强调在空间中的经纬度以及地理特征的差异性，区位即是空间的位置，也是各种自然、社会、经济要素的有机综合体，具有唯一性、外部性特征[2]。区位有以下属性：（1）空间属性，研究区域所在的地理位置、行政区位置或者交通位置、环境位置等，如沿海和内陆、河口三角洲、航运枢纽等；（2）区际属性，区位确定之后，往往决定了与周围区域或上一级区域和下一级区域之间的层次和归属关系，也就是区际关系；环境属性，不同的区位往往面临不同的自然环境和社会环境条件以及要素禀赋，自然环境如地质环境、大气环境、水环境等，社会环境包括经济发展、社会稳定程度、文化制度等方面，区域所在区位往往反映区域自身的自然本底条件，而自然本底条件又从一定程度上影响人类活动的尺度。在

---

[1] 王爱民：《地理学思想史》，科学出版社2010年版，第29—33页。
[2] 郝寿义、安虎森：《区域经济学》，经济科学出版社1999年版，第43页。

地理学中，现代地理学的区位理论主要有产业区位理论（农业区位论、工业区位论、市场区位论）和非产业区位论、中心地理论等，其类型大致可以分为空间相互作用为基础的理论、行为效应为出发点的理论、成本—利润为出发点理论等几种类型。区位理论的研究视角主要有尺度观、时序观、行为观、场势观、结构观等。此外，区域外部性是最基础的外部性形式，空间成本的存在是区位外部性的基础。区位本身所带来的区域发展基础条件和区域自身本底条件的不同以及区域理论自身的研究方法等内容既是影响人地系统的重要因素，又为研究人地系统提供了很好的思路和借鉴。

（二）区域尺度

尺度是指观察或者研究对象的空间分辨率或者时间单位，同时也可以指某一研究过程与现象在时空格局内所影响到的范围或者发生的相关频率。地理学上对于尺度的概念是在自然过程、人文过程或者所监控、观测的对象在相应的空间、时间方面的特征度量，其度量值可以根据研究的需要进行相应的延伸和缩小。地理学研究涉及的尺度有多种，人们往往从自己的研究需要出发制定区域尺度的时空范围，一方面能够详细地了解某一系统运行的方式和机制，将研究区域缩小到能够进行相应定量观测的尺度，以便于能够获取相关的数据进行数理统计方法和模型研究，同时另一方面可以扩大所研究的尺度，以从整体上和宏观上把握研究对象。地理学研究的尺度往往分为宏观、中观、微观，但研究尺度有相对性和层次性之分，在不同的层级之间尺度具有其内在的关联性，微观小尺度、中观中尺度、宏观大尺度之间的相互依赖、相互制约以及空间的差异是把握好尺度之间关联与内涵的重要所在。地理学研究必须清楚界定尺度问题，同时探索不同尺度研究的关联性，以更好地把握研究对象的结构与特征。在地理研究中特别是区域研究中需要规定研究对象的尺度，尺度成为确定时空范围的"区域"位置定位和层次归属的综合概念。不同尺度在其空间格局特征、本质特征、要素结构等方面具有很大的差别。因此，对于不同尺度的研究对象应该采取不同的模型构建、指标体系、路径设计等剖析其基本的内涵特征。人地系统的研究同样需要把握好尺度，探讨不同尺度下人地系统的机理与演变、调控的一般规律和总体特征。

（三）地域功能

对于地域功能的识别是从研究区域的自然本底条件（气候、土地资源、水资源、矿产资源等）和社会经济发展状况（经济基础、基础设施、科技创新等）对地域单元所承载功能的科学认知，只有充分理解地域功能，才能客观、科学地识别地域功能，为区域规划提供服务①。地域功能是指一定尺度的区域在更高一级尺度的区域内，在自然资源、生态环境系统、社会经济活动中所履行的相关职责和发挥的作用，也就是说，地域功能既提供区域的自然本底功能也为社会经济活动提供基本的需要。地域功能的类型主要有生态服务、土地利用、资源利用等。地域功能的生成原理及影响因素是地理学领域亟待解决的重要难题之一。地域功能的属性主要有主观认知、相互作用、构成多样、空间差异、时间演变等，表明地域功能的形成和演变受到的影响因素和影响机制较为复杂。地域功能随着社会经济的发展进程而不断演化，其影响因素的演变机理也是地理学一种研究的课题，概括而言，影响地域功能的因素主要有区域本底条件、人类活动、区域发展的新因素和新机制、区域发展观念和发展模式的变化等。不同区域的地域功能与其对应的人地系统发展模式、过程、格局有很大的差异，其调控方式等也存在较大差异，因此地域功能研究对于人地系统分析同样具有一定的指导和借鉴功能。

（四）区域分异

20世纪70年代后期，著名地理学家黄秉维院士提出地理环境地域差异的地带性规律是地理学两个综合性研究的课题之一。区域分异理论是地理学的经典理论之一，也是地理学理论发展的基石，当前以区域差异为基础的区域分异研究正逐渐成为研究重点。区域分异是指地球表层大小不等、内部具有一定相似性的地段之间相互分化以及由此产生的区域差异，其中地域分异规律主要是指地域有序性和地域分异，主要包括自然地带学说、垂直自然带和地方性、隐域性和微域性等内容②。地球表层区域差异在空间的分布具有从量变过渡到质变的过程，并以此划分为不同区域性质的地理单元③。地球表面存在着明显的地域差异，不同地域单元的自然基础、人文景观以及发展基础有很大的差别，每个区域具有鲜明的地域性，

---

① 陈小良、樊杰、孙威等：《地域功能识别的研究现状与思考》，《地理与地理信息科学》2013年第2期。

② 黄秉维、郑度、赵明茶等：《现代自然地理》，科学出版社1999年版，第32—36页。

③ 鲁学军、张红岩、高志强等：《区域地理系统单元等级圆锥建模》，《地理研究》2005年第6期。

使得区域发展目标基础存在较大差别,因而在制定区域发展战略、区域调控手段时要充分考虑发展目标的时序性和阶段性,突出特色、发挥优势,以实现区际之间的协作与联系和优化区域发展要素。不同区域发展类型的比较为区域发展地带性规律的总结提供了很好的借鉴。人地系统研究也有区域性,区域不同其面临的人口、资源、环境以及发展问题也有所区别,对于不同区域人地系统的调控在很大程度上取决于对区域分异的了解和探讨程度,区域分异理论为其提供了很好的基础,因此解决人地关系问题需要加强区域研究,同时深化对于区域分异理论的认识。

(五) 区域可持续发展理论

发展是人类一直以来追求的目标,对于自身未来发展的关心和诉求一直是永恒的话题,同时也是各个国家政策制定者和决策者关心的目标,伴随着发展带来的全球危机以及对传统发展观的反思,可持续发展思想逐渐成为影响区域发展的发展观。区域可持续发展战略目标的选择和设计是一个动态演化的过程,人类在长期发展过程中由于受到区域发展的时代背景、自身区域发展阶段和经济基础条件的限制,对发展目标的选择和设计经历了一个区域经济增长战略目标—区域经济发展战略目标—区域可持续发展战略目标的转变过程。

区域可持续发展是指一个区域的全面协调发展、长期持续发展和区域间(区际)平衡协调发展。全面协调发展是指区域内部经济、社会、生态环境3个子系统的发展时序相互协调、全面发展;长期持续发展是指发展的连续性、持久性,既能满足当代人的需求而又不对满足后代人需求能力构成危害的发展,在发展进程中要充分考虑自然资源的长期承载能力和生态环境的长期承受能力,兼顾眼前利益和长远利益;区域间(区际)平衡协调发展是指具有不同区域环境和不同尺度层次的区域,在竞争与合作的前提下适时调控发展差距,在发展过程中兼顾局部利益和全局利益。

区域可持续发展体系框架由以下几个环节组成:区域可持续发展系统(可持续发展的区域载体)、区域可持续发展系统的结构(经济、社会和生态环境3个子系统)、区域可持续发展子系统的相互关系(矛盾冲突集中的3组关系:经济—生态环境、经济—社会、社会—生态环境)、区域可持续发展系统的空间结构(空间结构类型、区域功能定位和区际关系)、区域可持续发展系统发展状态评估(影响因素分析、可持续发展问题辨识、区域可持续发展水平综合评价)、区域可持续发展战略制定(战略目标、战略重点、战略措施、能力建设)、区域可持续发展实践(案例分析)。区域可持续发展不仅关注区域内部的可持续发展,而且关注研究区域在更大尺度区域空间中承担的分工,即区域功能定位和区际关系;将最能诠释区域整体性的系统论思想贯穿区域可持续发展研究,提出区域可持续发展系统由经济、社会和生态环境3个子系统组成,通过系统和子系统的脉络解析整体和部分的关系,使研究路径更规范;不仅分析区域可持续发展综合水平演化轨迹,探讨区域可持续发展动态规律,同时探究区域可持续发展的空间结构,通过不同结构类型的调控实现可持续发展的代内公平。

近年来,一向以服务于社会实践需求、面向问题探究的学术界也投入到可持续发展理论与实践的探索中去。区域可持续发展研究主要体现在以下几个方面:提高自然资源的利用效率,人类活动对生态环境系统的影响机理以及调控手段;区域人口、资源、经济与发展(PRED)等问题的研究,广泛应用"3S"技术和数理统计方法对区域问题进行长期观察与实验模拟,探究区域发展的基本规律、特征、机理等;以当前国际和世界面临的重大资源问题、环境问题、自然灾害问题为基础,准确阐释人类活动对资源开发与环境问题之间的相互作用机理、过程以及政策实施和战略制定,为全球和区域资源开发、生态环境整治与减灾工程提供技术参数,为解决全球和区域资源短缺、环境恶化和应对全球气候变化提供相应的理论支撑和实践指导;建立不同类型的区域可持续发展实验区、可持续发展示范模式,起到引领、带动和示范作用,为区域可持续发展提供可选择的代表性模式。

第二节 基本概念与内涵

一 人地关系地域系统基本概念辨析

(一) 人地关系概念辨析

人地关系问题伴随着社会经济发展以及区域发展外部条件的变化,随着人类社会发展其广度和深度也逐渐增加,其内涵也随着人类社会发展不断变化。李振泉(1985)认为人地关系是指人类社会在发展进程中,为满足人的需求不断加大和改造利用地理环境,在适应地理环境和改变地理环境结构的同时，地理环境也影响着人类活动的地域特征和地域差异①。吴传钧（1991）认为人地关系是指人类活动对环境的冲击及其引起的自然环境变化和产生的影响以及被改变的自然环境对人类活动的反作用②。王恩涌（1991）指出人地关系主要是指人的生存活动、生产活动、社会活动与地理环境在共同作用界面上相互影响、相互制约的关系，着重研究人与地的交互过程③。蔡运龙（1995）指出人地关系是人类与地理环境（地球）相互作用的关系④。方修琦、张兰生（1996）指出所谓人地关系是指人地系统中各组成部分之间相互关系的总称⑤。王爱民等（1999）指出人地关系在其最基本的层面是人类生存问题，在综合层面是人类与生存环境之间的协调和持续发展问题⑥。杨青山、梅林（2001）提出了人地关系的经典解释和非经典解释，其中经典解释是人类社会及其活动与自然环境的关系，非经典解释是人类社会活动、生存、发展与地理环境的关系，这里的地理环境包括自然地理环境和人文地理环境⑦。王义民、乔慧（2004）指出人地关系是人和自然环境、社会环境、人为环境的总和⑧。上述学者详细阐述了人地关系的内涵，其基本含义包括两个方面，"人"和"地"，人地关系并非仅指人口与土地的关系，其具有更为广泛的哲学意义，对于地理环境的认识存在双重性，部分学者认为地理环境等同于自然环境，有的学者认为地理环境是自然环境和人文环境的总和，这种认识的偏差是造成对人地关系研究存在诸多分歧的重要原因，理解好人地关系还应该认识到人对自然的依赖性和能动性以及地理环境对人的反馈机制。

　　研究认为人地关系应该是人类活动对地理环境（自然环境）的影响以及地理环境（自然环境）对人类活动的反馈（见图 3-4），其最基本层面

---

① 李振泉：《人地关系论》，载李旭旦主编《人文地理学论丛》，人民教育出版社 1985 年版，第 37—46 页。
② 吴传钧：《论地理学的研究核心——人地关系地域系统》，《经济地理》1991 年第 3 期。
③ 王恩涌：《关于"人地关系"的发展与认识》，《人文地理》1991 年第 3 期。
④ 蔡运龙：《科学技术在人地关系中的作用》，《自然辩证法研究》1995 年第 2 期。
⑤ 方修琦、张兰生：《论人地关系的异化与人地系统研究》，《人文地理》1996 年第 4 期。
⑥ 王爱民、樊胜岳、刘加林等：《人地关系的理论透视》，《人文地理》1999 年第 2 期。
⑦ 杨青山、梅林：《人地关系、人地关系系统与人地关系地域系统》，《经济地理》2001 年第 5 期。
⑧ 王义民、乔慧：《论人地系统演替的动力机制》，《信阳师范学院学报》（自然科学版）2004 年第 3 期。

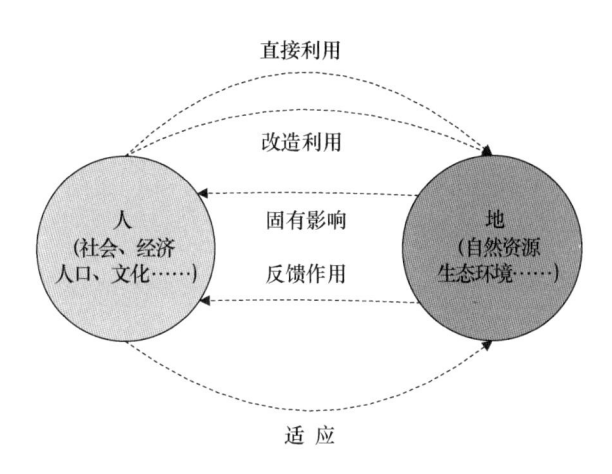

图 3-4 人地关系机制运行模式概念图

是人类生存问题，在综合层次是人类与生存环境的协调与持续性问题。多功能的地理环境与多层次的人类活动主体间的相互作用、彼此渗透与双向生成构成了人地关系的丰富内涵。"人"不是单个的人，是不同于自然状态的社会性的人，是指在一定的生产方式及一定区域空间中从事生产活动或社会活动的人，也是在地球表面一定地域空间上活动的人，由基本层次的人与人的关系组成了高层次的社会经济结构，这里的"人"是由社会、经济、人口和文化等要素组成社会经济综合体，是人类社会不断发展的主要内容，也是人类社会发展的产物和基础。人具有自然属性和社会属性，具有认识、利用、改变、保护自然环境和认识、改变、控制自身的能力。"地"是指与人类活动密切关联的无机物与有机物等自然要素有规律结合的地理环境，由基本层次的大气圈、水圈、生物圈、岩石圈等地球圈层按照一定的规律紧密结合组成的高层次的资源与环境结构整体，是指在空间上存在地域差异的地理环境，也是在人类活动影响与改变下的地理环境，包括自然资源、自然灾害以及各种大气、水、土、生物等自然要素相互作用所形成的各种生态关系和功能的耦合，是人类生存的物质基础和重要条件。

其中，人对地的作用是指各种社会经济活动对生态环境和自然资源的影响，主要分为直接利用、改造利用、适应3个方面。直接利用是指可再生的生活资源直接提供人类的消费生产，并在生活资源消费的过程中将废弃物直接返还于环境；改造利用是指对于非再生性资源的间接使用，在人口生产和环境生产中间加上物质生产的环节,通过物质生产使得环境资源转化为可以消费的生活资料,同时在此过程中废弃物返回到环境中去;适应是指对于环境要素和自然规律自觉或者不自觉地顺从,形成不同的生产、生活方式。地对人的作用和影响通常分为固有影响和反馈作用两种方式,固有影响是指自然规律按照固有规律和法则影响与依附人类,反馈作用是指自然系统对于人类行为的反馈与报复。

(二) 人地系统概念剖析

在理解好人地关系概念和内涵的基础上,许多学者借鉴系统论的相关观点提出了人地系统的概念。方修琦(1996)指出人类在进化的过程中也改变了周围环境的性质,形成了独特的生态系统——人地系统。余大富(1996)指出一定文化特质的人群与一定生态特质的地域通过生产活动相联系具有对应的作用—反馈关系的生态系统,是人地生态系统的同义词[1]。贾绍凤(1997)指出人地系统是自然环境和人类社会组成的复合系统[2]。申玉铭(1998)指出人地系统是指人类与人类社会活动为一方,以地球表层包含的大气、水、生物、岩石、矿物为另一方组成的人与地相互作用、相互制约的动态开放复杂巨系统[3]。吴传钧(1998)指出人地系统是指由人类活动和地理环境两个子系统交错构成的复杂开放巨系统[4]。杨青山(2001)围绕人地关系的经典解释和非经典解释形成了人地系统的经典与非经典解释概念。王义民、周红升(2005)提出人地系统是地球表层系统[5]。上述人地系统的认识主要体现在对"人"的系统与"地"的系统相互作用与相互影响上,并指出两者组成包含自然因素和人文因素的复杂巨系统。

(三) 人地关系地域系统概念构建

吴传钧院士在认识人地系统的基础上提出了人地关系地域系统的概念,指出人地关系地域系统是以地球表层一定地域为基础的人地关系系

---

[1] 余大富:《我国山区人地系统结构及其变化趋势》,《山地研究》1996年第2期。
[2] 贾绍凤:《从两种生产协调论到人地系统生产协调论——关于人口学基本理论的探讨》,《人文研究》1997年第4期。
[3] 申玉铭:《论人地关系的演变与人地系统优化研究》,《人文地理》1998年第4期。
[4] 吴传钧:《人地关系与经济布局》,学苑出版社1998年版,第70—75页。
[5] 王义民、周红升:《关于人地系统研究的理论思考》,《信阳师范学院学报》(自然科学版)2005年第1期。

统，也就是人与地在特定地域相互联系、相互作用而形成的一种动态结构[①]。其中，人地关系地域系统的形成过程、结构特点和发展趋向的理论研究，人地系统中各子系统相互作用的强度分析、潜力估算、后效评价和风险分析，人与地两大系统间相互作用与物质、能量相互转换和传递机理、功能、结构以及整体调控的途径与对策，地域的人口承载力分析，一定地域人地关系的动态仿真模型，人地关系的地域分异规律和地域类型分析，不同层次、不同尺度的各种类型地区人地关系协调发展的优化调控模型等研究，都是人地关系协调发展关注的问题。

由人地关系向人地系统、人地关系地域系统的转变是人地关系理论与认识的新发展，强调了人地关系研究的整体观念和整体、部分与层次之间的辩证关系，在人地关系研究思想中具有重要的意义。将自然观、价值观、伦理观、系统观等观念以及社会伦理道德观和人类行为规范层次上对于人地关系的关注，推进到区域人地系统这一客观系统的演化及优化调控机理的探讨上，从而使可调控和可操作性成为人地关系的重要特点，为区域人地关系的研究提供了很好的基础。人地关系地域系统理论强化了人地关系问题研究的科学理性，实现了人地关系研究规范属性和实证属性的结合，成为构筑人地关系科学范式体系的重要基础。人地关系地域系统强调人地关系地域系统是复杂巨系统，在人地系统内部各部分是人地系统状态、信息环节、决策环节和控制作用组成的闭合回路，在闭合回路中谋求协调发展的途径。它强调了发展的观念，地理环境在时空范围内是按照自然界演化规律发展变化的，人地系统也必然不断发展变化，其变化的规律是通过两者的相互作用，使得人地系统达到新的水平。人地关系地域系统是系统观念，因此可以将系统研究的方法引入人地关系地域系统中，探讨人地非线性关系，揭示地理系统空间复杂性的本质特征，构建包括自然要素和人文要素在内的综合集成系统动力学模型、发展综合集成模型体系，模拟预测不同发展模式下未来区域人地关系的走势以及政策制度的资源环境效应、调控路径等。

二 人地关系地域系统的基本特征

人地系统是由若干个相互联系、相互作用的自然和人文要素组成的巨

[①] 吴传钧：《论地理学的核心——人地关系地域系统》，《经济地理》1991年第3期。

系统，其内部关系复杂，主要表现在以下几个方面：

（一）整体性

整体性是人地系统的最基本属性和最根本特征，人地系统是由自然因素、社会因素以及经济因素等诸多因素组成的，但是人地系统的整体功能不是各个要素的简单相加，其功能也与各个要素所表现出的特征不一致，而是通过不同要素的各种非线性作用组成的复杂整体，这个整体凸显出原来各要素所不具有的属性。整体性特征在空间上表现为具有区别于其他系统的形态、特征和边界，在时间上是具有其特定的整体连续和深化过程，其人地系统各个组成要素之间具有一定的关联性，同时系统的结构和功能也具有关联性。因此，人地系统的协调发展不是各个子系统的单独发展，而是各个子系统的整体协调发展，是系统内部整体发展的过程，因而整体最优是系统整体性的最佳体现。

（二）开放性

人地系统是一个开放的系统，系统整体、系统内的各个子系统、系统内的各个要素处在不断地变化过程之中。人地系统与系统外部之间、人地系统内部各个子系统之间以及人地系统内部各个要素之间不断地进行物质循环、能量流动和信息转换，以保持其耗散结构，从而使得系统的结构和功能得到不断地改善和优化。人地系统的开放性要求不仅要研究系统内部要素对系统结构和功能的作用，还要研究系统外部条件变化对人地系统的影响机理、变化方向与趋势和一般规律。人地系统的开放不仅是客观世界发展的必然，也是系统自身发展的需求。经济全球化、区域一体化、市场一体化等为系统之间的交流提供了便利的外部和内部环境，使得各个系统不可能完全地处于封闭之中。

（三）地域性

地球表层存在着明显的差异，不同地域的自然条件、人文景观和发展基础存在很大差别，区域性特征明显。不同地域的人类活动强度、资源环境承载能力、发展的内部和外部环境都有很大差别，其区域的自然结构和社会经济结构差异较大，人地系统地域差异明显。区域的差异性进一步造成了人地系统的多样性，如按照区域综合发展水平、国土开发强度、生态环境综合承载力、人类经济活动布局等标准，可以把区域划分为不同的人地系统类型。在制定人地关系调控发展战略时，要充分考虑发展目标的时序性和阶段性特点，突出特色，发挥优势，实现区际之间的相互协作、相互联系、相互协调以及区域发展要素的优化配置。不同区域的人地系统类型比较也为区域可持续发展的地带性规律总结和相互借鉴提供了可能。

(四) 协调性

人地关系的发展是以保护自然生态环境、促进经济发展、提高人类生活质量、满足人类基本需求为主要目的的发展,妥善解决无限的人类需求与有限的自然供给、社会总消费过大与资源环境承载能力不足等矛盾。人地系统协调是指促进人地系统之间、内部子系统之间、各个要素之间的协调发展,利用协同进化使人地系统结构协调发展,通过构成系统的非线性复合子系统的协调管理而达到协调状态的动态调控过程,其内涵在于人与自然的协调、人与社会的协调、自然环境系统本身的协调,以及自然环境与人之间的资源、生产与消费的协调。协调的原则有地球伦理原则、减负加正原则、适度消费原则等。其中,对于人口生产、物质生产、环境生产以及社会文化生产的协调是人地系统协调的重要方面。人地系统协调还表现为土地承载能力与人类活动强度的协调,人类活动强度不能超过土地承载能力。

(五) 层次性

人地系统的研究存在着尺度的划分,人地系统是一个级序系统。地域作为人地系统相互作用的研究载体,其研究范围可大可小,也可以综合与分解,综合尺度如对于全球、国家人地系统的研究,分解尺度如对于村域或者县域的人地系统研究。人地系统的层次性主要表现为两个方面:一方面是系统自身发展目标的层次性,可以分为系统整体发展目标、子系统发展目标以及各个要素发展目标,按照时间的序列还可以分为近期目标、中期目标、中长期目标、远期目标等几个层次;另一方面是不同尺度之间人地系统发展功能的层次性,包含自然要素和人文要素的不同区域形成了彼此镶嵌或者具有层次性的整体,在整体区域里,每个部分都根据自身的特点与层次地位承担着相应的任务和责任,通过各自功能的完成实现宏观尺度的人地协调目标。因此,在制定区域人地系统发展战略规划时,所在区域发展战略应该与上一层级的发展战略相一致,以实现不同尺度区域的人地协调,进而实现更大范围的人地系统协调发展。

三 人地关系地域系统的基本结构

由要素或者子系统组成的人地系统,通过物质流、能量流和信息流流动，使系统成为一个有机的整体，使得系统具有整体效应与功能。人地系统结构研究的目的在于，从系统内部的各个要素联系视角完整地认识整体结构与功能，运用结构调节的手段有效控制和优化人地系统。对人地系统结构的认识通常分为不同的划分方法，如按照尺度的划分，可以分为宏观尺度结构、中观尺度结构和微观尺度结构；按照系统的相对位置可以分为系统内部结构和外部结构；根据系统时空演变特征可以分为时间结构和空间结构等几种类型。上述标准划分的人地系统结构能够为人地系统的研究提供很好的思路与借鉴，但是在表达不同原生基础、发展基础、发展背景、发展阶段地域的人地系统结构等方面仍然较弱，因此需要尝试用系统内部要素组织或者分布方式来表达人地系统结构，以实现人地系统的整体结构和主导功能。人地系统的内部组成要素多种多样，大致可以分为3种类型：由自然要素结构、人文要素结构组成的二元结构，由社会结构、经济结构、生态环境结构组成的三元结构，由人口结构、资源结构、环境结构和发展结构组成的四元结构（见图3-5）。

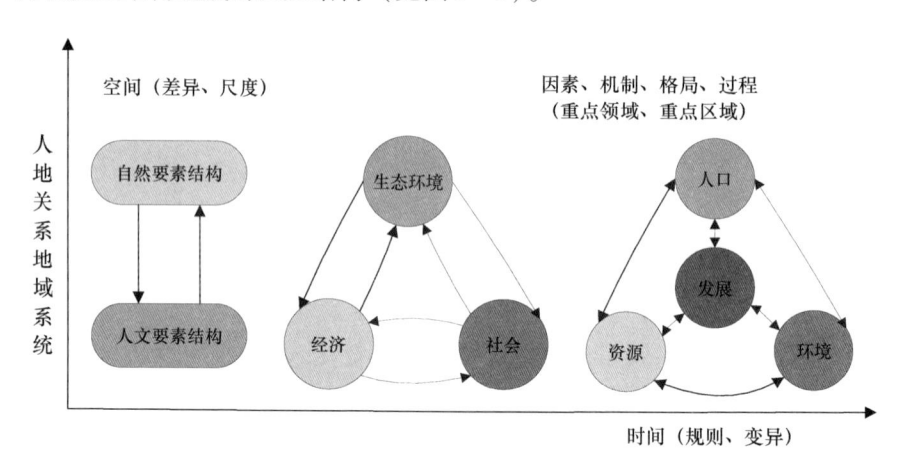

图3-5 人地系统3种基本结构

（一）人地系统二元结构

人地系统二元结构主要包括自然要素结构和人文要素结构，自然要素结构主要包括自然条件（气象、水文、土壤、地形、生物多样性等）、自然资源（水资源、土地资源、矿产资源等）、生态环境以及自然灾害等内容，人文要素结构主要包括人口条件（数量、质量、结构、流动等）、经济增长、产业结构调整、产业布局、消费行为和社会文化等内容。人文要素与自然要素的相互作用和反馈影响是解释人地系统演变机理的重要途径，也是划分人地系统类型的重要依据，研究人地系统实际上是研究人类社会经济活动对自然要素条件的影响，比如对于生态环境的破坏，对于能源、水、土等资源的消耗程度等；同时探讨自然条件对人类社会经济活动的作用，比如区域生态环境质量的恶化对人类生产、生活质量的影响，经济增长进程中的资源障碍等；重视自然因素和人文因素与自然圈层、生产生活空间的相互作用。

(二) 人地系统三元结构

人地系统三元结构主要包括经济结构、社会结构和生态环境结构，其中经济结构是指经济运行的各个环节（生产、分配、交换、消费等）、经济活动的组成要素在空间和时间等方面存在着内在联系，以及由于这种内在联系所表现出的系统性和完整性。社会结构是指在人与自然、人与人互动过程中，形成的协调人地关系的经济优化路径、社会资本、环境技术体系、环境管理政策和区际关系等经济的、组织的、管理的、技术的关系在内的整体。生态环境结构是指由地质、大气、水、土壤、生物等自然要素在特定的时空条件下形成的相互关联、相互制约的有机统一体，它是具有自然和人文等要素的环境复合体，如聚落环境和生产环境等也是生态环境结构的一部分[①]。经济结构、社会结构、生态环境结构三者是相互联系、相互影响的统一整体，在人地关系中涉及最多的是经济结构与生态环境结构的关系、社会结构与生态环境结构的关系，而对于经济结构与社会结构的关系研究较少。经济结构与生态环境结构的关系，主要体现为生态环境是人类生存和发展的基本条件、经济发展是生态环境的重要保证、生态环境与经济发展既互为制约又相互促进，社会结构与生态环境结构的关系表现为人口、消费方式、技术、文化等对生态环境的影响以及生态环境对人口、文化的影响；经济结构与社会结构的关系体现为经济发展是社会发展的基础和手段、社会进步是经济发展的最终目的。

(三) 人地系统四元结构

主要包括人口结构、资源结构、环境结构、发展结构等内容，即PRED结构，具有高度复杂性、不确定性、多层次性、区域性、可调控性、

---

① 任启平：《人地关系地域系统要素及结构研究》，中国时代经济出版社2007年版，第12—20页。

层次性等特征。人口结构是区域 PRED 结构的主体和核心,也是具有主动性、最积极与最活跃的因素。其数量和质量是人地系统优化的关键,资源结构是 PRED 结构存在的物质能量基础,是人类赖以生存和发展的物质基础,也是社会经济发展的必要条件。环境结构是人类生存和发展的场所,直接影响到人类生存的质量和资源的利用程度。发展结构是 PRED 结构的核心,其发展包括经济增长和社会福利水平的提高,既包括人的自身发展,也包括社会各方面的发展。许多学者将人地系统的协调归结为 PRED 协调,这四大问题的相互作用、相互影响和相互制约,在一定区域上复合而成为联系紧密的统一整体。PRED 之间的协调是在系统与环境的相互作用、系统内部相互作用的推动力下,各个要素之间的物质流、能量流和信息流的有序流动,系统朝着有序度和自组织性不断提高的方向演进,其关键是人口增长、资源利用、环境保护与社会经济发展之间在不同时空尺度上的协调发展(见表 3-1)。要使得 PRED 协调演化发展,就必须自觉调控自身与结构要素的发展,使得结构的发展与地域环境容量和功能相适应,实现人地关系的协调发展,避免 PRED 发展不合理所带来的系统波动。

表 3-1　　　　　　　　PRED 系统关系结构矩阵①

关系结构		区域 PRED 系统因子				系统环境（系统汇）
		人口	资源	环境	发展	
区域 PRED 系统因子	人口	人口结构	人口→资源	人口→环境	人口→发展	人口→外系统
	资源	资源→人口	资源结构	资源→环境	资源→发展	资源→外系统
	环境	环境→人口	环境→资源	环境结构	环境→发展	环境→外系统
	发展	发展→人口	发展→资源	发展→环境	发展结构	发展→外系统
系统环境（系统库）		系统外→人口	系统外→资源	系统外→环境	系统外→发展	系统外→人口

四　人地关系地域系统的基本功能

功能是物质系统所具有的作用、行为、能力和功效等,系统功能是各个构成要素之间相互联系实现的,功能与结构相互依存、相互制约,结构的状态决定功能,而功能反过来又对结构起到重要的作用,同时环境的任

---

① 王黎明:《面向 PRED 问题的人地关系系统构型理论与方法》,《地理研究》1997 年第 2 期。

何变化都可能导致系统结构和功能的变化。人地系统的功能主要有基础承载功能、基础生产功能、基本反馈功能等。

（一）基础承载功能

人地系统为人类生存和发展提供了一个具有稳态效应的巨系统，在巨系统内既为人类提供基本的生存空间和载体，也为人类提供基本的生产和生活资源，比如土地资源、水资源和矿产资源等，并容纳人类活动所带来的污染物等。资源环境综合承载能力是基础承载功能的重要表征，又可以分为水资源承载力、土地资源承载力、矿产资源承载力等，人类的社会经济活动不能超过区域资源环境承载能力是区域人地系统协调的关键。

（二）基础生产功能

人地系统为人类提供基本的生存条件和生活资料，农业解决人类生存发展的基本粮食需求，满足人类的基本温饱问题。工业提供人类所必需的工业产品，满足人类基本生活的用品。服务业满足人类的基本文化、卫生、教育等需求。人地系统通过各个产业的生产活动，在满足人类基本福利条件的基础上提高人类生活质量。同时，生产、分配、交换、消费等环节是人类物质生产的重要环节，在此环节中人类一方面利用环境中的自然资源作为生产要素，另一方面向环境释放有害物质和污染物，因此合理利用自然资源并协调好与环境的关系是实现基础生产功能的前提与保证。

（三）基本反馈功能

随着人类社会经济活动广度和深度的不断扩张，人类活动对地理环境的影响尺度和深度也越来越大，地理环境系统具有的反馈功能，如人类活动引起的水土资源短缺、土壤退化、环境污染、生物多样性破坏以及全球变化等问题，正对人类的生产和生活产生极大的影响，也逐渐成为影响区域发展的瓶颈因素。

五 人地关系地域系统的基本原理

人地系统各个子系统之间、系统内各个要素之间具有较强的转换能力与互补关系，促使系统向整体进化的方向协调。当前涉及的人地关系演进规律大致有人地矛盾律、人地渗透律、人地互动律、人地作用加速律、人地关系不平衡律等基本演进规律，将人地系统的基本原理总结为限制与超越原理、人地系统互动原理、协同进化原理、协调有序利用原理、自组织原理等。概括而言，可以归纳为人地系统互动反馈原理、人地系统自组织原理、人地系统阈值原理。

（一）人地系统互动反馈原理

人地系统的互动关系中，人类活动会引起地理环境的不断发展变化，地理环境的变化反过来会引起人类活动的相应调整以及适应，人类活动与地理环境的变化会产生一系列的连锁变化，在人地处于关联互动的共同演进过程中，人地系统是人与地互动、区域与区域互动、系统内与系统外互动、要素与整体互动的有机统一。人地系统的发展演进是在人地互动关系的主线之下，在各个构成要素非线性互动的综合作用下完成。

（二）人地系统自组织原理

由于系统内部和外部之间的有机联系同时作用于人地系统的演变进程，使人地系统成为一个弹性和吸纳性很强的结构。一般而言，系统的组分越复杂，能量流动和物质循环的途径越多样，其自我调节能力越强，反之则自我调节能力越弱。系统在相对协调的组织关系中不断进化，又在存在各种问题与障碍的组织关系中，根据外部环境条件的发展与变化不断进行适时调整，使得系统向有序结构转变。系统的自组织原理使得系统具有很强的抗干扰能力，特别是有些类型的人地系统具有人类活动强度大、生态环境脆弱的特点，提高人地系统的恢复性和适应性是降低其脆弱性和风险性的重要内容。

（三）人地系统阈值原理

人类活动的强度不能超过区域资源环境承载能力。地理环境系统在一定范围内、一定条件下具有自我调节能力，但如果人类活动强度过大、外界干扰过大，超出地理环境本身的资源环境承载能力界限，地理环境系统的平衡就会遭到破坏，自我调节能力受到限制，失去了系统应该具有的功能，这个界限就是系统阈值。因此，必须遵循与地理环境资源环境承载能力相适应的生态环境平衡、生态环境阈值以及循环经济规律等自然规律和人文规律，在地理环境允许的范围内充分利用地理环境内各要素所产生的资源环境条件，对地理环境实施补偿原则，维护和保持资源赖以生存的环境，实现资源的永续利用。

第四章

人地关系地域系统演变影响因素与作用机制研究

第一节 人地关系地域系统状态演变

一 地理熵视角下人地关系地域系统的状态演变

人地系统正常状态是指适宜人类生存、地理环境没有明显退化下的人地关系状态，人类活动与资源环境承载能力在一个合适的弹性范围之内，当地域系统由于受到系统外力以及系统内部结构变化而发生变化，超出资源环境承载能力范围时，地域系统会发生剧烈改变和因素重组，系统内部与外部之间的物质流动、能量流动和信息流动将进入另一种状态，地域系统将会由正常状态向非正常状态演变。

综合考虑人地关系地域系统，人类活动的无序性是造成人地矛盾的重要原因。可以从人类活动对生态环境的影响判断人类活动的有序与无序状态，如在一段时期内人类活动通过生态补偿、退耕还林、退耕还草、植树造林、退田还湖、生态产业、控制污染物排放量等方式，使得人类活动呈现有序的状态和趋势，而相反，人类活动通过城市空间的扩张占用大量的耕地、流域的过度开发、海岸带土地利用类型的变化等行为使得人类活动对生态环境负效应加大，人类活动呈现无序状态与趋势。地域系统承载容量包括自然容量和人文容量，其中自然容量是地域承载的最基本基础，在一定的时空范围特别是工业化和城市化的快速推进时期内，生态环境的自然过程远远满足不了人类的基本需要，难以支持人类发展，同时地域系统容量的有限性也加剧了生态环境资源供给与需求的矛盾程度①。

耗散结构理论指出人地关系地域系统是远离平衡状态的开放系统，熵是系统混乱程度的标志之一，地理熵是表征人地关系地域系统的混乱程度指标之一。人地关系的状态是由微观尺度状态组成的，当这种尺度与组成结构越单调简单甚至趋向于固定单一的人地关系地域系统范式时，该人地关系地域系统表现为整体有序结构，其地理熵值比较低，直至为零。相反，当地域系统内的尺度构成与要素构成方式越复杂，即越趋向于各种形式的机会均等化时，地域系统往往表现为无序状态，集中表现为人类活动结构的无序性。无序状态所对应的地理熵值较高，甚至趋向于无穷大，直至处于完全的无序状态。一般而言，地域系统的地理熵值介于零到无穷大之间，地域系统的自组织能力与熵值水平是相互适应的。因此，地域系统的熵值水平会自发地、短暂地向着某个水平靠近，并且由于自组织能力的存在，企图达到并维持该水平的趋势②。

地域系统熵是指人类活动所产生的熵与地域承载所产生的熵的绝对值之差，人地关系状态的演变和发展可以用两时刻人地系统熵的差值来判断③。假设人类活动设为 M，地域系统的承载容量为 C，k_1、k_2 分别为地域系统人类活动和承载容量的协调系数。设地域系统熵（V）的计算公式为：

$$V = k_1 \text{Ln} M + k_2 \text{Ln} C \qquad (4-1)$$

假设人类活动熵为 V_M、系统内地域承载所产生的熵为 V_C，则公式（4-1）可以转化为公式（4-2），人地系统熵等于地域承载系统熵与人类活动熵之和。

$$V = V_m + V_c \qquad (4-2)$$

地域系统承载力在一定的历史阶段、技术发展水平下基本保持不变，但会显示出明显的差异性，例如，在生态环境基础好的地区地域系统承载力条件较好，而生态环境脆弱的地区地域系统承载力条件较差。人类活动越无序，地域系统出现突变的可能性越大。特别是对于生态环境脆弱的地

---

① 乔家君、李小建：《村域人地系统状态及变化的定量研究——以河南省三个不同类型村为例》，《经济地理》2006 年第 2 期。

② 韩永学：《人地关系协调系统的建立——生态伦理学的一个重要补充》，《自然辩证法研究》2004 年第 5 期。

③ 冯卫红：《基于人地关系的生态旅游地域系统演变定量分析》，《人文地理》2006 年第 4 期。

区，较弱的人类活动也可能产生地域系统状态突变。根据上述人地系统熵值分析，可以将地域系统内人地关系状态划分为10种状态（见图4-1）。对公式（4-2）而言，V的取值可能存在3种情况：

$$V_x = V_m + V_c \qquad (4-3)$$

当$V<0$时，有$V_m<V_c$，人类活动产生的熵小于地域系统承载熵，地域系统相对有序，人地关系也相对协调，对应类型Ⅳ、Ⅴ、Ⅵ、Ⅶ，属于人地系统协调共生型，其中Ⅴ、Ⅵ为最理想状态，此时$V_m<0$、$V_c<0$，人类活动和承载容量均向有序方向发展，有序度越来越大，人地系统由低级协调向更高一级协调状态演进；当$V>0$时，有$V_m>V_c$，人类活动产生的熵大于地域系统承载熵，地域系统相对无序，人地关系状态相对恶化，对应类型Ⅰ、Ⅱ、Ⅲ、Ⅷ，属于人地系统矛盾冲突类型，其中Ⅰ、Ⅱ冲突最厉害，此时$V_m>0$、$V_c>0$，人地系统向恶性化方向发展，集中表现为经济衰退和地理环境的恶化；当$V=0$时，人类活动产生的熵等于地域系统承载熵，人地关系在一个相对平衡的状态，对应Ⅸ、Ⅹ类型，属于警戒协调型，包括两个方面：一是由协调型向冲突型转变；二是由冲突型向协调型转变。从t_1到t_2时间段内，系统变化的关键在于熵值V的积累程度T的变化。其中：

$$T = \int_{t_2}^{t_1} V \mathrm{d}v = \int_{t_2}^{t_1} (V_m - V_c) \mathrm{d}v \qquad (4-4)$$

当$T<0$时，表明地域系统向着有序度增加的方向发展，地域系统在相应的时间段内越来越有序，人地关系趋于协调。当$T=0$时，表明地域系统有序度没有发生明显的改变，地域系统的状态基本维持不变，人地关系也基本维持不变。当$T>0$时，表明地域系统向着有序度降低的方向发展，地域系统在相应的时间段内越来越恶化，人地关系趋向恶化。

二 Logistic模型视角下人地关系地域系统的状态演变

人类活动与地理环境的演化存在着相互作用的动态关系，地理环境是人类活动的基础支撑，而人类活动是地理环境演变的直接动力，人类活动不断地改造与利用生态环境和自然资源，同时地理环境也不断地与人类活动系统进行物质流、能量流和信息流转换。根据刘耀斌、刘艳军等对区域开发强度与资源环境水平耦合关系的研究，构建人类活动强度与地理环境恶化程度的互动演化曲线（见图4-2）。

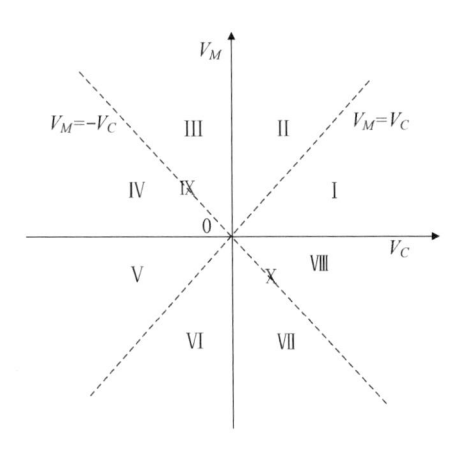

图 4-1 人地关系地域系统内不同组分熵的人地关系状态组合

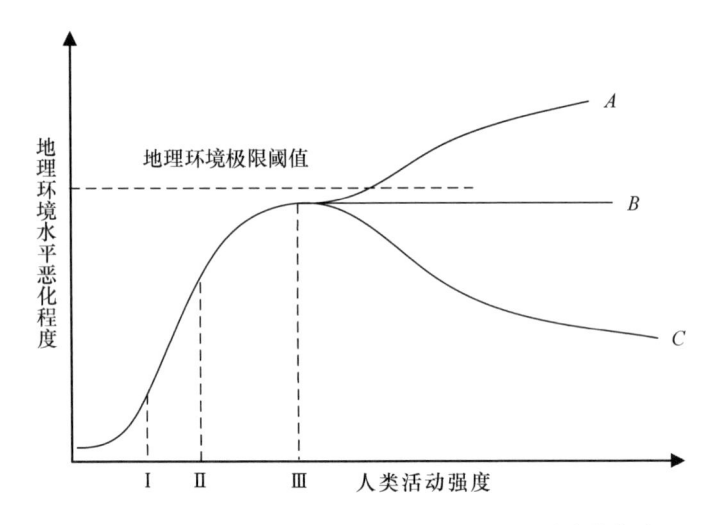

图 4-2 人类活动强度与地理环境恶化程度互动演化曲线

阶段Ⅰ，人类活动强度较弱，经济与人口规模相对较小，人类活动对地理环境的影响相对较小，同时人类活动与地理环境相互作用的程度较弱，人类活动强度远没有达到地理环境的承载极限。阶段Ⅱ，随着人类活动强度逐渐提高，特别是伴随着经济与人口规模不断扩大，对土地的利用与需求不断增强，人地关系的矛盾更多表现为人口与粮食的矛盾冲突，此时人类活动对地理环境的影响逐渐增大，人类活动与地理环境之间的矛盾冲突逐渐加大，但还没有超过地理环境承载能力，人地关系矛盾虽然激化，但被控制在一定的范围内。阶段Ⅲ，随着科技水平的进一步提高，区域资源开发利用的广度和深度不断加大，特别是工业化和城镇化的快速推进，大规模的资源开采和使用推动了经济的发展，资源需求总量逐渐扩大，产生严峻的生态环境问题。同时医疗水平的提高促进人口自然增长率的提升，人口规模在短时间内得以快速增长，加剧了人口同地理环境的矛盾与冲突。此时，地理环境对人类活动的约束与反馈作用较强，面临着3种演变模式：

A 模式——不可持续发展之路。继续沿用原先的经济发展模式，没有采取积极有效的资源环境政策措施、资源环境产权制度改革与创新，经济粗放型的特征并没有得到根本改变；水土资源、矿产资源以及能源等消耗继续快速增长，环境污染物的排放持续扩大，区域生态环境继续恶化，甚至超过了资源环境的极限，地理环境破坏严重，地理环境的恢复力受到破坏，走向不可持续发展之路。

B 模式——折中之路。存在着发展与生态环境保护的冲突，既要发展又要保护环境，但此时又不能完全放缓发展速度，因此在采取一定资源环境政策的同时，注重发展与资源环境保护的同步。需要注意的是，虽然资源环境恶化程度没有得到进一步增加，但地域系统仍然面临着严重的资源环境压力，需要分阶段实施资源环境保护战略，促进人地关系的协调。

C 模式——可持续发展之路。积极采取有效的应对措施，逐渐将粗放型经济发展方式向集约型发展方式转变，人类活动强度对资源环境的胁迫程度逐渐减弱，地理环境的恶化水平逐渐降低到地理环境承载力范围之内，实现人类活动强度与资源环境恶化水平的脱钩，从而促进两者的良性互动。

综上所述，积极有效的应对措施对减弱人类活动对地理环境胁迫影响具有重要作用，也会实现人类活动与地理环境的高级化和协调化发展。

使用 Logistic 模型描述人类活动对地理环境的影响作用：

$$\frac{\mathrm{d}X}{\mathrm{d}t} = rX\left(1 - \frac{X}{K}\right) \qquad (4-5)$$

式中，X 描述人类活动的进行程度，并设最大程度即地理环境最大承载能力 K 值为 1，r 描述人类活动的增长速率，$\frac{\mathrm{d}X}{\mathrm{d}t}$ 表示人类活动对地理环境影响的速率。

将公式（4-5）展开，两边同除以 X^2 得到方程：

$$\frac{1}{X^2} = \frac{dX}{dt} = \frac{r}{X} - \frac{r}{K} \qquad (4-6)$$

设 $Y = 1/X$，代入公式（4-6）得到：

$$-\frac{dY}{dt} = rY - \frac{r}{K} \qquad (4-7)$$

解一阶微分方程，得到 Y 的表达式为：

$$Y = \frac{1}{K} + ce^{-rt} \quad (c \text{ 为常数}) \qquad (4-8)$$

即 X 关于 t 的表达式为：

$$X = \frac{1}{1/K + ce^{-rt}} \qquad (4-9)$$

该模型包含自我抑制作用：当 $X < k$ 时，影响速率大于零，人类活动对地理环境的影响处于上升阶段；当 $X = k$ 时，影响速率等于零，影响程度达到地理环境最大承载能力 1，不再上升，处于平衡阶段；当 $X > k$ 时，影响速率小于零，人类活动对地理环境的影响开始下降，直至达到平衡阶段，但是如果地理环境的承载能力遭受到不可修补的破坏，人地系统则可能崩溃。

公式（4-5）两边同除以 X，得到：

$$\frac{dX/dt}{X} = r\left(1 - \frac{X}{K}\right) \qquad (4-10)$$

公式（4-10）表示人类活动对地理环境的相对影响速率，其变化程度由增长速率和影响程度共同决定。

在此基础上两边同乘以 t 得到：

$$\frac{dX/dt}{X/T} = rt\left(1 - \frac{X}{K}\right) \qquad (4-11)$$

该公式利用弹性概念来表示影响程度相对于时间的弹性，在不同时间点上人类活动对地理环境的影响速率都是不同的，其大小取决于时间、增长速率和影响程度。令 $rt\left(1 - \frac{X}{K}\right) = 1$，得到 $X = \left(K - \frac{K}{rt}\right)$，即当人类活动对地理环境的影响程度为 $\left(K - \frac{K}{rt}\right)$ 时，弹性为 1，此时人类活动的进行不会改变影响速率的大小；当 $X < \left(K - \frac{K}{rt}\right)$ 时，弹性大于 1，人类活动的进行将使

影响速率不断增大；当 $X > \left(K - \dfrac{K}{rt}\right)$ 时，人类活动的进行将使影响速率不断减小，直到 $X = K$ 时影响速率减为 1。综上所述，人类活动的进行应当维持在 $\left(K - \dfrac{K}{rt}\right)$ 至 K 之间，才能达到人地关系相互和谐的水平。

人类活动对地理环境的影响程度越接近 1，增长速率 r 和影响程度 X 的作用越明显，不同的行为决策将导致人地关系系统呈现循环、停滞、倒退抑或可持续发展等不同表现。分别引入阻滞因子 s（$0 < s < r$）和作用系数 δ（$0 < \delta < 1$），表示税收、许可证等阻滞人类活动增长速率的各种因素以及资源开发、技术创新等引起环境承载力增长或者人类活动影响程度降低的作用因素，代入公式（4-5）得到：

$$\frac{\mathrm{d}X}{\mathrm{d}t} = (r - s)X\left(1 - \delta\frac{X}{K}\right) \quad (4-12)$$

对公式（4-12）进行公式（4-6）—公式（4-9）的运算得到 X 关于 t 的表达式为：

$$X = \frac{1}{\delta/K + ce^{-(r-s)t}} \quad (4-13)$$

由公式（4-13）可知，当达到环境承载力最大值的时间被延长时，人类活动对地理环境的影响程度被减弱；当 $X < K/\delta$ 时，人类活动对地理环境的影响速率大于零；当 $X = K/\delta$ 时，影响速率等于零，人类活动的影响程度达到地理环境的最大承载能力，达到平衡阶段；当 $X > K/\delta$ 时，影响速率小于零，系统开始发挥自我抑制作用或者发生系统崩溃。

相应地，得到相对影响速率为：

$$\frac{\mathrm{d}X/\mathrm{d}t}{X} = (r - s)\left(1 - \delta\frac{X}{K}\right) \quad (4-14)$$

影响速度相对于时间的弹性为：

$$\frac{\mathrm{d}X/\mathrm{d}t}{X/t} = t(r - s)\left(1 - \delta\frac{X}{K}\right) \quad (4-15)$$

在此条件下维持人地关系协调的条件是人类活动进行程度应当在 $\dfrac{K}{\delta t\,(r-s)}$ 至 $\dfrac{K}{\delta}$ 之间。

三 索罗模型视角下人地关系地域系统的状态演变

资源要素和环境要素在外生增长的新古典模型——索罗模型中是不存

在的。随着资源环境的约束瓶颈越来越大，许多学者认为资源环境对经济增长的影响是至关重要的[①]，经济产出是人地系统最重要的产出，从索罗模型可以推导资源环境对经济增长的约束效应。

首先，假设规模报酬不变，建立生产函数。

$$Y(t) = K(t)^{\alpha} R(t)^{\beta} P(t)^{\gamma} [A(t)L(t)]^{1-\alpha-\beta-\gamma} e^{\varepsilon} \qquad (4-16)$$

式中，$Y(t)$ 表示产出，$K(t)$ 表示资本，$R(t)$ 表示资源数量，$P(t)$ 表示环境污染量，$A(t)$ 表示知识或者劳动的有效性，$L(t)$ 表示劳动，α 是资本生产弹性系数，β 是资源生产弹性系数，γ 是环境污染弹性系数，ε 为随机扰动项。由索罗模型可知，$\Delta K(t) = sY(t) - \delta K(t)$，$\Delta A(t) = gA(t)$ 和 $\Delta L(t) = nL(t)$，其中，s 为储蓄率、δ 为资本的折旧率或资本的贴现率、g 和 n 分别为技术的增长率和劳动进步率。以 $g_x(t)$ 表示变量 X 的增长率。对公式（4-16）两边取对数，得：

$$\ln Y(t) = \alpha \ln K(t) + \beta \ln R(t) + \gamma \ln P(t) + (1-\alpha-\beta-\gamma)$$
$$[\ln A(t) + \ln L(t)] + \varepsilon \qquad (4-17)$$

并求时间的导数，得到产出的增长率：

$$g_Y(t) = \alpha g_K(t) \beta g_R(t) + \gamma g_P(t) + (1-\alpha-\beta-\gamma)$$
$$[g_A(t) + g_L(t)] + \varepsilon \qquad (4-18)$$

式中，$g_Y(t)$、$g_K(t)$、$g_R(t)$、$g_P(t)$、$g_A(t)$、$g_L(t)$ 分别表示 $Y(t)$、$K(t)$、$R(t)$、$P(t)$、$A(t)$、$L(t)$ 的增长率；在索罗模型的平衡增长路径上，$g_Y(t)$ 与 $g_K(t)$ 相等；设 $g_A(t)$ 和 $g_L(t)$ 分别为 g 和 n；$g_R(t)$ 和 $g_P(t)$ 的增长率分别为 g_R 和 g_P。则在平衡增长路径上的 $Y(t)$ 的增长率（忽略随机扰动项 ε）为：

$$g_Y^{bgp} = \frac{\beta g_R + \gamma g_P + (1-\alpha-\beta-\gamma)(g+n)}{1-\alpha} \qquad (4-19)$$

单位劳动力平均产出增长率为：

$$g_{Y/L}^{bgp} = g_Y^{bgp} - g_L^{bgp} = \frac{\beta g_R + \gamma g_P + (1-\alpha-\beta)(g+n)}{1-\alpha} - n$$

$$= \frac{\beta g_R + \gamma g_P + (1-\alpha-\beta-\gamma)g - (\beta+\gamma)n}{1-\alpha} \qquad (4-20)$$

由于资源是有限的，在长期内用于生产的资源数量不会增长，环境污

---

① Solow, R. M., "A Contribution to the Theory of Economic Growth", *Quarterly Journal of Economics*, Vol. 70, No. 1, February 1956.

染的数量也受到限制，因此假设 $g_R(t)$ 和 $g_P(t)$ 的值为零，则有单位劳动力平均产出增长率：

$$g_{Y/L}^{2bgp} = \frac{(1-\alpha-\beta-\gamma)g - (\beta+\gamma)n}{1-\alpha} \quad (4-21)$$

为了计量资源限制对经济增长造成的影响，Nordhaus（1992）在理论上假设在长期内资源数量不受限制，单位劳动力平均资源量不变，即资源和环境污染的增长率与人口增长率一致，上述假设也符合可持续发展的要求。

在上述假设下，以资源为例计算劳动增长率为 n 时的资源单位劳动力平均产出增长率，记为 $g_{Y/L}^{bgp}(R)$：

$$g_{Y/L}^{bgp}(R) = \frac{\beta n + (1-\alpha-\beta-\gamma)g - (\beta+\gamma)n}{1-\alpha} = \frac{(1-\alpha-\beta-\gamma)g - \gamma n}{1-\alpha} \quad (4-22)$$

假设经济增长资源环境约束度由资源和环境污染的约束度之和组成，以资源为例计算约束度：

$$Drag_R^g = g_{Y/L}^{bgp}(R) - g_{Y/L}^{2bgp} = \frac{(1-\alpha-\beta-\gamma)g - \gamma n}{1-\alpha} - \frac{(1-\alpha-\beta-\gamma)g - (\beta+\gamma)n}{1-\alpha} = \frac{\beta n}{1-\alpha} \quad (4-23)$$

同理，环境污染约束度为：

$$Drag_P^g = \frac{\gamma n}{1-\alpha} \quad (4-24)$$

因此，经济增长资源环境约束度为：

$$Drag_{RP}^g = Drag_R^g + Drag_P^g = \frac{(\beta+\gamma)n}{1-\alpha} \quad (4-25)$$

四 人类文明发展视角下人地关系地域系统的状态演变

综合人类文明发展阶段，可以将人地关系地域系统的演变大致分为原始文明人地关系和谐共生阶段、农业文明人地关系顺应与矛盾发展阶段、工业文明人地矛盾升级冲突阶段、生态文明人地协调共生阶段（见图4-3）。伴随着人类文明状态的演进，其特征也会发生相应程度的演变（见图4-4）。人类对于自然的认识由敬畏自然向改造自然和战胜自然转变，最后转向尊重自然，人类活动的需求结构也随之由生存需求向发展需求和生态需求转变，需求结构促使产业结构转变，环境效应演化方向为自然演进→缓慢退化→恶化加剧→修复与协调。

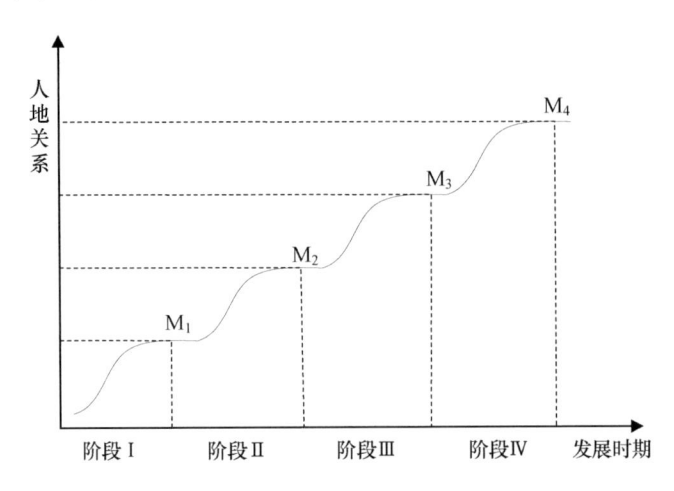

图 4-3 人地关系地域系统演变过程

主导因素	本底条件	自然条件	资源技术	环境资源
区际关系	封　闭	封闭掠夺	转移合作	互补合作
技术形式		农业技术	工业技术	生态技术
演变尺度	个体/群体	部落/地区	地区/国家	国家/全球
环境响应	自然演进	缓慢退化	恶化加剧	修复协调
发展模式	低级协调	矛盾累积	矛盾冲突	协调共生
空间结构	均　衡	相对均衡	非均衡	空间均衡
产业结构	采集狩猎	农业产业	工业产业	生态产业
需求结构	生存需求	生存需求	发展需求	生态需求
认识属性	敬畏自然	改造自然	征服自然	尊重自然
发展阶段	原始文明	农业文明	工业文明	生态文明

图 4-4 人地关系地域系统演变各个阶段特征比较

（一）原始文明人地关系和谐共生阶段（第Ⅰ阶段）

在此段时期内，人地关系处于低水平人地协调阶段。没有突出的发展产业，基本需求结构是生存需求，区域的自然本底条件成为人地关系演化的主要影响因素。人类对于地理环境的影响既没有超过自然环境的生态阈值，也没有形成真正意义上的经济结构。由于人口规模较小以及改造自然的能力有限，人类活动对于生态环境的干预和影响程度较小，区域内具有很强的生态弹性平衡机制，区域之间的联系并不密切，区域内部和区域外部人地关系整体上处于低层次的协调状态，但人类活动更多的是依赖于自然（见图4-5）。

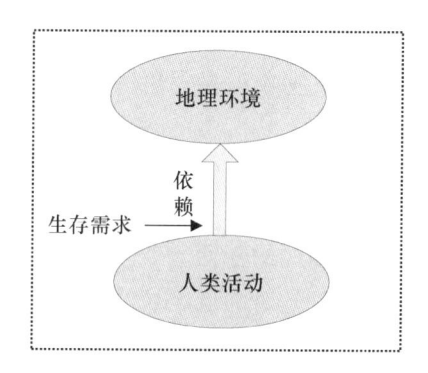

图4-5 低水平人地协调阶段人地关系示意图

（二）农业文明人地关系顺应与矛盾发展阶段（第Ⅱ阶段）

此阶段是农业发展的主要阶段，也是区域人地关系紧张和矛盾不断加剧的重要时期。人口迅速增加使得粮食的需求极大提升，加大了对区域内未利用土地的开垦，导致区域内森林面积减少、水土流失严重等问题出现，人类对于环境改造的能力在局部范围内超过了环境所能容纳的限度，部分地区出现生态退化现象。区际之间的联系主要表现为人口迁移流动与粮食等农业产品的流通，或多或少对区域内和区域外的人地关系造成一定的影响，特别是对输出粮食区域和人口转入区域的人地协调关系，但区际之间的联系形式与状态往往很局限，联系紧密度也不强。因此，此段时期内由于生产力发展相对缓慢，人类活动总体上遵循了地理环境的自组织原则，生态系统的基本结构并没有被破坏，从而人地矛盾局限于较小的范围之内（见图4-6）。

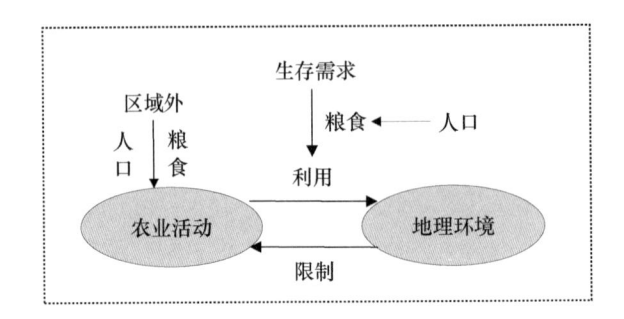

图 4-6 矛盾的累积与发展阶段人地关系示意图

（三）工业文明人地矛盾升级冲突阶段（第Ⅲ阶段）

伴随着农业发展积累，工业生产成为主要的生产活动，工业作为国民经济的主体和产业布局的核心，在产生巨大经济效益的同时也产生了严重的环境问题。随着人类需求结构由生存需求向发展需求转变，工业化和城市化成为区域发展的主要内容，人类活动与自然环境之间的物质和能量转换在广度和深度上都超过了以往任何时期。区际关系也成为影响区域人地关系演化的重要内容，特别是对临近区域的资源剥夺、污染密集型产业的转移、污染密集型产品的流通等方式，在剥夺相邻区域发展权的同时，造成了相邻人地关系的持续恶化。随着全球化和区域一体化进程的推进，人地关系状态会影响到整个更大区域的人地关系状态。此段时期由于人类科技水平的提高以及发展理念的不合理性，人类活动有脱离资源环境约束的倾向，人类活动对地理环境影响的尺度、广度和深度都持续增加，从而表现出资源短缺、环境质量下降等人地关系矛盾问题，人地关系进入了矛盾升级与冲突阶段（见图 4-7）。

（四）生态文明人地协调共生阶段（第Ⅳ阶段）

意识到传统的通过高消耗追求经济数量的增长与先污染后治理的牺牲资源环境的发展模式并不是可持续的发展模式，建立区域可持续发展机制成为应对人地关系恶化的重要内容。良好的环境需求成为推动发展理念转变、发展模式转型、构建空间管治制度的重要推动力，也成为推动人地关系向协调方向演化的重要途径。区际之间的剥夺关系也转向与区际之间的均衡与协调，注重与周边区域的相互协调，实现发展成果的均等化。人地协调共生阶段的形成需要相当长的过程，实际过程中面临着许多不可确定的因素，在转型的过程中也会伴随着严峻的资源短缺和环境恶化等人地关

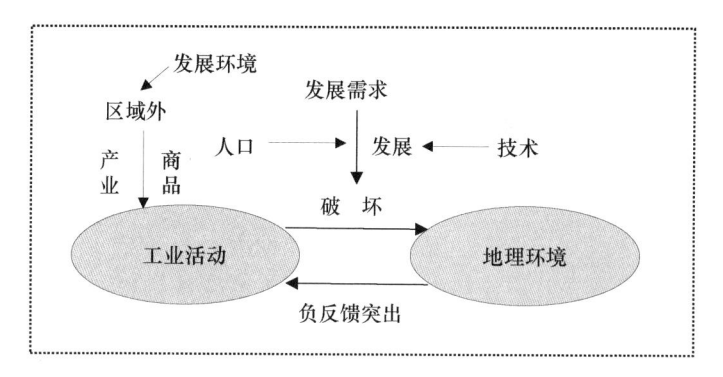

图 4-7 矛盾升级冲突阶段人地关系示意图

系不和谐问题（见图 4-8）。

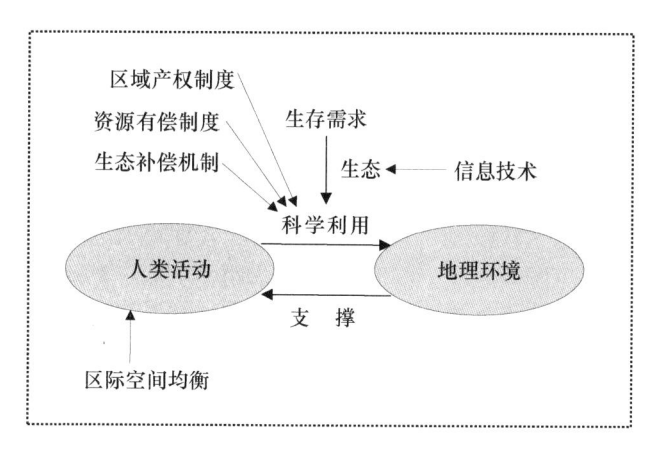

图 4-8 人地协调共生阶段人地关系示意图

第二节 人地关系地域系统演变影响因素解析

一 自然地理环境

自然地理环境是指在自然力和人为作用力影响下的自然环境条件，主要包括自然条件和自然资源，以及自然条件和自然资源所构成的生态环境资源。自然地理环境是由自然要素相互关联而组成的复杂综合体，这些要素主要包括地貌、地质、气候、水体、土壤、植被等，各种自然要素的综合交互作用不仅形成了人类赖以生存的自然条件，还向人类提供基本的自然资源。自然资源主要包括气候资源等可再生资源，矿产资源等不可再生资源，水资源、生物资源等可更新资源，因此，自然地理环境具有环境属性、资源属性。

自然地理条件具有区域性、整体性、动态性和有限性的特点。其中，区域性指不同区域由于地带性因素和非地带性因素的差异，使得自然地理环境要素在空间上具有明显的地域分异规律；整体性指自然地理环境是由各个地理要素组成的有机整体，各种地理现象和过程在空间上是相互联系、相互耦合、相互制约的，一个自然地理要素的变化可能会引起一系列的连锁反应；动态性指随着交通、技术等条件的变化，自然地理环境也会发生新的变化，同时现在的自然地理环境与过去的自然地理环境是分不开的；有限性指自然地理环境对人类活动的影响是有限度的，自然地理环境本身具有的承载能力是有限的，因此自然条件对于基础性生产活动并不是无限制的，同时与人文地理环境的匹配性也使得自然地理环境对区域开发的支撑有一定的限度。

（一）自然地理环境提供基本的生产、生活和生态功能

自然地理环境具有环境、资源的双重属性，能够提供基本的生产、生活和生态功能（见图4-9）。在生产、生活功能方面，气候、地貌、水文、土壤与地质条件构成了最基础的生态物质能量条件，形成了特定区域的光生产潜力和温生产潜力（气候潜力），满足农业活动的需要，矿产资源、林业资源和水产资源提供了基本的生产和生活条件，也构成区域发展的初始条件。资源与环境可以直接投入或者参加社会生产过程，其性质直接影响到人类活动的性质。自然资源与环境资源的质量与数量在一定程度上决定了相关产业的空间格局，如高新技术产业、采掘业生产活动都对其有特殊要求。随着社会经济的发展，良好的环境质量是吸引高素质人才的重要因素，同时成为人类活动的重要生产要素。

自然地理环境具有重要的生态功能，生态功能主要是通过生态系统来实现的。Daily（1997）、Costanza（1997）将生态系统服务定义为生态系统与生产过程所产生的、能够维持人类生存的自然环境条件及其效应[1]。生

---

[1] Daily, G., *Nature's Services: Societal Dependence on Natural Ecosystems*, California: Island Press, 1997, p.67; Costanza, R., D'Arge, R. and De Groot, R., et al., "The Value of the World's Ecosystem Services and Natural Capital", *Nature*, Vol.387, No.6630, May 1997.

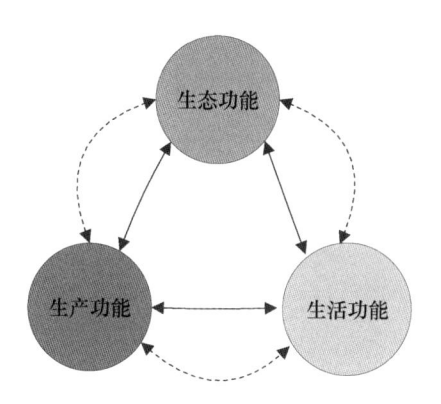

图 4-9 自然地理环境的基本功能

态系统的服务功能是人类生存发展的物质基础条件,为人类提供实物性的生态产品,而通过生物多样性形式提供的非实物型生态服务同样为人类带来了巨大的福利。生态系统的功能是构建系统内生物有机体生理功能过程,是维持生态系统服务的基础,其多样性对于生态系统持续不断提供所需要的产品和服务这一功能具有重要意义。一般而言,生态系统在生产过程中通过物质循环、能量流动以及信息传递等方式不断地实现生态系统产品服务、调节服务、文化服务、支持服务等基本生态服务。

(二) 自然地理环境影响地域分工的内因机制

自然地理环境具有自然资源和自然条件的差异性,不同的资源环境结构形成了不同区域的最基础比较优势,为区域人类社会经济活动的劳动地域分工提供了基本基础与条件。水资源、土地资源、矿产资源等资源以及基本的气候、地形、地貌、地质等自然条件和区位条件形成某种自然地理环境在地域上的差异,促进地域分工格局的形成,而已形成的地域分工会产生新的比较优势条件,包括自然地理环境优势和人文地理环境优势,新的比较优势条件反过来会进一步促进地域分工格局,导致自然地理环境受制于分工并发生锁定,而后在不同发展环境下会发生解锁与重新锁定,这也是人地关系通过区域比较优势表现出来的复杂性。因此,自然地理环境是劳动地域分工形成的客观基础、根本原因与内因机制。

劳动地域分工是产业空间分布的直接原因[①],而产业分布与经济地域

---

① 潘玉君、武友德:《地理科学导论》,科学出版社 2013 年版,第 152—154 页。

的形成和发展有着密切联系,因此自然地理环境也是产业空间分布的内在条件与基础,为推动经济发展处于一种更接近或者获得最优增长的状态,形成区域产业的专业化优势和产业集群,进而对经济地域的类型与结构产生重要影响。当然,自然地理环境对于不同经济地域类型的作用程度不同,对于矿产资源型、农业资源型经济地域类型产生决定性影响,矿业型区域以及农业经济区对于矿产资源和基本自然条件的依赖性较大,而对于加工型区域或资源加工型区域的产业结构影响相对较小。自然地理环境造成的劳动地域分工空间格局差异性对未来区域开发战略以及区域发展规划的实施具有重要作用。

(三) 自然地理环境限制与约束人类活动

自然地理环境支撑了人类社会经济活动的基本需要,然而一定的资源环境只能满足一定数量的人口以及一定形式和一定强度的社会经济活动,自然地理环境制约着人类活动的广度、深度和速度(见图4-10)。

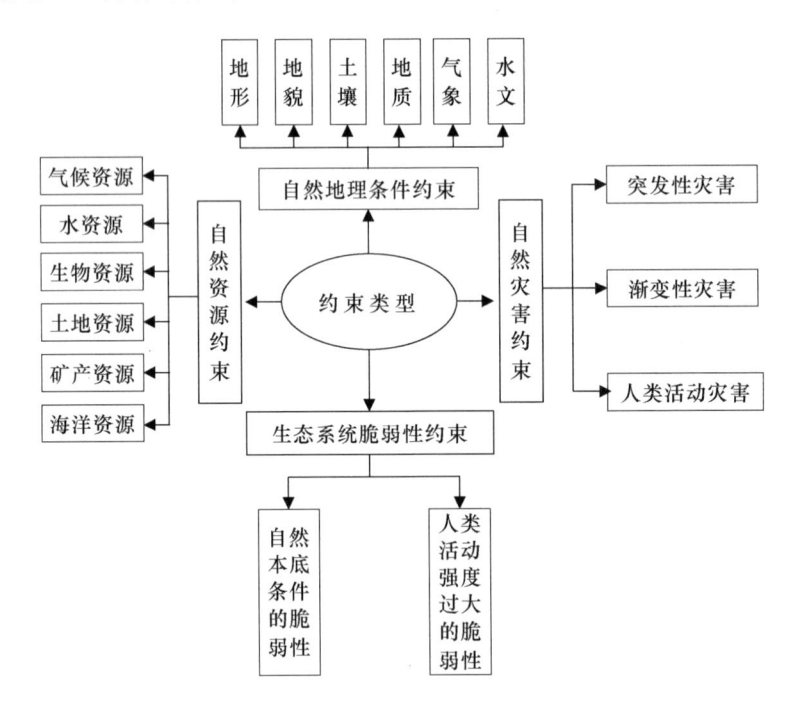

图4-10 自然地理环境与人类活动约束

自然地理环境资源环境综合承载能力和环境容纳污染物的能力是有限

的，功能良好的自然地理环境具有良好的自调机能，对于资源承载力、环境容量范围内的污染与资源消耗可以通过资源更新等机制实现资源的持续利用、相应的扩散和贮存以及同化等作用消解污染物①。对于一些自然地理条件基础较好的区域，由于人类过度开垦、过度放牧、过度樵采、过度城市化与工业化等开发活动，资源遭到掠夺式开发，生态环境遭到严重破坏，其区域资源环境承载能力和环境容量将会不可避免地被削弱，甚至超过资源承载力或者环境容量，生态系统的服务功能遭到严重破坏，限制了基本的产业等经济活动并危及人类的生存，将会通过对人类健康产生负面影响或者以各种灾害的形式将这种污染或者破坏表现出来，从而限制与约束人类的社会经济活动。

脆弱性是指生态系统在外界的干扰或者胁迫影响下容易发生变化，生态系统的抵抗干扰能力以及干扰后的自我恢复能力较弱②。对于自然地理环境脆弱区域，同样强度的人类活动也会超过其自我恢复能力，生态系统发生不可逆转的变化，区域自身具有的敏感性或者不稳定性本底条件成为影响人类活动的限制性因素，往往对于人类活动的干扰极为敏感，生态环境的稳定性与恢复力较弱，同时面临着水资源短缺、水土流失严重、土地退化、植被覆盖率低等一系列生态环境问题，降低了资源的可利用性和可持续性，朝着不利于人类利用的方向发展。脆弱性具有相对性，随着人类活动的规模和强度不断扩大，原生态系统相对稳定的区域可能成为发生退化或者演变为脆弱的生态系统，同样原本脆弱的生态系统可能经过一系列的生态补偿与建设，逐渐趋于生态改善和稳定。

人类活动需要一定的环境条件做保证，资源环境在人类活动中的作用也是不断发展与变化的，早期由于开发活动主要针对农业活动和矿产活动，自然地理环境对人类活动的限制性作用较为明显，随着科学技术的不断进步、交通体系不断发展，替代性产品大量出现使得自然资源对于人类活动的限制性作用越来越弱，但区域农业生产等开发活动需要一定的环境

---

① 姚旻：《生态文明理念下的产业结构优化——以贵州省为例》，经济科学出版社2010年版，第110—115页；中国21世纪议程管理中心可持续发展战略研究组：《发展的格局：中国资源、环境与经济社会的时空演变》，社会科学文献出版社2010年版，第98—102页；席玮：《中国区域资源、环境、经济的人口承载力分析与应用》，中国人民大学出版社2011年版，第1—5页。

② 邱桂杰：《区域开发与环境协调发展的动力与机制研究》，吉林大学出版社2010年版，第3—9页；张惠远、邹首民、王金南：《广东省环境保护战略研究》，中国环境科学出版社2007年版，第56—60页。

条件做保证，光照、温度、降水和土壤等自然地理环境对其限制性作用仍然较大，自然地理环境对于区域农业开发项目的选择具有很强的限制性作用。同时，随着经济规模的不断扩张，环境资源逐渐成为稀缺性资源，人类对环境资源的需求却随着经济发展水平提高不断增大，使稀缺环境资源对人类的限制性作用越来越突出。

二 人文地理环境

人文地理环境是人类活动在自然地理环境基础上形成的地理环境要素，是地理环境的重要组成部分，主要包括地域文化、社会经济基础、社会资本等。其中地域文化是指在地域系统演变过程中形成的群体性特征或者行为趋向，社会经济基础主要是指区域社会经济实力以及在此基础上形成的产业、技术、人口等综合体，社会资本是指人与人在社会中衍生出来的社会资源。人文地理环境同自然地理环境一样，也具有区域性、整体性、动态性和有限性特点，其中区域性和动态性是其主要特点，区域性是指由于自然地理环境条件的差异性造成人文地理环境条件的差异性，动态性是指人文地理环境随着人类活动对地理环境的不断改造而发生变化。

（一）人文地理环境影响人地关系地域系统演变的模式

文化是人类对自然（包括人类自身）的改变，是人文地理环境的重要组成部分。文化的形成与发展深受自然地理环境的影响与制约，但是某种文化作为无形的物质与力量反过来又对自然地理环境产生重要影响。地域文化是人类与特定地域自然地理环境相互作用的产物，镌刻着自然地理环境的痕迹。地域文化由意识进入无意识，形成思维方式、价值取向并影响到行动活动，表现为生活关系和风俗习惯等内容。文化的重要特征在于其缓慢的渗透性潜移默化地影响着发展主体的行为，并且影响社会经济发展的生产经营、生活消费、社会责任等各个环节，影响区域人类社会活动的发展模式，成为人地关系演化的重要推动力，因此地域文化是区域人地关系演变的底色和背景（见图4-11），是人类社会经济活动的助推力与逆动力[1]。比如，环渤海地区齐鲁文化、长三角地区吴越文化、珠江三角洲的岭南文化、中原地区的中州文化在价值观念、行为方式、思维方式等方面

---

[1] 孟召宜：《文化观念与区域可持续发展》，《人文地理》2002年第2期；[美] 莱斯特·R.布朗：《崩溃边缘的世界——如何拯救我们的生态和经济环境》，上海世纪出版集团2005年版，第160—170页。

具有显著差异，通过资源利用方式、对自然的态度等方面传导到人类活动发展模式，影响本区域人地关系协调。

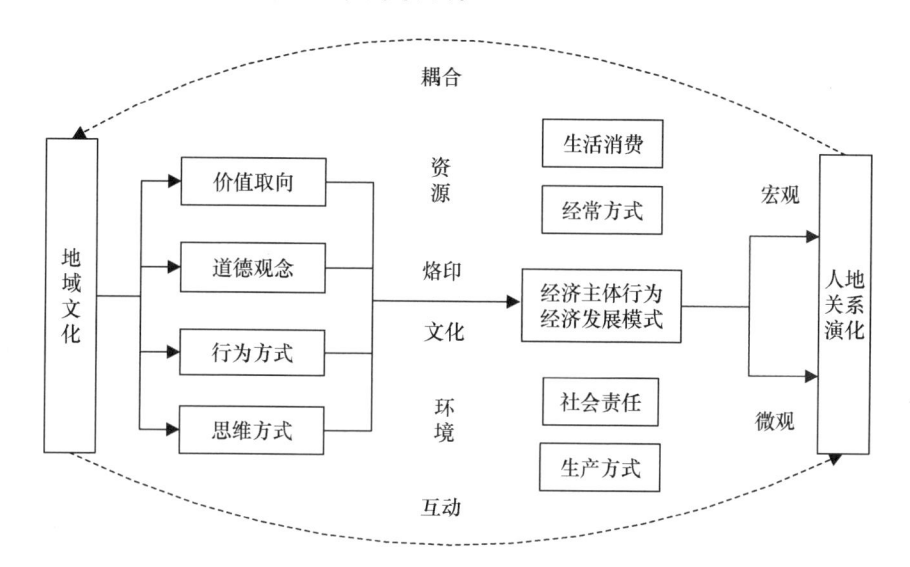

图 4-11　地域文化与人地关系演化的互动机制与发展模式

社会资本也是人文地理环境的重要组成部分，社会资本是在特定的自然、历史和文化的发展进程中逐渐累积与演变形成的实现可持续发展的关键资本，具有非常明显的区域性，主要包括信任机制、规范机制、关系网络机制，其存量的大小与社会成员的个体和集体行为密切相关，形成集体性的环境意识，使各个地区的人地关系呈现不同的发展路径。社会资本也有助于促进信息溢出和知识传播，提高公众的合作意识，增强人们改革和采用技术与实践以适应新条件的能力，保障在面对资源枯竭、环境恶化情况时能够采取及时有效的集体行动，通过增强合作、加强自律和自我管理缓解资源环境恶化，促进人地协调发展。社会资本对于解决资源环境问题起到越来越重要的作用，解决环境问题需要采取集体的行动，社会资本为集体行动提供潜力，并能够使地方、国家乃至全球采取必要的一致行动。

（二）人文地理环境是协调人地关系的重要保证

社会经济基础是人文地理环境的重要组成部分，反映区域发展的综合经济实力，为人地关系协调提供大量人力、物力和财力保证，促进生态环境保护目标的实现。优越的社会经济基础，有利于环境基本公共服务均等化和改善环境质量状况、完善财政转移支付制度，加大对区域生态环境保护的支持，增强重点生态功能区、脆弱区以及贫困地区和民族地区的财政转移支付力度，实现经济发展对生态环境的主动改善，更有效地缓解"地"的显性矛盾。优越的社会经济基础还能够促进经济增长方式的转变和清洁生产、循环经济、低碳经济的积极推行，改变人类活动方式。相反，社会经济基础条件较弱不仅难以提供充足的财政环保支出，区域创新能力也较低，容易造成资源掠夺式开发和破坏性环境污染。同时，随着社会经济实力不断提高，公众对环境舒适性要求越来越高，通过生态需求倒逼人地关系不断协调。

技术创新是缓解人地关系的重要保障。现代科技的广泛运用，一方面可以创造新资源，发现稀缺资源更持久、更经济的替代品，缓解资源环境的限制，提高区域资源环境承载能力，为谋求可持续发展提供了很好的条件。先进技术设备的运用提高了资源开发利用的效率以及综合利用水平，使得资源开采的边际成本下降。另一方面，当经济增长到一定阶段时，技术创新在集约型经济增长模式中起到主要作用，科技进步可以促使资源利用效率不断提高，粗放经济增长所带来的资源浪费、环境污染、低效率产生问题可以通过技术得到解决（见图4-12）。技术提高还体现在环境技术方面，环境技术的提高在防治环境危害、控制环境污染、监测与评估环境状态、修补与恢复环境状态以及在循环经济、清洁生产、低碳经济、绿色发展等方面都发挥着重要的作用，在减少人类活动的环境负荷、维持生态平衡等环境保护方面同样具有重要意义，在一定程度上提高了人地协调性。

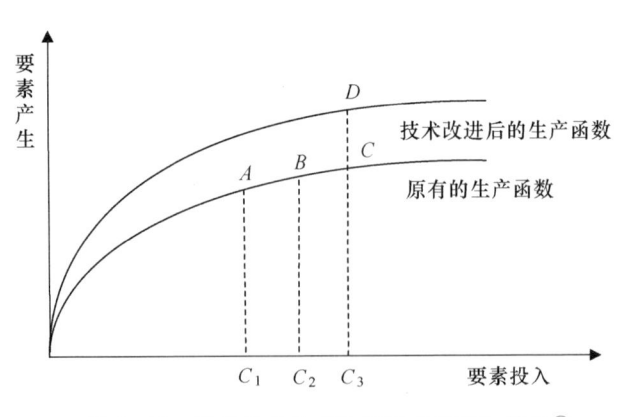

图4-12 科技进步的"边际收益递增"特性[①]

---

① 杨红、陈劭锋：《转变经济增长方式与可持续发展》，《资源科学》1999年第2期。

第四章　人地关系地域系统演变影响因素与作用机制研究　95

（三）人地地理环境影响人地关系的尺度与深度

人为活动可以引起重大的环境污染事件和灾害事件，不同人文地理环境影响人地关系的尺度与深度各不相同，对同样强度的环境污染或灾害事件，区域经济基础较好、人口密度较大的区域相比于经济基础薄弱、人口稀少的情况下造成的损失更多。土地利用强度能够在一定程度上反映经济密度和人口密度的大小，土地利用强度较大的区域往往会呈现灾情"放大"的趋势，相反则会"缩小"灾情。例如，由于人类大面积地砍伐森林，破坏地表植被覆盖，改变下垫面的性质，造成同样强度的洪水会随着经济、人口承载体的变化而不断变化，在承载体规模较小时，其破坏力度相对较小，承载体规模和承载体的脆弱性较大时，其破坏力度相对较大，实际形成的灾害强度却差别很大。

科技水平的不断提高推动社会经济发展、区域发展进入前所未有的超高速、高速增长期，但技术也在一定程度上加剧了人地矛盾。首先，现代科技的广泛使用降低了资源开发的边际成本，资源需求量、开采量也越来越大，加剧了经济增长与资源短缺的矛盾，造成自然资源开发机会成本上升，资源耗竭性风险和稀缺性成本上升，资源型区域特别是矿产资源型区域资源枯竭性问题日益突出；其次，资源开发的边际外部性成本日益上升，资源过度开采、消耗和浪费造成了开采区域生态退化、塌陷区等问题；最后，技术进步促进污染密集型和能源密集型产业的发展，重化工业、石油冶炼、钢铁产业等污染密集型产业在消耗大量资源的同时，产生了严重的资源环境问题，甚至直接威胁到人类健康。

三　人类活动因素

人类活动是内容非常丰富、非常广泛的概念，包含了人类一切可能存在形式的基本活动，如群体的、个体的、社会的、经济的等，泛指一切生产和生活活动。人类活动的类型大致可以分为资源开发与利用、农业活动、工业活动、城市扩张、能源消耗，以及生态修复与重建、生态工程等活动（见图4-13）。

人类活动可以分为有序人类活动和无序人类活动。有序是指有规则性、有组织性，无序往往是盲目性、局限性，有序人类活动是指通过合理的安排与组织，使自然环境能够在长时期、大范围内不发生明显退化，甚

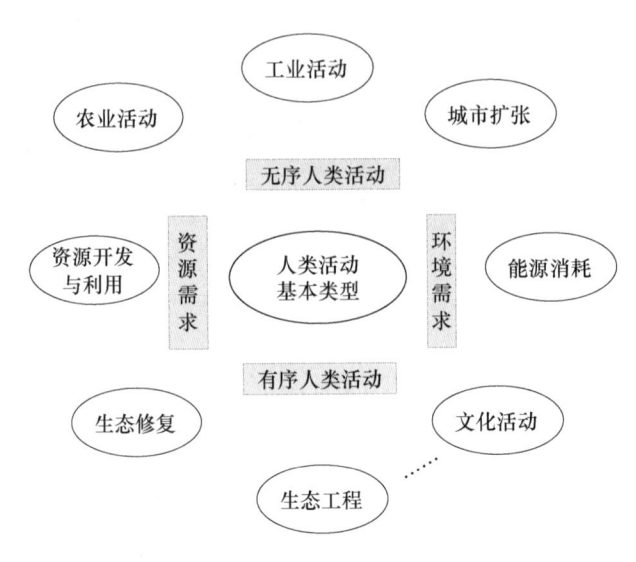

图 4-13 人类社会经济活动基本类型

至能够持续好转，同时能够满足当时社会经济发展对自然资源和环境的需求[①]。无序人类活动是指人类活动没有经过合理规划与可持续发展思想指导，对生态环境进行掠夺式开发，使得生态环境造成了大面积退化，在短时期内能满足当下人类的基本需求，但从长期来看对人类的生存造成了严重的威胁。

人类活动主要有层次性、多样性、相对性和系统性等特点。其中，层次性是指人类活动的目的、规模以及作用强度的大小，可以分为全球尺度层次、区域尺度层次和地域尺度层次，其空间活动与影响范围是不同的；多样性是指人类活动的类型多种多样，既包括有序人类活动，也包括无序人类活动；相对性是指有序活动与无序活动往往是相对而言的，常常在一定的条件下可以相互转化；系统性是指人类活动对于区域各个环境要素的影响，可能会引起人类赖以生存的整体环境变化，也指有序人类活动所追求的利益，包括经济发展、社会进步和生态环境良好的整体利益，而不仅仅是某一个方面特别是对经济增长的过热追求等。

（一）无序人类活动改变自然地理环境基本功能，加速人地关系恶化

人类活动通过地表覆盖状况改变、地表物质转移、污染物产生和转

---

① 刘树华：《人类环境生态学》，北京大学出版社 2009 年版，第 122—124 页。

移、加大对自然环境投入量等方式改变地理环境基本功能[①]。由于开垦荒地、围湖造田、海岸带开发、草地开发等无序土地利用方式，直接造成植被数量和质量下降，森林、草原、沼泽和湿地面积锐减，通过地表下垫面的改变引起一系列的气候、土壤、水文和地质灾害，造成全球或者区域生态系统失衡，加速区域生态环境的破坏（见表4-1）。人类农业活动对于农药和化肥的过度使用以及一些建设工程活动，使得有机物质以及相应的营养物质在区域之间转移与富集，产生水土流失、土壤侵蚀、土壤沙化、土壤盐渍化和沼泽化、水体富营养化等生态环境问题。废气、废水和固废等污染物质通过大气、水以及土壤和生物等途径在其他区域传输和富集，在区域内不断积累，从而降低区域环境容量和资源环境承载能力。人类对环境中煤炭、石油等矿物资源以及生物资源的开采和使用，化肥、农药投入量的持续增大，将改变地球化学循环，进一步影响生态系统功能。

表4-1　　　　　　　　人类活动对地理环境功能的影响[②]

人类活动的类型	影响途径	对地理环境功能的影响
农业活动	大量的农药和化肥加入农田生态系统，原有的地球生物化学循环遭到破坏、生物链破坏	降低生态系统净化环境功能、气候调节功能、生物多样性功能，原有的农田系统被打破
工业活动	污染物的大量排放，生态环境质量下降，物质循环遭到破坏	气候调节、水源净化与环境净化功能下降或者丧失，生物多样性功能下降
城市扩张	改变下垫面性质，生态环境破碎	服务功能的下降或者丧失
能源消耗	排放污染物和温室气体	降低气候调节功能、环境净化功能
资源开发与利用	破坏下垫面性质，改变地球化学循环和水循环	削弱气候调节、水源净化、环境净化等基本功能，影响基本服务提供

人口规模扩张、经济规模扩张是造成人地关系恶化的两种主要途径。在一定的时间和空间范围内，区域所能支配的资源环境承载能力是有限的，伴随着人口数量的无限制增加，人口总需求随之不断增加，使得区域

[①] 魏建兵、肖笃宁、解伏菊：《人类活动对生态环境的影响评价与调控原则》，《地理科学进展》2006年第2期。

[②] 郑华、欧阳志云、赵同谦等：《人类活动对生态系统服务功能的影响》，《自然资源学报》2003年第1期。

内人均环境资源量下降,造成人口与资源环境的矛盾尖锐化。由于环境保护、资源节约利用的时间滞后性,往往造成资源的过度开发与利用,环境污染的程度加重,出现人口增长→人口规模扩大→人均环境资源数量减少→措施不得当→环境恶化→经济低迷→加剧对资源的掠夺、人地矛盾加速的恶性循环,在人口规模扩张的过程中,人口素质较低往往会使得生产者过多地考虑局部利益和眼前利益,表现为环境意识淡薄、环境管理绩效低,同时城乡人口结构的变化也会使生产和生活性空间不断扩大,而生态空间持续缩小。

伴随着人口规模的扩张,经济规模也不断扩大,生产活动所需要的资源需求量不断增加,特别是对于不可再生资源和可更新资源的需求不断增多。现代科技的广泛运用使资源的掠夺式开发现象时有发生,加剧了资源的紧缺甚至枯竭,当技术效率水平不能及时提高时,资源的利用效率低下,投入到环境中的废弃物越来越多,对生态环境的影响越来越大直至接近或者超过生态环境的自我净化、自我恢复以及承载能力。以"三高"(高速度、高投入、高消耗)和"三低"(低质量、低产出、低效益)为特征的粗放式经济增长方式对资源和环境的负面影响非常显著,严重阻碍生态系统的自我调节和运作,对于资源稀缺、生态脆弱区域影响尤为显著。生态耗损密集型产业或者污染密集型产业和产业空间结构不合理是经济规模扩张的必经阶段,也对自然生态系统造成巨大压力。

(二)有序人类活动提高自然地理环境承载能力,促进人地关系协调

概括而言,有序人类活动主要包括生态修复与重建、生态补偿和污染防治等。其中,生态修复是一项复杂工程,采取辅助人工措施为生态系统健康运转服务,通过减小生态系统的人为干扰削弱其所承受的负荷压力,恢复生态系统功能并遏制生态系统退化。生态重建是采取一定的生态工程对被破坏的生态系统进行合理的规划、设计,加强生态系统管理,维护与恢复生态系统的基本功能。生态恢复与重建为综合整治与恢复已经恶化的生态系统提供了途径,能够有效地恢复地理环境的服务功能。生态恢复与重建有两种方式:一是建立自然保护区、森林公园等自然恢复途径;二是将生态工程和生态实验相结合等人为介入方式,综合整治生态系统,防止生态系统恶化,提高生态系统的生产能力。

生态补偿是以保护生态环境、促进人与自然的和谐、可持续利用生态系统服务为目的,以经济手段为主调节相关者利益关系的制度安排,除了

对于生态系统生态功能的保护、修复与增强外,还包括对于区域内因为发展机会丧失的居民,根据生态系统服务价值、生态保护成本、发展机会成本,在资金、技术、物资方面补偿或者是运用政府与市场手段的政策扶持,包括自然生态补偿、经济生态补偿和社会生态补偿(见图4-14)。通过区际补偿、流域补偿、生态系统补偿、资源开发补偿确定不同的补偿类型、补偿主体、补偿内容、补偿方式,对重要的生态功能区、流域、区域以及土地资源开发、森林资源开发、矿产资源开发、水资源开发实施一定的生态补偿,实现区域、区际的人地协调发展。

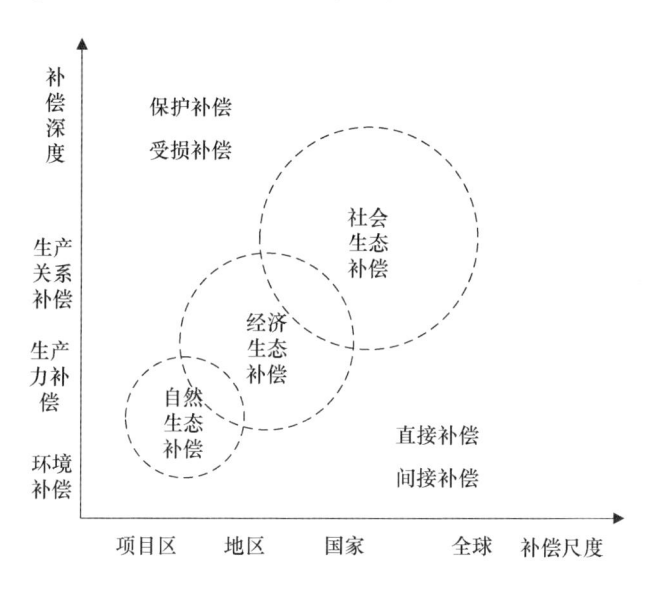

图4-14 生态补偿的基本类型与特征

污染防治对于缓解人地矛盾也起到积极作用。工业化、城市化进程的不断提高以及公众消费水平的变化,全球性、区域性的环境污染越来越严重,并呈现明显的复合性、压缩性等特点,主要的环境污染物排放量较大,甚至超过了区域资源环境综合承载能力,直接影响"地"的生态安全。针对不同经济发展阶段出现的大气污染、水污染、土壤污染、固体废弃物污染问题应予以重点治理与改善,从生产源头和生产全过程控制环境污染,结合集中控制和分散治理,实现生产与消费过程中解决和治理污染,扩大工程减排、结构减排力度,优化减排途径,有效减轻污染物对生态环境的破坏力度,缓解人类活动对"地"的环境压力。

经济增长方式转变与产业结构调整是人类活动由无序有序转变的重要体现。由低消耗、低投入、低污染"三低"的粗放型经济增长方式向高效益、高产出、高质量"三高"的集约型经济增长方式转变，能够显著提高经济质量和效益，减小环境负荷，实现经济的快速增长与环境保护相协调，改善人地关系（见图4-15）。其中 A 方式属于粗放型经济增长方式，B 方式属于介于粗放型和集约型之间的经济增长方式，C 方式属于集约型经济增长方式，集约型经济增长方式的库兹涅茨曲线拐点将提前达到，并且集约型经济增长方式产生的生态环境负荷明显降低。产业结构决定生产活动中的资源、能源消耗种类、数量以及污染物产生的种类、数量，不断降低火电、采掘、冶金、化工等污染重、能耗大的产业比重，转而向低能耗、低污染、高产出的服务业和信息业发展，实时调高重污染、重能耗产业的环境准入门槛，限制相关行业的审批，为高新技术产业提供良好的技术支持与平台支撑，优化重点产业发展布局、结构和规模，有效缓解人类活动对地理环境的压力。

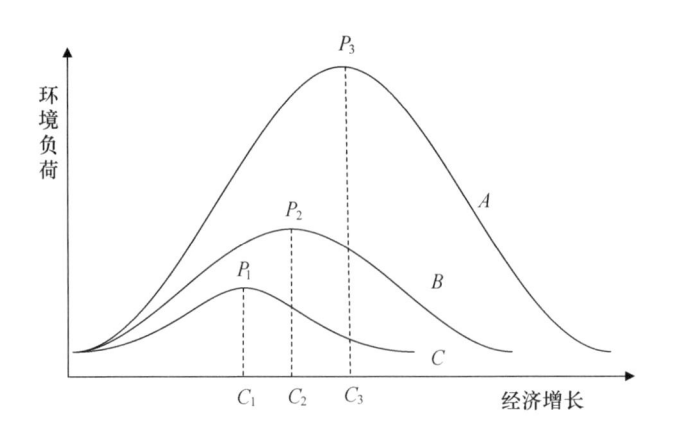

图4-15　发展方式与EKC曲线

四　需求结构因素

需求属性是人的基本属性之一，需求结构是指按照人的需要等级先后次序排列的有机构成。需求结构主要包括生态服务系统、人类发展序演化、产品需求类型3个维度（见图4-16）。其中基于生态服务系统的需求结构可以分为生产功能需求、生态环境安全需求、精神品质需求，生产功能需求是指提供基本的物质产品生产服务，生态环境安全需求是指安全的大气环境、水环境、土壤环境、生物安全以及生态系统本身调节功能，精神品质需求是指生态系统服务本身所附加的知识需求、文化需求和美的需求等；基于人类发展序演化的需求结构，主要有生存需求、物质需求、精神需求等；基于产品需求类型的需求结构，可以划分为农业产品需求、工业产品需求、生态产品需求，农业产品需求主要是指公众对农、林、牧、副、渔等产品的需求，工业产品需求主要是指在工业化、城市化进程中产生的工业产品；生态产品需求指公众生活质量提高后对于良好环境质量、生态产品的需求。

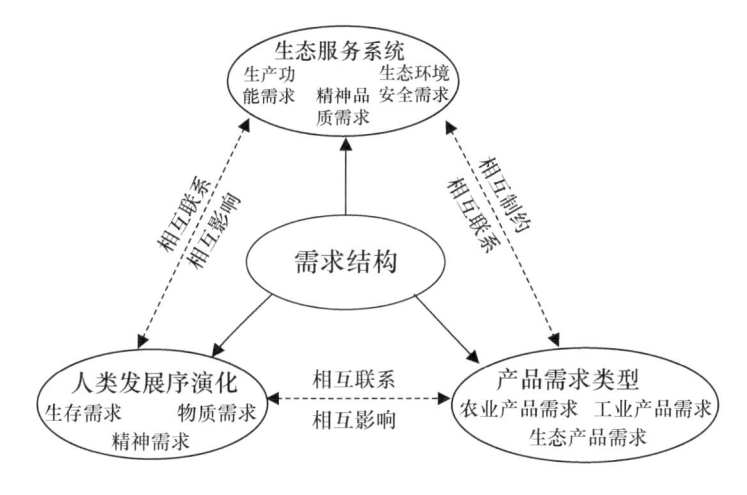

图 4-16 需求结构的内涵理解

需求结构具有阶段性、区域性、主观性和矛盾性特点。阶段性是指需求结构随着社会经济发展阶段和经济收入水平的变化而不断变化，需求层次由低级向高级逐级递升（见图 4-17）；区域性是指由于区域自然禀赋、地域文化、发展阶段的差异性，不同区域之间的需求结构具有明显的差异性；主观性是指公众需求结构因素是环境意识或者绿色消费的态度，资源环境价值的认识是需求结构与消费行为的决定性因素，消费行为或者需求结构受价值观的指导与规范（见图 4-18）[①]；矛盾性是指人类需求的无限性和地理环境供给的有限性之间的矛盾，地理环境的供给包括自然资源供给和环境容量承载两个方面。

---

① David, C. and Michael, J., "Wildlife Value Orientations: Aconceptual and Measurement Approach", *Human Dimensions of Wildlife*, Vol. 1, No. 2, February 1996.

农业产品 ----→ 工业产品 ----→ 生态产品
生存需求 ----→ 物质需求 ----→ 精神需求
生产功能 ----→ 生态环境安全 ----→ 精神品质

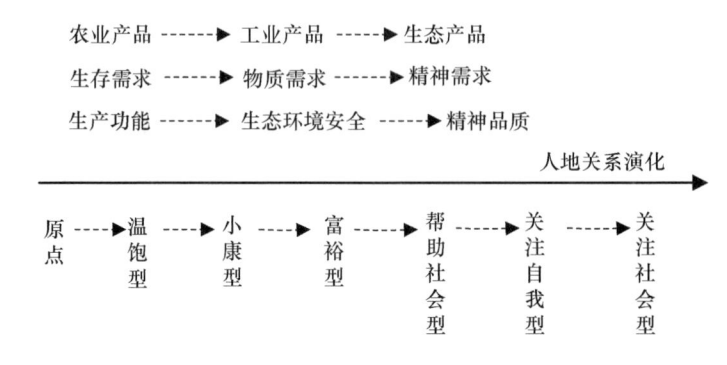

人地关系演化 →

原点 ----→ 温饱型 ----→ 小康型 ----→ 富裕型 ----→ 帮助社会型 ----→ 关注自我型 ----→ 关注社会型

图 4-17 需求结构类型的阶段性

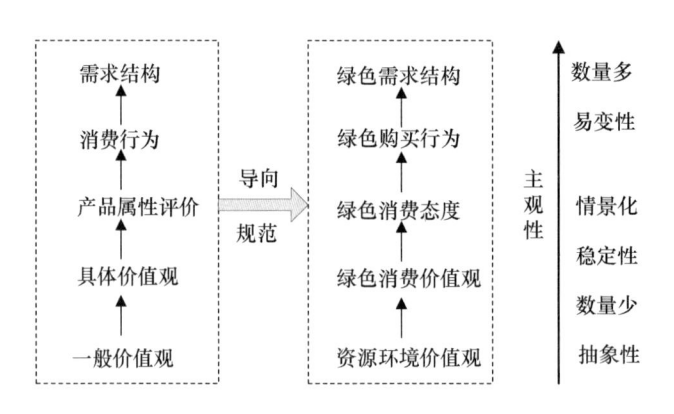

图 4-18 价值观影响需求结构一般模型

（一）需求结构推动地域功能不断演化，改变自然地理环境功能

地域功能是指在一定地域内，在地理环境系统、人类生产和生活中所履行的职能和发挥的作用，从本质来看，地域功能是地理环境系统所提供的自然本底功能与人类因生产生活需要而赋予的开发利用的综合体，因此地域功能是综合性的功能[1]，是地域系统的固有属性，地域功能随着人类需求结构的变化而变化。人类根据自己的需求对自然生态的本底功能进行变更，使之成为适应人类活动的新功能。地域功能的载体是土地利用，人类根据自己的需要将地球表层改造成各种各样的土地利用景观。随着需求

---

[1] 樊杰：《我国主体功能区划的科学基础》，《地理学报》2007 年第 4 期。

层次的不断提高,人类活动对于地域功能的要求以及对应的土地利用类型也在发生不同的变化,从而实现了人类活动对地理环境不同程度的改造(见表4-2)。

表4-2　　　　　基于人类需求层次的地域功能演变

需求层次	地域功能	对应土地利用
生存需求（农业产品）	农业	耕地、园地、草地……
↓	林业	林地……
物质需求（工业产品）	矿业	采矿用地……
	矿业	采矿用地……
	工业	工业用地
	公共事业	公共管理与公共服务用地……
		水域及水利设施用地……
		交通运输用地……
↓	商业服务	商业服务用地……
精神需求（生态产品）	生态服务	自然保护区、公园绿地……
↓	休闲娱乐	风景区……

从总体上看,人类改造地理环境的活动基本上从满足较低层次的生存需求（农业产品）发展到较高层次的物质需求（工业产品）,同时在物质需求（工业产品）满足之后向精神需求（生态产品）的方向发展,各个需求层次之间没有明显的界限。例如,生产粮食、砍伐树木等满足基本生计的活动是生存需求,而后进入物质需求层次,伴随着工业化的发展,工业产品持续增加和生态产品持续减少,对于生态、精神、文化需求逐渐增加,在此过程中地域空间逐渐演化成不同地域功能,附加人类不同层次需求,反映出地表空间最基本的土地利用格局。地域功能在人类需求结构的影响下,按照其要求逐渐附加新的功能,伴随着改变、削弱甚至是剥夺原有的功能,特别是物质需求功能对于生态产品功能的改变、削弱与剥夺,相应功能不断相互覆盖并在空间上相互扩张、挤压与冲突,而这种扩张、挤压与冲突过程在一定程度上是单向的,即使能够逆转,其所需要付出的经济成本、环境成本也很高,人类活动与地理环境之间也正是在这种功能的复合过程中随之发生矛盾、冲突与适应、协调。

(二) 需求结构推动产业结构不断调整,产生不同资源环境效应

在不同社会经济发展阶段,需求结构对产业结构的影响是有区别的,在生产力水平不高的自然经济时代,区域的资源禀赋决定着地区的产业供给,产业供给决定产业结构,需求结构依附于产业结构,同时又在一定程度上强化这一结构,需求结构对于产业结构的影响是相对被动的,在生产力水平较高尤其是市场经济、工业经济高度发达的现代社会,在市场化的推动下,需求结构成为决定产业结构的主要力量。随着社会经济发展阶段、收入水平的不断提高,低层次需求满足之后,消费者将逐渐转向高层次的需求满足,需求结构的变动引起产业结构的变动,这种需求结构在市场化的驱动下不仅是区域内需求结构,也包括区域外的需求结构。那么需求结构的变动如何通过产业结构与人地关系产生作用呢?研究构建了需求结构下产业结构变动的生态环境效应机制(见图4-19)。

从动态发展来看,需求结构下产业结构整体上沿着农业→轻工业→重工业→重加工工业→现代服务业与生态产业的顺序发展。由于发展初期和中期人们对环境认识的局限性以及公众环境意识淡薄、消费需求处于较低层次时,过多地追求物质需要,对"地"的破坏程度较为严重;随着生态空间的持续缩小,公众逐渐转向追求高质量的生活需要,消费需求处于高层次,产业结构也向产业生态化和生态产业化方向发展,如农业向生态农业、有机农业发展,污染密集型产业向高新技术产业方向发展。需求层次提高促使经济增长方式由粗放型向集约型转变,以使公众获得良好的资源环境质量需求。从静态来看,一定的需求结构形成了一定的产业结构,不同的需求结构所对应的产业结构不同,而不同的产业结构所产生的生态环境效应也不同,如对于污染密集型产品的高需求以及对于清洁产品的需求所产生的生态环境效应是不同的。

(三) 需求结构影响区域开发方式手段,改变生态系统服务功能

当一个地区资源环境承载能力较大时,开发成本相对较低,当开发成本上升时,开发的需求会相应下降(见图4-20)。图中,曲线D_0为需求曲线,S为供给曲线,开发的成本越高,其开发需求也就越低[1]。当地区开发需求膨胀时,会出现开发过度现象,此时开发所需要的资源成本和环境

---

[1] 陈雯:《空间均衡的经济学分析》,商务印书馆2008年版,第147—193页。

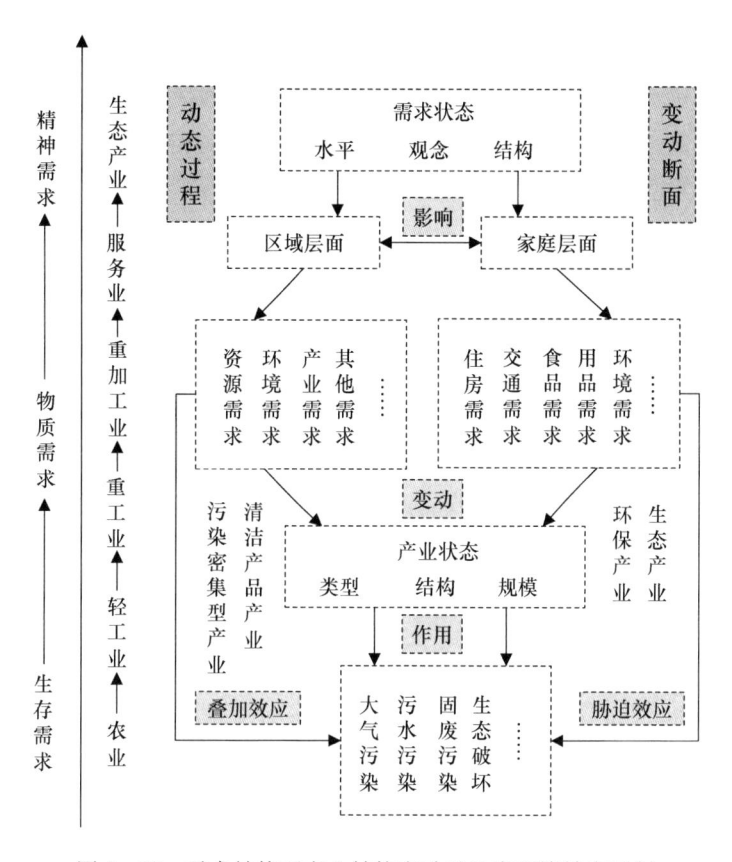

图 4-19 需求结构下产业结构变动及生态环境效应机制

成本也随之上升,开发带来的资源环境问题也较为严峻。资源利用有限与资源需求持续增加导致有限资源的消耗强度日益增长,生态系统服务功能与日益增长的需求之间矛盾冲突增大,对于开发性利用(城市化)、半人工化利用(农田)、生态系统服务功能的耗费式利用等空间开发的规模和强度过大,可能超过区域的资源环境承载能力,使得生态系统的功能发生连锁反应和不可逆性转变。曲线 D_1 为开发需求膨胀曲线,A_1 为开发过度、需求膨胀的失衡点,当开发需求不足时,只要付出较小的开发成本,就能获得较大的开发收益,引起开发过疏的现象,减少了资源消耗和环境污染,也可视为空间资源(资源环境承载能力与环境容量)的浪费,滞缓经济发展,不利于区域空间开发与资源环境综合承载能力之间的动态平衡调节,D_2 为开发需求不足曲线,A_2 为开发不足、需求不足的失衡点。

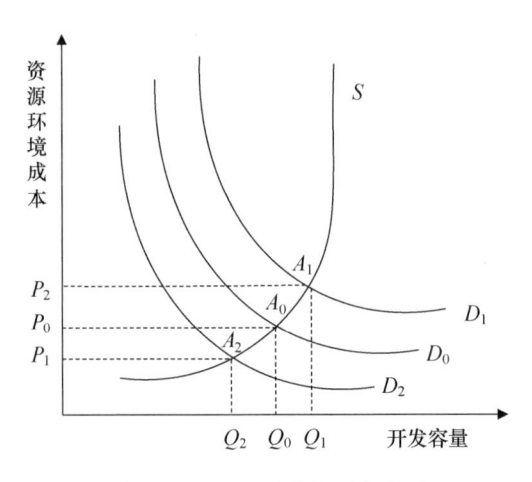

图 4-21 空间需求与开发模型

生态脆弱区的演变受到自然力和人类活动的双重影响，自然力对其演变的影响是缓慢的、逐渐积累的，但是人类活动对生态系统的作用是直接的而且短期内就能显现出明显效应。生态脆弱区往往具有经济发展水平低与生态系统脆弱的双重叠加性特点，其需求结构具有层次低、对环境质量要求不高、迫切需要发展等区域发展的特征，加速了生态脆弱地区的掠夺式开发，使得本已脆弱的生态系统向着逆行方向发展。由于原有资源环境基础不足以支撑现有需求结构下人口与经济发展状况，为了满足基本的生活需求，人们不断拓展自然空间，采取掠夺式的开发方式，导致人均资源短缺、土地压力过大、社会经济发展缓慢等问题，转而进一步刺激人们对资源的进一步开发，导致生态环境退化并最终陷入生态贫困的怪圈。生态贫困的形成原因有很多，但是需求层次低、环境质量要求不高是造成生态贫困的重要原因（见图 4-21）。

五　区际关系因素

作为开放的社会经济系统，人地关系地域系统处于外部环境中，区域之间存在某种关联。区际关系通过生态环境联系、经济联系和社会联系影响人地系统正常运行。区际关系包括两个方面的界定：一是行政区划边界，这是界定区域不同利益主体的依据，二是根据地理环境要素的空间关系，可以分为工业区和农业区以及生态区、城市和农村、流域上中下游，也可以分为平原区和丘陵区、沙漠区和林草区、湿润区和干旱区等，还可

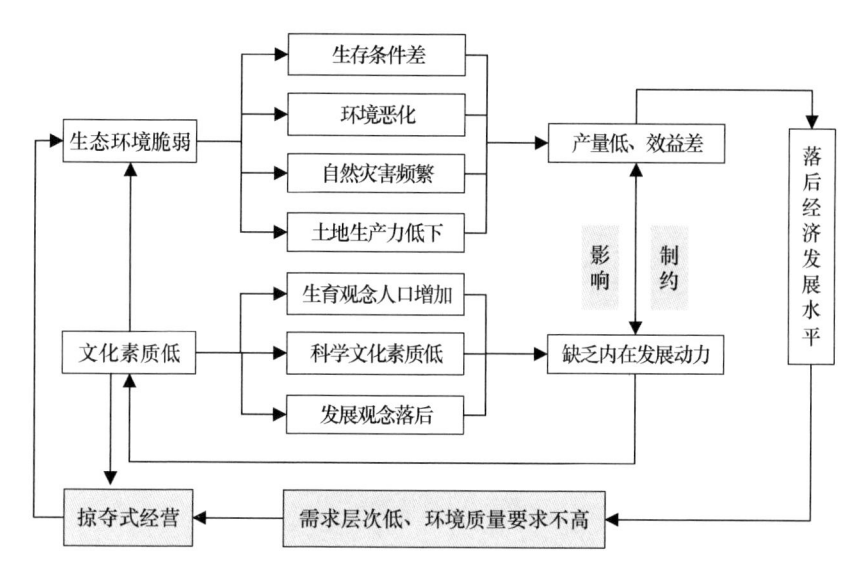

图 4-21 需求结构下生态贫困形成机理

以分为自然灾害频发区、生态环境脆弱区等不同类型①。地域系统的差异性与整体性是区际关系存在的前提。首先，区域个性或独特性是区际差异的基础，区际呈现更替性的递变与连续性的转换特征，从而体现地域分异规律，不同区域在自然地理环境和人文地理环境存在明显的差异性与互补性，为生产要素的流动提供了可能。其次，地域系统通过系统要素的相互联系、相互影响、相互作用构成不可分割的整体，其本身具有的整体性没有截然界限，既是区域利益形成的基础，也是建立合理区域关系的基础。

（一）区际生态环境联系直接影响人地关系地域系统演变

区际生态环境关系是指区域之间基于生态资源的有限性、生态环境利益的局部性、生态环境系统的整体性和生态环境利益的公平分配原则而缔结的一种相互依存和相互制约的关系。区际生态环境关系主要受到自然规律和经济规律的影响，可以分为有害和有益两个方面，有害的区际生态环境关系，如流域上游的污染物可以通过径流携带到下游地区，区域的大气污染物可以通过大气环流带到下风区域。有益的区际生态环境关系，如对河流上游地区的合理开发与保护，为中下游地区发展提供一定的保障。区

---

① 戴明忠、唐志刚、王波等：《论区际环境关系及其调控》，《重庆环境科学》2001 年第 3 期。

际生态环境关系形成有其必然性，首先，不同性质、相邻的自然区域之间存在着地理位置上的必然联系，而这种必然联系为污染物的扩散、生态系统的服务和资源的流动提供了可能；其次，随着生产力的发展，经济活动对于环境资源的需求越来越大，区域生态环境资源的稀缺性逐渐显现，生态环境的局部利益与整体利益之间的矛盾和区域之间利益的相互分配问题凸显，区域之间生态环境联系不再单纯地因为地理位置的关系而形成（见图4-22）。

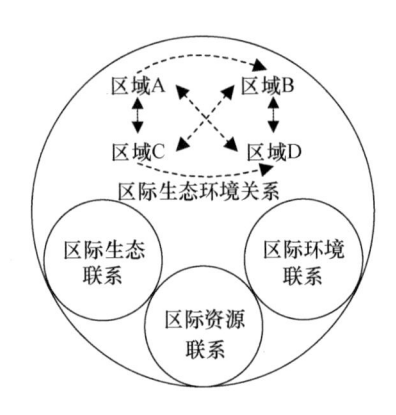

图4-22　区际生态环境关系3种类型

1. 区际生态联系

生态联系主要是指区域生态服务或者生态问题通过大气、水等传输媒介，使得区域外地域享受到此区域的生态服务，或者此区域的生态问题影响到了周边地区。例如，生态保护区生态服务对周边地区提供了生态产品，具有重要的气候调节和水源涵养等功能，这种生态联系是有益的，但是对于生态保护区而言，往往是牺牲了经济发展利益而获取整体区域的生态利益，付出了区域发展的机会成本，使得区域之间存在着经济发展与生态保护的矛盾。当然，区际生态联系也存在一些不利的方面，如生态保护地区的乱砍乱伐、过度放牧、过度经济建设等活动，使得生态保护区生态服务功能受到很大损失，相关区域产生了水源短缺、沙尘暴等诸多生态问题。

2. 区际环境联系

区际环境联系是指由于污染物在区域之间通过自然途径或者经济途径的扩散与转移，对不同尺度相邻区域产生的环境影响，一个区域内在结构上的变化导致其他区域环境受到影响,例如,由于工业化的不断推进以及城市化的快速扩展所排放的水环境、大气环境污染物通过相应的地理媒介使得周围(如其他区域与流域)环境质量下降或者造成直接的环境冲突,当然也可能由于区域环境质量的改善而对其他区域产生有益影响,而环境质量的变化需要付出治理环境的成本,这就存在着经济发展与环境保护的矛盾,例如,流域上游地区往往为了经济发展而过量排放污染物造成中下游地区的环境质量恶化,而中下游地区为了治理环境污染,必然付出环境成本,往往存在着区域之间经济利益与环境利益的矛盾。

3. 区际资源联系

区际资源联系是指资源在自然力或人力的作用下,资源随着产业链条、消费链条在不同区域之间产生的运动转移或者转化,在不同地理空间资源势的作用下发生的空间位移[①],资源不仅是矿产资源、能源资源等工业发展所必需的资源,也包括水资源、粮食资源与森林资源等基本生存与生活资源。随着社会经济的发展,区域之间资源的联系更多地表现为经济需求拉动下资源从源地向外辐射。社会经济活动离不开对资源的消耗与利用,社会经济活动也往往通过资源和生态与环境联系起来,例如,矿区因采矿引起的源地水土流失、地下水位下降、塌陷等问题,这些问题往往是短期与长期、直接与间接、区域与全球并存的。区际资源环境效应主要体现在资源的生产、开采、运输、消费等环节对源地、运输通道以及汇入地的环境影响。生态包袱在区域之间转移,从资源输入地区到资源输出地区,将生态包袱转嫁到资源输出地区,恶化输出地区人地关系。

(二)区际经济联系间接影响人地关系地域系统演变

区际经济联系通过经济规律作用于商品流通、产业转移、要素流动等产生的资源环境效应而影响人地关系。任何尺度的发展区域都置身于一个更大的发展空间范围内,必然以其自身独特的发展要素差异性在一定区域尺度范围内承担分工,并逐渐演化成区域比较优势,在经济上形成相互影响与相互制约的关系。人地关系矛盾的转移正是在表面合理的区域比较优势与自由贸易以及跨区域投资的影响下,以隐含污染与资源消耗、生态破坏的形式在区域之间不断转移。区际经济联系也包括生产要素的区际流

---

① 成升魁、甄霖:《资源流动研究的理论框架与决策应用》,《资源科学》2007年第3期。

动，区域在追逐利益最大化的过程中，往往会产生一定的外溢作用，对区域表现为发展带动和发展剥夺两种关系，商品流通、产业转移、投资是实现区际经济联系的重要途径。

1. 商品流通

商品流通与商品和服务的生产、运输以及消费环节紧密联系，从直接的环境污染事故逐渐发展到深层次的商品流通，新型的区际关系正在发育与建立。一般而言，商品的成本包括生产成本、销售成本、使用成本和环境成本、废弃后成本和选择性成本，然而商品在生产、消费以及废弃等过程中的生态环境成本通常不计算或者不完全计算在商品的交易价格中，而这部分成本往往会随着流通而转移。商品流通中的生态环境效应会在不同主体所在区域进行不同程度的分配，从而影响相关区域的生态环境利益。商品的流通与转换表面上来看是平等的市场交易，然而在区域层面上环境成本却从商品交易的途径进行了无偿转嫁，将使其他区域负担沉重的环境成本。经济发展水平较低的区域向经济发展水平较高的区域输送生态环境成本较高的初级产品或者工业产品，而经济发展水平较高的区域向经济发展水平较低的区域输送附加值高、生态环境成本低的产品是当前存在的商品流通的典型形式（见图4-23）。

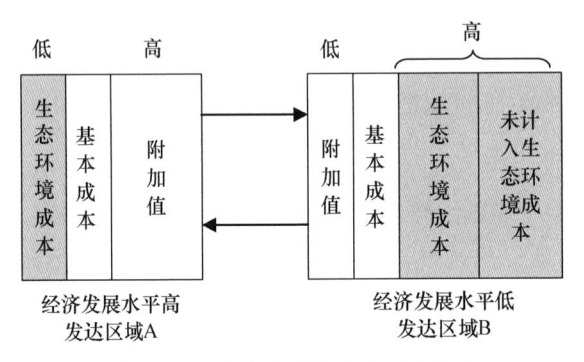

图4-23 商品流通的生态环境效应

2. 产业转移

产业转移是指由于经济规律、空间规律、市场机制以及政府政策等原因产业从一个区域转移到另外一个区域的经济现象[①]，是具有时间和空间

---

① 邱婷：《污染密集产业转移承接地经济与环境协调的途径研究》，《生态经济》2011年第2期。

维度的动态过程,其实质是要素的空间优化,改进要素的空间配置。产业转移对生产要素的合理流动、产业结构优化升级发挥着重要作用,然而产业转移虽然能够带来很好的经济效益,但对承接地资源环境的负效应非常严重。产业转移大致分为4种类型:第一类是废物资源化利用产业的转移,承接废物资源化利用产业,造成承接地环境恶化;第二类是对于濒危企业的拯救,往往在低环境标准、低生产水平的基础上扩展产能,造成严重的环境污染;第三类是开放项目转移,以独资或者合资的形式向后发地区抢占资源,加速承接地区域的资源枯竭、生态破坏和环境恶化程度;第四类是淘汰产业、高能耗产业、高污染产业的转移,大量承接高能耗、高污染的产业带来了严峻的环境问题[①],在不同情境下产业转移的资源环境效应是不同的(见图4-24)。

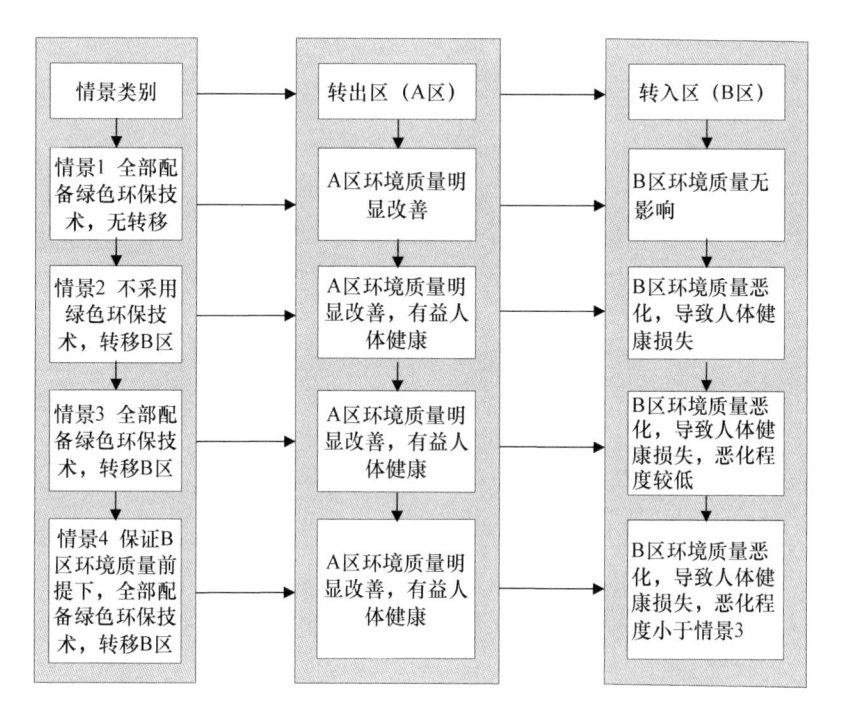

图4-24 不同情境下产业转移的资源环境效应

---

① 胥留德:《后发地区承接产业转移对环境影响的几种类型及防范》,《经济问题探索》2010年第6期。

3. 资金流动

资金在区际的流动可能改善或恶化环境质量，大致可以分为两个方面：一是通过投资传播绿色技术，投资于环保产业或者发展绿色技术，有利于投资区域减少环境污染、降低能源消耗，即隐含环境正效应的"波特假说"；二是环境质量要求较低的区域吸引环境质量要求较高的区域投资，使得投资主要集中在高环境污染和高能源消耗产业，使投资区域成为"环境避难所"。发达区域因为国内环境标准提高，往往通过投资形式将一些高污染和高消耗产业直接转移到环境标准相对较低的欠发达国家以降低生产成本，实现环境污染的转移，如对一些污染密集型产业的投资，其实质是污染物的转移。投资造成的资源环境效应主要通过规模效应、结构效应与技术效应三者综合效应实现（见图4–25）。

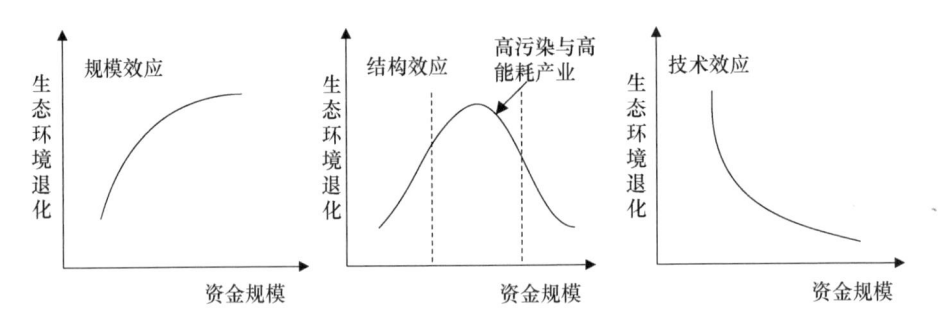

图4–25 资金流动的资源环境效应解析

（三）区域社会联系传导影响人地关系地域系统演变

区际社会关系的形成以区域之间在社会生产过程中结成的生产关系为基础，主要是指区域之间合作分工过程中人口、技术、文化等要素的流动联系。要素流动的实质为要素或者资源的合理配置，试图达到帕累托效率最优状态，其目标是通过协调区域内部、外部要素，与区域外部形成优势互补、整体联动的区域可持续发展格局，分为极核交互型、核心—边缘集聚型、临域渗透型、溢出型4种类型（见图4–26）。要素流动加速了区域非均衡发展，特别是对于落后地区生产要素的剥夺，容易陷入贫困地区发展怪圈。人口、技术、文化等社会要素合理流动在一定程度上促进了区际联系和要素最优配置，提高了区域应对区域可持续发展的能力。

第四章　人地关系地域系统演变影响因素与作用机制研究　　113

极核交互型　　核心—边缘集聚型　　临域渗透型　　溢出型

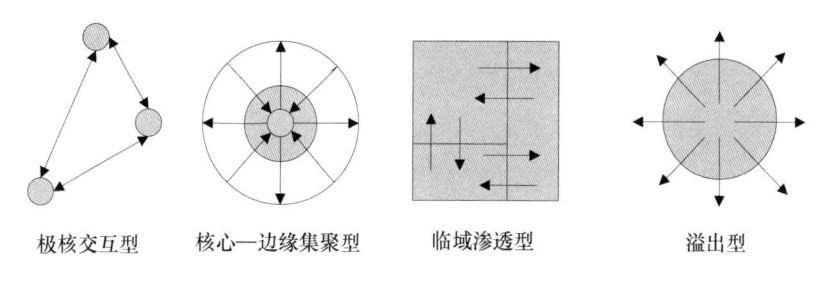

图4-26　要素流动的几种空间模式

1. 人口迁移与流动

人口迁移与流动是环境条件和社会经济条件差异下的有场运动[①]。随着社会经济发展水平的提高以及交通基础设施的高度发达，作为经济和社会双重转型下的重大现实问题，人口迁移与流动成为社会中普遍关注的问题。一方面人口数量的大量迁入与流动，破坏了本地区原来人口与环境的平衡，在一定程度上加剧了迁入区环境功能的数量竞争、质量竞争、空间竞争与时间竞争。例如，区域人口的大量迁入，会引发"人口规模增加→粮食需求增加→耕地需求增加→土地开垦→增加农药和化肥的使用量→区域生态环境恶化（耕地不足、植被覆盖下降、盲目开荒等）"等问题（见图4-27）。另一方面人口迁移与流动也会对生态环境产生一定的积极影响，例如，生态环境移民是人口迁移与流动的重要形式，由于人类赖以生存的自然环境发生恶化（沙漠化、水土流失等）、环境灾害、环境污染或者区域生态环境脆弱等问题，区域人口不足以承载过多的人口，人口迁出可以减小人口对生态环境的压力，因此，人口的迁移与流动对于人地关系的影响具有双面性。

2. 文化融合

系统在自身发展过程中不断吸收或者容纳区域外的先进文化，在区域文化相互融合与冲突中不断创新与发展，通过先进文化的移入、创新与发展，同样可以实现区域经济发展和生态环境保护。生态文化是指人类了解、适应、利用与改造自然，逐步实现人与自然和谐发展所反映出来的思想观念的综合，其中有益的生态文化扩散有利于区域之间人地关系的改

[①]　郑慧、王志刚：《论人口迁移流动与环境保护》，《中国人口·资源与环境》2001年第51期。

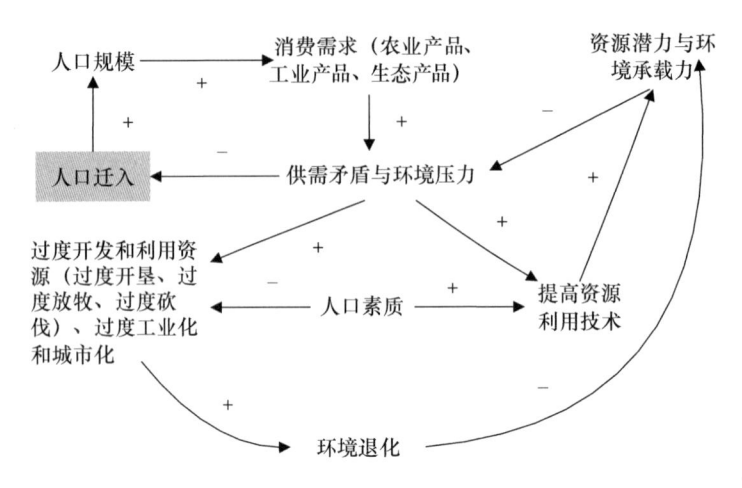

图 4-27 人口迁移与流动所引发的资源环境效应

善，相反则不利于区域之间人地关系的改善。

3. 技术扩散

技术扩散在人地关系区际协调方面也起到重要作用。环保技术与资源利用技术既可以减少生产过程中的污染物排放，也可以通过生产工艺的改进提高资源利用效率并降低生产成本，比如节能技术、烟气脱硫技术等。技术的扩散与流动主要通过流动效应、联系效应和竞争效应将各个区域联系起来，可以包括清洁生产技术、非清洁生产技术两种类型，清洁生产技术的扩散与流动有利于区域整体人地关系的协调，而非清洁生产技术的扩散与流动则不利于区域特别是受体区域人地关系的协调。

六 区域发展环境

区域发展环境主要指区域性或者全球性的区域发展背景与趋势，是高于研究区域所能左右的一种大的区域发展宏观背景。要素流动从一种状态转变到另外一种状态过程中需要花费一定成本，即要素流动成本，也对要素的配置效应、重组效应起到重要作用，即一方面区域发展环境存在"洼地效应"，可以促进要素的自由流动。区域发展环境还存在重要的"配置效应"，不同发展环境对于资源的配置方式不同，产生的经济效应也不相同，其资源环境效应也有差异（见图 4-28）。研究将区域发展环境归纳为全球化、市场化、一体化、信息化 4 个方面。

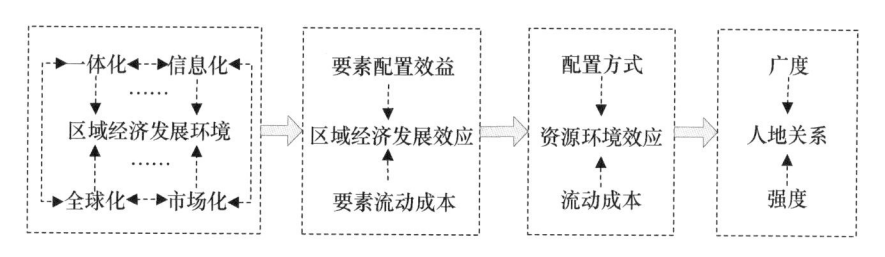

第四章　人地关系地域系统演变影响因素与作用机制研究

图 4-28　区域经济发展环境的资源环境效应

（一）全球化推动人地关系地域系统的演变

全球化是指随着科学技术、交通运输、通信技术以及社会经济的快速发展，社会经济联系的全球性特征日益密切，区域分工日益深化，人类经济活动开始突破区域界限，各国之间相互依赖、相互联系、融为一体的过程。全球化既包括资本、技术、人口等生产要素的流动以及贸易的全球化，也包括国际组织等社会政治的全球化，同样包括文化渗透、交流与融合的全球化。随着信息与技术的发展，区域之间的时间与空间距离得到前所未有的压缩，加速了全球化的进程[①]。全球化与人地关系的实质在于随着全球化进程加快，区际之间的关系越来越密切，全球范围内的要素流动不断加快，形成了"流的空间"。

1. 全球化促进人地关系走向网络化，提高地理环境对人类的约束

全球化促使人地关系从区域转向全球，促使人地关系走向网络化。全球化在不同尺度地域系统空间结构构成中起到重要作用，相应空间效应会产生对应的资源环境效应。区域性的人地关系矛盾问题会通过网络化传播渠道影响其他地区人地关系问题，使得区际之间人地关系问题联系在一起，将局部的环境问题与整体性的环境问题联系在一起，如地区气候变化、温室气体排放、生物多样性的减少等会引起全球性的地区气候变化、温室气体排放、生物多样性的减少等问题。全球化使人地关系从静态向动态转变，借助发达的生产网络、贸易网络、消费网络，全球化强化了各个地区之间的互动性和制约性，使得不同地理空间呈现出资本、劳动力、资源等要素的流动性特征，在一定程度上强化了地理环境及空间的动态特

---

① 田光进：《全球化与全球变化关系研究》，《热带地理》2009年第2期；刘卫东、张国钦、宋周莺：《经济全球化背景下中国经济发展空间格局的演变趋势研究》，《地理科学》2007年第5期。

征，因此全球化背景下人地关系已经逐渐演变为人类与全球性地理环境空间的互动关系①（见图4-29）。

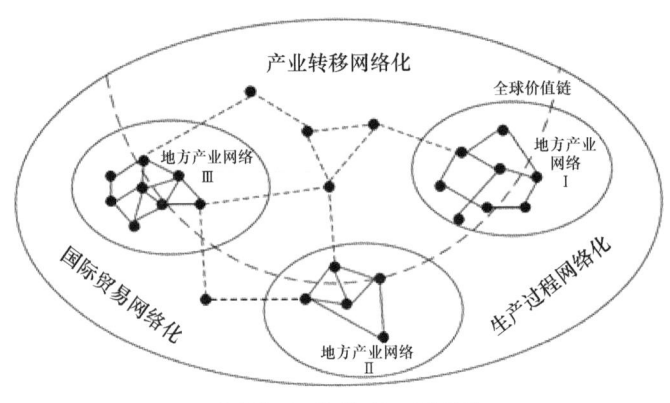

图4-29 人地关系的网络化

全球化提高了地理环境对人类活动的约束。全球化将人类活动的范围从区域转向全球，扩大了人类活动的范围与空间组织的地理尺度，使得区域能够暂时不受或者较少受生态资源的约束，但是由于资源环境承载能力的有限性，国家全球性扩张的外化空间是有限的，特别是随着产业大规模转移、自由化贸易推进、资本全球化流动加快，区域发展所需要的外化空间越来越小。如果把人类的整体经济活动作为研究对象，这种外化的经济空间便不复存在，随着经济全球化的不断扩大与社会经济条件的不断发展，外化空间呈现递减趋势，地理环境对全球性经济活动的约束不断提高。

全球化的过程是要素全球流动、资源全球配置、利益全球分享、规则全球共守的过程，并不是一个全球均衡的过程，而是全球性的生产要素重新非均衡分配的过程，其实质往往是发达国家在连续不断地全球性扩张过程中迫切需要一个外部性区域来内化其外部性成本，以获取自身发展空间可持续性的过程，因此往往伴随着资本的全球性扩散，生态环境资源从不发达地区向发达地区集中，环境污染与生态破坏从发达地区向不发达地区

---

① 罗静、陈彦光：《论全球化时代的人地关系与政策调整》，《人文地理》2003年第5期。

扩散，而利润则由全球汇入发达地区，因此全球化并非是全球均衡发展的过程。

2. 全球化提升全球环保意识，推动人地矛盾全球治理

全球化也有其积极的方面。首先，提升全球的环境保护意识。全球化伴随着观念、技术、文化和信息流动的全球化，发达国家在资源节约和环境保护的价值观理念等方面具有先进性，价值观理念的全球传播和相互学习促进了全球生态环境意识的提高，使一些新型价值观念逐渐形成，并在全球化的推动和环境组织网络的带动下得到广泛认同。例如，全球化把经济发展与生态环境协调发展思想推广到区域发展的综合决策之中，并逐渐成为全球性质的战略理念与价值观，促进了全球人地关系的协调发展。

其次，推动了人地矛盾问题的全球性治理。一方面，全球性各类环境保护组织的出现，例如，政府之间的组织和非政府组织以及跨区域合作机制的搭建，成为应对全球人地关系恶化的主要组织，并发挥着越来越重要的作用，搭建了政治平台和组织机构，为全球生态环境问题治理提供条件；另一方面，全球性和区域之间的生态环境合作网络以及相关环境会议、能源协定、环境监测与评估系统、环境标准和绿色产品标识等全球性环境保护制度体系的建立，推动了全球性生态环境保护机制、协调机制、法律机制以及资金机制的形成，使得全球性生态环境保护向制度化方向发展，促进了全球性环境治理与可持续发展机制的建立。

最后，提高资源利用效率及环境污染控制能力。全球化促进环境保护技术和清洁生产技术的全球性传播，提供了采纳清洁环保技术的动力和渠道，督促采取积极有效的环境规制手段和政策，促进国家技术进步和产业结构升级，提高资源利用效率和环境污染治理能力。欠发达国家既可以直接从发达国家引进相对环保和清洁的技术装备，也可以通过提高企业产品质量的要求促使企业不断应用环境保护技术和清洁生产技术，同时跨国企业大量开展研究开发和技术转让活动，其溢出效应对于改善投资接受国的生态环境条件也有很大的帮助。

(二) 经济体制推动人地关系地域系统的演变

经济体制是人类为解决资源配置和动力问题而确定的包括决策、信息、激励和约束在内的机制，是对资源配置作出决策和执行这一决策的一

整套经济系统[①]，主要包括计划经济体制和市场经济体制。计划经济体制中政府通过全局的宏观调控、总量控制、结构调整、经济布局等配置资源，政府起到主体作用；市场经济体制主要是通过价格机制、供求机制和竞争机制在企业等微观经济领域配置资源，市场起到主要的作用。

1. 计划经济体制产生"公地悲剧"，扭曲资源环境要素价格

"公地悲剧"的产生。计划经济形成了个人理性与集体经济的偏离，往往不存在私有产权，生产者不必为资源利用与污染物排放付出过高代价，直接导致人对地的过度使用与消耗。由于整个社会或者多个单位共同占用公共资源，使得公共资源产权清晰而使用权相当模糊，因此企业等生产者经济主体往往可以用较小的成本获取公共资源，导致公共资源过度利用甚至枯竭。国家作为社会资本的承担者和强制执行者，企业使用资源和排放污染物并不需要支付成本或者仅需要支付很小的成本，加速了资源的过度利用和生态环境的破坏。计划经济体制下，资源的配置效率低下和企业追求利益的最大化，政策和制度及价值观念的不完善与不合理、纲领和路线及方针的不合理等也在一定程度上加剧了生态环境破坏和资源的浪费。

重工业优先发展战略的副作用。由于计划经济体制所处的国际背景和国内背景，迫切需要建立完整的国民经济体系以尽快实现工业化，一般会选择不符合区域发展优势的资源密集型和资金密集型的重工业发展战略，使重工业发展战略在压低资源要素以及初级产品价格等宏观经济扭曲政策中实行，资源环境要素价格过低会造成过度污染与资源严重浪费（见图4-30）。当资源环境价格低于P_2时，会造成资源需求量大于供给量，造成严重的环境污染和资源浪费。研究结果表明，重工业结构是区域生态环境质量变化的主要驱动因子。重工业的发展模式一般具有两大特征，即高污染和高消耗，重工业往往是走粗放式、外延式发展道路，往往需要消耗大量的资源，加剧了区域资源耗竭速度，使本已脆弱的生态环境加速破坏。

2. 市场经济体制提高资源配置效率，有利于生态环境政策实施

有利于提高资源的配置和利用效率。市场机制或者价格机制在反映资

[①] 程钰、刘雷、任建兰：《经济转轨进程中的生态环境效应研究》，《当代经济管理》2013年第1期。

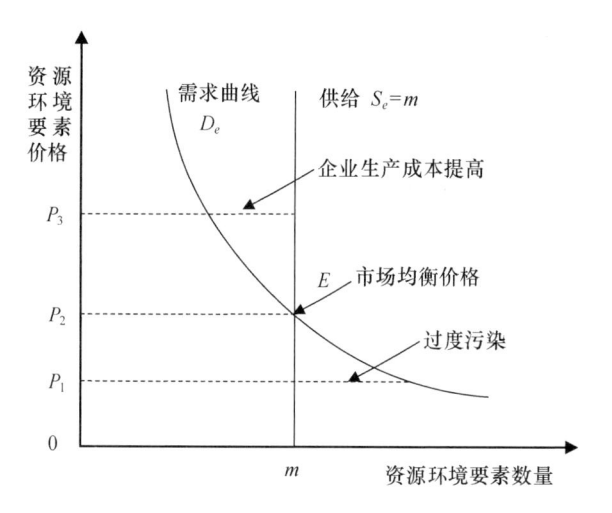

第四章 人地关系地域系统演变影响因素与作用机制研究

图 4-30 资源环境要素的价格决定

源稀缺性、提高资源利用效率等方面起到重要作用。微观层面上，企业对于市场上的价格信号能够作出灵敏反应，资源稀缺程度以及产品供需关系都能通过市场反映出来，企业的市场行为促使生产要素流动，促进资源优化配置，提高生产效率和经济效益。宏观层面上，市场对资源配置的基础性左右和宏观调控，价格信息能够在资源配置中起到重要导向作用，市场经济体制比计划经济体制更有效率。另外，多种所有制经济的发展也促进了企业作为市场主体在资源配置中的重要作用。

有利于经济增长方式的转变。市场经济体制对于生态环境质量改善起到重要作用，经济体制转变和经济增长方式转变几乎是同步的，市场化程度的不断提高有利于经济增长方式转变，市场经济体制有助于各类灵活而准确的资源价格体系的形成，替代过去计划经济体制下形成的不合理资源价格体系，为自然资源特别是稀缺性自然资源的合理开发、利用与配置提供很好的前提，也有助于不断调整产业结构，逐渐形成协调化和高度化的产业结构，促进企业不断增加科技研发热情以采用新技术以在竞争中保持优势，增强资源配置效率，降低生态环境污染程度。

有利于生态环境经济政策的实施。生态环境政策是可持续发展战略的延伸以及实现可持续发展战略目标的重要手段，生态环境经济政策是生态环境政策的核心组成部分，市场经济体制的实施有利于生态环境经济政策的顺利推行，如排污权交易、生态补偿、排污收费、生态税收、环境税收等方面，生态环境经济政策的实施对于降低生态环境保护成本、提高生态环境管理效率、减少政府生态环境保护补贴、扩大国民经济财政收入以及提高公众的生态环境保护意识等方面都起到重要的作用。主要存在两种方式，包括环境保护补贴、环境税收、排污收费等政府干预方式与绿色资本市场、排污权交易制度以及自愿协商制度等市场机制方式。

然而，由于生态环境和资源属于公共财产，破坏生态环境和资源浪费虽然会给他人和社会带来外部不经济性，却能给企业和消费者带来眼前与局部利益，企业和消费者行为的不规范直接表现为生态和资源的恶化，对于外部性的生态环境破坏和资源消耗问题而言，市场机制往往不能起到很好的作用，为了经济利益加速对不可再生资源和短期内不能更新的资源进行掠夺式开发以及污染物肆意排放，只能反映眼前和局部利益，难以解决可持续发展问题。因此，生态环境资源的公共物品属性以及市场机制的自身缺陷、发育不全等问题，并不能解决所有的生态环境问题，也会出现市场失灵现象，必须同时充分发挥政府宏观调控作用和市场资源配置作用（见图4-31）。

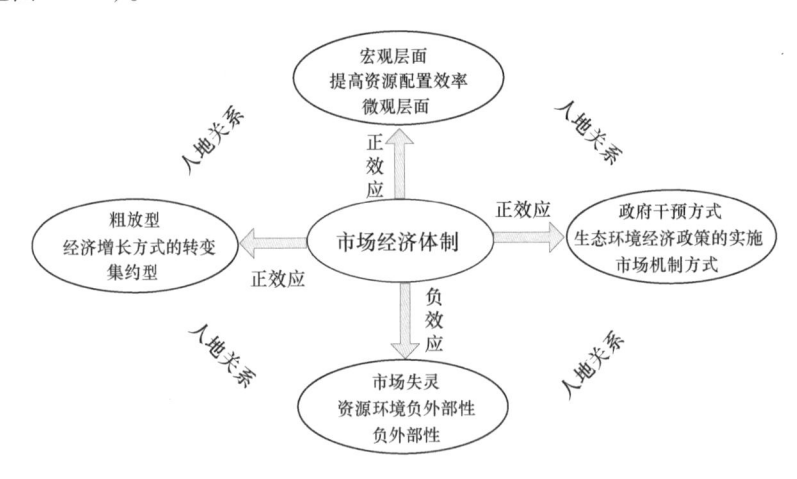

图4-31 市场经济体制下的人地关系影响

（三）一体化推动人地关系地域系统的演变

一体化是指在一定空间区域内，各个区域为获取经济集聚与互补效应，通过各种制度安排以及地域功能的合理配置，通过政府与市场机制的作用，促进各种市场要素的自由流动和跨界环境的外部性内部化，实现区域经济发展、社会进步和生态环境保护一体化，促进区域整体利益不断增进的过程和状态。区域一体化主要包括基础设施协调、空间布局协调、产业布局协调、资源要素共享、对外开放拓展、生态同建和环保一体等方面的内容。经济一体化是区域一体化的核心内容，区域一体化的过程是帕累托效率逐渐提高的过程，是资源合理配置的必然结果，也是区域利益不断增进的过程。

1. 区域一体化重塑人地关系空间结构

区域内基础设施的快速发展以及高速交通运输方式的推进，加速了区域之间要素跨区域流动，引起新的产业地域分工和空间重组，进而产生新的生态环境效应。一体化进程中不同空间利用结构以及组合方式所产生的生态环境效应也不同，对于区域功能的不合理定位或者由于发展阶段所造成的区域功能被动定位必然造成区域人地关系的恶化。区域一体化形成过程也是空间布局由无序向有序转变的过程，人地关系逐渐由恶化向协调转变，在一体化进程逐渐提高的过程中存在区域空间布局不合理区间，也是人地关系恶化程度最为严重的区间，空间布局的不合理往往通过要素集聚与扩散特征予以反映，体现特定区域的人地关系特征（见图4-32）。

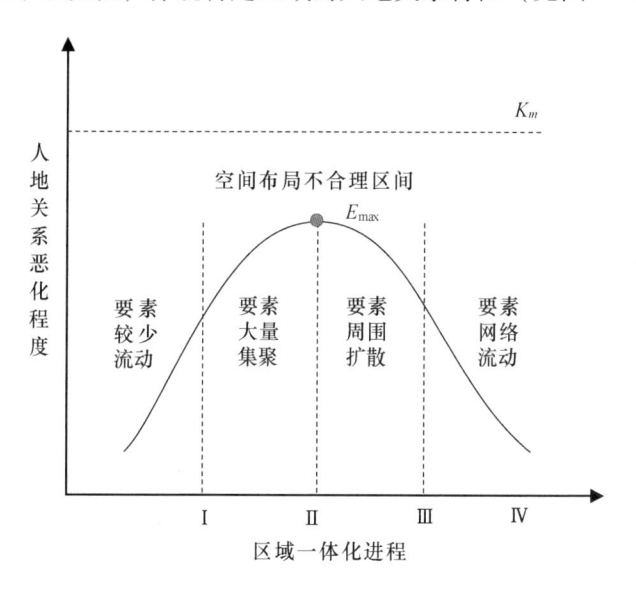

图4-32 区域空间布局与人地关系

2. 区域一体化进程影响产业空间结构

产业转移是区域经济一体化的主要动力，区域一体化中产业转移存在梯度性特征，对于一个区域而言往往存在两种情况：一是逐渐收缩与淘汰缺乏比较优势和不符合产业政策的产业，逐渐更新产业结构，建立新兴产业；二是迫于经济发展压力承接一定的落后产业，一般会呈现由中心向外围扩散或由经济发展高水平区域向低水平区域转移，导致区域内部产业结构与空间结构的改变，不断更新资源利用与环境压力的空间均衡格局。产业集聚是产业转移所带来的必然结果，产业集聚的优点在于能集中治理污染和资源的集约利用，其缺点在于集聚的积累性与规模性往往造成污染物排放的区域积累与区域资源的过度开采，引起区域人地关系的恶化。

3. 区域一体化进程形成人地协调的整体效应

整体效应包括两层含义：一是由于区域社会经济需求而形成的整体效应，在一体化过程中逐渐整合资源，促进各种生产要素合理流动，打破区域壁垒，实现区域竞争的有序、规范和高效，提高市场对于区域内资源的配置效率和使用效率，形成合理的产业分工，提高区域整体优势，形成区域整体经济效应；二是整体效应是由区域内资源环境的属性所决定的，区域内资源环境质量的恶化与改善都会通过区域内自身的地理媒介或者社会经济联系产生很强的负外部性或者正外部性，形成区域行政区划与资源环境外部性的矛盾，资源环境的公共物品属性以及高交易成品属性是市场机制所不能解决的问题，往往形成环境资源的准公共产品属性与地方政府利益最大化的矛盾，区域内资源环境本身具有很强的整体效应，迫切需要形成区域政绩考核评价、区域环境监管、区域环境污染治理等一体化的过程，促进区域内整体经济利益、社会利益和环境利益的提高。

(四) 信息化推动人地关系地域系统的演变

信息化是指社会经济发展要素重心结构转变的过程，以物质和能量为经济结构的基本重心向以信息和知识为经济结构的基本重心逐渐转变的过程，也是在各个领域运用信息化技术、开发利用信息资源，逐渐促进信息技术的空间溢出效应，提高经济发展质量，推动社会经济逐渐发展转型的动态过程。信息技术对社会经济各个环节的广泛渗透以及所带来的社会经济结构和功能变化，带动生产方式、生活方式和人群组织方式的变化，主要包括区域层次、领域层次、企业层次、社会层次的信息化。随着信息资源的广泛和有效使用，能有效提高生产效率和经济效益，影响区域经济结构状态、社会结构状态和价值观状态。

1. 信息化"时空压缩"机制影响区域空间组织的变化

信息化通过"时空压缩"机制影响区域空间组织的形式与状态，并改变了传统的地理空间概念，改变了原有对时间、空间和场所的理解，形成了新的区域空间组织（见图4-33）。信息技术的影响逐步增强，并且渗透到具体的生产和生活领域，同时信息等因素正在通过协同、替代、产生和提高效应逐渐取代资本和土地等因素成为影响区域空间组织变化的主要因子之一。信息技术对于虚拟空间的塑造与构建可以弥补人口流动、物质流动等实物空间相互作用的不足之处，全面提升其广度和强度，接触扩散和等级扩散正在逐渐取代集聚—扩散空间距离递减规律，大幅度降低信息和技术传递空间障碍，改变传统区域经济联系模式、公众消费方式和空间认知，加快知识创新，降低空间和距离对人类活动的限制性，影响区域之间的社会经济空间组织，重新塑造与影响区域人地关系状态。同时，由于信息化的"时空压缩"机制，消费者获得的信息量是巨大的，消费需求结构对于市场的作用日益明显，推动人地关系演变。

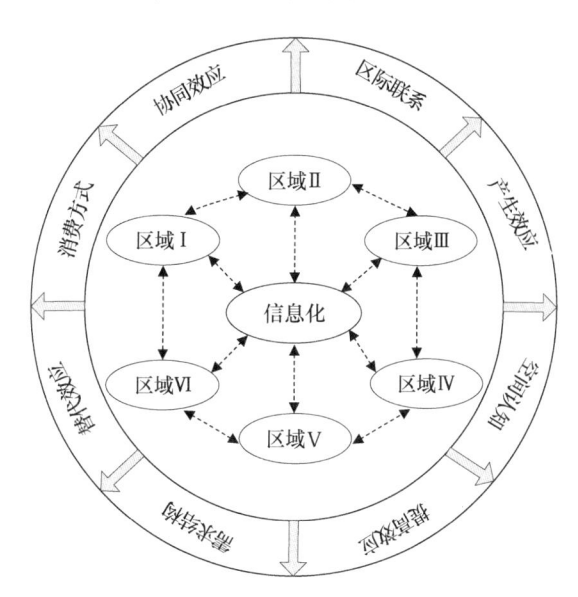

图4-33 信息化与区域空间组织

2. 信息化提高要素生产效率，促进经济增长方式转变

以信息和通信技术以及信息资源为载体的新的生产要素导致原有的生产要素结构调整与传统资源要素的作用下降，促使要素结构呈现"软化"

趋势，在一定程度上改变了传统以资源大量消耗和污染物大量排放为特征的外延式经济增长模式，通过资源优化配置和提高效率，提高了经济增长质量。信息资源在自身作为生产要素与替代性生产要素的同时，还具有很强的正外部性和溢出效应，通过各种方式优化原材料、能源、资本等其他生产要素的质量，通过对其他要素的渗透性有效促进生产要素的协调，提高要素配置效率和有序度，支持经济的内涵式增长。在生产、流通等环节，以信息的形式进行传递可以降低物质资源的消耗，减少生产交换过程中的资源浪费以降低交易成本，改变市场运作和企业运营效率，促进微观经济活动效率的提高。信息流对物质流有高效率组织作用，具有替代资金流和技术流作用，同时对人流和其他流态有重要引导作用。

3. 信息化促进产业结构优化升级，减轻资源环境压力

信息化技术具有很强的渗透性和创新优势，能够在生产、分配、交换和消费等环节有效促进传统产业的管理水平、自动化水平和智能化水平，提高传统产业的整体素质和资源配置效率，改变传统生产方式，降低传统产业消耗，促进传统产业发生根本性改变。信息和技术创新在改变信息产业自身的产业结构和形态的同时，也利用已有的信息技术和资源广泛应用于农业、工业和服务业等相关产业和部门，改变传统产业的结构和形态，促进传统产业的改造升级，比如将信息技术广泛应用于农业生产与管理之中，在原料节约、降低农业生产成本、提高产出效益与生态环境保护方面都取得了显著的效果，通过管理创新有效地重组传统工业，促进传统工业的替代与分化，突破传统工业的时空限制，促进传统工业向清洁生产工业跃进。信息化还促进了信息产品制造业和信息产品服务业、新型产业的快速发展。因此，信息化在促进产业结构的优化升级方面发挥着重要作用，在一定程度上促进产业结构向高度化和协调化方向发展，减轻了传统产业对于资源环境的压力（见图4-34）。

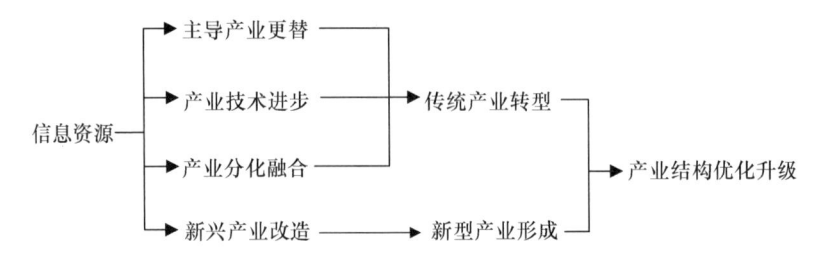

图4-34 信息资源影响产业结构优化升级示意图

七 空间管治措施

管治是介于市场与政府之间进行相应权力平衡再分配的制度性理念。空间是一个尺度连续可变的概念，因此空间管治也是一个宽泛的概念，管治也被认为是管制，是指多个区域的对话、协调、合作以能够达到最大程度动用资源的统治方式，以补充市场和政府自上而下调控的不足，实现区域经济发展、社会进步和良好生态环境的协调。空间管治既是政府的主要理性作为，也是区域有序发展的基本保障。广义的空间管治是对区域理念、战略、规划、政策、制度等方面全方位的管治，狭义的空间管治更多侧重于区域政策制度的制定，研究侧重于广义的空间管制。

（一）发展观理念演进与人地关系地域系统演变

纵观人类历史的发展观，先后出现了传统发展观Ⅰ、传统发展观Ⅱ和可持续发展观3种类型的发展观，不同发展观所引起的资源环境效应不同。

1. 传统发展观不利于人地关系地域系统优化

传统发展观Ⅰ，主要强调以经济增长为核心的发展战略，把追求经济的无限增长与物质财富的无限增加作为区域发展的核心，指出经济财富规模的扩大可以等同于人类文明的福利和社会财富的增加，传统发展观Ⅰ对于区域实现工业化和城市化以及实现经济的高速增长起到重要作用，然而传统发展观Ⅰ的前提条件——资源无限和承载力无限实际上是不存在的。为了实现经济的快速增长，极尽可能地破坏生态环境和加速对于资源的索取与掠夺，高速增长的背后却促使资源短缺、粮食安全、全球性环境变化、区域性环境污染事件等一系列资源、环境和生态的人地矛盾问题日渐浮现（见图4-35a）。传统发展观Ⅰ把经济增长等同于经济发展，认为生态环境是经济发展的外生变量，以实用主义和功利主义为基本出发点，重点考虑眼前与局部利益，忽视未来与长远利益，忽视了人与自然的伦理关系，试图用高增长化解发展中的难题，重视物本远高于人本，发展消耗的资源、生态、环境成本巨大，最终陷入为发展而发展的怪圈之中。

传统发展观Ⅱ是当人类意识到传统发展观的弊端之后开始重新思索建立的一种新发展观，发展不仅是物质量的扩大，也包括由于经济发展所带来的社会生活质量的提高。着重于不仅重视人类社会物质产品的需求，还包括非物质产品的需求，其着眼点在于满足全体人民的需要和福利，包括生活质量的改善、社会福利的增进等内容。传统发展观Ⅱ强调增长是经济规模在外延上的扩大，而发展在于经济增长进程中生产效率的提高以及对于社会福利的提高作用，强调发展不应该仅以经济增长作为考核指标，而是要增加反映人类社会福祉的指标。因此，传统发展观Ⅱ在考虑经济因素的基础上增加社会因素，但传统发展观Ⅱ同样认为生态环境是经济发展的外生变量，没有将资源、环境和生态因素放在和经济因素、社会因素同等重要的位置来考虑。特别是随着全球性工业化的快速推进，对资源、生态与环境造成了沉重的压力，生物多样性减少、臭氧空洞、酸雨等全球性的生态环境灾难频频出现（见图4-35b、图4-35c）。传统发展观Ⅱ中的资源环境问题依然突出，发展成本依然很大，往往会忽视人与自然的协调关系，迫于经济和社会发展的压力过于注重经济增长，忽视了生态环境质量的改善与提高，同样造成了严峻的环境问题。

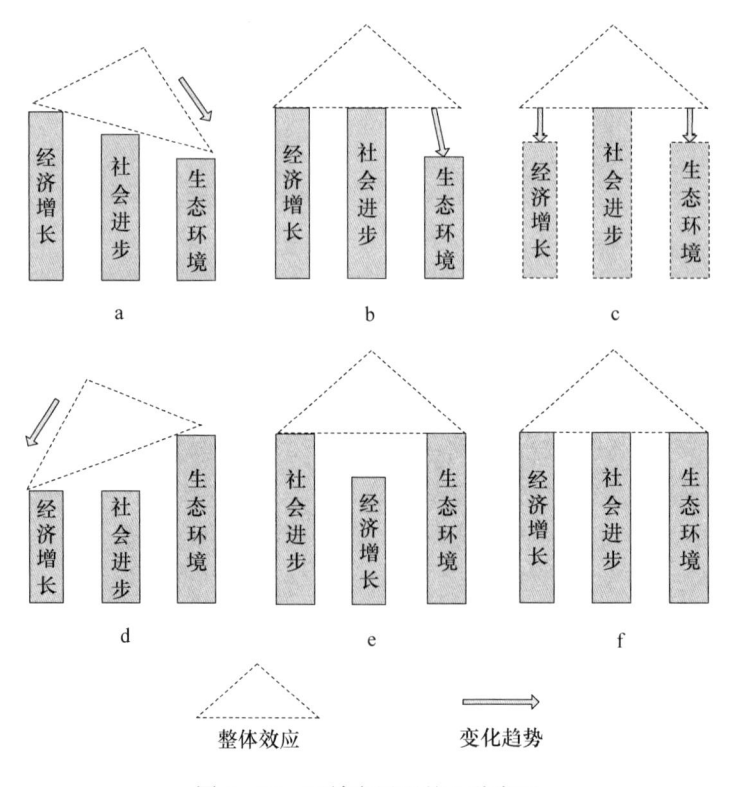

图4-35　区域发展观的几种类型

2. 可持续发展观促进人地关系地域系统优化

可持续发展观强调需求与限制的原则，强调人类的社会经济发展不能超过区域资源与环境承载能力，认为资源、环境和生态对于经济增长的支撑能力是有限的，与传统发展观Ⅰ、传统发展观Ⅱ相反，应该将生态环境作为和经济增长与社会进步同等重要的因素来考虑，同时还要考虑经济增长、社会进步和生态环境之间的互动与联系。就人地关系而言，可持续发展更多强调了有限的"地"的支撑能力以及人类对"地"的补偿能力。图4-35f为可持续发展观的代表类型，而图4-35e表明，由于区域的资源环境承载能力低、生态环境比较脆弱，经济发展水平比较低，通过区域转移支付后，社会福利水平明显提高，也是实现空间均衡的一种重要形式，图4-35d为没有通过财政转移支付前的状态，由于其经济发展水平较低导致社会福利水平不高，空间发展不均衡。可持续发展观强调区域发展中区域可持续发展系统是由经济子系统、社会子系统与生态环境子系统共同组成的有机整体。区域发展寻求的是一种最优组合，不是某个子系统的发展，尤其不是经济子系统的独立发展，强调系统内以及系统之间的整体最优的协调发展。区域可持续发展系统强调系统的综合效益，不是单个系统效益的直接或者简单相加。可持续发展观强调区域发展不是"一维目标"（仅仅强调经济发展）、"二维目标"（强调经济和社会协调发展）的发展，而是"三维目标"（经济、社会和生态环境）的协同发展，前者仅仅是单个系统或要素的发展，后者强调区域综合发展的精明增长（见图4-36）。

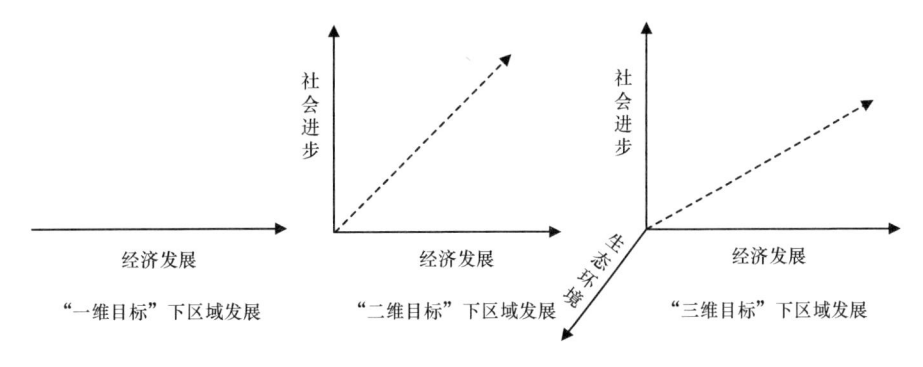

图4-36 "三维目标"下的区域综合发展

传统发展观Ⅰ、传统发展观Ⅱ指导下的人地关系调控往往单纯调控经济差距，仅仅追求经济增长，传统发展观Ⅱ对社会公共服务的调控力度不大，违背了经济规律与自然规律，在经济规律方面往往使得经济增长竞争乏力，整体效益低下且持续性较差，没有根本改变区域之间的居民生活水平和公共服务水平的差距；在自然规律方面，调控过程中付出的资源环境成本太高，破坏了人居环境，社会经济发展与资源环境的矛盾加剧，对社会经济的约束越来越大，造成人地关系的紧张趋势（见图4-37）。可持续发展观念下的人地关系调控能够考虑到社会经济的基本活动规律和自然规律，在"地"的可承受范围之内强调不同类型区域的人类活动强度与地理环境的协调可持续发展。

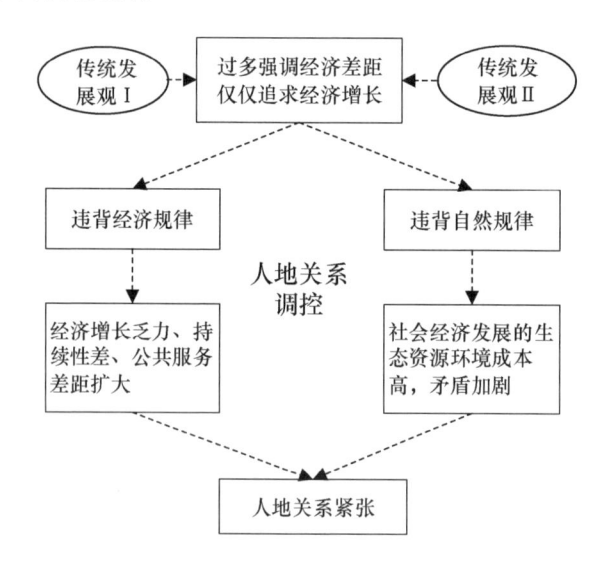

图4-37 传统发展观Ⅰ和传统发展观Ⅱ理念下的人地关系调控

(二) 战略规划与人地关系地域系统演变

战略规划是区域政府进行区域开发与管理的重要手段和方式，通过具体的区域发展战略规划与相辅助的区域政策，促进、协调和调控区域发展。不同战略规划会产生不同的人地关系正效应和负效应，研究主要从区域战略制定和区域规划两个方面分析战略规划与人地关系。

1. 区域发展战略演进与人地关系地域系统演变

区域发展战略是根据区域发展条件、发展要求与发展目标所作出的高层次和全局性、地域性和高层次的宏观谋划，是对未来区域发展的全局性长远谋划，是区域发展观和全局谋划的有机结合。广义上区域发展战略是

第四章 人地关系地域系统演变影响因素与作用机制研究

对区域整体的战略规划，对不同尺度层次区域内部自然和人文要素进行深层次的认知归纳与分析，从而辨识不同尺度层次的区域功能；狭义上区域发展战略仅仅是指区域发展中的空间结构与空间划分。区域发展战略包括区域均衡发展、区域非均衡发展和区域协调发展的战略（见图4-38）。

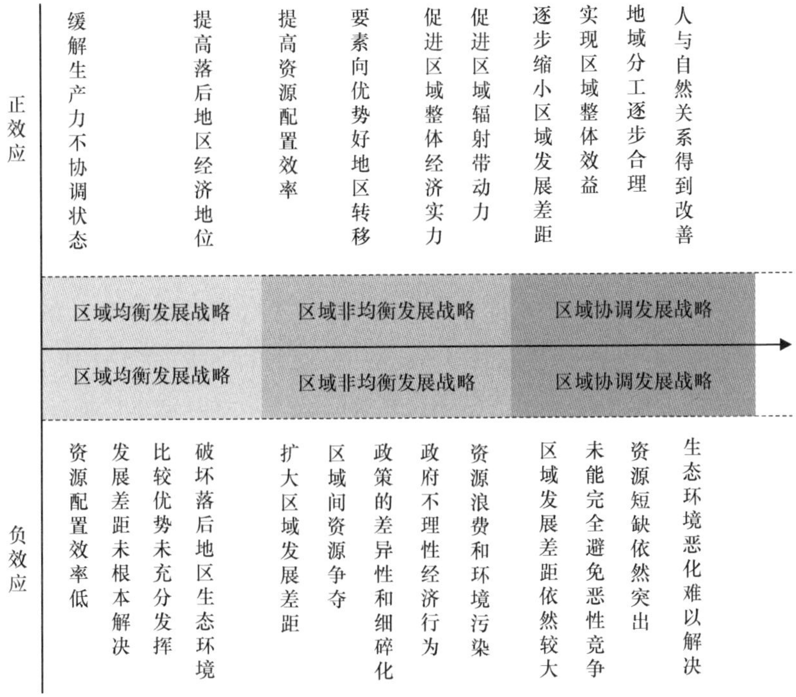

正效应	区域均衡发展战略	区域非均衡发展战略	区域协调发展战略
	缓解生产力不协调状态／提高落后地区经济地位／提高资源配置效率	要素向优势好地区转移／促进区域辐射带动力／促进区域整体经济实力	逐步缩小区域发展差距／实现区域整体效益／地域分工逐步合理／人与自然关系得到改善
负效应	资源配置效率低／发展差距未根本解决／比较优势未充分发挥／破坏落后地区生态环境	扩大区域发展差距／区域间资源争夺／政府不理性经济行为／政策的差异性和细碎化	资源浪费和环境污染／未能完全避免恶性竞争／区域发展差距依然较大／资源短缺依然突出／生态环境恶化难以解决

图4-38　不同发展战略下的人地关系正负效应

区域均衡发展战略的基本指导思想是实现区域产业布局的相对均衡状态，形成各个经济区域自成体系、相互促进的格局，区域的产业布局和区域经济增长基本上受到均衡发展战略的影响和支配。区域均衡发展战略过多强调区域均衡发展的目标，主张生产力的平衡布局和缩小地区差距，加强对于落后地区、贫困地区产业布局转移与投资布局的调整，在资源分配与政策落实上采取平均主义的做法。区域均衡发展战略在一定程度上加快了落后地区的区域经济发展历程，进而缓解了生产力布局不协调的状态，提高了落后地区的经济比重和发展地位。但是，区域均衡发展战略的做法往往不能很好地依托区域优势条件，资源的空间配置效率低下，区域比较优势难以得到充分的发挥，稀缺资源没有配置到边际产出最优越的地区，导致投资效果不能充分发挥，经济效率没有根本提高，并没有从根本上阻止区域差距扩大的趋势，反而影响了整体区域经济效益和集聚效益的提高，特别是经济基础条件较好地区的区域发展，致使盲目地追求工业自成体系，制约了经济潜力进一步发挥。此外，由于过多地强调区域均衡发展，造成了对生态环境脆弱地区生态、资源和环境的剥夺，带来了一定的生态环境问题。

随着经济发展战略逐渐由实施以牺牲效率为代价的均衡发展向以注重效率提高的非均衡发展战略转进，区域非均衡发展战略由过去缩小区域差异向以提高区域经济效益和优势资源要素向比较优势较好地区转移的指导方针转变。区域非均衡发展战略改善比较优势条件较好地区的经济发展和区域辐射带动力，提高了资源的空间配置效率，成为推动地区经济增长的主要增长极和最重要的力量，增强了区域经济的总体实力，但是由于战略转变过程中其体制和政策转变的不完善，造成了区域之间资源争夺，市场矛盾和产业结构矛盾进一步加剧。由于区域之间政策的差异性和细碎化，生产要素往往向政策条件好、经济效率高的地区集聚，促进该地区的经济发展，区域发展之间的差距日渐扩大，引起区域可持续发展能力差距扩大，地区之间的矛盾和冲突也不断加剧，影响了区域整体效益的提高。区域之间竞争往往突破底线，不利于人地关系的协调，例如，有些区域为了促进地区的投资和接受产业转移，往往降低环境保护标准与实施低廉的资源价格政策，诱导地方政府不理性的经济行为，造成资源浪费和环境污染，不利于资源节约和环境保护，长此以往，区域之间会陷入恶性竞争的怪圈，影响区域的长远发展和整体发展。

区域协调发展战略主要是有步骤有计划地调整区域整体投资政策、财税政策、产业布局政策，区域整体投资重点和政策逐渐向落后地区转移，完善落后地区帮扶政策体系，提高区域政策实施效果，逐步缩小区域之间的发展差距，考虑到区域发展功能定位、产业分工以及人地协调，以实现区域整体效益为目标。区域协调发展战略实施的效果在于从长远来看能缩小区域之间的发展差距，促进劳动地域分工的合理化以及产业空间布局不断调整，在实现资源空间配置效率持续较高的基础上，促使人与自然的关系得到一定程度的改善。但在具体的实施过程中，往往不能在短时期内解决区域发展差距过大的问题，也不能完全避免区域之间的恶性竞争问题，地方政府的不理性经济行为依然存在，区域性的资源短缺、环境恶化等问题也不能从根本上予以解决，因此协调发展的实施是一个长期过程，并需要制定完善的政策与之配套。

2. 区域规划与人地关系地域系统演变

规划是政府对发展进行的宏观调控，协调部门之间和地区之间的关系，实现资源的合理配置以提高资源配置效率，实现经济、社会和生态环境全面、协调、可持续发展目标的管理方式和手段①（见图4-39）。区域规划是指对一定地域空间范围内的经济建设、社会发展和生态环境保护进行总体规划部署，充分发挥不同区域的比较优势，逐渐形成分工合理、优势互补和协调发展的区域格局②，采取某些区域发展战略、思路和政策，以投资、财税、人口、环境、土地等政策在特定区域进行细化和落实，解决社会、经济和生态环境的综合布局问题。

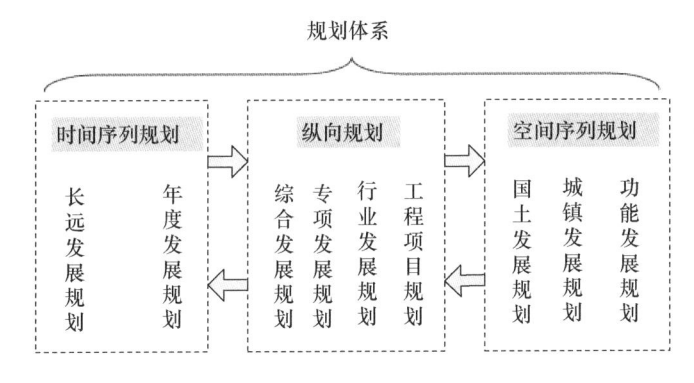

规划体系

时间序列规划	纵向规划	空间序列规划
长远发展规划　年度发展规划	综合发展规划　专项发展规划　行业发展规划　工程项目规划	国土发展规划　城镇发展规划　功能发展规划

图4-39 规划体系的构成示意图

区域规划通过区域空间资源的合理配置、开发与引导，积极通过优化区域项目空间布局，不断约束企业行为，促进区域之间协调发展和经济、社会、生态环境的协调，为发挥不同区域优势形成产业空间合理分工、区域优势互补、协调发展的空间格局，是对人地关系在区域上的调整和纠正，也就是二次调节的过程，同样是社会公共福利利益在区域上的合理分配与补充调节，有利于实现区域空间均衡，实现区域人地关系协调。但在区域规划编制过程中，规划内容往往空间交叉重叠，缺乏深入调研，甚至脱离区域发展实际，难以提出可操作性的实施手段，导致区域规划的目标

---

① 孙威：《我国区域规划内容设置的理论研究与实证分析》，硕士学位论文，中国科学院大学，2005年。

② 方中权、陈烈：《区域规划理论的演进》，《地理科学》2007年第4期。

难以实现或实现程度大打折扣，影响区域人地关系协调。当前资源环境综合承载能力下降、城市用地规模急剧扩展、开发区的盲目建设等人地显性矛盾在一定程度上可以通过合理的区域规划减缓或避免问题的存在与发生。

功能区划或者主体功能区划是协调区域人地关系的重要规划。主体功能区划是指依据区域资源环境承载能力、已有开发强度与区域发展潜力，综合考虑区域人口的集聚态势、国土格局、城镇格局以及生态环境定位，评价区域空间开发的适宜性，将区域划分为优化开发、重点开发、限制开发和禁止开发等不同功能定位的空间单元。积极实施主体功能区战略，在空间与时间尺度实现区域当前利益和长远利益的协调。主体功能区建设有利于促进人地关系的协调（见图4－40），科学认识不同主体功能区域人

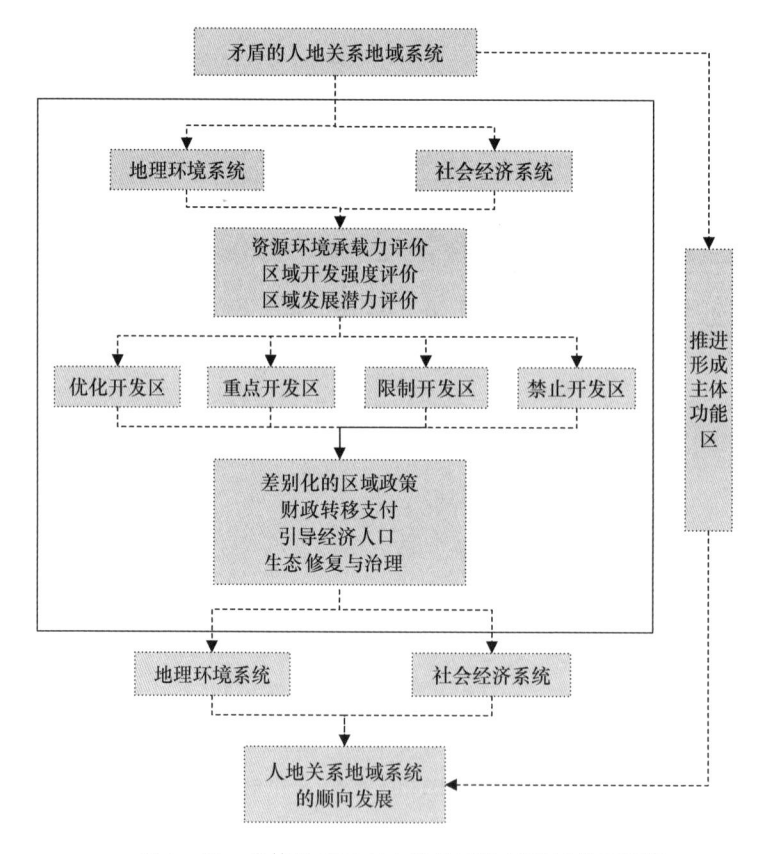

图4－40　主体功能区与人地关系地域系统关系图①

---

① 冯德显：《基于主体功能区理论的河南省主体功能区规划研究》，《地域研究与开发》2008年第1期。

关系地域系统的现状、存在问题以及发展潜力，对各类区域进行合适的功能定位并制定合理的空间管治政策，引导经济人口向资源环境承载能力较强的优化与重点开发区流动，加强对生态敏感与脆弱地区的生态修复与治理，制定差别化的区域政策与绩效考核指标，加强财政转移，实现空间均衡化，实现人地关系地域系统的补偿、修复与完善，实现地域系统的顺向演替与协调化方向发展等方面具有重要意义。

（三）环境规制与人地关系地域系统演变

1. 环境规制与人地关系地域系统演变

环境规制是以环境保护和资源节约为目的、个体或组织为对象、有形制度或无形意识为存在形式的一种约束力量[①]。按照经济主体排污行为的不同约束方式分为显性环境规制和隐性环境规制，显性环境规制可以分为以政府为基础的命令控制型、以市场为基础的激励型、自愿型环境规制3种类型，隐性环境规制是内在于个体的环保思想、环保理念、环保意识和环保态度及环保认知，分为直接或者间接两种形式。显性环境规制是环境规制的主要方式（见表4-3）。

环境规制的宏观作用机制。环境规制的宏观作用机制主要在于两个方面，一是环境规制对产业结构的调整与优化方面，二是环境规制对要素禀赋、贸易变化等外向型经济的效应方面。其中，促进产业结构的调整主要通过以下3种途径与方式：环境规制→进入壁垒→产业结构，通过设置产业进入壁垒以尽可能地阻止新的产业的进入，阻碍受规制产业的发展，影响产业结构演化；环境规制→技术创新→产业结构，环境规制往往会导致企业生产成本上升，企业必须通过技术创新以缩减其外部成本，在加快技术创新的过程中促进产业结构的高级化方向发展；环境规制→国际贸易→产业结构，由于"环境避难所假说"以及"环境避难效应"的存在，发达地区通常环境规制条件较高而将污染密集型的产业向环境规制条件低的欠发达地区转移，影响区域产业结构的变迁（见图4-41），通过产业结构调整进而影响人地关系的演化[②]。

[①] 赵玉民、朱方明、贺立龙：《环境规制的界定、分类与演进研究》，《中国人口·资源与环境》2009年第6期。

[②] 梅国平、龚海林：《环境规制对产业结构变迁的影响机制研究》，《经济经纬》2013年第2期。

表4-3 环境规制的分类与政策工具

环境规制类型Ⅰ	环境规制类型Ⅱ	管理方式	主要工具	工具的具体种类
显性环境规制	以政府为基础的命令控制型环境规制	污染控制、标准制定	排放标准、生产标准和绩效标准	各种污染物排放标准、生产过程中的技术标准
		能源、废弃物削减目标		
		产品标准		
	以市场为基础的激励型环境规制	排污收费与税收	排污收费或税，废弃物或者能源使用收费或税，产品收费或税	碳税、能源税、土地填埋税、产品使用税、旅游税等
		排污权、可交易	污染物排放交易，能源或者废弃物削减交易，产品交易	温室气体排放权交易，二氧化硫排放交易，废弃物排放交易
	自愿型环境规制	环境管理认证与审计	环境管理系统认证标准	
		生态环境标签		低能耗、低污染标签等
		环境协议	协商性环境协议 自愿型环境协议	
隐性环境规制	直接隐性规制	个体或者组织行为的直接引导或者规范		
	间接隐性规制Ⅰ	集体行为模式	抗议、协商实现	
	间接隐性规制Ⅱ	组织行为模式	NGO、行业协会	

环境规制对于外向型经济的影响主要体现在比较优势、产业竞争力、绿色壁垒等方面。由于环境规制导致资源环境价格要素上升，使区域资源密集型、污染密集型产业的比较优势受到严峻挑战，特别是严格的环境标准往往会影响此类产业的市场竞争力，导致此类产业在环境规制强的地区缩减规模和在环境规制弱的地区扩展规模，通过影响要素禀赋和比较优势，进而影响贸易模式变动，改变进出口产品结构，并导致不同贸易模式下进出口区域的资源环境效应差别化。发达地区严格的环境管制使其进口

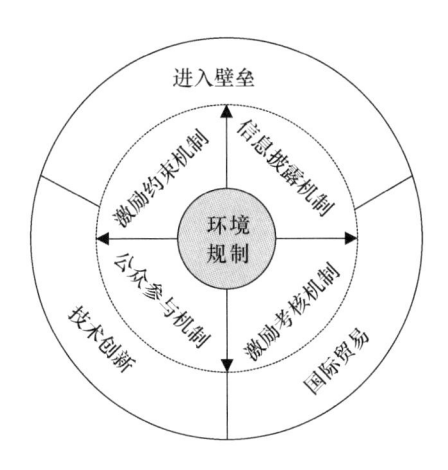

图 4-41 环境规制影响产业结构的变迁机制

产品多为初级产品或者污染密集型产品，而这些产品的隐藏资源环境损失却留在欠发达地区，造成出口地区生态环境恶化。绿色壁垒指对来自国外的产品制定一系列环境标准加以限制，一方面有利于积累污染治理资金、促使环境成本内部化和消除低效率，减少污染物和危险废物的区域流动，提高人类预防和治理环境污染的能力，但有些形式的绿色壁垒破坏了贸易自由化。从整体利益和长远利益来看，严格但适当的环境规制往往起到增强科技投入、降低生产成本、提升产品的贸易竞争力和增加利润的效果，实现经济增长与生态环境保护的双赢。

　　环境规制的微观作用机制。企业如何进行资源环境管理主要在于如何综合权衡内外部因素相互作用，在技术资源条件没有明显提高的前提下，都会增加企业生产成本，减少企业的利润，恰当的环境优势可以激发创新，从而尽可能降低环境规制成本，也就是创新补偿，不仅可以降低满足环境规制的净成本，甚至可以有更多竞争优势。创新补偿往往带有很大的不确定性，以市场为基础的环境规制会引起企业之间的类似"囚徒困境"，使得资源环境成本相应增加，而企业收益取决于产品本身以及消费者对于产品环境属性的认同感以及产品的需求价格弹性等方面，当消费者对于产品的环境属性并不认同或者产品本身的环境属性不强时，这种所谓的环境补偿就没有实现（见图 4-42），相反，产品环境性能的差异会带来差别化的收益，创新补偿就很容易实现。企业对于资源环境管理的策略大致可以分为规制应对型、风险规避或预防型、机会追求型、持续发展型等（见

图4-43）。从整体利益和长远利益看，环境规制都有助于生态效率的提高，缓解人地矛盾。

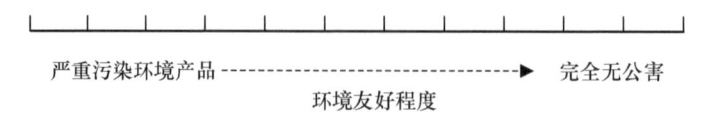

图4-42 同类产品的环境性能线性区间

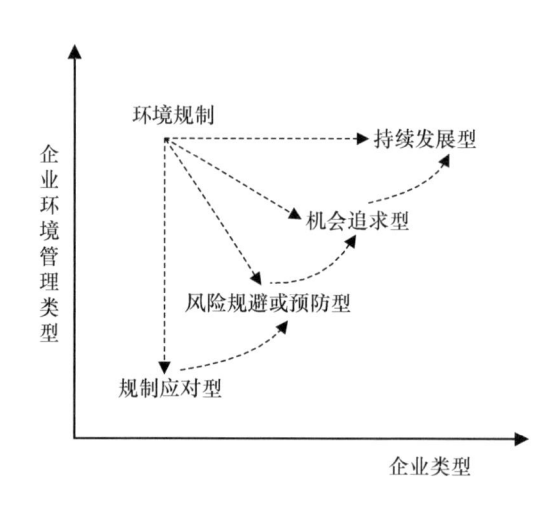

图4-43 环境规制下企业环境管理的类型及演变

2. 产权制度与人地关系地域系统演变

制度安排是社会或者团体取得集体收益的重要手段，也是协调人地关系、减少私人非理性行为的重要保障。资源的主要代理者（政府）希望能达到帕累托效率最优或者资源的公平配置与私人理性配置。在资源配置过程中存在广泛外部性问题，可能出现市场失灵现象，进而引发不理性的集体行为和"搭便车"现象，这些问题产生的根源之一是产权不明晰，因此需要相应的制度安排以实现其监督、强制与激励功能，实现私人成本和社会成本的一致性与协调性。产权不明晰对于环境与资源不可持续利用的影响主要体现在：不合理的产权制度造成资源低价甚至无价、缺乏对资源的保护和激励、抑制资源高效和可持续利用、造成资源掠夺式开发和过度浪费、增强治理环境难度、引发管理体制弊端、抑制技术创新等问题。

经济学注重产权对于资源利用与环境保护的作用机制，忽视空间因素，没有将区域作为明确的利益主体，但在现实情况中存在事实情况的区域产权（见图4-44）。区域产权往往反映出其产权主体对于产权客体的影响，区域之间产权的差异性使得不同区域之间会产生相互干扰，形成区域利益冲突，在区域外部性的作用机制下表现出缺乏生态保护、环境建设、资源节约的动力，无限制开发掠夺区域资源，缺乏改善资源掠夺对于环境负面效应的动力，加快向落后地区污染密集型产业的转移，生产要素向发达地区转移，剥夺落后地区发展和恶化区域关系等问题[①]。

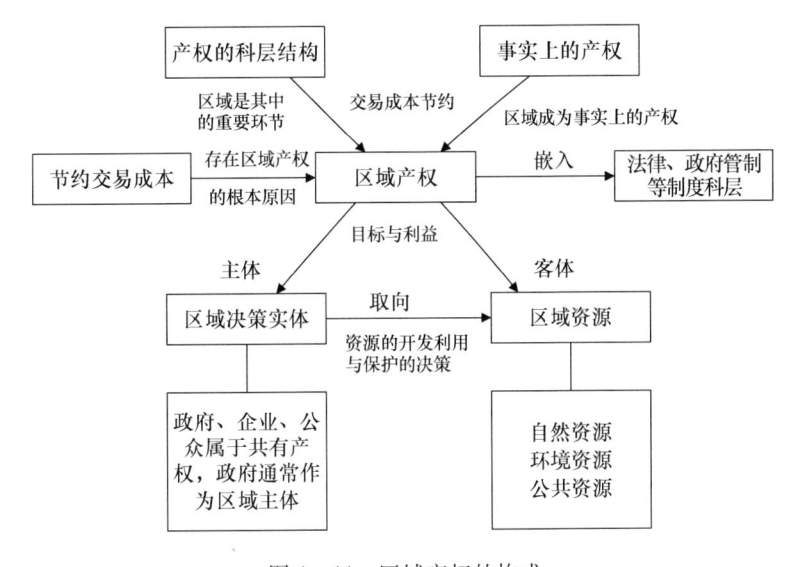

图4-44 区域产权的构成

资源环境有偿使用制度和生态环境补偿制度。资源环境无偿使用导致资源过度开发和巨大浪费，缺乏财政支持，无力对资源环境进行一定的修复与补偿，也不利于开发替代资源。当生态环境补偿得到公认而存在时，环境保护市场化和资本运营就自然形成，资源有偿使用与生态环境补偿是指对破坏、损害、污染与保护生态环境资源的行为进行相应收费和补偿，达到减少开发活动带来的外部不经济性或者维护对生态环境保护者带来的外部性，有益于环境资源的保护和恢复，达到节约资源和保护生态环境的目的，促进环境资源的持续利用，因此，需要实行资源环境有偿使用制度

---

① 王昱、丁四保、王荣成等：《地理学区域研究中的外部性认识及其科学意义》，《地理研究》2011年第4期。

下的生态环境补偿制度。引入环境资源的有偿使用机制，使得资源环境保护的成本能转化为市场内部的成本，充分发挥市场对于资源的基础性作用，政府制定资源环境有偿使用的市场规划，进行相应的环境与经济宏观调控，同时促使利用科技创新寻求替代性资源，从而减少人类活动对地的剥夺与损害，减缓人地关系的恶化，促使人地关系向良性循环方向发展。

3. 生态环境管理体制与人地关系地域系统演变

生态环境保护管理体制对生态环境管理成效起到重要作用。区域发展的经济目标被不断强化，而社会、环境目标被忽视或淡化，行政区界线被淡化，由于区域环境资源本身的准公共产品属性、外部性以及高交易成本属性特征，行政单元之间的权利冲突以及管理盲点逐渐成为影响区域环境管理成效的重要因素，而现行经济体制和环境管理体制缺乏强有力的制度基础和综合约束机制，特别是纵向、集权式的行政管理模式难以有效解决综合性的区域环境问题，部门、条块、各自为政式的单向管理代替区域环境管理，以区域内部环境污染末端管理代替区域环境管理，缺乏对于区域环境承载力、区域可持续发展系统中经济、社会和环境3个目标协调、区域一体化过程中的环境问题以及重点生态功能区的动态监控有效机制，环境与经济综合发展决策机制未能有机结合与有效落实。

区域环境管理是区域管理和可持续发展研究的重要组成部分，是区域可持续发展和区域管理与环境管理的有机结合，面向经济联系紧密、具有共性环境问题的特定区域，通过区域环境管理制度的创新，力求将共性问题纳入环境与发展的综合战略决策中，通过区域可持续发展约定目标协同、区域管理提供制度创新平台、环境管理集成数据信息路径，以及提供决策、制度和技术管理方案等，解决区域内部带有全局性或次区域环境问题，区域环境管理机制的建立能够有效协调区域人地关系，推进整个区域的人地关系协调。

第三节 人地关系地域系统演变作用机制构建

综合影响人地关系地域系统演变的自然地理环境、人文地理环境、人类活动、需求结构、区际关系、区域发展环境、空间管治措施等因素，构建人地关系地域系统演变机制的总体框架（见图4-45）。人地关系地域系统演变机制总体框架需要把握好以下 3 个方面的内容：首先是人地关系地域系统内部作用机制，人类活动在需求结构的推动下对自然地理环境进行改造以满足自身的需要，又根据自然地理环境所处的状态采取一定的管治措施调控人类活动和需求结构，从而减轻影响地理环境的作用方式和作用强度，提高"地"的承载能力；其次是人地关系地域系统与其外部环境所进行的生态环境联系、经济联系和社会联系也促进人地关系地域系统的演变；最后是地域系统在整体宏观发展环境下，形成结合内部作用机制和外部作用机制作用下的整体作用机制。

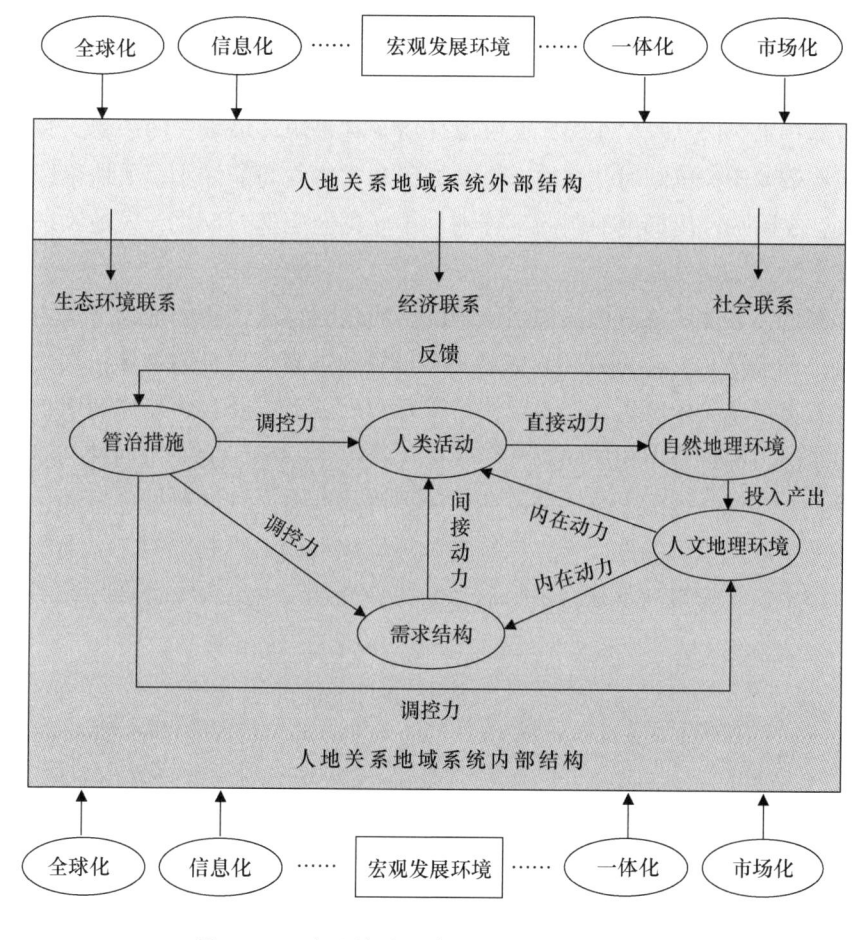

图 4-45 人地关系地域系统演变机理总体框架

一 人地关系地域系统演变的内部作用机制

人地关系地域系统内部作用机制的核心是投入产出机制,投入产出是人地系统中最基本的双向作用过程,投入产出并不仅仅是人类的社会经济活动,而是针对多种人类社会经济活动在地域上的集合,投入可以理解为人类社会经济活动运作的各种自然要素和人文要素的综合体,产出可以理解为对总体环境产生影响的产出要素,因此,人地系统的稳定与不稳定性变化取决于包括自然和人文要素的投入结构与系统对诸种资源及其产品消耗后形成的产出,其产出包括系统对诸种资源及产品消耗后形成的产出(附加产出梯度),这些要素叠加在被消耗的地理环境上之后,形成了变化后的地理环境,构成人类再活动的环境。当这种附加产出梯度不能够形成有效的技术、信息、文化等人文资源环境及其资源环境要素的积累,没有形成有效的调控机制时,会加速自然环境和支持空间的缩小,人地系统的发展会在附加产出梯度的制约下停滞、中断甚至倒退,反之,人地系统则能够不断地协调发展。

人地关系地域系统内部作用机制的主线是在需求结构的推动下,人类活动(产业结构)不断利用自然地理环境资源以满足自身的需要,在此过程中人类活动主导要素、产业结构与资源利用关系以及自然地理环境自身的承载能力都会作出相应的调整和变化(见图4-46)。在一定的社会经济条件下,地域系统的人类活动要在资源环境承载力允许的范围内发展,这种发展可以成为功能性成长,如果资源环境承载能力受到限制,人类社会通过结构创新来提高承载容量则成为结构性变迁,可见人类社会是在不断

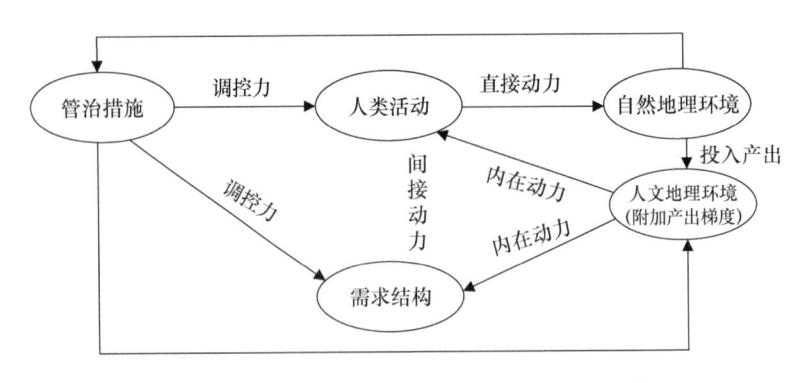

图4-46 人地关系地域系统演变内部作用机制

扩展资源环境容量中生存和发展。在此过程中，需要根据人类活动结构、需求结构和自然地理环境自身所处的状态进行相应调整，调控结构主要包括价值观念、制度安排和组织管理方式，对需求结构的调整主要在于限制或者降低人口规模或人均消费水平，对生产结构的调整主要在于对资源结构、加工结构、产品结构和废物结构予以调整。

（一）人类活动主导要素演变

人类活动的主导要素是指在社会经济活动中起到主要作用的物质性和非物质性的投入性要素。人地关系演变的本质是物质生产和消费流通过程中起主要作用的要素演替，一类是自然因素，主要包括在地球自然规律作用下逐渐形成的基本自然条件，各种自然资源以及由自然条件和自然资源所形成的基本生态服务功能、环境质量；另一类是人文要素，主要包括劳动力、资本、科技、制度等具有衍生性和流动性的人文要素，也包括区域文化、管理体制以及历史基础等具有功能相对稳定、延续性强、流动性较差特征的人文因素。从人地关系演化的历史阶段来看，影响人类活动要素的演替大致可以划分为 5 个阶段（见图 4 – 47）。

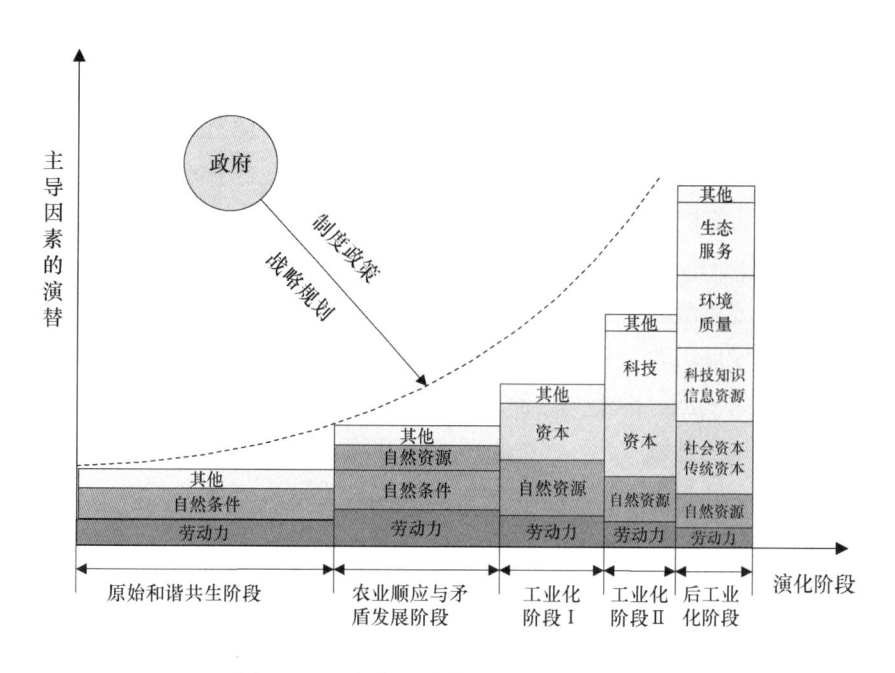

图 4 – 47 人类活动演变中主导因素演替

(二) 资源利用与产业结构演变

产业结构作为人类活动的基本形式，决定着资源利用方式、利用强度与利用结构，是影响人地关系的核心根源所在。其演化轨迹为从农业生产向工业生产的发展，集中体现为"重工业化"、"高加工度化"、"技术集约型" 3 个演化阶段的工业化进程，其次为由第二产业向第三产业转化的进程，最后为第三产业的比重呈现整体上升，产业结构呈现高科技化、信息化趋势。

以农业自然资源和工业自然资源为导向的产业部门呈现先上升后下降的趋势，自然资源对产业结构的影响和作用逐渐减弱，资源在产业结构演变中的作用方式与表现形式差别很大。在第一产业，气候资源、水资源、土地资源和生物资源是农业活动直接依赖的资源；之后，以资源密集型为主的产业成为工业化发展的主要产业，在工业化初期、中期几乎所有的产业部门都属于资源密集型产业，产业结构演变历时最短，但自然资源结构的作用却最为复杂，矿产资源是产业结构发展的决定性因素，部分区域矿产资源型产业结构影响了产业结构向高层次化方向演进；第二产业向第三产业演变过程中，资源利用方式呈现多样化、复杂化和间接化特征，由于对资源的不合理利用与保护以及过量污染排放，造成了资源短缺与生态环境质量严重恶化，阻碍了产业结构高度化，稀缺的环境资源影响成为产业结构演进作用的重要内容，虽然并没有作为直接实体性生产要素，但资源环境约束成为影响产业演进的重要因素（见图 4-48）。

(三) 自然地理环境资源环境承载力演变

资源环境承载能力是指在一定时段和区域范围内，维持区域资源结构符合可持续发展需要，是谋划经济发展规模、人口总量布局以及资源供需和环境保护的依据，承受人类各种社会经济活动的能力，是区域可持续发展与人地协调的基础[①]。区域资源环境承载能力不仅受制于环境资源条件的强制性约束和生态平衡中的弹性极限机制，也取决于人类生活水平的高低以及对生存资源环境条件的追求和收益分配机制。资源环境承载能力既受到自然因素的制约（自然循环和自然的提供力），也受到社会经济因素的制约（社会经济循环与人类的索取力），如图 4-49 所示。

---

① 任建兰、常军、张晓青等：《黄河三角洲高效生态经济区资源环境综合承载力研究》，《山东社会科学》2013 年第 1 期。

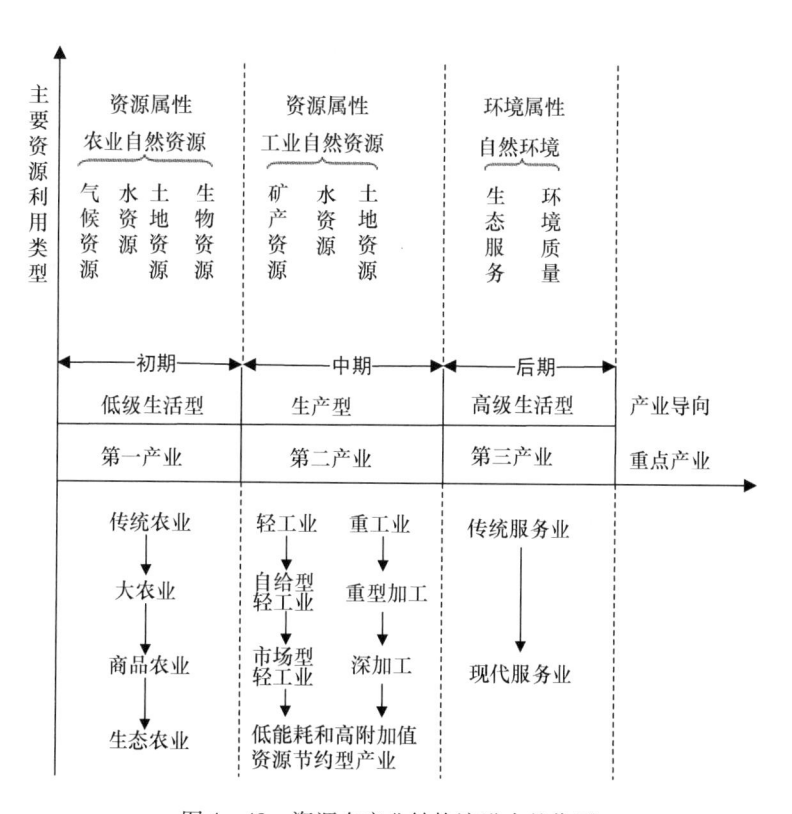

第四章 人地关系地域系统演变影响因素与作用机制研究

图 4-48 资源在产业结构演进中的作用

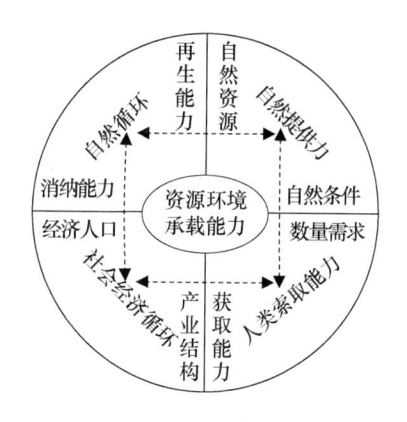

图 4-49 资源环境承载能力影响因素

自然因素和社会经济因素的转变大致可以分为两种类型：一种是自然要素本身的演化过程使得自然要素逐渐发展变化，影响了自然循环过程，进而影响其资源承载能力与污染物消纳能力;另一种是人类自身引起的社会经济条件的变化,特别是随着科技水平与社会分工水平的提高,人类对资源环境的索取能力大大增强,人与自然的关系从人类依赖于自然向人类主导于自然转变,人类活动影响了自然要素的正常循环,影响自然的提供力。资源环境承载能力的变化受到渐变和突变两个过程的制约,当渐变的积累超过某个阈值时就会发生突变,通常突变是大范围的、渐变是小范围的,资源环境承载能力也随之改变。随着人类索取能力逐渐提高,资源环境承载能力在社会经济发展条件的促进下呈现渐变式飞跃,但由于人类对于资源的集聚掠夺式开发或者环境污染的加剧以及自然本身的突变,会导致整个地球环境的突变,而使资源环境综合承载能力下降(见图4-50)。

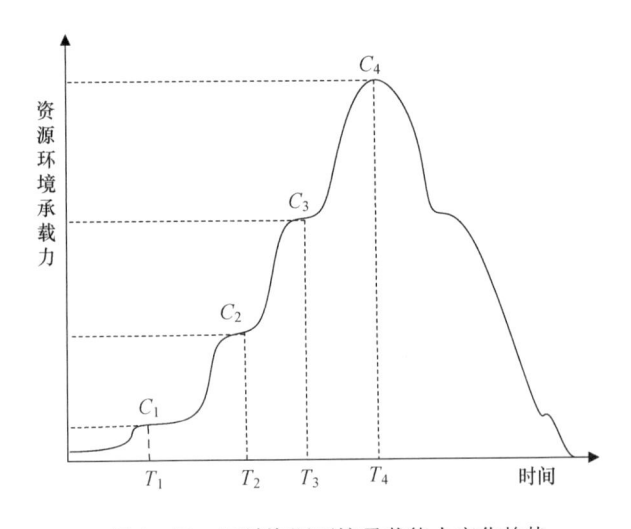

图4-50 区域资源环境承载能力变化趋势

二 人地关系地域系统演变的外部作用机制

外部作用机制与人地关系地域系统的相互作用和宏观系统的地域分工相联系。在人地关系演变的初始过程中,自然地理环境起到决定性作用,因为自然地理环境的差异,人类活动的限制性与约束性作用也不相同,根据自身的要素发展优势选择产业重点,产生了区际之间的比较优势,比较优势在资源环境要素差异的基础上进化出产业分工,而资源环境演变(人地关系演变)又受制于产业分工,从而产生锁定。区域未来人地关系演变路径与过去的发展成果和演化路径是分不开的,也就是区域人地关系的演变在总体上趋于锁定。不同的利益驱动会选择有益于自身发展的目标,导致未来的发展不仅是路径依赖,也只能锁定于按照利益驱动下的路径依赖。伴随着区位、技术、制度政策等条件的变化,其产业结构和资源消费结构也随之转变,这种锁定分工格局可能被打破。

要素的动态累加是人地关系地域系统外部作用机制的重要动力。就要素的本质来说,无论是自然要素还是非自然要素都处于动态变化之中,这种变化既体现在数量和质量上,也体现在时间与空间上,正是要素在时间与空间上的累积和内涵的扩展,会随着经济主体活动行为展开,往往会在空间内积聚并与区域本底要素条件形成强有力的互动和叠加累积效应,这种累积效应和集聚效应往往会长期存在,使得一定时期、一定空间内的要素禀赋状态优势发生锁定,区际人地关系长期存在成为必然(见图4-51)。

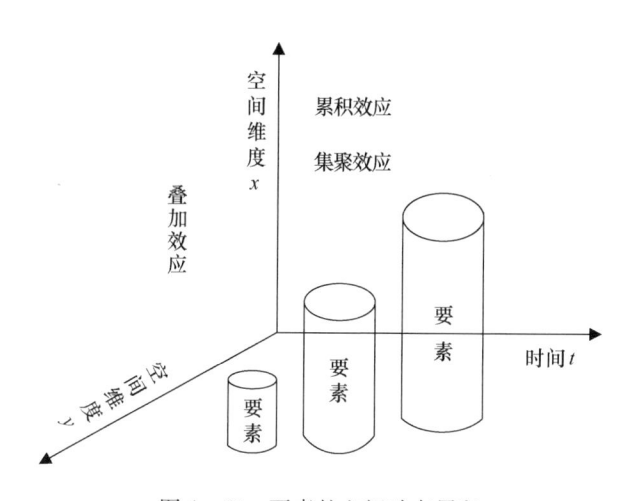

图4-51 要素的空间动态累积

以区际之间的资源环境要素联系为例,如图4-52所示,地区A和地区B存在资源环境互补关系,地区A利用地区B输送的资源环境要素实现经济水平的不断提高,具有很强的经济技术条件优势,提高了地区产业经济的实力,促进了地区繁荣,本已落后的地区B却因资源的开采造成生态环境破坏、资源价格低廉以及已有自然资源的丧失等问题,难以提高经济发展水平。

如果要打破这种失衡,需要A地区向B地区进行补偿,使得这种联系是相互的。B地区向A地区输送资源量的大小应该使得地区综合效益(社

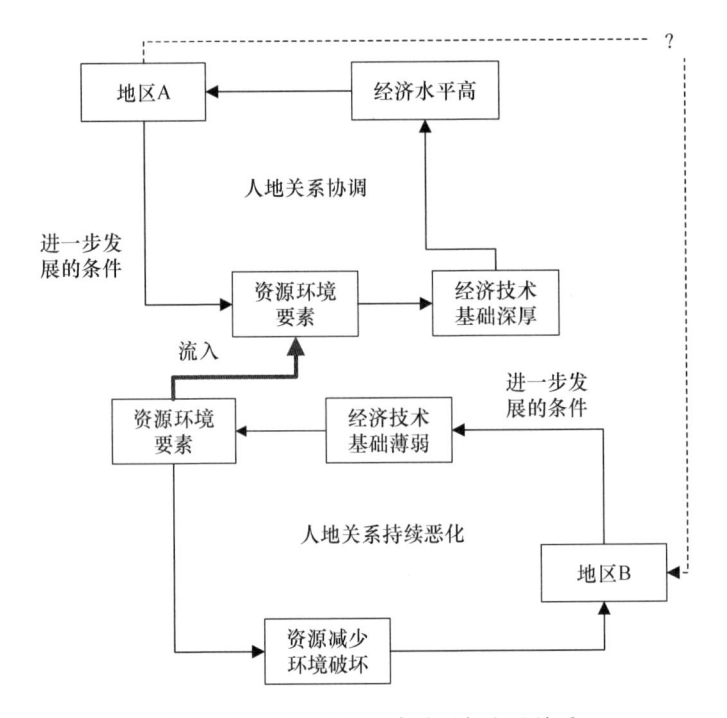

图 4-52　区际之间要素关系与人地关系

会、经济和生态环境效益）之和大于未输送状态下的综合效益，同时其补偿的效果应该是 B 地区的综合效益（社会、经济和生态环境效益）不低于无资源外流下的效益值[公式（4-26）]。现实中，这种要素的剥夺往往不仅是资源环境要素，还包括资本、劳动力、技术等一系列要素，这种综合要素的集聚与累积效应不断加强，会使得发达地区更加发达，人地关系更加协调，而落后地区却更加落后，人地关系不断恶化，进入恶性循环的怪圈，造成空间发展失衡。

$$\begin{cases} E_{B1}(t,R) + E_{A1}(r,R) > E_{B0}(r,R) + E_{A0}(r,R) \\ E_{B1}(r,R) > E_{B0}(r,R) \end{cases} \quad (4-26)$$

当然，区际之间的联系并不仅仅是直接的资源环境要素联系，更多的是在全球化、一体化驱动下的商品流通、产业转移等途径将资源环境成本无偿转嫁。区际之间关系大致包括掠夺式区际关系、转嫁式区际关系和协调型区际关系。其中，掠夺式区际关系是指对其他区域发展要素进行掠夺而形成的非正当关系；转嫁式区际关系是指当区域发展要素成为发展障碍时，通过商品流通、产业转移的方式向其他区域转嫁障碍性因子，如发达地区通过投资和合作形式对欠发达地区的环境成本转嫁；协调型区际关系是指区域之间通过互补关系，在互惠互利原则下共同发展关系，主要包括互补基础上的竞争关系、互惠互利合作关系、差异协调下的共同发展关系。掠夺式区际关系、转嫁式区际关系是建立在不合理的地域分工基础上，协调型区际关系则是建立在合理的区际分工基础上。

区际社会文化联系也是作用于人地关系地域系统外部作用机制的重要组成部分，地域文化的存在总有其合理性，区际社会文化之间的联系不仅是直接的社会文化交流，也通过区际生态环境联系和区际经济联系予以体现。开放的人地关系地域系统伴随着社会文化交往，在互相尊重的基础上通过文化的认同实现融合和共同发展。综上所述，任何人地关系地域系统都在一定的外部环境中存在和发展，系统与环境的相互作用是维护系统耗散结构的外部性条件。外部环境主要通过系统结构或组织的作用影响系统的发展，合理的地域分工体系与区际补偿体系将有效促进系统的健康持续发展。

三 人地关系地域系统演变的整体作用机制

人地关系地域系统演变是在系统内部作用机制和外部作用机制下整体运行的系统，内部作用机制依靠其内部的要素空间组织和地域空间组织影响系统发展，外部作用机制主要通过系统结构或者组织作用影响系统发展。地理环境在没有人类活动综合影响因子的扰动作用下，系统成自然演替的状态，之后在人类活动综合因子的作用下，产业活动类型对于资源的利用方式、所产生的环境效应、经济效应和社会效应等综合因素影响下，系统演变模式发生多次偏移（见图4-53）。最终，人地关系地域系统演变模式是在前期被改造的区域本底条件的基础上与施加人类活动综合影响因子下共同作用的结果。人类活动综合影响因子大致可以分为两类，一类是正向因子，另一类是异向因子。正向因子促进人地系统演变模式按照经济、社会、生态环境综合效益或者人地关系协调演进的方向发展，异向因子则相反。人类活动综合影响因子对于系统演变模式偏移的大小取决于在内外作用机制下人类活动因子对于地理环境影响的广度和深度及其综合作用的强度大小。

综上所述，自然地理环境压力的变化是人地关系地域系统内部作用机制、外部作用机制下整体运行的结果。当地理环境承载能力下降或系统功能退化时，人类社会的生产结构、需求结构、调控结构、发展环境以及区际关系都会做出相应的调整，变化的方向为自然地理环境压力的减轻和各种结构之间的协调，在时滞较小的范围内协同进化，已达到对自然地理压力进行相应的综合修正和调节，从而使人地关系地域系统重新进入稳定状态，达到人与自然的和谐。人地系统的稳定状态是满足人类持续生存和发展的基础，以满足人类生存发展需要的物质、文化和生态需求为目标，系统稳定状态也在不断地演变与发展，在长时间段演变与发展的过程中构成了人地关系地域系统的长时间发展模式。

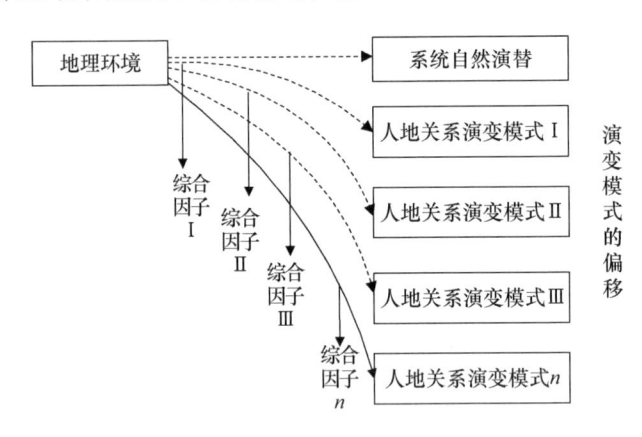

图 4-53 人地关系地域系统演变模式

第五章

山东省人地关系地域系统演变实证分析

山东省位于中国华北平原东部、黄河下游，东临渤海与黄海，东部半岛伸入黄海，与朝鲜半岛、日本列岛隔海相望，北隔渤海海峡与辽东半岛相对，南面与江苏省和安徽省两省相接，西南面与河南省相接，西北面与河北省相邻，是中国12个沿海省（市）之一，国土总面积为15.78万km^2，约占中国国土总面积的1.6%，海岸线长3024.4km，约占中国海岸线的1/6，近海域面积17万km^2，海岸带类型多样，在全国海洋生态功能保护区中占有重要地位。地理范围介于北纬34°22.9′—38°24.0′、东经114°47.5′—122°42.3′之间，南北最长约420km，东西最宽约700km。从国内而言，山东省属于中国东部沿海经济发达地带的重要组成部分，是环渤海经济区的重要部分，北接京津冀经济区，南与长江三角洲毗邻，是中国东部沿海经济区的重要枢纽；从国际而言，山东省是东北亚经济区的腹地，环太平洋经济带的重要组成部分，同时又是欧亚大陆桥的东方桥头堡之一。山东省的自然环境和社会环境均呈现明显的东中西差异，省情和中国的国情极为相似，是中国的一个缩影。

山东省海陆兼备，处于南北交错地区，地域单元相对完整独立，是一个经济—社会—生态环境—文化相对独立的地理单元，地理环境系统兼具整体性与差异性的特点，土地资源、矿产资源、海洋资源、人力资源丰富，资源分布的地域组合情况相对良好，整体生态环境良好，资源环境综合承载能力相对较好（见表5–1）。一直以来，良好的资源环境条件为山东省社会经济发展提供了有利的基础性支撑条件。

表 5-1 山东省区域开发的资源环境基础及其影响

地理环境要素	要素特征描述	对区域开发的支撑性影响
地形地势	总的地势特征是中部高、四周低,山地丘陵约占全省面积的 37.45%,平原约占 62.55%,面积广阔	地形地势有利于人口的迁移流动、开展农业生产、工业生产以及城市建设
气候特征	温带大陆性季风气候,四季分明、干湿显著、雨热同季、光照充足	适宜进行大规模农业耕作生产,发展农业生产,人居环境适宜
水文条件	河流比较发育,分属黄河、淮河、海河、小清河及山东半岛水系,河网密度 $0.24km/km^2$,湖泊较多,南四湖是中国北方最大的淡水湖	为人类社会经济活动提供水资源保障,是人口增长、产业发展和水运交通发展的基础
土壤条件	地带性土类主要为棕壤和褐土等多种土壤类型,土壤总面积为 1211 万 hm^2,占全省土地总面积的 77.03%	适宜发展大规模的农业生产与耕作,基础条件较好,满足人类的基础粮食需要,适宜人口集聚提供支撑力强的生态系统,为山东省环境保护起到良好的作用,同时也是农产品加工、森林工业、畜牧业发展的基础性条件
海洋资源	海洋资源得天独厚,近海海域占渤海和黄海面积的 37%,滩涂面积占全国的 15%。海洋生物等矿产资源丰富	为人类社会经济活动提供良好海洋资源基础性条件,有益于发展海洋传统产业和高新技术产业
土地资源	土地资源总量较小,但耕地面积大,自然生产力高提供基本的土地保障,是人口增长的基础性条件	提供基本的土地保障,是人口增长的基础性条件
水资源	水资源量优势不明显,人均水资源量不多	基本满足日常生产和生活需要,但成为生态活动的瓶颈性因素
矿产资源	保有资源储量潜在总值约占全国的 3.43%,居第 7 位,矿产资源单位面积丰度值较高,总量中等丰富,矿种齐全,地域组合良好	为发展工业生产提供良好条件,以及资源型城市的重要基础
自然灾害	旱涝、霜冻、冰雹、干热风、台风等多种自然灾害的发生	影响农业等生产活动,造成粮食产量不稳定

第一节 山东省人地关系地域系统演变阶段划分

研究基于统计数据与相关资料的掌握程度以及在人地关系演化中的作用强度，确定1949年至今作为所要研究的时间段，参考人地关系地域系统阶段的划分依据，合理判断山东省人地关系地域系统的划分阶段。

一 划分依据

（一）人地矛盾表征性指标

人地关系演变过程中伴随有一些表征性指标，这些表征性指标的变化是人地关系发生转折的重要拐点，因此，识别与比较这些表征性指标是人地关系地域系统演变阶段划分的重要依据。能够综合反映人地关系地域系统内部经济、社会、资源与环境的表征性指标，主要在于三个方面（见图5-1）：一是涉及人地关系地域系统自然存在的和人类社会经济活动行程、具有相应空间形态的对象和过程性指标，如区域内存在的自然资源指标、生态环境指标和空间扩展指标；二是人类活动对象和过程性指标，主要涉及人类社会经济活动中的各种现象和过程，是区域内部有形联系的重要纽带；三是政策和制度效益指标，主要是指人类社会经济活动中政策、制度措施的相关人地关系效应强弱等。

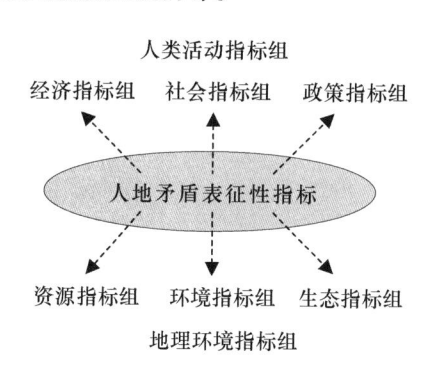

图5-1 人地关系地域系统演变表征性指标

（二）经济发展阶段

区域经济发展过程中质与量的变化使区域经济发展阶段呈现不同的阶

段性，对于经济发展阶段特征和规律的把握是判断人地关系地域系统演变特点的重要依据，因为不同经济发展阶段会与生态环境状态、经济社会条件以及经济增长方式转变、可持续发展空间结构、需求结构等资源环境压力、资源环境风险和资源环境节约保护能力阶段相结合，经济发展阶段与工业化和城市化发展阶段相一致，也与人地关系发展阶段表现为一致性。因此，合理判断区域所处的经济发展阶段，对了解人地关系地域系统的发展趋势和规律，明确不同阶段人类活动的基本目标和任务以及制定区域发展战略决策具有重要意义。区域经济发展系统本身是一个复杂的巨系统，涉及的指标多且内容复杂，对其发展阶段的划分应该尽可能简化指标设置，但同时应该尽可能多地覆盖区域发展所包括的基本信息。采用钱纳里经济发展阶段标准划分山东省经济发展阶段，人均 GDP 能很好地测度区域财富水平和资本积累边界，并能反映区域经济体的需求结构和购买能力，有效准确地反映区域经济发展所处阶段（见表 5-2）。

表 5-2   钱纳里经济发展阶段划分标准

阶段名称	第Ⅰ阶段			第Ⅱ阶段			第Ⅲ阶段	
	初级产品生产阶段Ⅰ	初级产品生产阶段Ⅱ	工业化初期	工业化中期	工业化后期	发展经济初期	发达经济时代
1970 年美元	100—140	140—280	280—560	560—1120	1120—2100	2100—3360	3360—5040
1990 年美元	340—470	470—40	940—1890	1890—3770	3770—7070	7070—11310	11310—16970
1995 年美元	393—550	550—1100	1100—2100	2240—4400	4400—8250	8250—13200	13200—19800
2000 年美元	440—620	620—1240	1240—2490	2490—4970	4970—9320	9320—14910	14910—22380
2005 年美元	500—710	710—1410	1410—2820	2820—5640	5640—10570	10570—16920	16920—25380
2010 年美元	560—790	790—1570	1570—3450	3150—6300	6300—11810	11810—18900	18900—28350

（三）需求结构与发展序演化

发展序与需求结构紧密联系在一起，一方面是公众需求结构的变化，低层次需要不再构成人类激励的主要影响因素，不再对人类的行为起到决定性的作用时，公众逐渐追求更高层次的需要，另一方面是政府在满足公众基本需要的同时采取的发展次序与重点，政府先重视什么与后重视什么，这种对于发展方向先后重视程度的次序排列，实际上就构成了发展序，政府的发展序并非一成不变，而是随着区域发展水平的变化而变化，因此需要根据公众需要进行适时调整，政府发展序的变化往往通过财政支出比例和体制性变革得以体现。公众需求层次结构以及政府发展序状态是否与公众需求层次相一致等都是影响人地关系地域系统演变阶段的重要推动力，因此，对于需求结构与发展序状态的判断也是划分人地关系地域系统演变阶段的重要内容（见图 5-2）。

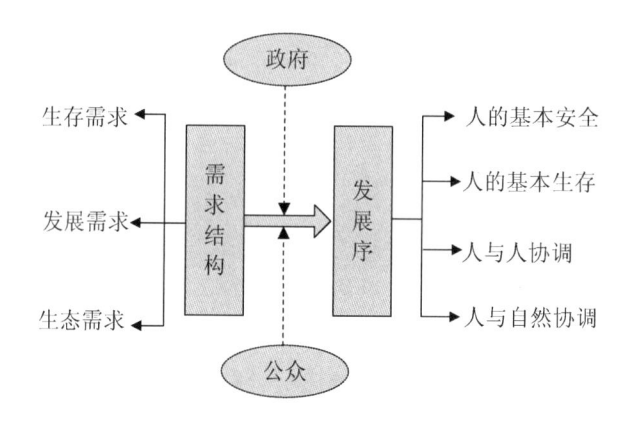

图 5-2　需求结构和发展序作用示意图

二　结果分析

根据上述人地关系地域系统关于人地矛盾表征性指标、经济发展阶段、需求结构与发展序演化等演变阶段的划分依据，并参考山东省的实际情况、人地关系发展背景和实际演进成效，大致划分山东省人地关系的发展阶段，具体分为以农业资源开发为主的人地关系相对协调阶段（1949—1978 年）、以工业资源开发为主的人地矛盾逐渐凸显阶段（1979—2002 年）、以综合资源开发为主的人地关系逐步协调阶段（2003 年至今）3 个阶段。

（一）以农业资源开发为主，人地关系相对协调阶段（1949—1978 年）

改革开放之前，山东省主要在中国计划经济体制框架下进行一系列经济社会生产活动，就工业而言，山东省逐步建立了相对比较完整的工业体系，特别是重工业体系基本建立，但是工业体系基础相对薄弱。综合而言，山东省整体发展是以农业资源开发为主，人地关系整体上呈现相对协调状态，但是由于计划经济体制和重工业发展战略所带来的人地关系不协调状态也不容忽视。1949 年之后山东省大致经历了 5 个五年发展计划，社会经济取得了巨大成就，随着经济发展农业资源的开发力度逐渐加强，仅耕地而言，1978 年山东省耕地面积就达到 729.6 万 hm^2，1978 年粮食产量、棉花产量、油料产量分别比 1949 年增加了 1.6 倍、0.9 倍、0.7 倍，1978 年农业总产值实现 102.22 亿元，占国民经济生产总值的 50.49%，农业经济规模随着农业资源利用广度、深度增加而逐渐扩大，使山东省农业在全国占有重要的地位。

农业规模持续扩大对生态破坏严重。农业经济规模不断扩大，粮食等主要农业作物不断增加，在实际生产过程中也伴随着对地的开发强度不断加大，人类活动对土地压力不断增加，特别是随着计划经济体制发展农业集体化水平超赶战略、"以粮为纲"的农业政策，将政策简单执行为扩大耕地面积，没有尊重自然规律走集约化发展道路，造成了大面积的毁林开荒和围湖造田，产生水土流失、局地沙漠化等人地不和谐问题，由此造成的自然灾害又妨碍了农业生产，形成恶性循环（见图 5-3）。对传统农业生产要素的重新配置也产生了重要的影响，如合理密植、大兴水利、深翻耕地等相关指导方针使土地资源遭到不同程度的破坏，劳动力资源的空间布局调整造成了土地资源的大量浪费。另外，在此段时期为发展农业生产采取的一批引黄枢纽工程和平原水库建设工程产生严重的次生盐碱化等生态问题，不遵循自然规律而盲目实施河流改道工程，人为改变水流的自然流势和流向，造成严重的生态环境问题，不利于区域人地关系的协调。

以重工业为主的工业结构造成资源严重浪费。此段时期的另外一个重要特点就是工业化体系逐步建立，特别是重工业体系的建立与发展，1949—1978 年重工业与轻工业的发展比例为 4.32∶1，1978 年重工业产值是 1949 年的 47.5 倍，1978 年消耗的煤炭量和电量分别为 1949 年的 24.8 倍和 74.6 倍。在计划经济体制下形成了重工业与轻工业比例不协调的畸形产业结构问题，国家作为社会成本的强制执行者与承担者，企业在使用资源和排放污染物时不需要支付成本或仅支付很少的成本，企业运营机制和价格机制加速了资源的过度利用和资源环境的破坏力度。"变消费城市为

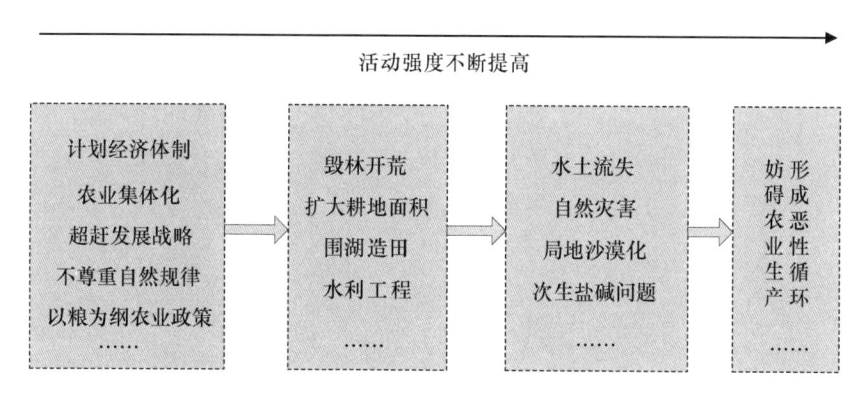

第五章 山东省人地关系地域系统演变实证分析

活动强度不断提高 →

| 计划经济体制
农业集体化
超赶发展战略
不尊重自然规律
以粮为纲农业政策
…… | → | 毁林开荒
扩大耕地面积
围湖造田
水利工程
…… | → | 水土流失
自然灾害
局地沙漠化
次生盐碱问题
…… | → | 妨碍农业生产
形成恶性循环 |

图 5-3 农业活动与生态环境

工业城市"、"以钢为纲"等发展方针的制定，导致局部生态环境破坏严重，政府决策部门在重大项目的决策时以恢复和促进经济增长为主要任务和目的，没有将生态环境保护与建设作为重要内容来考虑，特别是在一些重工业城市区域局地大气污染、水污染问题突出表现出来。例如，片面强调"以钢为纲"政策方针，致使轻重工业比例失调，特别是由于小企业设备简陋、技术低下、管理混乱、资源浪费，严重破坏了局地生态环境；不合理的工业布局、三线建设工程使许多建设项目没有经过相关科学论证就投入建设，造成资源的严重浪费，不利于综合整治。

综上所述，在1949—1978年间，人类活动在传统经济发展观理念指导下，在计划经济体制框架内和政策与方针以及口号的指导下，开展了一系列的社会经济活动，社会经济活动的规模不断扩大，社会经济发展成效显著，实现国民经济规模的不断扩大，农业基础的提高以及工业化体系的逐步确立为之后的工业化进程奠定了基础。此段时期内，发展过急、盲目地追求高速度和高积累引发严重的生态环境问题，也对今后的发展带来了诸多不利影响，发展战略导向失误、经济结构不合理、农业生产活动不遵循自然规律以及资源的粗放利用等都严重影响了人地关系的协调有序程度，对区域性或者局部人地关系协调产生不利影响。但此段时期内人类社会经济活动的规模整体相对较小、影响范围也非常局部，相对于地域资源环境承载能力而言，对地理环境影响的深度、广度相对较小，没有超过地域资源环境综合承载能力，对地理环境造成的负面影响非常有限，因此，此段时期人地关系总体上处于低发展水平人地关系相对协调的状态。

（二）以工业资源开发为主，人地矛盾逐渐凸显阶段（1979—2002年）

1978年改革开放之后，区域发展的重心逐渐转移到经济建设上来，山东省依靠沿海的良好区位优势得到充分体现和发挥，并且随着计划经济体制向市场经济体制转轨，市场经济体制逐步建立和完善，资源市场发展迅速、市场容量明显扩大，其中最为显著的特征是资源利用方式与效率的明显变化，同时由于上一个发展阶段的社会经济积累和此阶段发展条件的成熟，山东省开始进入工业化时期，全省范围内开始了大规模的资源开发利用，因此这一时期为工业资源开发为主的经济增长阶段。其中，矿产资源开发与利用是整个经济发展的最基本条件和国民经济发展的最主要因素，加快矿产资源开发对于保障全省社会经济发展具有重要的意义，在20世纪90年代末期，山东省共有26个煤田和22个含煤预测区，为扩大煤炭产量保障经济的持续与高速增长提供了很好的条件。

1979—2002年这段时期的整体发展思路是最大限度地利用区域优势资源和优越条件扩大经济规模与提高经济总量，但在实际经济增长过程中却出现了资源严重浪费与低效率以及严重的环境污染问题，资源环境对于经济社会的约束性作用越来越强，其中2002年能源消耗量、废水排放量、二氧化硫排放量和固体废弃物排放量分别为1978年的2.84倍、2.20倍、1.42倍和2.61倍。这一时期由于片面地强调经济增长并将其作为区域发展的主要指导观念，经济发展方式的粗放、产业结构的不合理以及工业发展布局的局限性等诸多现实性问题，特别是随着经济规模的不断扩大，经济增长对于生态环境的破坏力度越来越大。例如，钢铁业和化工业等重工业布局在城市近郊甚至是城市河流附近，严重影响城市生态环境的提高，并造成城市人居环境急剧恶化；小型火电厂、造纸厂等中小型污染型企业大量存在，造成资源浪费的同时，严重污染了局地生态环境；随着市场经济的发展，往往出现只考虑市场利益、较少考虑生态环境效益的情况，对海岸带资源的掠夺和海洋资源的过度开采与破坏式捕捞，形成了"见有就捕、越捕越少、越少越捕"的恶性循环，导致山东省近岸海域资源的数量与质量的双重下降并增强了近岸海域生态环境的脆弱性。

一直以来的高速和超高速增长带来了人地关系矛盾不断紧张以及资源环境对经济增长的约束瓶颈越来越大等问题。在90年代末期，政府和公众开始逐渐反思过去不合理的发展模式，也在改善生态环境方面做出积极努力，主要体现在政府发展序的变化、环境管理体制的变化，政府逐步改革管理模式，注重政府的宏观调控和市场的微观调控作用，将环境保护作为一项重要工作来抓，改革环境管理体制，相关环境管理政策和制度也不断丰富和完善，形成了具有山东省区域发展特色的排污收费、生态补偿以及排污权交易等环境经济政策。在上述相关措施的积极推动下，山东省关闭了一批严重浪费资源和破坏环境的污染密集型中小企业，二氧化硫、烟尘和粉尘等大气环境质量指标相继实现了与经济增长的绝对脱钩，大气环境质量明显改善，同时城市生产用水和生活用水也实现了与城市化发展水平的绝对脱钩，城市用水逐渐趋向于节约集约，有益于人水矛盾的解决。

综上所述，在1979—2002年时间段内，优越生产要素的集聚与良好的区域发展的外部条件极大地促进了区域经济水平的提高和工业化、城市化的快速发展，2002年GDP总量规模是1978年的13.74倍，经济规模的扩大增强了兼具有污染与资源破坏型环境要素的作用强度，特别是当这种规模强度增大到一定程度，逼近或者超过"地"的承受能力时，会影响生态环境的功能发挥与协调有序，人地矛盾逐渐凸显与急剧恶化（见图5-4）。在本时间段末期，迫于环境质量的下降等人地矛盾的压力，政府逐渐开始转变经济发展观念、完善市场经济体制、提出一系列协调经济与环境质量的环境规制措施，在一定程度上缓解了区域经济增长的资源环境压力，特别是对于大气环境质量提高、水资源利用效率提高等都具有重要的积极影响，但是由于经济规模增长所带来的资源环境规模效应远大于结构调整效应和技术效率效应之和，造成整体上环境恶化与资源短缺成为不容忽视的

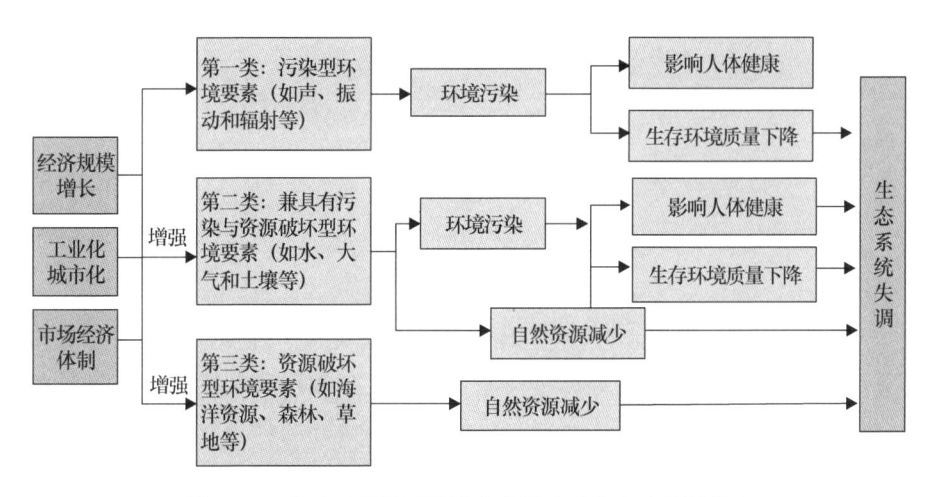

图5-4 人地矛盾凸显阶段人类活动对生态系统的影响

问题，特别是当资源环境负荷逼近区域或局地资源环境承载能力时，人地矛盾到了必须全面进行调整的阶段。因此，1979—2002 年 20 余年是山东省社会经济迅速提高的阶段，也是各种资源短缺、环境污染和生态破坏等人地关系矛盾冲突逐渐累积和持续爆发的阶段。

（三）以综合资源开发为主，人地关系逐步协调阶段（2003 年至今）

进入 21 世纪以来，随着人口压力不断增大、资源供需矛盾趋势日益严重、环境污染的日益恶劣，传统的经济发展方式和资源开发模式亟须改变，可持续发展成为山东省解决人地矛盾的唯一选择，农业资源或者工业资源不再仅仅是推进人地关系演进的主导资源，包括农业资源、工业资源和环境资源与其他资源在内的综合资源成为推动山东省人地关系演化的主导资源。经过上一个阶段末期的初步调整与本阶段的发展战略转变、制度政策的调整等组合与优化，逐步实现了人地关系的良性互动，2003 年山东省正式开始建设全国生态省试点，生态文化体系建设不断完善，生态市、县、区建设稳步推进，自此山东省人地关系进入全面综合整治与逐步走向协调的新阶段（见图 5-5）。

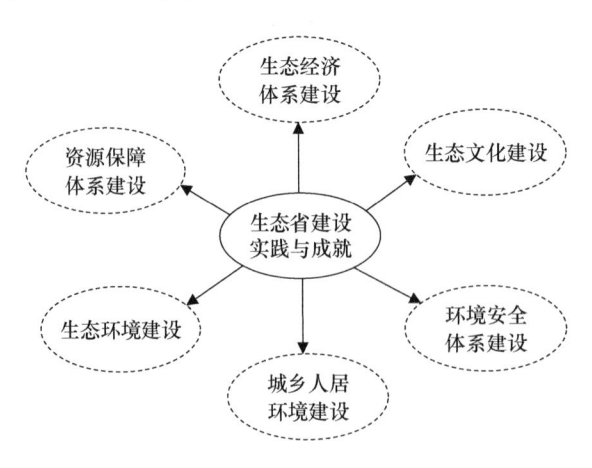

图 5-5　生态省建设实践与成就

自 2003 年生态省建设至今，山东省从生态建设、环境保护、资源节约与发展循环经济等重点内容和结构调整、水土资源优化配置、国土绿化和污染防治等涉及人地关系协调的关键环节，提高环境保护投入、健全环境管理体制、强化环境规制措施、严格执行法律法规，基本完成生态省建设的第一和第二阶段目标与任务（第一阶段为 2003—2005 年；第二阶段为

2005—2010年），万元GDP能耗、二氧化硫、化学需氧量排放量削减率等关键指标均完成生态省建设目标。生态省建设期间，循环经济型工业体系逐步确立，第二建设阶段末期综合利用资源产业达到了1435亿元，工业固体废物的综合利用量达到2.4亿吨，生态型农林牧渔业快速发展，生态友好型服务业也逐渐起步发展。同时，水资源调控能力、海洋生态保护与修复、集约利用矿产资源、有效保护生物资源、集约利用土地资源、提高新能源比重等可持续发展资源保障体系逐步确立，国土绿化、湿地保护、生物多样性保护、矿山整治等生态环境建设进展顺利。水环境质量改善取得重大突破，确立流域综合污染防治思路、健全地方污染排污标准、提升环境监管水平等措施促使省控重点河流全部恢复鱼类生长，城市空气质量明显好转，完成企业落后产能淘汰任务，环境安全防控体系成效显著。

综上所述，2003年至今这段时间，一系列管理与制度创新有效地加大了资源环境的执法、检察和监控力度，切实提高了环境治理效率。2012年在生态省建设10年总结的基础上，提出了生态山东的建设构想，制定整体性和区域差别化的区域资源环境考核指标与实施路径，提出生态山东建设的具体实施方案和保障措施，为未来协调山东省人地关系提供了很好的保障。然而，在山东省人地关系协调的过程中面临着诸多复杂性问题，如工业化与城市化中期发展阶段资源环境冲突矛盾特性，人口规模大和素质低劣势，生态环境脆弱和环境污染严重双重属性叠加，水土等资源供需矛盾较突出瓶颈，粗放型经济增长方式路径锁定与调而不动，环境管理体制和机制亟须完善等问题将持续影响山东省未来的区域发展。总体而言，此段时期山东省在协调人地关系方面做出了积极的努力，整体而言正在向人地关系逐步协调的发展方向迈进，但仍有一些障碍和制约性因素，面临着巨大的压力和较为严峻的挑战。

第二节　山东省人地关系地域系统可持续性评估

山东省作为中国的经济大省、工业大省、人口大省与资源大省，正处于工业化转型、城镇化加速、市场化完善和国际化提升的新阶段，应对重工业化的工业结构、工业化和城市化进程快速推进、生态环境相对脆弱、能源结构以煤炭为主等人地关系矛盾问题都对人地关系协调提出

一 "人"的可持续性评估

（一）经济规模持续增长，但资源环境约束性作用较强

自改革开放以来，山东省在对外开放政策以及良好的区位优势、优越的 FDI 以及较好的资源环境要素推动下，实现了经济规模的迅速扩张，其中 2012 年 GDP 总量为 50013.24 亿元，为 1978 年的 221.84 倍，仅次于广东省、江苏省居全国第 3 位，呈现波浪式增长，2003 年以来山东省经济规模增速明显，多数年份保持在 12.3% 以上（见图 5-6）。人均 GDP 在 2000 年达到 1000 美元，2012 年人均 GDP 为 51767.81 元，为 1978 年人均 GDP 的 163.82 倍，居全国第 10 位，人均 GDP 增长速度同样呈现波浪式增长的趋势，但进入 2004 年以来山东省人均 GDP 有增速放缓的趋势（见图 5-7）。整体而言，山东省 GDP 总量规模和人均 GDP 均有较大幅度的增长，GDP 总量规模和人均 GDP 均呈现波浪式增长，增长速度变化较大，总体上增长速度基本保持在 10% 以上，但近年来增长速度有放缓的趋势。

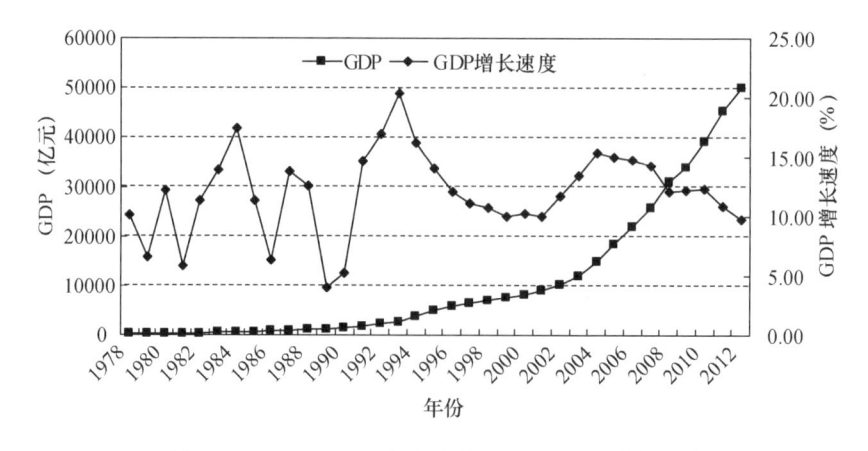

图 5-6 1978—2012 年山东省 GDP 和 GDP 增长速度

山东省在 1978 年以来的发展，基本实现了经济的快速增长，这种经济增长的持续性态势能否长期存在，资源环境对其约束为多大？根据第四章中关于资源环境尾效的计算方法，计算 1985—2011 年能源、土地资源、水资源和环境污染对经济增长阻尼效应，得出以下结果：在 1985—2002 年时

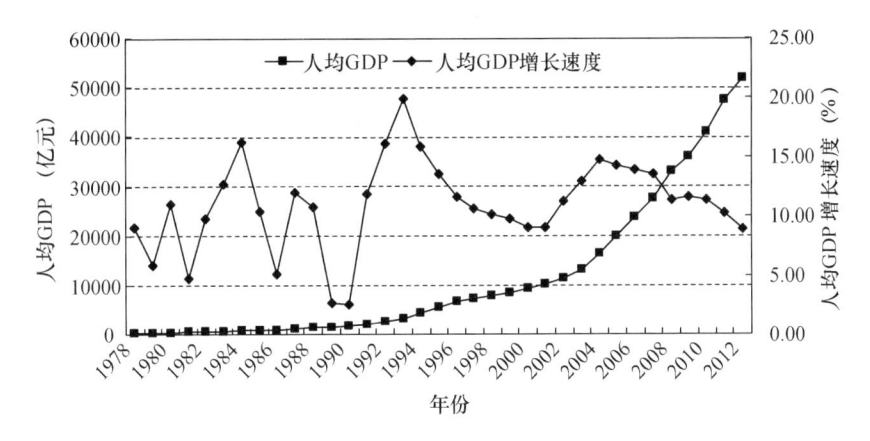

图 5-7　1978—2012 年山东省人均 GDP 和人均 GDP 增长速度

间段内，能源、土地资源、水资源和环境污染以及资源环境总的约束效应分别为 -0.65%、0.78%、0.63%、0.38%、1.15%；在 2003—2011 年时间段内，能源、土地资源、水资源和环境污染以及资源环境总的约束效应分别为 -0.06%、1.59%、1.38%、1.46%、4.37%；在 1985—2011 年时间段内，能源、土地资源、水资源和环境污染以及资源环境总的约束效应分别为 0.28%、0.82%、3.10%、0.76%、4.96%（见表 5-3）。从中可以看出，1985—2011 年资源环境对经济增长的总阻尼效应为 4.96%，而在 2003—2011 年 4.37% 的总阻尼效应要远大于 1985—2002 年 4.96% 的总阻尼效应，大于中国资源环境 1.75%—2.39% 的总阻尼效应[1]，因此尽管山东省经济增长取得了重要的成绩，但付出了巨大的资源环境代价，这是山东省粗放式经济增长方式的重要体现。运用全要素生产效率计算山东省 1981—2012 年经济增长的贡献率，结果表明，山东省经济增长呈现典型的粗放式增长，高投入、高增长、低效益的特征十分明显。根据石敏俊对于中国经济增长的资源环境代价估算[2]，山东省 2012 年资源环境总损失为 4641.23 亿元，占 GDP 的比重为 9.28%，属于高资源环境成本省份。

---

[1] 薛俊波、王铮、朱建武等：《中国经济增长的"尾效"分析》，《财经研究》2004 年第 9 期；谢书玲、王铮、薛俊波：《中国经济发展中水土资源的"增长尾效"分析》，《管理世界》2005 年第 7 期。

[2] 石敏俊、马国霞：《中国经济增长的资源环境代价》，科学出版社 2009 年版，第 22—27 页。

表5-3　　1985—2011年山东省资源环境阻尼效应计算结果　　（单位:%）

年份	能源尾效	土地资源尾效	水资源尾效	环境污染尾效	总体尾效
1985—2002年	-0.65	0.78	0.63	0.38	1.15
2003—2011年	-0.06	1.59	1.38	1.46	4.37
1985—2011年	0.28	0.82	3.10	0.76	4.96

（二）产业结构符合规律演进，但污染密集型产业比重过高

产业结构是连接经济活动与生态环境的重要纽带，从生产上而言，产业结构是重要的资源配置器，而从资源节约与环境保护的角度而言，产业结构又是资源消耗和污染物产生的重要控制体。山东省产业结构经过长时间的优化与调整，整体而言得到了不同程度的提高，2012年山东省产业结构第一、二、三产业的比例为8.6:51.4:40.0，呈现出明显的"二、三、一"态势，第一产业一直呈现下降趋势，2012年第一产业比1978年第三产业低24.7个百分点，第二产业比重在三次产业中的比例最高，呈现整体上升的趋势，在2005年之后呈现略微下降的趋势，第三产业呈现明显上升的趋势，2012年第三产业比重比1978年高26.2个百分点，从整体产业结构演变的历程来看，山东省目前正处于工业化向后期转变阶段（见图5-8）。

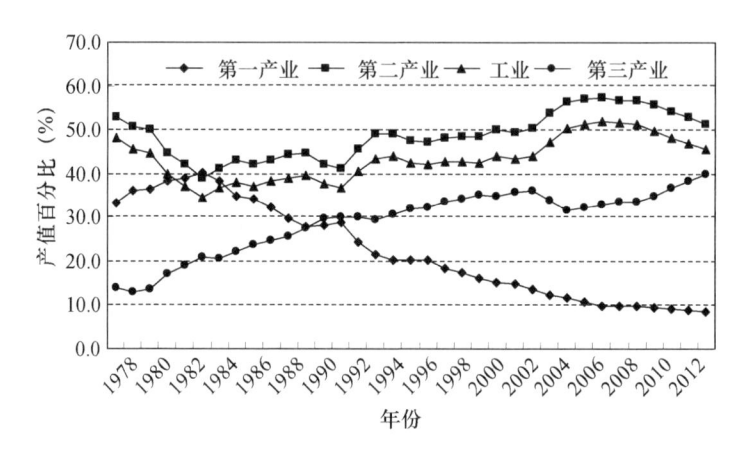

图5-8　1978—2012年山东省产业结构演变轨迹

通过计算山东省与全国的产业结构相似系数，山东省与全国所有的年份产业结构相似系数大致在0.98以上，而根据相似系数划分标准，当相似

系数高于0.9时，可以认为区域之间存在着严重的产业结构同构现象，说明山东省产业结构与全国具有很强的相似性，与全国同处于经济高速增长时期以及工业进入高速度发展阶段是造成产业结构同构的重要原因，同时产业政策、投资体制以及资源环境状况的类似也是导致产业结构趋同的重要原因。根据偏离份额分析方法计算山东省1978—2012年不同时段相对增长率 L、结构效果指数 W、竞争效果指数 u，从表5-4可以看出，山东省相比于全国产业结构相对增长率、结构效果指数呈现先下降后上升的趋势，产业竞争效果指数与相对增长率指数和结构效果指数变化趋势基本一致，表明山东省处于产业结构不断调整优化的过程中，基本符合产业结构演进的一般规律，产业结构正向着高级化、协调化方向发展，山东省产业整体竞争力也呈现上升趋势。

表5-4 1978—2012年山东省相对增长率 L、结构效果指数 W 及竞争效果指数 u 值

时段	相对增长率 L	结构效果指数 W	竞争效果指数 u
1978—1983年	1.2469	1.6394	1.3147
1984—1991年	1.0303	1.0877	1.0557
1992—2002年	0.9366	0.8802	0.9398
2003—2012年	1.3258	1.6927	1.2912

山东省产业结构带有明显的重工业化特征和污染密集型产业的特征。1978年以来山东省工业结构发生了较为明显的变动（见图5-9），从总的情况来看，重工业与轻工业产值比例明显上升，特别是进入2003年以来在山东省再重工业化发展与打造制造业基地战略方针的带动下，重工业与轻工业产值比例持续提高，2011年达到最大为2.21∶1。高污染与高消耗是重工业的两大基本特征，重工业的发展模式往往是粗放型和外延式的发展模式，使得本已脆弱的生态环境被加速破坏，造成水、土、能源等基本资源的高度紧张，因此重工业在给山东省带来巨大经济效益的同时，其带来的生态环境问题也不容忽视。

运用污染密集型与能源密集型产业测度模型[1]测度山东省大气污染密集型产业和水污染密集型产业以及能源密集型产业（见图5-10），从污染

---

[1] 程钰、徐成龙、刘雷等：《90年代以来山东省工业结构演变的大气环境效应研究》，《地理科学进展》2013年第11期。

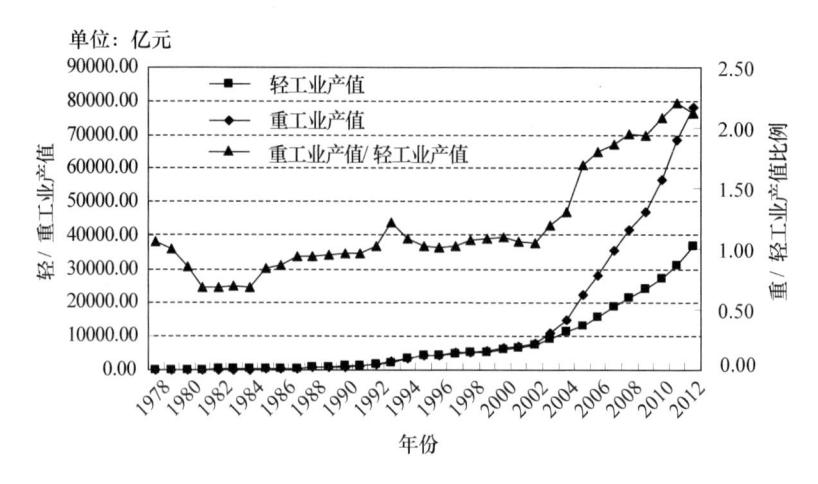

图 5-9 1978—2012 年山东省工业结构演变轨迹

物和能耗产业的构成来看，各类污染物的产业排放具有明显的一致性，污染物排放的产业集聚性特征明显，污染密集型产业增加值占工业增加值比重在 25%—45%之间，传统的污染密集型产业比重过高，而其污染物排放量占总排放量的 90%以上，污染密集型产业多属于传统制造业，以资源依赖型和环境污染型为主，具有明显的高污染和高消耗以及低技术含量和低附加值的特征。

（三）人口总量得到有效控制，但人口规模逆效应问题突出

人口问题是当今三大社会性难题之一，是制约经济增长和居民生活水平提高以及资源环境协调发展的障碍性因素。1978—2012 年山东省人口整体呈现平稳增长的态势，人口规模由 1978 年的 7160 万人增加到 2012 年的 9685 万人，2012 年人口规模占中国的 7.15%，人口自然增长率从 1988 年开始逐渐下降，由 1988 年的 16.28‰降低到 1996 年的 3.84‰，之后山东省人口自然增长率一直呈现较低的波动水平趋势，2012 年山东省人口自然增长率为 4.95‰，比江苏省和浙江省分别高出 2.50‰、0.3‰，与全国 4.95‰的平均水平基本持平，整体而言，近年来山东省处于"低出生率、低死亡率、低自然增长率"的三低模式，人口总量得到极为有效的控制（见图 5-11）。

山东省人口规模逆效应明显，因此存在的压力依然很大。2012 年山东省 GDP 总量排名第 3，人均 GDP 排名第 8，经济总量规模与江苏、广东、

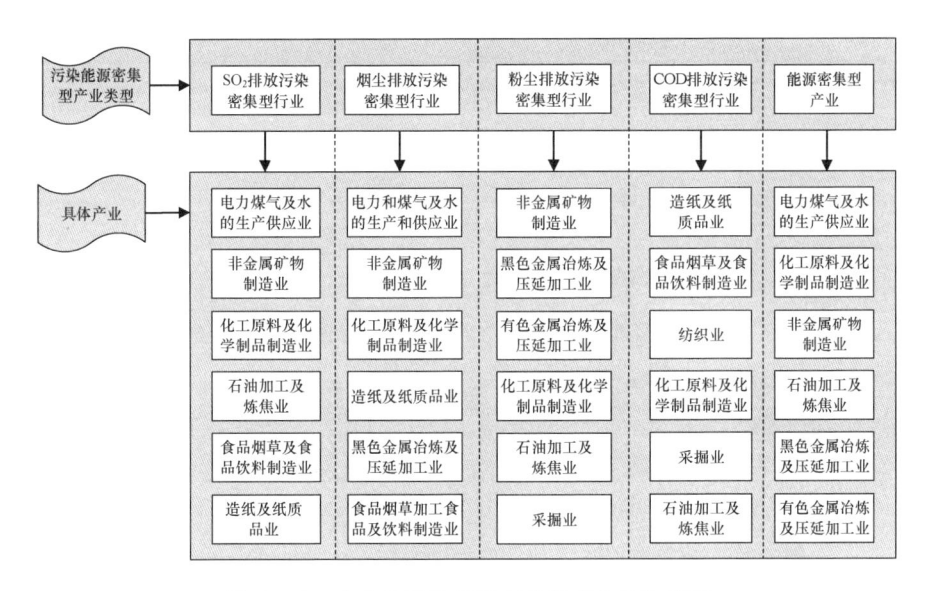

图 5-10 山东省污染能源密集型产业具体类型

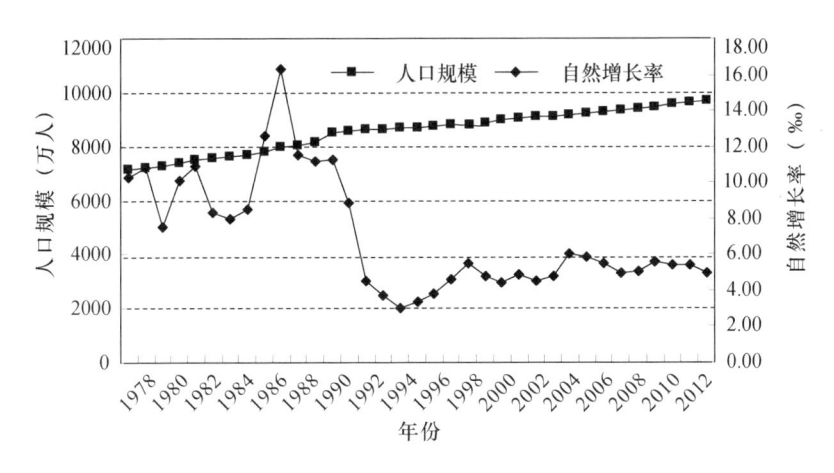

图 5-11 1978—2012 年山东省人口总量和自然增长率演变轨迹

浙江相当，而 2012 年人均 GDP 分别占江苏、浙江的 75.47%、81.69%，其主要原因在于山东省人口数量众多，约为江苏的 1.22 倍、浙江的 1.77 倍（见表 5-5），山东省几乎所有人均指标都低于总量水平在全国的位次，人口规模庞大严重制约自身区域发展与区域竞争力、削弱自身的积累能力，同时庞大的人口规模也带来了资源与环境的沉重压力，加重了区域资源环境的承载负担，对"地"造成沉重的压力，影响人地关系协调发展。

表 5-5　2012 年山东省人均 GDP 和中国主要地区人均 GDP 比较

地　区	GDP 总量（亿元）	人口总量（万人）	人均 GDP（元）
天　津	12894	1413	93173
北　京	17879	2069	87475
上　海	20182	2380	85373
江　苏	54058	7920	68347
内蒙古	15881	2490	63886
浙　江	34665	5477	63374
辽　宁	24846	4389	56649
广　东	57068	10594	54095
福　建	19702	3748	52763
山　东	50013	9685	51768

数据来源：根据中国统计年鉴（2013）数据整理。

另外，近年来山东省人口素质得到较大程度的提高，人均受教育年限和每万人拥有大学生数都得到较大程度的提升，2010 年山东省人均受教育年限为 8.80 年，但大专及以上文化程度人口所占比重相比于江苏、浙江和广东还有一定差距（见图 5-12），例如，2012 年山东省大专及以上文化程度人口占总人口比例为 9.77%，低于江苏、浙江和全国 13.45%、14.95% 和 10.25% 的水平，尤其当前山东省正处于工业化发展的中期或中

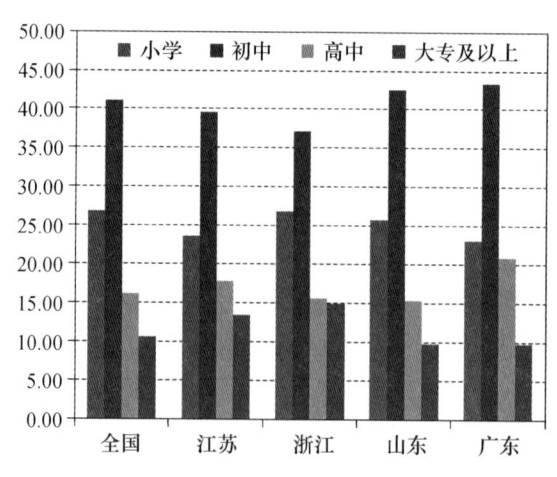

图 5-12　2012 年苏浙鲁粤四省人口文化程度比较

期偏后阶段,资本和技术密集型比重不断上升是当前发展阶段的主要特征,而相对偏低的人口文化素质不利于资源集聚效应和资源配置效应的实现,限制了山东省产业结构的进一步优化升级,不利于产业结构向高级化和协调化方向发展,日益成为调整产业结构和转变经济发展方式的瓶颈与障碍。

(四)社会各项指标发展迅速,但区域发展差距依然较大

1978年以来,伴随着山东省经济规模的快速增长,经济转型的不断推进,社会事业发展也较为迅速,在居民收入、城市建设、社会保障、信息化、交通运输等社会民生方面都取得了显著成就(见表5-6)。2012年城镇人均可支配收入、农民人均纯收入分别为25755.0元、9466.4元,分别是1978年的65.79倍、82.63倍,城镇和农村居民生活水平得到显著提高,居民生活质量的提高是社会进步的重要内容。

表5-6　　　　　　　山东省社会发展的部分指标比较

指标	单位	山东(1978)	山东(2012)	江苏(2012)	浙江(2012)
城镇人均可支配收入	元	391.5	25755.0	29677.0	21545.0
农民人均纯收入	元	114.6	9466.4	12202.0	10208.0
城镇化率	%	17.40	52.40	63.00	62.80
公路通车里程	万km	3.42	24.46	15.40	11.36
铁路通车里程	km	1385	4306	2309	1765
科技研发占GDP比重	%	—	3.20	2.30	3.50
人均电信业务量	元	7.96	876.82	1400.00	1869.67
万人拥有医生数	人	6.38	54.72	50.00	55.87

2012年人口城镇化率达到52.40%,相比于1978年10%左右的城镇化率有较大提升。根据城镇化发展的四阶段论[①],进入90年代以来山东省进入城镇化加速发展阶段,年均增长2.5个百分点左右。2012年公路通车里程和铁路通车里程分别是1978年的7.15倍、3.11倍,2012年科技研发所占的比重为3.20%,人均电信业务量和每万人拥有医生数也有很大程度的提高。但整体而言,2012年山东省城镇人均年可支配收入、农村人均纯收

---

① 方创琳:《中国城市化进程及资源环境保障报告》,科学出版社2009年版,第15—22页。

入、城镇化率、人均电信业务量、万人拥有医生数、科技研发占GDP比重等指标相对于江苏和浙江而言，都有不同程度的差距存在。

区域经济差异是区域经济发展阶段中普遍存在的一种现象，区域经济差异对区域经济发展综合决策、区际关系、人地关系的协调等都产生重要的直接或者间接影响。总体来看，山东省区域经济差距在2003年之后呈现逐步缩小的趋势（见图5-13），特别是近年来基尼系数介于0.2—0.3之间，区域经济差异看似不大，但变异系数和集中指数状态却不容乐观，区域之间的发展差距依然严重，根据世界银行关于区域经济发展水平类型的划分标准①，划分山东省17地市区域经济发展水平类型（见表5-7）。

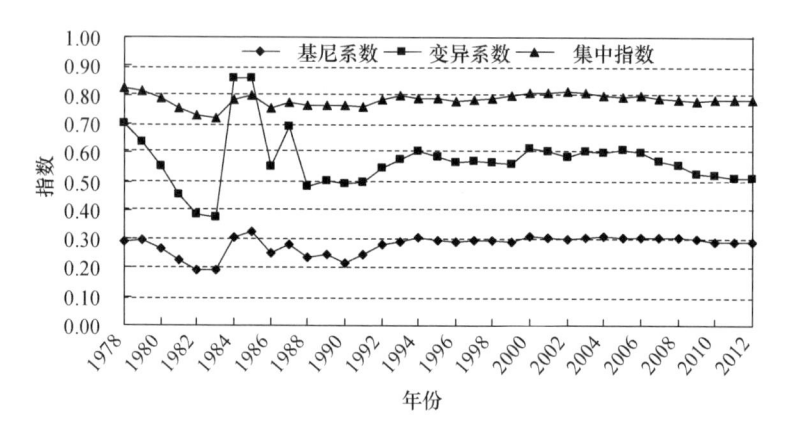

图5-13 1978—2012年山东省基尼系数、变异系数与集中指数比较

表5-7　　　　　　2012年山东省地区经济发展水平类型划分

类型	人均GDP	城市及相应的人均GDP
发达地区	≥77652	东营市（145395）、威海市（83516）、青岛市（82680）、淄博市（77876）
较发达地区	(51768, 77652)	烟台市（75672）、济南市（69444）、滨州市（52591）
次发达地区	(38826, 51768)	莱芜市（48212）、日照市（47852）、泰安市（46130）、枣庄市（45262）、潍坊市（43681）、德州市（39710）、济宁市（39165）
最不发达地区	≤38826	聊城市（36573）、临沂市（29808）、菏泽市（21461）

---

① 人均GDP占全省人均GDP 75%以下地区为最不发达地区，75%—100%为次不发达地区，100%—150%为较发达地区，150%以上为发达地区。

山东省最不发达地区主要集中在聊城、临沂、菏泽等西部地区，其中菏泽人均 GDP 最低，仅为人均 GDP 最高的东营市的 14.76%，而东部沿海地区以及半岛城市群内陆城市经济发展水平较高，地区之间发展水平的差距往往是造成区域发展模式差异、人类活动对地的作用方式、作用强度差异的重要原因。同时由于长时期城乡政策的差异与锁定，使得山东省城乡差距一直保持在较高水平，在经济发展成果和分享主体方面呈现非均衡发展状态，农村地区往往难以享受经济发展成果，呈现被边缘化的趋势，2012 年山东省城乡收入比为 2.72，但如果扣除城镇居民的隐性福利、相关补贴以及生产性开支成本，城乡之间的发展差距将会更大，这将会严重影响到社会经济的稳定以及可持续发展。

二 "地"的可持续性评估

（一）环境质量明显改善，但良好环境质量的供给与需求矛盾持续突出

随着经济规模的不断扩大及污染物排放量的持续增大，"六五"至"十一五"期间废水排放量和固体废弃物排放量呈现整体增加的趋势，"十一五"时期废水排放量和固体废弃物排放量分别为 1818.90 千万 t、661.10 百万 t，"六五"至"十一五"期间烟尘和二氧化硫排放量呈现先上升后下降的趋势，在"九五"和"十一五"期间呈下降趋势，废水排放量和固体废弃物排放量变化趋势不容乐观，整体上水污染和固废污染成为影响环境质量的重要因素，而二氧化硫和烟尘排放量变化有减缓趋势，但"十五"至"十一五"期间二氧化硫和烟尘排放量相比较"六五"至"九五"期间要多，因此从排放量总体来看，大气环境质量有所改善，而水环境质量和固体废弃物排放造成的环境质量有下降的趋势（见图 5–14）。

由于科技进步和人们环境保护意识的提高以及公众需求结构的变化，政府在污染物减排方面做出积极努力，"六五"至"十二五"期间单位产值的废水、二氧化硫、烟尘和工业固体废弃物污染物排放量呈现逐步下降的趋势，单位产值的废水排放量从"六五"期间 0.24 千 t/万元降低到"十二五"期间 0.02 千 t/万元，单位产值二氧化硫排放量从 0.27t/万元降低到 0.01t/万元，单位产值烟尘排放量从 0.20t/万元降低到 1.55kg/万元，单位产值固体废弃物排放量从 0.14 百 t/万元降低到 0.01 百 t/万元，其中"十二五"期间前两年的单位产值废水、二氧化硫、烟尘和粉尘的排放量

分别为"六五"时期的4.09%、1.39%、0.77%和5.98%，表明在近年来环境污染物减排处理取得了较好成效（见图5-15）。但由于污染物对区域环境影响的积累效应、单位国土面积污染物排放量的增加以及区域资源环境承载能力的有限性，加之当前山东省正处于城市化和工业化的加速发展时期以及经济规模的快速扩张时期，山东省面临的环境压力依然较大，依然存在诸多矛盾。

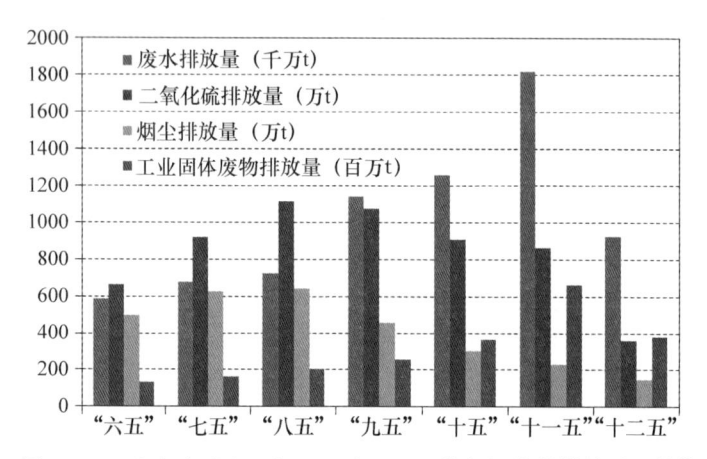

图5-14 山东省"六五"至"十二五"期间污染物排放量比较①

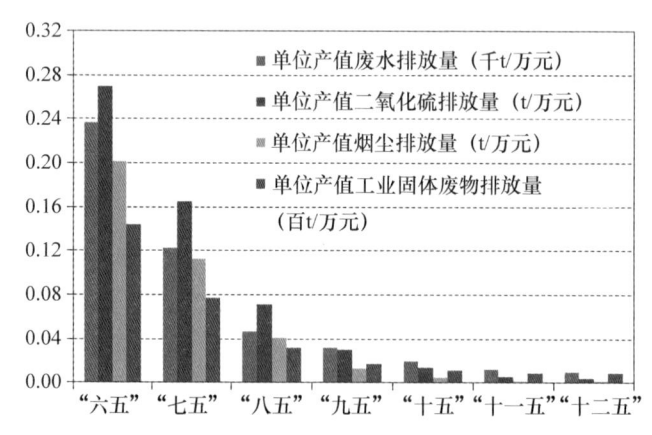

图5-15 山东省"六五"至"十二五"期间单位产值污染物排放量比较②

---

① "六五"为1981—1985年，"七五"为1986—1990年，"八五"为1991—1995年，"九五"为1996—2000年，"十五"为2001—2005年，"十一五"为2006—2010年，"十二五"只算2011—2012年两年。

② 同上。

随着公众需求结构水平的提高，公众对于良好环境质量的需求越来越高，但实际上良好的环境质量供给与需求矛盾性越来越突出。2012年山东省废水、化学需氧量、氨氮、二氧化硫、氮氧化物、烟（粉尘）、固体废物等污染物排放量占全国比例在5.57%—8.26%之间，大多数居于全国前3位（见图5-16）。山东省于20世纪90年代末期和21世纪初期在治理大气污染方面做出了积极的努力，大气环境质量也得到了明显改善，然而2012年以来山东省中西部地区持续笼罩在严重的雾霾之中，多次呈现大范围的空气污染，空气质量问题再次引起空前关注。在2013年山东省大气环境质量公布结果中，有超过一半的地市特别是中西部地市PM2.5超过标准值，可吸入颗粒物成为大气环境污染中的主要指标，部分地区每月晴朗天数不超过50%，大气环境质量状况堪忧。

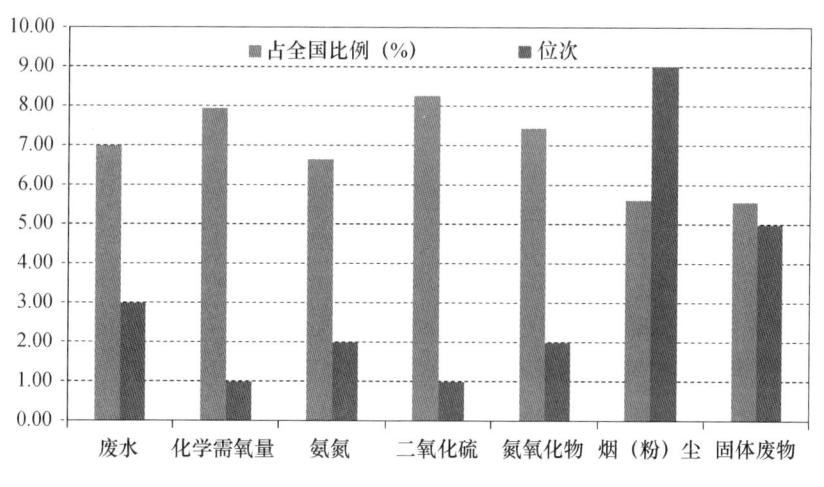

图5-16 山东省2012年主要污染物占全国的比例及位次

在水环境方面，近年来山东省积极开展水环境治理，前期大量未经处理的废水直接排放到河流、湖泊和水库之中，造成水体的严重污染，2012年山东省环境公报指出，山东省监测河流断面中，Ⅳ、Ⅴ、劣Ⅴ类水质比例占44.5%，湖泊Ⅳ、Ⅴ、劣Ⅴ类水质比例占50.0%，海河流域、淮河流域、小清河流域水环境功能区达标率仅为59.3%、25.0%、71.4%，二类和四类海水水质比例占61.0%，无机氮和活性磷酸盐成为海水中的主要超标污染物，水环境的整体质量堪忧，难以满足公众对于良好环境质量的需求。此外，固体废弃物造成的环境污染等也是引起环境质量下降的重要原因。

(二) 水土资源短缺，人地矛盾突出

山东省多年平均水资源量为305.82亿 m^3，仅占全国水资源总量的1%左右，在全国各个省级行政单位中居于第22位，人均水资源占有量为344.06m^3，在全国居于后5位，不及全国人均水资源量的1/6，为世界人均占有水资源量的1/25左右，山东省以占到全国1%左右的水资源量承载着全国7.15%的人口，灌溉全国6.17%的耕地，生产粮食占全国的7.65%，承载着全国9.64%的GDP总量规模。根据国际对于水资源稀缺性的标准划定，山东省属于人均水资源量低于500m^3，为我国7个严重缺水的地区之一，远小于地区社会经济发展所需要的1000m^3的临界值，因此水资源的短缺性问题十分突出。由于不同区域降水量和径流差异的存在，造成山东省水资源量分布不均匀，区际之间差异较大，2012年德州市的人均水资源量为522.47m^3，是济宁市人均水资源量111.51m^3的近5倍，此外，青岛、泰安、菏泽等地的人均资源量也相对较少，区域之间水资源量差异较大。

由于山东省水资源总量和人均水资源量较少以及水资源量分布不均，区域之间人水矛盾问题十分突出，严重制约社会经济等生产活动的正常进行，生态用水无法得到有效保证。由于各地区农业、工业生产活动以及人口密度的差异和区域水资源的分配不均，同时地表水开发利用强度、当地水文条件存在差异，不同区域水资源开发利用强度很不均匀，全省出现了12处浅层地下水超采区，超采面积达到1.38万km^2，占山东省国土面积的8.81%，其中严重超采区面积达到0.29km^2，其中淄博—潍坊超采区、莘县—夏津超采区、莱州—龙口超采区为几个比较严重的超采区域。根据山东省主体功能区中对水资源利用率的开发评价结果，过度开发的县域达到了44个，占山东省县域行政区划的40.4%，其水资源的开发强度达到极限状态。在水资源严重短缺的同时，水资源的污染、浪费、粗放使用等问题也使得山东省人水矛盾相当突出。

根据山东省1996—2008年土地利用变更数据调查，耕地面积由1996年的768.93万hm^2减少到2008年的751.53万hm^2，减少了261.00万亩，人均耕地面积由1996年的1.32亩降低到2008年的1.20亩左右，根据山东省主体功能区公布的最新统计结果，山东省现有耕地面积751.41万hm^2，人均耕地面积仅仅为1.18亩，远低于全国1.39亩的平均水平，低于联合国粮农组织规定的最低警戒标准。在人均耕地面积的空间分布上，山东省有 5 个地级市和 47 个县市区的人均耕地面积要低于 1.0 亩，然而山东省却以占全国 5.89% 左右的耕地承载着全国 7.15% 的人口，产出占全国 7.95% 的粮食，人与耕地之间的矛盾比较突出。同时由于土地垦殖率高和土地利用效率高，山东省可供开发的后备资源严重不足，全省未利用土地面积为 163.59 万 hm^2，仅占山东省国土总面积的 10.41%，远低于全国 27.50% 的平均水平，且由于自然条件的恶化以及未利用地分布过于零散的原因，山东省未利用土地开发难度较大，人多地少的矛盾十分突出。

由于建设用地占用、生态退耕以及农业结构调整等原因，山东省耕地面积减少的趋势未得到及时有效的遏制。经济高速发展中以及工业化与城市化快速推进是山东省耕地减少的主要原因，城市空间的外延式扩展侵占了本已短缺的耕地资源，2011 年山东省建设用地占用耕地 1.36 万 hm^2，占耕地减少面积的 91.36%，耕地变化比较明显的县市区主要集中于胶东半岛沿海地区、鲁中丘陵等经济发达地区，其中城乡接合部最受影响，2000—2011 年期间山东省有 102 个县市区耕地面积减少，而且随着时间演进，耕地面积减少的县市区数量有增加的趋势（见表 5-8）。耕地面积大量减少而人口数量持续增加迫使农业生产效率的提高，不断增加农田化肥与农药使用量以增加单位面积粮食产量，长时期对区域粮食安全和土壤生态系统均产生诸多负面效应。因此，在耕地面积数量减少的同时，耕地质量失去很好的保障。

表 5-8　1980—2011 年山东省各时期耕地变化速率的区县数量[①]

范围	<-10%	(-10%, -5%)	(-5%, -4%)	(-4%, -3%)	(-3%, -2%)	(-2%, -1%)	(-1%, -0%)	(0%, 1%)	>1%
1980—1995 年	2	2	3	8	13	24	49	8	2
1995—2000 年	0	1	1	4	7	17	43	29	9
2000—2011 年	5	9	7	20	18	23	20	5	4

（三）生态环境脆弱，生态系统功能退化

山东省自 2003 年以来积极推进生态省建设，2012 年又在此基础上提

---

① 资料来源：山东省国土资源年鉴、国土资源厅网站。

出了生态山东的建设构想,在生态示范区建设、自然保护区建设、生态功能保护建设、绿色山东建设等方面取得了有效成绩(见图5-17)。在企业、区域和社会3个层面积极推进生态示范区建设,2011年底20余个县市区获得国家级生态示范园区命名,截至2012年底,山东省各级自然保护区86个(其中国家级7个、省级33个),总面积约109.79万 hm²(其中国家级面积21.98万 hm²,省级面积49.87 hm²),占山东省国土总面积的7%,划定山东省重点生态功能保护区,截至2011年底,建立生态功能保护区19处,积极实施国土绿化工程,2010年全省森林覆盖率达22.8%,林木的蓄积量接近1亿万 m³。建立各级湿地保护区15处,总面积近60万 hm²,湿地保护网络初步形成。划定地质地貌保护区276个,保护面积达到6016 km²,占山东省总国土面积的3.84%,矿区生态环境恶化得到有效控制。在黄河三角洲、南四湖和东平湖等地区积极实施生态保护恢复工程,积极推进海洋生态修复工程,建成各类鱼类自然保护区85个,保护区面积为108.1万 hm²,约占山东省国土总面积的6.8%,积极推进胶州湾和莱州湾生态整治工程的实施。

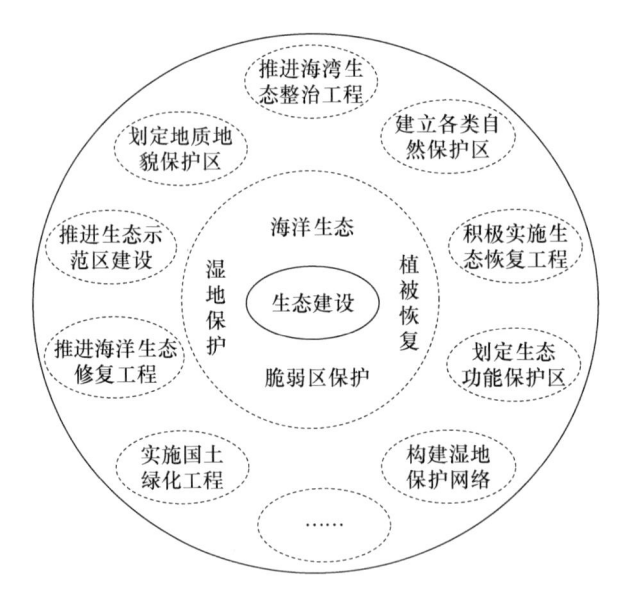

图5-17 近年来山东省国土空间生态建设

尽管山东省在生态环境建设与修复方面取得了显著成绩,但生态环境仍十分脆弱,局部地区生态环境退化现象普遍存在。水资源严重短缺导致水生态平衡失调,生态用水难以得到有效的保障。水土流失面积达到 2 万多 km^2,占山东省国土面积的 1/7 左右,是中国水土流失最为严重的省份之一,特别在鲁中南山地丘陵区、胶东半岛山地丘陵区、山东西北黄泛平原区以及滨海地带水土流失最为严重,由于水土流失造成的土地沙化、石化面积达到 2 万 hm^2,水土流失还造成河道和湖泊淤积,产生严重的洪涝灾害。土壤的盐渍化问题严重,山东省土壤盐渍化面积占土地总面积的 9% 左右。湿地面积大量减少与萎缩,直接导致生物多样性的降低和水体生态功能的退化。林种构成相对单一、林龄结构变动等因素使森林生态功能难以有效形成,生境破碎并呈恶化趋势,生物多样性受到严重威胁。河流的生态功能由于工业和农业过度用水以及水质严重污染而功能降低,地下水超采引起地面沉降、地下水漏斗以及海水入侵等一系列关联反应,海洋生态系统因为陆地污染物的持续排放与积累、海岸工程以及沿海养殖而不断恶化,赤潮发生频率、时空尺度以及强度都呈现逐年增加趋势,导致近岸海岸带生态系统功能受损严重。综上所述,水土流失严重以及土壤盐渍化、湿地面积萎缩、森林生态功能低、水生态功能和海洋生态功能下降等诸多不利因素,造成山东省生态脆弱区面积巨大,生态系统功能退化的现象普遍存在(见图 5-18)。

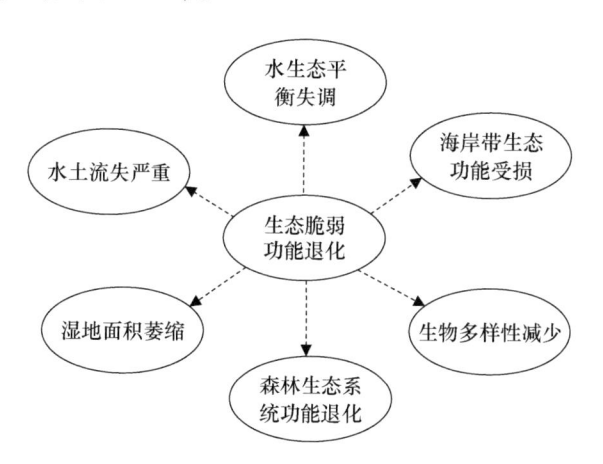

图 5-18 山东省主要的生态脆弱与功能退化问题

(四)区域性人地矛盾普遍存在,区际人地矛盾日渐严重

山东省相对独立与完整的地域单元中,区域性的人地矛盾普遍存在,区际人地矛盾日渐严重。城市和农村是区域人地矛盾的两个重要"块",

山东省在近年来以"城市空间蔓延式大扩张和急速城市化"为特征的粗放式城市化和工业化使城市资源、环境、生态等人地矛盾问题不断呈现,直接导致自然或者半自然生态功能的消失,削弱了城市资源环境承载能力,城市人居环境急剧恶化,虽然近年来积极进行城市生态环境治理,但资源能源优势并不突出且利用方式相对粗放,资源环境的约束并未得到根本缓解,城镇转型发展压力依然较大。

农村环境问题是区域环境问题的重要组成部分,山东省在农村环境治理方面做出了许多积极努力,但农村环境形势依然严峻,其中点源和面源污染共存,生活污染和工业污染叠加,工业及城市污染向农村转移,农业环境基础设施落后等问题比较突出。根据课题组《2011年山东·农村环境调查问卷》的结果,分别对无棣、寿光、章丘、临淄、胶州、沂源6个县市区不同类型农村环境共性问题以及差别化问题作出总结。

从调研整体情况来看,63.65%的居民认为周围的环境一般或勉强可以接受,9.62%的居民认为周边生态环境较差,分别有40.58%和24.11%的居民认为周围环境的污染源为乡镇工业和滥施农药和化肥,44.04%的居民认为化肥和农药的使用量逐年增多,且有83.12%的居民认为化肥是农业生产的主要肥料,38.46%的居民认为农村环境综合整治工作主要为垃圾回收处理,27.62%的居民认为农村并没有进行相应的环境综合整治工作。调研中发现,农村环境问题的原因主要包括资金投入不足(21.98%)、管理体制机制不健全(22.36%)、传统的生活习惯(21.98%)、缺乏专业的农村环保人才(14.74%)和农村环境保护教育不深入(14.49%)。

从调研区域的农村生态环境问题的差异化来看,在无棣县水污染与饮用水安全的调查中,有53.68%的居民认为水量充足但是水质不高,24.09%的居民认为饮用水的矿化度比较高,86.05%的田地灌溉采用大水漫灌方式,53.75%的居民认为农村(河流、湖泊和池塘)受污染情况比较严重,60.98%的居民一般不会或根本不会循环使用水;寿光市关于农业化肥使用面源问题调查中,化肥使用占肥料使用量的62.79%,有58.70%的农民认为土壤肥力是先增加后不变或者逐渐增加的,39.29%的农民在地膜使用后随意丢弃或焚烧掉,46.67%的农民表示从未接受过施肥培训,83.70%的居民表示没听说过或听过但不了解生态农业基本知识；章丘关于生活垃圾污染、种植业养殖废物综合利用问题调查中，大多数居民认为随意丢弃生活垃圾会造成土地、水和空气污染，57.35%的居民在处理自家生活污水时是直接流入外面水沟，66.67%的居民认为目前的管网存在建设滞后、污水收集率偏低现象；沂源关于水体、山体和土壤环境恶化以及生态破坏问题调研中发现，32.22%的农民认为近年来土壤肥力下降和农作物减产，54.44%的居民认为人均耕地面积在不断减少，河流两岸生态环境破坏的主要原因有植被破坏（28.46%）、土地利用不合理（21.54%）、乡镇工业废水排放不合理（15.38%）、生活垃圾的随意丢弃（34.62%），39.28%的居民认为山体乱开采现象严重、破坏很大，55.91%的居民认为周围林地面积越来越小，33.73%的居民认为周围水土流失现象有扩大趋势；淄博的临淄区乡镇工业污染调查中，54.54%的居民认为当地主要污染来源于石化工业，33.33%的居民认为周围工业污水排放严重，68.13%的居民认为空气质量很差，污染很严重，并且烟尘与粉尘以及扬尘是主要来源；胶州市关于水污染与引用水安全调查中，42.86%的居民认为水量充足但水质不高，45.06%的居民认为饮用水有比较严重的咸与苦现象，68.13%的公众认为周边乡镇没有污水处理厂，29.67%的公众河流、湖泊、池塘污染严重或比较严重，胶州海湾的主要污染源为渔业水产养殖（12.39%）、工业废水（36.28%）、生活污水（23.89%）。

山东省在区际上具有重要意义的环境管理对象，主要包括跨省区流域环境管理、跨行政区海岸带环境管理与海湾环境管理、南水北调环境管理以及重要生态功能区的跨行政区管理与调控等。区际流域、海岸带等是人地关系矛盾突出的区域，在2012年南水北调工程水质断面调查中，Ⅳ类水质占23.8%，淮河流域Ⅳ类水质占23.8%，小清河流域劣Ⅴ类水质占66.7%，海河流域Ⅴ类和劣Ⅴ类水质占63.0%，半岛地区Ⅳ类、Ⅴ类和劣Ⅴ类水质占42.9%，南四湖、马踏湖等呈现富营养化现象，渤海海湾水质严重污染，Ⅳ类和劣Ⅳ类海水面积占海湾总面积的1/3，赤潮频发导致渤海湾成为中国滨海湿地生境和自然岸线丧失最严重的区域之一，莱州湾亦是如此，流入湾内的水质多为劣Ⅴ类水质，湾内多种重金属污染物严重超标，海洋生态功能遭到严重破坏。上述一系列由于区域性生态环境问题以及山东省诸多重要人地矛盾问题，例如，由于地下水过度开采而造成的地下漏斗，并非是一个行政区域所能解决的，而是带有明显区际生态环境的性质,行政区的多元性质与地域单元的整体性之间存在诸多矛盾和冲突使得区际生态环境管理和人地关系的协调具有复杂性,同时这些区域也是人地矛盾最难以解决的区域。

此外,资源环境要素的跨区域流动也成为区际人地矛盾的重要内容,山东省与其他省市或山东省各市县区之间广泛地进行与社会经济发展关系密切的资源环境要素的流动,最终影响到区际生态环境利益,并最终在区际生态环境关系上予以体现,影响不同区域的人地关系。根据李方一、刘卫东等构建的投入产出模型研究中国区域间隐含工业污染转移,结果表明,山东省是隐含环境污染的主要输入区域。由于国际贸易所产生的隐含环境污染也是总的隐含环境污染的组成部分[①],对枣庄、济宁、东营等煤炭、石油主要资源输出区域的生态环境也产生诸多影响,在资源开采过程中产生了许多隐含的生态环境成本,而这部分成本并没有包含在资源市场价值中,造成资源输出区域得不到相应的生态补偿,影响其人地关系的协调。山东省一次性能源相对短缺,煤炭对外依存度高,外煤入鲁占50%以上,天然气的对外依存度达到80%,并随着煤炭、天然气等矿物资源产量不断下降和消耗需求的持续增加,煤炭、天然气输出地区生态环境付出了巨大代价,因此,区域之间生态补偿协调成为未来资源输出与输入的重要考虑因素。

第三节 山东省人地关系地域系统演变及影响因素

由人地关系内涵引入人类活动强度,人类活动强度是人地关系地域系统演变与发展的重要驱动因子,是指一定区域所能接受的人类活动影响而产生的扰动程度,或者说是由人类社会经济活动引起的区域资源环境速率发生改变的一系列过程。定量评价区域人类活动强度是分析区域人类活动对于地理环境影响的重要基础,而对于人地关系地域系统的可持续性评估需要涉及对于人类活动强度的定量评价以及对于资源环境水平的合理评价。区域人类活动具有相当的不确定性和复杂性,合理地评价人类活动强

---

① 李方一、刘卫东、唐志鹏:《中国区域间隐含污染转移研究》,《地理学报》2013年第5期。

度和资源环境水平需要构建科学合理的指标体系,而刻画区域层面的人类活动强度与资源环境水平变化特征以及相互作用机制需要构建科学合理的系统模型。

一 指标体系构建与数据来源

区域人类活动对资源环境的影响具有互动性、主观性以及双向性和主动性的特点,因此,需要根据区域人类活动的基本特点、人类活动对资源环境水平变化的作用机制以及资源环境本身的要素构成,构建科学合理的人类活动主要因子指标和资源环境水平表征指标体系。

(一)指标体系构建的基本原则

人类活动与资源环境水平指数的构建以及人类活动对资源环境水平的影响机制分析包括人地系统的经济、社会和生态环境等多个方面,是复杂的巨系统,而切实可行的指标体系有利于客观合理地评价区域人地关系的可持续性状态,具体的指标体系构建应该遵循以下几个原则。

(1)科学性和简明性原则

指标体系的选择与设计需要以人地关系的基本理论为依据,同时结合人类活动形式的发展变化以及当前资源环境的内容,实现指标体系构建的规范化和标准化。选取具有人地关系内涵、意义明确简单的指标,尽可能减少指标数过多而产生大量冗余信息,避免重点不突出导致不能很好地反映人地关系演化的本质性特征,因此,应该在科学合理的原则上考虑指标体系的减量化原则,人类活动指标体系和资源环境指标体系的内部指标应该相互独立,并且具有相对稳定性,以尽可能避免指标体系之间相互重叠和较高的相关性,并尽可能使指标体系适应不同的研究尺度。

(2)系统性和整体性原则

指标体系的建立是一个系统的工程,也就是说,指标体系选取要力求系统的完整性,能够真实反映人类活动结构的过程、结果以及强度、广度和资源环境的水平相应状态,人类活动指数和资源环境指数是由一系列的指标构成,各个指标之间既相互独立又相互联系,共同构成有机组合的统一整体,指标体系具有很好的层次性、宏观性、微观性,能客观地评价区域人类活动对资源环境的作用机制以及互动相应规律性特征。

(3) 稳定性和动态性原则

指标体系要具有一定的动态性，要选择随着人类活动与资源环境互动演化而逐步调整的指标，利用动态变化指标来研究系统的动态演变过程，反映人地关系演变的时序性。稳定性是指标体系数据在不同时间、空间统计口径下，指标本身的数值具有相对稳定性或经过标准化后能够形成相对一致性的数据指标，从而能综合全面地评价人地关系的存在状态和演变趋势。

(4) 可比性与可操作性原则

数据的收集、管理与分析是研究问题的核心。所选用的指标体系要尽可能地考虑一致性、可测性和规范性等反映实际情况的指标，尽可能使用统一口径、相对统一、具有相对意义、容易获取的指标，以便能比较不同时间序列、不同区域之间人类活动以及资源环境的状态水平。同时考虑到数据来源的真实性以及可获取性，能科学地指导实际工作。

(5) 区域性原则

由于区域人地关系演化具有多层次、多侧面以及动态性特征，为了能建立适合不同尺度的人地关系演化指标体系，需要从区域实际情况出发，选取尽量符合区域特征、特色的指标，避免指标之间的重复计算。构建区域性的指标体系有利于科学合理研究不同区域的人地关系演化。

(二) 指标体系构建框架

基于区域人类活动与资源环境演化互动的系统性、整体性以及动态性和复杂性，为科学合理地刻画与分析人类活动强度和资源环境水平的互动关系及变化特征，根据上述指标体系建立的科学性和简明性原则、系统性和整体性原则、稳定性和动态性原则、可比性与可操作性原则以及区域性原则，在指标体系选取过程中重视对宏观性和基础性指标的选取，借鉴已有的相关研究成果[①]，分别构建包括人类活动强度和资源环境水平的人地关系评价指标体系（见表5-9）。

---

① 徐志刚、庄大方、杨琳：《区域人类活动强度定量模型的建立与应用》，《地球科学学报》2009年第4期；姚辉、潘玉君、丁生等：《人地关系演化状态系数与结果评价》，《中国人口·资源与环境》2010年第5期；陈兴鹏、郭晓佳、王国奎等：《1980年以来西北贫困地区人地系统演变轨迹》，《兰州大学学报》（自然科学版）2012年第4期。

表 5-9　　区域人类活动强度与资源环境水平评价的指标体系

系统层Ⅰ	子系统层Ⅱ	表达层分类及权重	指标代码	指标名称及单位	指标性质	判断标准值	指标权重
人地关系地域系统	人类活动系统	人口规模扩张（0.35）	HA_1	人口密度（人/km²）	+	677.60	0.200
			HA_2	城镇化率（%）	+	60.00	0.150
		经济开发强度（0.35）	HA_3	GDP密度（万元/km²）	+	3500.00	0.200
			HA_4	非农化产业比率（%）	+	95.00	0.150
		土地开发强度（0.30）	HA_5	人均建设用地面积（m²/人）	+	260.00	0.150
			HA_6	建设用地占总面积比例（%）	+	50.00	0.200
	资源环境系统	资源环境支撑力（0.35）	RE_1	人均耕地面积（亩/人）	+	1.540	0.085
			RE_2	人均水资源拥有量（$10^4 m^3$/人）	+	536.650	0.085
			RE_3	森林覆盖率（%）	+	25.70	0.080
			RE_4	人均绿地面积（m²/人）	+	55.60	0.080
		资源环境压力（0.35）	RE_5	地均碳排放量（t/km²）	−	156.00	0.055
			RE_6	地均废水排放量（t/km²）	−	7875.00	0.080
			RE_7	地均二氧化硫排放量（t/km²）	−	8.85	0.080
			RE_8	地均固体废弃物产生量（t/km²）	−	124.60	0.080
			RE_9	地均化肥施用量（kg/ha）	−	350.00	0.055
		资源环境抗压力（0.30）	RE_{10}	能源加工转换效率（%）	+	100.00	0.055
			RE_{11}	废水排放达标率（%）	+	100.00	0.070
			RE_{12}	二氧化硫去除率（%）	+	100.00	0.060
			RE_{13}	工业固体废弃物综合利用（%）	+	100.00	0.060
			RE_{14}	水土流失治理率（%）	+	85.00	0.055

（三）数据来源

考虑数据的准确性、可靠性和可获得性等限制性因素，选取1991—2012年20余年的数据，所用数据来源于《中国统计年鉴（1992—2013）》《山东省统计年鉴（1992—2013）》《山东省国民经济和社会发展统计公报（1991—2012）》《山东省环境年鉴（1991—2012）》以及部分年份的《中国国土资源公报》，并对相关缺失数据进行了补充和调查。此外，根据各种能源折算标准煤参考系数，借鉴众多学者对碳排放量估算模型[1]，计算1991—2012年山东省碳排放量。

二 指标数据的标准化与权重的确定

（一）数据标准化处理

构建判断矩阵：

$$A = (a_{ij})_{m \times n} \quad (5-1)$$

由于人类活动系统和资源环境水平两个人地关系子系统指标的具体量纲以及属性存在很大的差异性，需要通过归一化消除各个量纲的属性差异，以能够准确地计算人类活动指数和资源环境水平指数以及定量分析两者的关系。因此，依据标准值，按照正向指标和负向指标对基础数据在确定的标准值基础上对原数据进行标准化处理，对判断矩阵进行归一化处理，得到归一化矩阵 B。

当指标为正向指标时：

$$x'_{ij} = \frac{x_{ij}}{x^*_{ij}}(x_{ij} \leq x^*_{ij}) \quad (5-2)$$

当指标为负向指标时：

$$x'_{ij} = \frac{x^*_{ij}}{x_{ij}}(x_{ij} \geq x^*_{ij}) \quad (5-3)$$

（二）指标权重的确定

依据标准值，对判断矩阵进行归一化处理，得到归一化矩阵 B。

根据熵的定义，确定评价指标的熵 H_i：

$$H_i = -\frac{1}{\ln m}\left(\sum_{j=1}^{m} f_{ij} \ln f_{ij}\right), 其中 f_{ij} = b_{ij}/\sum_{j=1}^{m} b_{ij} \quad (5-4)$$

评价指标的熵权 W：

$$W = (\omega_i)_{1 \times n}, 其中 \omega_i = 1 - H_i/\sum_{i=1}^{n} H_i \quad (5-5)$$

根据熵值法确定各个指标的权重，同时征询相关专家和专业人员的意见，综合根据各个指标的具体含义以及对各个评价指数作用的重要性和相

---

[1] 宋枫、王丽丽：《中国能源强度变动趋势及省际差异分析》，《资源科学》2012年第1期；郭朝先：《产业结构变动对中国碳排放的影响》，《中国人口·资源与环境》2012年第7期；李锴、齐绍洲：《贸易开放、经济增长与中国二氧化碳排放》，《经济研究》2011年第11期。

应的基础性程度，综合确定各个指标的权重值。

（三）评价指数的计算

在对指标数据标准化以及运用熵权法和征询专家意见确定各个指标权重的基础上，对人类活动强度和资源环境水平通过线性加权求和法，确定相应人类活动指数和资源环境水平指数。

人类活动指数和资源环境水平指数计算公式分别为：

$$HA = \sum_{i=1}^{m} HA'_i \omega_i \qquad (5-6)$$

式中，HA 为人类活动开发强度指数，HA'_i 为 i 指标的标准化数值，ω_i 为 i 指标的权重值。

$$RE = \sum_{i=1}^{n} RE'_i \omega_i \qquad (5-7)$$

式中，RE 为资源环境水平指数，RE'_i 为 i 指标的标准化数值，ω_i 为 i 指标的权重值。

三 人地关系耦合度和响应度模型构建

（一）人类活动强度与资源环境水平的耦合度模型

人地关系从无序走向有序的特征与规律往往通过耦合度来判别人类活动子系统和资源环境子系统之间的相互作用强度及时序区间，耦合度虽然能反映人类活动子系统和资源环境子系统的互动作用，却难以反映两者整体的"功效"和"协同"效应，单纯依靠耦合度可能会产生诸多误导，因此需构建人地系统的协调度模型以反映两者的"耦合"、"协同"和"功效"。借鉴诸多学者对于一个要素、系统与另外一个要素或者系统的耦合程度计算模型，构建人类活动子系统与资源环境子系统之间的协调度模型，耦合度与协调度模型能够很好地描述人类活动子系统或者内部要素与资源环境子系统及其要素交互作用程度。耦合度和协调度模型具有两个方面的含义：一是能够反映人类活动强度与资源环境水平的协调程度；二是能够测度分析人类活动强度与资源环境水平的耦合发展度。

耦合度与协调度计算模型为：

$$H = \sqrt{L * T} \qquad (5-8)$$

$$L = \frac{2\sqrt{HA * RE}}{HA + RE} \qquad (5-9)$$

$$T = \lambda_1 HA + \lambda_2 RE \qquad (5-10)$$

式中，H 为人类活动强度和资源环境水平的耦合度；L 为人类活动强度与资源环境水平的协调度；T 为人类活动强度和资源环境水平的综合集成指数；HA 为人类活动开发强度指数；RE 为资源环境水平指数；λ_1、λ_2 为设定参数，存在 $\lambda_1 + \lambda_2 = 1$，根据人类活动子系统与资源环境子系统的特点以及人地关系的互动机制和研究需要，设定 $\lambda_1 = \lambda_2 = 0.5$，$L \in (0-1]$，$H \in (0-1)$，$L$ 越大说明两者的协调程度越好，H 越大说明两者的耦合协调发展水平越高，相反，协调程度和耦合度则越小。划定协调度以及耦合度的具体划分标准如下（见表 5-10、表 5-11）。

表 5-10　人类活动强度与资源环境水平耦合度划分标准

耦合度取值	耦合等级	耦合特征
$H=0$	最小耦合	系统之间或者系统内部要素之间处于无关状态，系统将向无序发展
$0.0<H<0.3$	低水平耦合	此时人类活动发展水平低，资源环境承载力强
$0.3<H\leq0.5$	拮抗	经济进入快速发展时期，资源环境承载力下降
$0.5<H\leq0.8$	磨合	系统开始良性耦合
$0.8<H<1.0$	高水平耦合	人地系统相互促进，共同发展
$H=1$	最大耦合	耦合度最大，系统之间或者系统内部各个要素之间达到了良性的共振耦合，系统趋向于有序结构

表 5-11　人类活动强度与资源环境水平协调度等级与协调特征

耦合度取值	耦合等级	耦合特征
$L=0$	不协调	不协调，人地系统整体呈现衰退趋势
$0.0<L\leq0.3$	低度协调	资源环境勉强保持在承载力范围之内
$0.3<L\leq0.5$	中度协调	资源环境保持在承载力阈值内，短期内可以接受
$0.5<L\leq0.8$	良好协调	基本协调，人类活动强度提高速度高于生态环境的改善速度，整体协同效应达到了较高的程度
$L=1$	极度协调	人地关系相互促进，协调共生

（二）人类活动强度对资源环境水平的响应度模型

在耦合度分析模型的基础上，进一步分析人类活动强度的变化对资源环境水平的响应度，从而综合分析人类活动对资源环境演变的具体影响程度及影响特征。借鉴经济学中的点弹性定义，构建资源环境水平对于人类活动强度的响应度模型，能够刻画一个研究时间段内因变量对自变量响应的一种趋势，可以测度和反映不同时期的区域开发强度变化对资源环境水平变化的影响趋势和变化特征。

如果人类活动强度和资源环境水平之间存在一元响应函数 $y = f(x)$，则可以定义响应度函数为：

$$\theta(t) = \frac{dHA_t}{dDS_t} * \frac{HA_t}{RE_t} \qquad (5-11)$$

式中，$\theta(t)$ 为资源环境水平对于人类活动强度的响应度，$\frac{dHA_t}{dDS_t}$ 为 t 年份资源环境水平分量对于人类活动强度变化的导数，HA_t 为 t 年份人类活动开发强度指数，RE_t 为 t 年份资源环境水平指数，在公式（5-11）的基础上，进一步定义人类活动强度对于资源环境水平的响应度 $\varphi(t)$，$\varphi(t)$ 计算公式如下：

$$\varphi(t) = |\theta(t)| \qquad (5-12)$$

当 $\varphi(t)$ 越大时，表明人类活动强度对于资源环境水平变化的影响程度较大，相反则越小，$\theta(t)$ 和 $\varphi(t)$ 的含义见表 5-12。

表 5-12　　　　人类活动强度的资源环境水平响应度相关类型

$\theta(t)$ 值	响应类型	$\theta(t)$ 与 $\varphi(t)$ 关系	$\theta(t)$ 值变化	表示含义
$\theta(t) > 0$	正响应	$\theta(t) = \varphi(t)$	$\theta(t)$ 增大	人类活动强度促进资源环境水平上升且程度增大
			$\theta(t)$ 不变	人类活动强度促进资源环境水平上升且程度不变
			$\theta(t)$ 减小	人类活动强度促进资源环境水平上升且程度减小
$\theta(t) = 0$	无响应	$\theta(t) = \varphi(t) = 0$		人类活动强度促进资源环境水平的变化无影响

续表

$\theta(t)$ 值	响应类型	$\theta(t)$ 与 $\varphi(t)$ 关系	$\theta(t)$ 值变化	表示含义
$\theta(t)<0$	负响应	$\theta(t)=-\varphi(t)$	$\theta(t)$ 增大	人类活动强度导致资源环境水平下降且程度增大
			$\theta(t)$ 不变	人类活动强度促进资源环境水平下降且程度不变
			$\theta(t)$ 减小	人类活动强度促进资源环境水平下降且程度减小

四 计算结果分析

根据上述模型计算人类活动强度和资源环境水平以及两者之间的协调度、耦合度和响应度以及影响因素的变化。

(一) 人类活动指数和资源环境综合水平指数的变化

整体上，人类活动强度指数和资源环境水平指数呈相反变动趋势。从图 5-19 中可以看出，山东省 1991—2012 年人类活动强度指数呈逐步上升趋势，由 0.410 增加到 0.819，表明山东省 20 世纪 90 年代以来伴着人口数量不断增加以及工业化和城市化快速推进，人类活动强度不断增大。1991—2000 年期间，由于经济增长速度、工业化等处于相对起步或者缓慢开展的阶段，人类活动强度指数年均增长率相对较低，为 2.78% 左右。2001—2006 年期间，由于山东省再重工业化战略的实施，工业化和城市化以及经济增长不断提速，人类活动强度指数增速呈现明显增大的趋势，年

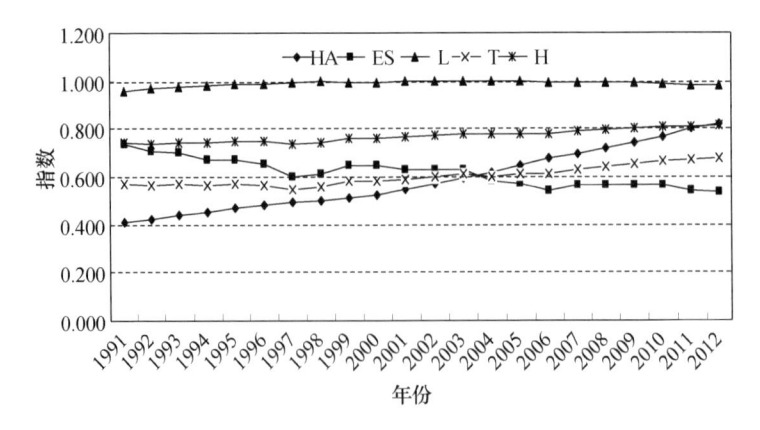

图 5-19 1991—2012 年山东省人类活动开发强度与资源环境水平及耦合度变化

均增长速率达到4.40%左右。2007年以来,由于经济增长的高速率趋势有所放缓,人类活动指数的增长速率有所下降,年均增长速度达到3.18%左右。1991—2012年山东省资源环境水平指数呈小幅波动下降趋势,指数值从0.736下降到0.537,近年来资源环境水平指数下降趋势逐渐放缓,变化幅度较小甚至出现平稳不变的态势,这主要是由于一系列调控措施有效阻止资源环境水平继续恶化的趋势。但可以看出,2012年资源环境综合水平相比于1991年仍然存在一定的差距,因此山东省今后资源环境的压力依然较大。

人类活动强度内部结构指数呈增大趋势,但变化速率差异较大。人口规模扩张指数、经济开发强度指数和土地开发强度指数都呈不断增大趋势,但在变化速率上有较大差别,人口规模扩张指数呈现比较缓慢的增长趋势,年均增长率约为1.51%,主要原因是山东省人口自然增长率在计划生育政策的影响下持续保持相对较低的水平,人口规模增加的速度放缓,人口密度相对较低,而经济开发强度指数和土地开发强度指数增长速度相对较大,年均增速分别为3.84%和4.43%,这与20世纪90年代以来山东省经济持续高速增长密切相关。90年代初期人口规模扩张指数、经济开发强度指数和土地开发强度指数三者之间的差距较大,特别是人口规模扩张指数相对较大,但随着经济规模的扩张以及城市化和工业化的快速推进,建设用地面积也在不断扩大,人均建设用地和建设用地占总面积的比例都不断增长,促使土地开发强度不断增强,指数之间的差距也缩小至相对持平的状态(见图5-20)。

资源环境水平内部结构指数波动下降,但近年来稳中上升(见图5-21)。资源环境支撑力指数呈现波动下降并在近年来保持稳中有升的趋势,近年来山东省水资源、耕地资源和森林资源等资源环境支撑条件在生态省建设的积极推动下日渐改善,恶化趋势逐渐减缓。资源环境压力指数呈逐渐下降的趋势,随着污染物排放量的不断增加,山东省资源环境压力逐渐增强,在1997—1999年资源环境压力指数由于二氧化硫排放总量下降而呈现逐渐上升的趋势,2005年以来主要由于各种污染物排放量的变化趋势相对稳定而使资源环境压力指数变化不大,但资源环境压力指数较低、资源环境压力较大的状态不容乐观。资源环境抗压力指数稳中有升,但近年来增速有所放缓,主要是由于废水排放达标率、二氧化硫去除率和固体废弃物综合利用率基本达到100%,其增长空间相对较小,这也是山

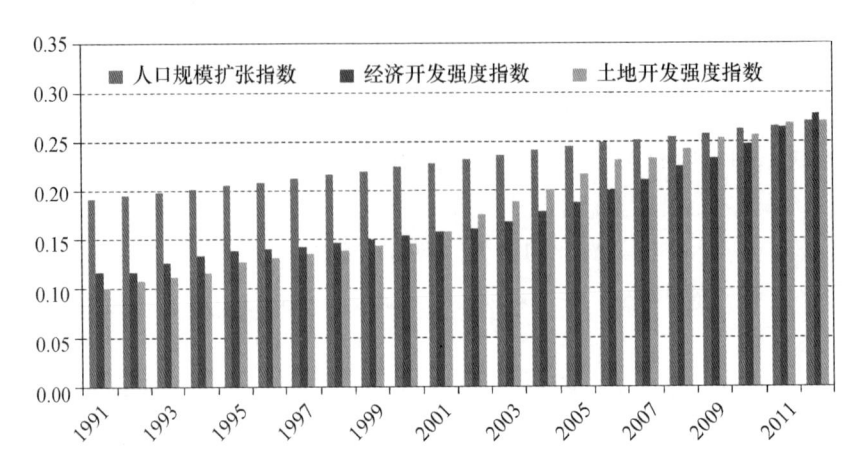

图 5-20　山东省 1991—2012 年人类活动强度指数内部组成演变趋势

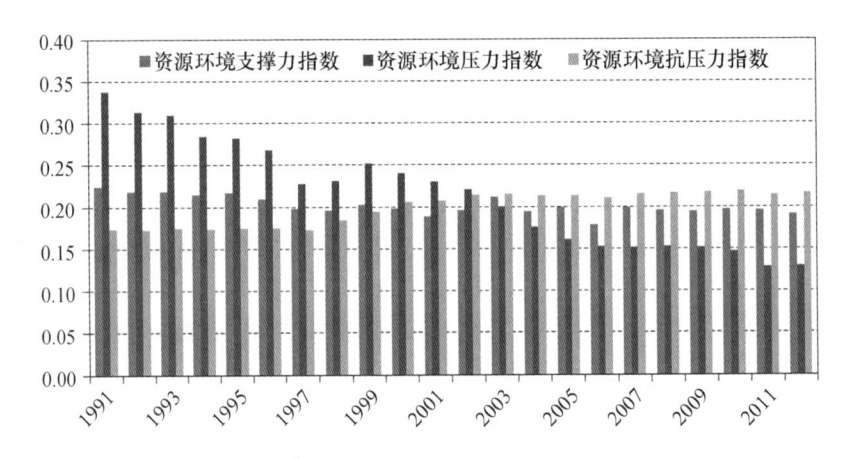

图 5-21　山东省 1991—2012 年资源环境水平指数内部组成演变趋势

东省大力实施环境保护战略的积极效果。

（二）人类活动强度和资源环境综合水平的耦合度与协调度演变

人类活动强度和资源环境综合水平之间的耦合度不断提高。人类活动强度和资源环境综合水平之间的耦合度基本在 0.959 以上，处于高水平耦合状态，近年来两者之间耦合度呈略微下降趋势，但变化趋势不大，因此，整体上处于协调状态的趋势并没有改变。人类活动强度指数和资源环境水平的综合发展指数在不断提高，由 0.573 提升到 0.678，1991—1997 年期间，综合发展指数呈现下降趋势，年均下降率达到 -0.82%，1998—

2012年基本呈现递增趋势,年均增长率达到1.48%,特别是近年来综合发展指数有加速增长的趋势,与此段时期的人类活动指数和资源环境水平指数变动趋势有一定的契合性。

山东省人类活动强度和资源环境综合水平的协调状态也从良好协调向高度协调转变。人类活动指数和资源环境综合评价指数的协调度由0.741提升到0.814,表现为由良好协调向高度协调发展的态势,表明人类活动强度指数和资源环境综合水平指数之间的协调程度不断提高,这与近年来山东省不断实施经济产业结构调整,加强生态环境保护和制度建设,不断促进系统之间与系统内部各个要素比例协调,推动关系和谐与共同促进的互惠互利状态的改善相关。物质流、能量流与信息流的流动较为有序,表现为生态环境改善、经济持续增长以及社会发展水平不断上升的状态,但目前所处的协调状态基本在高度协调的初级状态,因此,还需要在人类活动强度和资源环境综合水平高位耦合运行的基础上,不断促进人类活动强度和资源环境综合水平的协调度和耦合度(见表5-13)。

表5-13 山东省1991—2012年人类活动强度和资源环境综合水平的耦合度评价

年份	L	T	H	耦合程度	协调水平
1991	0.959	0.573	0.741	高水平耦合	良好协调
1992	0.968	0.563	0.738	高水平耦合	良好协调
1993	0.972	0.570	0.744	高水平耦合	良好协调
1994	0.981	0.562	0.742	高水平耦合	良好协调
1995	0.984	0.572	0.751	高水平耦合	良好协调
1996	0.989	0.566	0.748	高水平耦合	良好协调
1997	0.995	0.545	0.736	高水平耦合	良好协调
1998	0.995	0.556	0.744	高水平耦合	良好协调
1999	0.993	0.582	0.760	高水平耦合	良好协调
2000	0.995	0.585	0.763	高水平耦合	良好协调
2001	0.997	0.585	0.764	高水平耦合	良好协调
2002	0.999	0.599	0.774	高水平耦合	良好协调
2003	0.999	0.610	0.781	高水平耦合	良好协调
2004	0.999	0.601	0.775	高水平耦合	良好协调

续表

年份	L	T	H	耦合程度	协调水平
2005	0.998	0.611	0.781	高水平耦合	良好协调
2006	0.994	0.610	0.779	高水平耦合	良好协调
2007	0.995	0.631	0.792	高水平耦合	良好协调
2008	0.992	0.643	0.799	高水平耦合	良好协调
2009	0.991	0.654	0.805	高水平耦合	高度协调
2010	0.988	0.664	0.810	高水平耦合	高度协调
2011	0.981	0.669	0.810	高水平耦合	高度协调
2012	0.978	0.678	0.814	高水平耦合	高度协调

(三) 人类活动强度变化的资源环境水平响应度演变

利用软件 SPSS 19.0 对 1991—2012 年人类活动水平指数（HA）和资源环境水平指数（DS）进行曲线的估计与拟合，得出两者的最优响应函数方程：

$$RE = -2.1474HA^3 + 5.3211HA^2 - 4.5882HA + 1.9732(R^2 = 0.9230)$$

(5-13)

响应函数曲线为三次曲线方程，并通过显著性检验，说明显著性效果较好，进一步对公式（5-13）求导得到人类活动对资源环境响应的函数公式（5-14）。

$$\frac{dRE}{dHA} = -6.4422HA^2 + 10.6422HA - 4.5882 \quad (5-14)$$

根据公式（5-14）计算山东省 1991—2012 年资源环境水平对人类活动强度的响应指数及响应度。总体来看，人类活动强度对资源环境水平产生不断缩小的胁迫效应。山东省 1991—2012 年人类活动强度指数的不断增长对资源环境水平的影响变化具有一定的对应性和连续性。1991—2012 年人类活动强度始终对资源环境水平表现出负响应特征，且数值呈现不断增大趋势，由 1991 年的 -1.309 提高到 2012 年的 -0.193。此段时期，人类活动强度对资源环境水平产生了响应的"胁迫"效应，从而导致资源环境水平的整体下降。从响应度指数的变化趋势来看，人类活动强度对资源环境水平的"胁迫"效应不断缩小且下降趋势逐渐放缓，特别是 2005 年以来呈现明显的减小趋势，由 1991 年的 1.309 下降到 2012 年的 0.193，表明

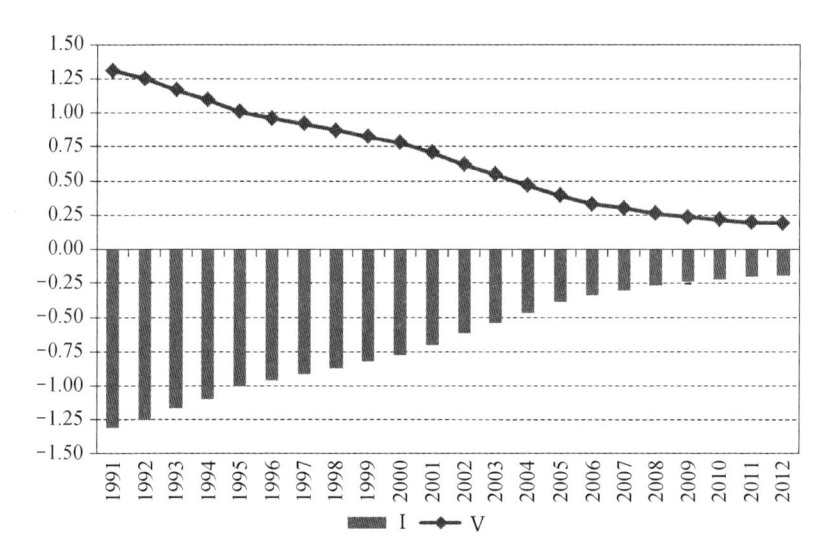

山东省人类活动发展模式正由粗放型向集约型转变（见图5-22）。

图5-22 山东省1991—2012年资源环境水平的人类活动响应度演变

随着山东省人类活动进程的不断推进，其对资源环境水平产生了显著的"胁迫"影响，但胁迫程度呈现明显下降趋势，同时也应该看到，2012年0.193的响应度指数仍然处于相对较大的状态，山东省当前所处的人类活动强度压力依然较大，那么如何实现响应度指数降低或者实现响应指数由负转正是必须要思考的问题。同时，不能因此直接判断未来人类活动强度对资源环境水平的胁迫影响日趋弱化或者两者能够很好地实现协调发展，原因在于两者相互关系复杂，影响因素多元化，在区域发展的进程中会面临着诸多资源环境新问题和新的约束性条件，因此，两者胁迫、约束与促进的关系面临着极大的波动可能性。

（四）人类活动强度变化的资源环境水平响应度演变的影响因素

人类活动强度变化的资源环境水平响应度演变的影响因素呈现多元相关性。人类活动强度与资源环境变化互动与反馈关系的多样性与复杂性决定了资源环境水平对于人类活动指数的响应度演变受到诸多因素的共同影响。结合前面人地关系演化机理中的影响因素以及山东省的实际情况和模型构建的需要，研究认为造成山东省人类活动强度增长对资源环境水平胁迫影响程度不断缩小的因素主要包括需求结构、区域开发效率、经济结构、环境规制制度、资源环境利用技术、区际关系、环保投入增长、区域发展环境等，理论上而言，这些因素也与响应度指数呈现明显的相关关系（见图5-23）。

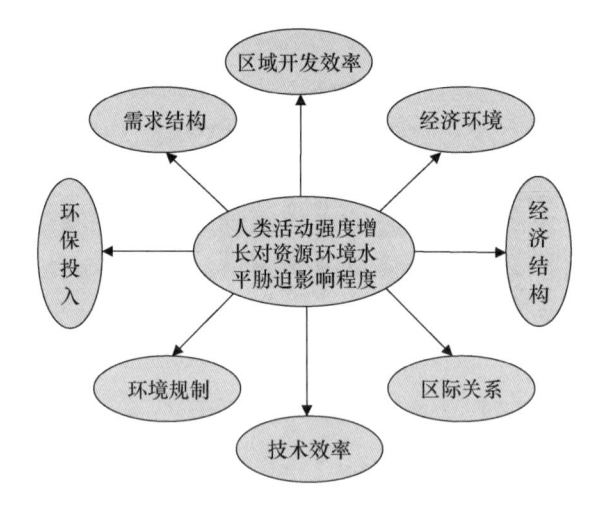

图5-23 人类活动强度对资源环境水平响应度的影响因素

为进一步验证和测度各个影响因素对响应度指数变化的影响特征及程度，根据相关要素的基本框架，在代表性、数据可获得性以及相关性等原则的作用下科学合理地选定指标体系。确定 V 为因变量（y），需求结构（x_1）用人均 GDP 表示、区域开发效率（x_2）采用单位建设用地 GDP 产出表示、区域经济结构（x_3）用第三产业占 GDP 的比重来表示、环境规制制度（x_4）采取环境工作人员数来表示、资源环境利用技术（x_5）采用单位能耗的 GDP 产出来表示、区际关系（x_6）采取进出口产值比重占 GDP 的比重表示、生态环境支出（x_7）采取生态环境投入占财政支出的比重表示、区域发展环境（x_8）采取市场化指数（私营企业和个体企业就业人数占总就业人数的比重）表示。

以1991—2012年数据为基础进行相应的回归分析，构建线性回归的方程为：

$$y = a_0 + a_1x_1 + a_2x_2 + a_3x_3 + a_4x_4 + a_5x_5 + a_6x_6 + a_7x_7 + a_8x_8 + \varepsilon$$

(5-15)

式中，y 为根据自变量 x 计算的估算值，a_0 为常数项，a_1、a_2、…、a_8 为 x_1、x_2、…、x_8 的偏回归系数，ε 为随机扰动项，运用软件 SPSS 19.0 对基础数据分别进行一元线性回归和多元线性回归分析（避免解释变量之间的共线性问题),经过计算形成回归模型,得出解释变量参数(见表5-14)。

表5-14　山东省人类活动强度变化对资源环境水平响应度变化的影响因素回归模型

	模型1	模型2	模型3	模型4	模型5	模型6	模型7	模型8	模型9
a	1.050 (18.263)**	1.298 (20.139)**	3.826 (4.892)**	1.241 (14.054)**	1.243 (20.137)**	2.007 (11.900)**	1.070 (20.015)**	1.120 (31.814)**	1.120 (31.814)**
x_1	-0.216 (8.729)**								
x_2		-0.0159 (11.109)**							
x_3			-0.0938 (8.052)**						
x_4				-0.418 (7.403)**					
x_5					-1.373 (10.811)**				
x_6						-0.0412 (8.171)**			
x_7							-0.394 (9.760)**		
x_8								-1.625 (16.282)**	-1.625 (16.282)**
R^2	0.792	0.861	0.751	0.733	0.854	0.769	0.826	0.930	0.930
F	76.191	123.409	56.418	54.799	116.878	66.766	95.254	265.104	265.104

注：** 代表系数0.01显著性检验,括号内数值为 t 统计量的绝对值。

模型1—模型8分别用 x_1、x_2、⋯、x_8 作为单独的自变量,与 y 进行一元线性回归分析,根据表5-12可以得出各个模型均已通过显著性检验,而且 y 与 x_1、x_2、⋯、x_8 具有较高的负相关,相关系数基本上都在0.75以上,与前面理论分析假设基本一致。其中,区域发展环境(x_8)即市场化程度对于响应度指数的变化起到重要作用，具有相当高的解释力，R^2 值为 0.930，另外区域开发效率（x_2）、资源环境利用技术（x_5）、生态环境支出（x_7）对响应度指数的变化也具有一定解释力，是影响响应度变化的重要因素，同时需求结构（x_1）、区域经济结构（x_3）、环境规制制度（x_4）、区际关系（x_6）等因素对响应度的减小也具有一定的推动作用。

模型9将 x_1、x_2、⋯、x_8 作为共同的自变量，与 y 进行多元逐步线性回归分析，得到的多元线性回归模型与模型8相一致，进一步说明1991—2012年区域发展环境（市场化程度）是响应度减小的主要因素，对响应度减小的影响程度最为显著，同时区域开发效率也是响应度减小的主要因素，这与山东省近年来区域发展的宏观背景和实际情况具有一定的一致性。近年来山东省人类活动强度不断提高的同时，市场化程度和区域开发效率也在逐渐提高，人口与产业在单位面积的集聚力和集聚程度不断增大，而单位经济产出的资源消耗量却不断下降，这些因素都直接或者间接地造成了人类活动强度对于资源环境水平胁迫度的相对降低。因此，加快完善市场化制度，提高区域开发效率，并在此基础上进一步积极引导公众需求结构，不断优化产业结构，优化与完善环境规制措施，提高资源环境的利用技术，适度增强区际之间的产业分工与合作，并不断提高生态环境的保护性支出，并最终实现响应度降低到一个较低水平或者实现响应指数由负值转变为正值，促进人类活动强度与资源环境水平演化互动关系得到积极正向调整和改善，最终实现区域协调和可持续发展。

第四节　山东省人地关系地域系统空间格局分析

一　基于地市视角的山东省人地关系地域系统空间格局

（一）地市人地关系地域系统空间格局分析指标体系构建

根据指标体系建立的科学性、系统性和整体性原则以及稳定性和动态性原则、可比性和可操作性原则、区域差异性原则，参照区域人类活动强度与资源环境水平的评价指标体系，借鉴已有的研究成果，构建山东省17地市人地关系地域系统空间格局分析的指标体系（见表5-15）。

表 5-15　　　　　地市人地关系地域系统空间格局分析指标体系

系统层Ⅰ	子系统层Ⅱ	表达层分类及权重	指标代码	指标名称	单位	指标性质	权重
人地关系地域系统	人类活动系统	人口规模扩张（0.35）	HA_1	人口密度	人/km^2	+	0.200
			HA_2	城镇化率	%	+	0.150
		经济开发强度（0.35）	HA_3	GDP 密度	万元/km^2	+	0.200
			HA_4	非农化产业比率	%	+	0.150
		土地开发强度（0.30）	HA_5	人均建设用地面积	m^2/人	+	0.150
			HA_6	建设用地占总面积比例	%	+	0.200
	资源环境系统	资源环境支撑力（0.35）	RE_1	人均耕地面积	亩/人	+	0.085
			RE_2	人均水资源拥有量	$10^4 m^3$/人	+	0.085
			RE_3	万元 GDP 能耗	%	+	0.080
			RE_4	人均公园绿地面积	m^2/人	+	0.030
			RE_5	建成区绿化覆盖率	%	+	0.030
			RE_6	水土流失面积占总面积率	%	−	0.040
		资源环境压力（0.35）	RE_7	地均碳排放量	t/km^2		0.055
			RE_8	地均 COD 排放量	t/km^2		0.080
			RE_9	地均 SO_2 排放量	t/km^2		0.080
			RE_{10}	地均固体废弃物产生量	t/km^2		0.080
			RE_{11}	地均化肥施用量	kg/ha		0.055
		资源环境抗压力（0.30）	RE_{12}	能源加工转换效率	%	+	0.045
			RE_{13}	废水排放达标率	%	+	0.050
			RE_{14}	生活垃圾无害化处理率	%	+	0.050
			RE_{15}	空气质量良好率	%	+	0.060
			RE_{16}	工业固体废弃物综合利用	%	+	0.055
				环境保护投资占 GDP 比重	%	+	0.040

（二）研究方法与数据来源

1. 研究方法

熵值法是一种比较客观的权重赋值法，在一定程度上可以避免类似德尔菲法和层次分析法等赋权法带来的主观因素的偏差，同时结合山东省实际情况适当调整熵权法计算出的权重，TOPSIS 是通过测度优先方案中的最优方案和最劣方案来获得最优的评价方案，两者组合使用将使结果更加精确、合理，熵权 TOPSIS 方法适合空间尺度区域差异的比较研究，能使区域空间格局的研究具有较好的比较性，主要有以下步骤：

（1）构建判断矩阵

$$A = (a_{ij})_{m \times n} \tag{5-16}$$

（2）依据标准值，对判断矩阵进行归一化处理，得到归一化矩阵 B。

（3）根据熵的定义，确定评价指标的熵 H_1：

$$H_1 = -\frac{1}{\ln m}(\sum_{j=1}^{m} f_{ij}\ln f_{ij}), 其中 f_{ij} = b_{ij}/\sum_{j=1}^{m} b_{ij} \tag{5-17}$$

（4）评价指标的熵权 W：

$$W = (\omega_i)_{1 \times n}, 其中 \omega_i = 1 - H_i/n - \sum_{i=1}^{n} H_i \tag{5-18}$$

（5）求出各指标权重集 $R = (r_{ij})_{m \times n}$：

$$R = B \times W \tag{5-19}$$

（6）根据熵权法求出的权重集 R，确定理想解 Q_+ 和负理想解 Q_-：

其中，$Q_+ = (r_1^+, r_2^+, \cdots, r_n^+)$，$Q_- = (r_1^-, r_2^-, \cdots, r_n^-)$

（7）计算各方案与 Q_+ 和 Q_- 的距离 S_i^+ 和 S_i^-：

$$S_i^+ = \sqrt{\sum_{j=1}^{n}(r_{ij} - r_j^+)^2}, S_i^- = \sqrt{\sum_{j=1}^{n}(r_{ij} - r_j^-)^2} \tag{5-20}$$

（8）计算各方案与理想解的相对接近度（即评价指数）：

$$C_i = S_i^+/(S_i^+ + S_i^-) \tag{5-21}$$

其中，$C_i \in [0, 1]$，且某方案的 C_i 越大，该方案越好。

2. 数据来源

根据数据的准确性及可靠性，人类活动强度指数的数据主要来源于《山东统计年鉴（2012）》、《山东省城镇化发展公报（2012）》和《山东省国民经济和社会发展统计公报（2012）》等相关资料，资源环境水平类数据主要来源于《山东省水资源统计公报（2011）》《山东省国土资源统计公报（2011）》《山东省地质环境公报（2011）》《山东省环境公报（2011）》《山东统计年鉴（2012）》以及山东省环境信息、国土信息和水利信息等相关网站统计资料。

（三）地市人地关系地域系统空间格局

根据构建的指标体系、研究方法和研究数据，计算山东省 17 地市人类活动强度与资源环境水平的空间格局，主要从人类活动强度的空间格局、资源环境综合水平空间格局以及人类活动强度和资源环境综合水平的组合类型、协调类型等几个方面予以分析。

1. 人类活动强度空间格局

人类活动强度指数具有明显的区域差异性。从人类活动强度指数的空间分布来看，山东省17地市人类活动强度指数呈现明显的区域性特征，地域性特征相对明显，地区之间差异性较大，指数极差为0.535，变异系数为0.405，平均值为0.418，对计算结果进行聚类分析并参照山东省的实际情况将人类活动强度指数划分为低强度、较低强度、中等强度、较高强度和高强度5种类型。山东省两个副省级城市济南和青岛的人类活动强度指数最高，分别为0.842和0.765，淄博的人类活动强度指数处于较高水平，为0.624，潍坊、威海、泰安、滨州、枣庄和莱芜6个地市处于人类活动强度指数的中等水平，而东营、烟台、德州和聊城以及济宁5个地市的人类活动强度指数处于较低水平，临沂和菏泽地市人类活动强度指数最低，分别为0.293和0.230。五种类型区的土地面积分别占山东省的22.11%、33.05%、28.84%、3.80%、12.20%，人口数量分别占山东省的22.03%、29.69%、27.29%、4.73%、16.27%，经济总量分别占山东省的12.01%、31.10%、25.89%、7.11%、23.89%。综合来看，形成了以副省级城市济南、青岛为核心的人类活动强度核心，胶济沿线和沿海地区的人类活动强度相对较高（日照除外），而黄河三角洲东营和鲁西德州、滨州、济宁相对较低，西部隆起带菏泽、临沂和日照人类活动强度处于最低的空间格局特征。人类活动强度指数空间差异与资源禀赋、政策、交通、历史基础等因素在空间上的差异密切相关。

在对人类活动强度指数进行整体性分析的基础上，人类活动强度指数由人口规模扩张强度指数、经济开发强度指数、土地开发强度指数组成，需要从这些方面具体分析17地市的空间格局特征，人口规模扩张强度指数空间格局与人类活动强度指数呈现相对一致性，变异系数为0.391，平均值为0.152，济南和青岛人口规模扩张强度指数最高，分别为0.300和0.250，鲁南菏泽、临沂、日照、黄河三角洲滨州与东营人口规模扩张强度指数相对较低，其中东营人口规模扩张强度指数最低，仅为0.058，烟台、威海、临沂、聊城、济宁等地市的人口规模扩张强度指数处于中等水平，指数介于0.120—0.150之间，淄博、枣庄、潍坊、莱芜、泰安等地区人口规模扩张强度指数处于较高水平，指数值介于0.150—0.200之间。因此，人口规模扩张强度指数的整体空间格局与人类活动强度指数呈现一致性，形成以济南和青岛为核心的人口规模扩张强度指数核心区，济南和青岛的人口密度分别为860人/km²和787人/km²，其人口城镇化率分别为62.95%和54.88%。西部隆起带和黄三角地区指数相对较低，西部隆起带中的日照人口密度较低，为527人/km²，菏泽市的人口城镇化率最低，为24.70%，黄河三角洲地区东营市人口密度最低，为259.36人/km²。

经济开发强度指数的区域差异性较大，变异系数为0.588，平均指数为0.160，变异系数是人类活动强度指数和内部组成系数中最高的，说明经济开发强度在17地区之间差异性较大，济南和青岛的经济开发强度指数依然处于山东省的最高梯队，分别为0.382和0.363，淄博市的经济开发强度指数紧随其后为0.263，泰安、烟台和威海的经济开发强度指数处于中等水平，介于0.150—0.200之间，枣庄、济宁、日照、临沂、莱芜、滨州和潍坊等地经济开发强度指数处于较低水平，介于0.100—0.150之间，德州、聊城和菏泽经济开发强度指数处于最低水平，介于0.043—0.091之间，其中菏泽经济开发强度指数最低为0.043。

从经济开发强度指数的空间分布格局来看，青岛、烟台和威海等胶东半岛地区以及济南、淄博和泰安等济南都市圈地区的经济开发强度指数处于第一梯队，GDP密度和第三产业比例处于全省最前列，如济南、青岛和淄博的GDP密度均大于5000万元/km²，第三产业比例基本在40%以上，甚至在50%以上（济南为53.1%），东营、德州、聊城和菏泽等地的经济开发强度指数处于最低水平梯队，此类区域的GDP密度和第三产业比例相对较小，GDP密度达到2000万元/km²，第三产业比例在30%左右，而菏泽的GDP密度则为1276万元/km²，处于山东省的最低水平，潍坊、滨州、济宁、临沂、枣庄、日照等地区处于经济开发强度指数的中间梯队，其GDP密度和第三产业比例介于前两者之间。

土地开发强度的空间差异性依然较大。其变异系数为0.517，平均指数为0.106，其中东营、潍坊、滨州和淄博以及济南的土地开发强度指数最高，处于最高强度梯队，开发强度指数介于0.160—0.190之间，青岛、聊城、德州的土地开发强度为较强水平，开发强度指数介于0.120—0.152之间，烟台、枣庄和莱芜的土地开发强度处于中间梯队，开发强度指数介于0.086—0.098之间，菏泽、济宁和威海的土地开发强度指数相对较低，开发强度指数介于0.062—0.082之间，而泰安、临沂和日照地区的土地开发强度相对处于最低水平，开发强度指数基本在 0.060 以下，日照市的土地开发强度指数最低为 0.041。

从土地开发强度的空间格局来看，黄河三角洲以及胶济沿线地区土地开发强度相对较高，且具有明显的内部结构差异性，黄河三角洲地区主要因为其人均建设用地较高而开发强度较高，例如，滨州和东营的人均建设用地面积为 400—600m^2，远高于山东省平均水平，但其建设用地占总面积的比例相对较低，在 15% 左右，济南、淄博和潍坊等地区的人均建设用地面积和建设用地占总面积的比例相对都较高，泰安以及西部隆起带（不包括枣庄）地区土地开发强度相对较低，其人均建设用地面积和建设用地面积占土地总面积的比例较低是主要原因，其中人均建设用地面积基本在 230m^2 左右，建设用地占总面积的比例介于 13.60%—15.80% 之间，聊城、德州以及青岛、烟台等地区的土地开发强度介于上述两者的中间梯队，其人均建设用地面积和建设用地占总面积的比例也介于两者之间，其中人均建设用地面积基本在 260m^2 左右，建设用地占总面积的比例在 16.70%—18.70% 之间。

2. 资源环境综合水平空间格局

山东省的资源环境综合水平处于较高水平，生态环境相对良好。17 地市资源环境综合水平指数的变异系数为 0.151，平均值为 0.605，资源环境综合水平差异性不大。具体而言，威海、东营和烟台的资源环境综合水平处于最高水平，指数值介于 0.781—0.914 之间，其中威海市以 0.914 处于山东省资源环境综合水平的最优良地区，青岛、潍坊、泰安、德州、日照和临沂处于资源环境综合水平的较高区域，指数值介于 0.602—0.676 之间，济南、枣庄、滨州、聊城和菏泽处于资源环境综合水平的中等水平，综合指数值在 0.513—0.589 之间，淄博和济宁的资源环境综合水平处于较低水平，综合指数值在 0.450 左右，而莱芜的资源环境综合水平处于最低水平，综合指数值为 0.266。

上述五类区域土地面积分别占山东省的 17.42%、43.18%、27.05%、10.92%、1.43%，人口数量分别占山东省的 12.28%、43.56%、29.65%、13.16%、1.35%，经济总量分别占山东省的 21.01%、39.87%、24.41%、13.39%、1.33%。从山东省 17 地市资源环境综合水平的空间格局来看，沿海地区特别是烟台、威海和东营地区资源环境综合水平具有较好的优势，而内陆地区的资源环境综合水平相对较弱，其中淄博、莱芜和济宁等鲁中、鲁南地区资源环境综合水平值相对较低,呈现资源环境综合水平由沿海向内陆逐渐恶化的趋势。

资源环境综合水平指数由资源环境支撑力指数、资源环境压力指数和资源环境抗压力指数组成,在对资源环境综合水平指数综合分析的基础上简要分析其构成指数的主要空间特征。从资源环境的支撑力来看,17 地市资源环境支撑力指数的变异系数为 0.332,平均值为 0.173,支撑力指数相对于其他两个指数具有更显著的空间差异性,其中威海的资源环境支撑力指数最高,指数值为 0.299,远高于济南 0.088 的最低水平,德州、烟台、滨州、临沂、东营和日照市的资源环境支撑力处于较高水平,指数值基本在 0.200 以上,聊城、泰安、菏泽、潍坊、青岛的资源环境支撑力处于中等水平,指数值介于 0.153—0.174 之间,而淄博、济宁、枣庄和莱芜的资源环境支撑力指数相对较低,指数值基本在 0.105 左右,济南的资源环境支撑力最低,为 0.088,不到最高值威海的 1/3。

因此,从整体空间格局来看,沿海地区支撑力相对较高,威海几乎所有的支撑力指标都处于山东省的最前列,鲁北黄河三角洲地区、鲁南日照和临沂地区支撑力也相对较高,该类区域各项指标差别较大,其中日照的万元 GDP 能耗为 1.84t 标准煤/万元,处于山东省的较高水平,是影响资源环境支撑力的重要障碍性因素,而省会都市圈中的济南、淄博以及莱芜支撑力处于山东省最低和较低水平,其人均耕地资源和水资源以及万元 GDP 能耗是影响资源环境支撑力的障碍性因素,3 个地区人均耕地面积、人均水资源量和万元 GDP 能耗分别为 0.75 亩/人、270m^3/人、1.80t 标准煤/万元,西部隆起带中的济宁和枣庄也处于较低水平,人均水土资源量和人均绿地面积相对较低是制约资源环境支撑力的障碍性因素,其人均耕地资源和人均水资源量分别为 1.04 亩/人和 248m^3/人,而东部的青岛、潍坊和西部的聊城、菏泽支撑力处于中等水平,人均水土资源量低是青岛和潍坊支撑力的障碍性因素,人均耕地面积、人均水资源量仅为 1.0 亩/人和 200m^3/人,而人均绿地面积和万元 GDP 能耗是聊城和菏泽的障碍性因素,平均值为 1.07t 标准煤/万元和 11.55m^2/人。

从资源环境压力来看,17 地市之间资源环境压力指数变异系数为 0.255,区域差异性相对不大,平均值为 0.209。其中,威海、东营、临沂 3 个地市的资源环境压力指数最高,其资源环境压力也最低,压力指数值基本在 0.265 以上,其中威海市资源环境压力指数值最高为 0.291,菏泽、潍坊、烟台、日照、青岛、德州6个地市资源环境压力指数处于较高水平，资源环境压力相对较低，指数值介于0.200—0.250之间，滨州、枣庄、济宁、泰安、济南和聊城6个地市的资源环境压力指数处于中等水平，其资源环境压力也处于中等水平，指数介于0.175—0.200之间，淄博市资源环境压力指数处于较低的水平，压力指数为0.120，资源环境压力相对较高，莱芜市资源环境压力指数最低，压力指数为0.078，资源环境压力最大。

因此从资源环境压力的空间格局来看，整体空间格局并不十分明显，但山东省东部地区的资源环境压力相对较低，中西部地区资源环境压力相对较高，其中威海、东营和临沂3个地区中的地均COD、SO_2、固废和化肥使用量相对较低，分别为$8.02t/km^2$、$7.96t/km^2$、$592.19t/km^2$，处于山东省的最低水平，而淄博和莱芜等地区的各项地均污染物排放量都较高，成为资源环境压力较大的障碍性因素，其地均COD、SO_2、固废排放量和化肥使用量相对较高，分别为$10.64t/km^2$、$39.78t/km^2$、$5548.80t/km^2$，基本处在山东省的最高水平，远高于山东省其他区域，西部菏泽和聊城等地区单位面积污染物排放量相对较高，是造成资源环境压力较高的重要因素。

从资源环境抗压力来看，17地市资源环境抗压力指数为0.309，平均值为0.223，17地市间的资源环境抗压力指数差异性较大，其中威海、东营、烟台、青岛等地区资源环境抗压力指数处于最高水平，抗压力指数介于0.302—0.324之间，潍坊和济南处于资源环境抗压力较高水平，抗压力指数介于0.300—0.310之间，日照、泰安、枣庄、淄博、临沂等地市资源环境抗压力指数处于中等水平，抗压力指数介于0.191—0.244之间，滨州、德州、聊城和菏泽的资源环境抗压力指数相对较低，抗压力指数基本介于0.149—0.178之间，莱芜资源环境抗压力指数处于最低水平，抗压力指数为0.084。

从资源环境抗压力的整体空间格局来看，资源环境抗压力呈现明显的东中西差异格局，青岛、烟台和威海等东部地区资源环境抗压力处于山东省最高水平，其中空气质量良好率和废水排放达标率是其抗压力处于优势的重要原因，空气质量良好率达到95.35%，而废水排放达标率达到93.99%，高于全省的平均水平，中部和西部地区资源环境抗压力由于空气质量良好率以及废水排放达标率等障碍性因素的制约，处于全省的中下游水平，特别是大多数中西部地市空气质量良好率在85%以下，成为影响区域资源环境抗压力的最重要障碍性因素。

3. 人类活动强度和资源环境综合水平的组合类型

山东省 17 地市的组合类型呈现多样化的特征。根据山东省 17 地市人类活动强度和资源环境综合水平指数的阶段划分，将两者组合成 13 类组合类型（见表 5-16）。可以看出，人类活动强度和资源环境组合水平的类型呈现多样化特征，其中人类活动低强度资源环境较高水平类型主要为日照和临沂，其面积、人口和 GDP 比例分别为 14.35%、13.40% 和 8.64%；菏泽地区属于人类活动低强度资源环境中等水平类型，其面积、人口和 GDP 比例分别为 7.76%、8.63% 和 3.37%；东营和烟台市属于人类活动较低强度资源环境高水平类型，其面积、人口和 GDP 比例分别为 13.79%、9.37% 和 16.43%；济宁市属于人类活动较低强度资源环境较低水平类型，其面积、人口和 GDP 比例分别为 7.12%、8.43% 和 6.28%；德州市属于人类活动较低强度资源环境较高水平类型，其面积、人口和 GDP 比例分别为 6.59%、5.81% 和 4.23%；聊城为人类活动较低强度资源环境中等水平类型，其面积、人口和 GDP 比例分别为 5.55%、6.07% 和 4.16%；枣庄和滨州属于人类活动中等强度资源环境中等水平类型，其面积、人口和 GDP 比例分别为 8.65%、7.81% 和 7.32%；莱芜为人类活动中等强度资源环境低水平类型，其面积、人口和 GDP 比例分别为 1.43%、1.35% 和 1.33%；威海属于人类活动中等强度资源环境高水平类型，其面积、人口和 GDP 比例分别为 3.63%、2.91% 和 4.57%；潍坊和泰安属于人类活动中等强度资源环境较高水平类型区域，其面积、人口和 GDP 比例分别为 15.13%、15.22% 和 12.67%；淄博属于人类活动较高强度资源环境较低水平类型区域，其面积、人口和 GDP 比例分别为 3.80%、4.73% 和 7.11%；青岛属于人类活动高强度资源环境较高水平类型区域，其面积、人口和 GDP 比例分别为 7.11%、9.13% 和 14.34%；济南属于人类活动高强度资源环境中等水平类型区域，其面积、人口和 GDP 比例分别为 5.09%、7.14% 和 9.55%。

表 5-16 山东省 17 地市人类活动强度和资源环境综合水平组合类型（单位:%）

类型	面积比例	人口比例	GDP 比例	地区
人类活动低强度资源环境较高水平	14.35	13.40	8.64	日照、临沂
人类活动低强度资源环境中等水平	7.76	8.63	3.37	菏泽

续表

类型	面积比例	人口比例	GDP比例	地区
人类活动较低强度资源环境高水平	13.79	9.37	16.43	东营、烟台
人类活动较低强度资源环境较低水平	7.12	8.43	6.28	济宁
人类活动较低强度资源环境较高水平	6.59	5.81	4.23	德州
人类活动较低强度资源环境中等水平	5.55	6.07	4.16	聊城
人类活动中等强度资源环境中等水平	8.65	7.81	7.32	枣庄、滨州
人类活动中等强度资源环境低水平	1.43	1.35	1.33	莱芜
人类活动中等强度资源环境高水平	3.63	2.91	4.57	威海
人类活动中等强度资源环境较高水平	15.13	15.22	12.67	潍坊、泰安
人类活动较高强度资源环境较低水平	3.80	4.73	7.11	淄博
人类活动高强度资源环境较高水平	7.11	9.13	14.34	青岛
人类活动高强度资源环境中等水平	5.09	7.14	9.55	济南

4. 人类活动强度和资源环境综合水平协调类型分析

人类活动强度和资源环境综合水平协调类型的空间格局研究是人地关系研究的重点和难点，采用协调度模型、阶段划分组合类型和基于水土资源的协调类型等几种途径划分山东省17地市人类活动强度和资源环境综合水平协调类型，以便能够更好地区分不同划分标准下人地关系地域系统空间类型，为制定科学合理的人地关系协调路径提供借鉴和指导。

依据山东省1991—2012年时间段内的人类活动强度对资源环境综合水平的耦合协调度计算模型及划分标准，计算山东省17地市人类活动强度指数和资源环境综合水平指数耦合度、发展度以及协调度（见表5-17）。从计算结果来看，17地市人类活动强度和资源环境综合水平的耦合度均为高水平耦合，耦合度指数基本都在0.900以上，其中青岛、枣庄、莱芜、济宁、潍坊、淄博等地市两者的耦合水平相对较高，而菏泽、东营、日照、烟台、临沂等地市耦合水平相对较低。17地市的人类活动强度和资源环境综合水平协调度基本在良好协调水平以上，其中济南和青岛处于高度协调状态，威海、潍坊、淄博、东营等其余地市均处于良好协调水平。上述划分方式在一定程度上能够反映地区人类活动强度和资源环境综合水平的耦合度和协调度，但是区分效果并不理想，由于区域之间的差别较大，难以体现区域之间耦合度和协调度的差异性，因此，需要参照人类活动强度与资源环境综合水平组合类型和人类活动强度与水土资源支撑力的协调度类型，综合分析与识别山东省17地市人地关系地域系统状态的空间格局。

表5-17 山东省17地市人类活动强度和资源环境耦合程度与协调程度

地区	耦合度	发展度	协调度	耦合程度	协调程度
济南	0.973	0.683	0.815	高水平耦合	高度协调
青岛	0.998	0.721	0.848	高水平耦合	高度协调
淄博	0.984	0.530	0.722	高水平耦合	良好协调
枣庄	0.995	0.470	0.684	高水平耦合	良好协调
东营	0.915	0.566	0.720	高水平耦合	良好协调
烟台	0.919	0.560	0.718	高水平耦合	良好协调
潍坊	0.984	0.568	0.748	高水平耦合	良好协调
济宁	0.985	0.411	0.637	高水平耦合	良好协调
泰安	0.974	0.491	0.692	高水平耦合	良好协调
威海	0.921	0.658	0.779	高水平耦合	良好协调
日照	0.911	0.476	0.659	高水平耦合	良好协调
莱芜	0.988	0.314	0.557	高水平耦合	良好协调
临沂	0.921	0.480	0.665	高水平耦合	良好协调
德州	0.944	0.458	0.658	高水平耦合	良好协调
聊城	0.979	0.426	0.646	高水平耦合	良好协调
滨州	0.975	0.482	0.686	高水平耦合	良好协调
菏泽	0.907	0.398	0.601	高水平耦合	良好协调

根据人类活动强度和资源环境综合水平阶段划分类型，将17地市划分为高水平协调型、低水平协调型、不协调型等几种类型（见图5-24），济南、聊城和菏泽等地市为勉强协调型区域，此类区域济南属于人类活动高强度，而资源环境水平处于中等水平，聊城和菏泽属于较低人类活动强度，而资源环境水平处于中等水平，人类活动和资源环境相对勉强协调，其面积、人口和GDP占山东省的比例分别为18.40%、21.84%和17.08%；淄博、莱芜和济宁为不协调型区域，此种类型区域资源环境水平分别处于较低或低水平，人类活动对资源环境的影响较大，其面积、人口和GDP占山东省的比例分别为12.35%、14.51%和14.72%；其中日照、

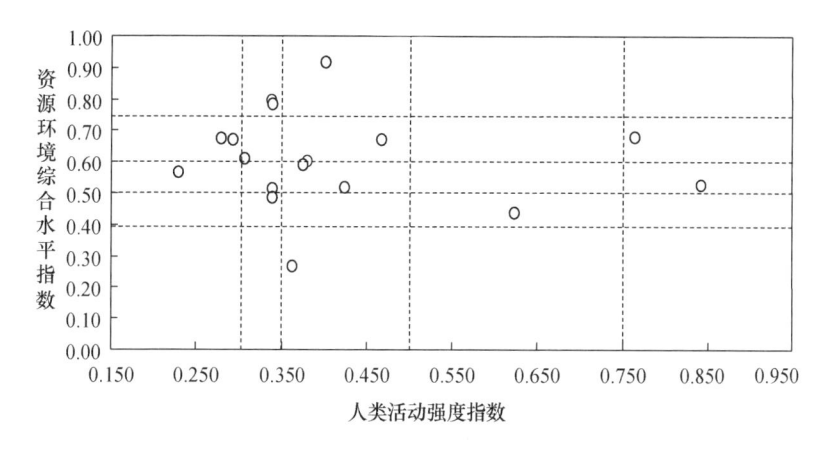

图 5-24　山东省 17 地市人类活动强度和资源环境综合水平的组合类型分析

临沂、东营、烟台、德州 5 个地市为低水平协调型区域，人类活动水平相对较低，而资源环境水平相对较高，其面积、人口和 GDP 占山东省的比例分别为 34.73%、28.58% 和 29.30%；枣庄、滨州、潍坊和泰安等为中等水平协调型区域，此种区域类型人类活动强度和资源环境水平基本处在中等水平，其面积、人口和 GDP 占山东省的比例分别为 23.78%、23.03% 和 19.99%；威海、青岛为高水平协调型区域，此类区域人类活动强度相对较高，资源环境水平也处于较高状态，其面积、人口和 GDP 占山东省的比例分别为 10.74%、12.04% 和 18.91%。因此，从整体的 17 地市人类活动和资源环境综合水平的协调类型的空间格局来看（见表 5-18），青岛、威海、日照、东营、烟台等沿海地市的协调类型相对较好，只处于不同的协调类型水平上，而鲁南临沂和枣庄、鲁中泰安以及鲁西北的德州和滨州等地市也属于协调型区域，但济南都市圈的济南、淄博和莱芜以及西部隆起带的菏泽和济宁处于不协调类型或者勉强协调类型，人地关系压力相对较大。

表 5-18　山东省 17 地市人类活动强度和资源环境水平协调类型　（单位:%）

类型	面积比例	人口比例	GDP 比例	地区
勉强协调型	18.40	21.84	17.08	济南、聊城、菏泽
不协调型	12.35	14.51	14.72	淄博、莱芜、济宁
低水平协调型	34.73	28.58	29.30	日照、临沂、东营、烟台、德州

续表

类型	面积比例	人口比例	GDP比例	地区
中等水平协调型	23.78	23.03	19.99	枣庄、滨州、潍坊、泰安
高水平协调型	10.74	12.04	18.91	威海、青岛

水土资源指数的区域差异性较大。水土资源是人类活动对资源环境影响的最基本地理要素，可流动性相对较弱，根据计算山东省人均水资源和人均耕地资源的变异系数为0.406和0.351，各地市人均水资源和人均耕地资源具有离散性、差异性较大。计算各个地区水土资源综合指数，青岛、淄博的水土资源指数处于最低水平，分别为0.088和0.049，济南、莱芜、泰安和枣庄等地市的水土资源指数也相对较低，在0.150—0.214之间，潍坊、济宁、烟台和临沂的水土资源指数处于中等水平，介于0.291—0.466之间，日照、菏泽、聊城、东营等地市水土资源指数处于较高水平，介于0.514—0.657之间，德州和滨州的水土资源指数处于最高水平，水土资源指数在0.755左右。因此，呈现青岛、济南、淄博、莱芜、泰安、枣庄等地市的水土资源综合指数相对较低，其他地市水土资源指数相对较好的区域格局特征。

取人类活动强度和水土资源的承载能力之商表示协调度（∂），采用聚类方法将水土资源协调度划分为5类：当$\partial \geq 2.50$时为极不协调；当$1.15 \leq \partial < 2.50$时为不协调；当$1.00 \leq \partial < 1.15$时为勉强协调；$0.60 \leq \partial < 1.00$时为协调；$\partial < 0.60$时为开发不足（见表5-17）。东营、日照、聊城、滨州、菏泽、德州6个地市为开发不足型，人类活动水平相对较低，而水土资源支撑力相对较高，此类区域面积、人口和GDP占山东省的比例分别为16.00%、21.00%和31.00%，烟台、临沂和威海为勉强协调型地区，人类活动强度与水土资源支撑力处在勉强协调的状态，此类型区域面积、人口和GDP占山东省的比例分别为26.58%、28.90%和23.66%，泰安、枣庄、莱芜、潍坊、济宁等地市为不协调型区域，此类区域水土资源的支撑能力难以支撑区域人类活动强度，区域面积、人口和GDP占山东省的比例分别为23.32%、20.62%和21.21%，淄博、青岛和济南市为极不协调型区域，水土资源不能够支撑过高的人类活动强度，∂指数过高，水土资源矛盾大。

表 5-19　　山东省 17 个地市人类活动强度和水土资源
支撑力的协调类型　　　　　　（单位:%）

类型	∂ 值	人口比例	面积比例	GDP 比例	地区
开发不足型	0.46	16.00	21.00	31.00	东营、日照、聊城、滨州、菏泽、德州
勉强协调型	0.78	26.58	28.90	23.66	烟台、临沂、威海
不协调型	1.37	23.32	20.62	21.21	泰安、枣庄、莱芜、潍坊、济宁
极不协调型	4.16	34.09	29.48	24.13	淄博、青岛、济南

二　基于县域视角的山东省人地关系地域系统空间格局

（一）县域人地关系地域系统空间格局分析指标体系构建

根据指标体系建立的科学性、系统性和整体性原则以及稳定性和动态性原则、可比性和可操作性原则以及区域差异性原则，参照区域人类活动强度与资源环境水平的评价指标体系，考虑到县域数据的可获得性，同时借鉴已有的研究成果，构建山东省县域人地关系地域系统空间格局分析指标体系（见表 5-20）。其中，人地系统主要包括人类活动系统和资源环境系统，人类活动指数包括人口规模扩张强度、经济开发强度和土地开发强度 3 个指数，资源环境系统包括资源环境支撑力、资源环境压力和资源环境抗压力 3 个指数。

（二）研究方法与数据来源

研究方法采用地级市尺度人地关系地域系统空间格局分析中的熵权 TOPSIS 模型。相关县级市数据主要来源于《山东统计年鉴（2012）》和《山东省城镇化发展公报（2012）》《山东省国民经济和社会发展统计公报（2012）》等相关资料，资源环境水平类数据主要来源于《山东省水资源统计公报（2011）》《山东省国土资源统计公报（2011）》《山东省环境公报（2011）》《山东统计年鉴（2012）》以及山东省环境信息、国土信息和水利信息等相关网站统计资料。

（三）县域人地关系地域系统空间格局

根据熵权 TOPSIS 方法，计算山东省县域人类活动强度与资源环境水平指数，并从人类活动强度空间格局、资源环境综合水平空间格局以及人类活动强度和资源环境综合水平组合类型、人类活动强度和资源环境综合水平的协调类型等展开分析。

表 5-20　县域人地关系地域系统空间格局分析指标体系

系统层Ⅰ	子系统层Ⅱ	表达层分类及权重	指标代码	指标名称	单位	指标性质	权重
人地关系地域系统	人类活动系统	人口规模扩张（0.35）	HA_1	人口密度	人/km²	+	0.200
			HA_2	城镇化率	%	+	0.150
		经济开发强度（0.35）	HA_3	GDP密度	万元/km²	+	0.200
			HA_4	非农化产业比率	%	+	0.150
		土地开发强度（0.30）	HA_5	人均建设用地面积	m²/人	+	0.150
			HA_6	建设用地占总面积比例	%	+	0.200
	资源环境系统	资源环境支撑力（0.35）	RE_1	人均耕地面积	亩/人	+	0.130
			RE_2	人均水资源拥有量	$10^4 m^3$/人	+	0.130
			RE_3	人均公园绿地面积	m²/人	+	0.045
			RE_4	建成区绿化覆盖率	%	+	0.045
		资源环境压力（0.35）	RE_7	生态环境质量指数	—	+	0.350
		资源环境抗压力（0.30）	RE_{12}	污水处理厂集中处理率	%	+	0.080
			RE_{13}	生活垃圾无害化处理率	%	+	0.080
			RE_{14}	工业废水排放达标率	%	+	0.070
			RE_{15}	工业烟尘排放达标率	%	+	0.070

1. 人类活动强度空间格局

根据上述研究方法和计算数据，计算山东省县域人口规模扩张指数、经济开发强度指数、建设用地强度指数以及三者之和的人类活动强度指数。从人类活动强度指数来看，人类活动强度指数的平均值为 0.272，变异系数为 0.405，县域人类活动强度指数区域差异性相对较大，其中有 24 个县市属于低人类活动强度类型，其面积、人口和 GDP 所占 91 个县市的比例分别为 29.58%、27.61% 和 16.39%；25 个县市属于较低强度类型，其面积、人口和 GDP 所占 91 个县市的比例分别为 27.85%、27.06% 和 18.82%；17 个县市属于中等人类活动强度类型，其面积、人口和 GDP 所占 91 个县市的比例分别为 17.27%、17.31% 和 18.75%；15 个县市属于较高人类活动强度类型，其面积、人口和 GDP 所占 91 个县市的比例分别为 18.10%、18.54% 和 27.47%；10 个县市属于人类活动高强度类型区域，其面积、人口和 GDP 所占 91 个县市的比例分别为 7.20%、9.49% 和 18.57%（见表 5-21）。

表5-21 山东省县域人类活动强度类型占山东省面积、人口以及GDP比例

类型	个数（个）	面积比例（%）	人口比例（%）	GDP比例（%）
低强度	24	29.58	27.61	16.39
较低强度	25	27.85	27.06	18.82
中等强度	17	17.27	17.31	18.75
较高强度	15	18.10	18.54	27.47
高强度	10	7.20	9.49	18.57

从空间格局分布来看，青岛、烟台、威海、潍坊等半岛地区的胶州、荣成、龙口和长岛以及诸城和高密等县市人类活动强度指数相对较高，淄博、滨州的桓台、邹平、庆云等县市与泰安、济宁、枣庄等地区的肥城、新泰、兖州、滕州等县市的人类活动强度也相对较高，因此，山东省人类活动强度大的地区相对集中于半岛东部经济发展水平相对较高的县市和泰安、济宁、枣庄一线的6—8个县市，以及淄博和滨州等地区的3—5个县市，呈现典型的空间集聚性特征，东营、菏泽、日照、临沂、聊城等地区的县市人类活动强度较弱，大多数县市的人类活动强度指数属于较低或低强度水平。

人类活动强度指数由人口规模扩张强度指数、经济开发强度指数和土地开发强度指数构成。其中，人口规模扩张强度指数的平均值为0.118，变异系数为0.341，人口规模扩张强度高、较高的地区主要集中在兖州、龙口和桓台3个县市，同样人口密度和人口城镇化率也相对较高，人口密度平均值为1256人$/km^2$，人口城镇化率平均值为59.43%，其人口规模扩张强度指数分别为0.338、0.230和0.224，中等人口规模扩张强度主要集中在菏泽和青岛的大多数县市，泰安、济宁、枣庄等地区的肥城、新泰、兖州、滕州等县市，以及潍坊地区的寿光、青州和淄博地区的桓台等县市，此类区域人口密度平均值为686.52人$/km^2$，人口城镇化率平均值为46.10%，而在滨州、东营、聊城、日照、临沂、烟台、威海等大多数县市的人口规模扩张强度相对较小，人口密度平均值为481.72人$/km^2$，人口城镇化率平均值为38.52%。因此，从整体的人口规模扩张强度空间格局来看，鲁东青岛、鲁西南菏泽以及鲁南部分地区的人口规模扩张强度相对较高，其他人口规模扩张强度较高地区相对分散，而鲁北黄河三角洲地区、临沂中北部、潍坊中部、德州和聊城大部地区人口规模扩张强度相对

较低。

经济开发强度指数平均值为 0.089，变异系数为 0.554，91 个县市之间的经济开发强度指数区域差异较大。经济开发强度最强的区域主要集中在长岛、龙口、桓台和兖州等县市，该类区域的开发强度平均指数为 0.251，经济密度的平均值为 8356.03 万元/km^2，第三产业的平均比例为 31.75%，经济开发强度较强区域主要集中在青岛地区的胶州、即墨县市，以及荣成、邹平、肥城、曲阜和滕州等县市，开发强度的平均值为 0.166，经济密度的平均值为 4447.26 万元/km^2，第三产业的平均比例为 38.19%，经济开发强度中等的区域主要集中在临沂的郯城和苍山县，烟台的蓬莱、招远等大部分县市、泰安的宁阳和新泰等县市，中等经济开发强度县市的指数平均值为 0.111，经济密度为 2691.10 万元/km^2，第三产业的平均比例为 35.80%，较低开发强度县市主要集中在临沂中部和北部大部分县市、菏泽大部分县市，以及德州、济宁和滨州大部分县市，经济开发强度的平均值为 0.074，经济密度为 1500.29 万元/km^2，第三产业的平均比例为 34.30%，低经济开发强度县市主要集中在菏泽全部县市和聊城、东营大部分县市，以及潍坊的临朐、安丘和昌邑，烟台栖霞、日照莒县等部分县市，经济开发强度指数平均值为 0.049，经济密度为 1364.51 万元/km^2，第三产业的平均比例为 27.35%。因此，整体来看，经济开发强度指数与人类活动强度指数呈现一定的一致性，胶东的青岛、烟台和威海等地区的县市开发强度指数相对较高，泰安、济宁、枣庄、临沂等地区形成了相对较高的弧形经济开发强度区域，济南、淄博和潍坊的县市形成了相对较高的圆弧形经济开发强度区域，而鲁西、鲁南以及鲁北黄河三角洲和鲁南临沂中北部、济宁大部分区域的经济开发强度相对较低。

土地开发强度的平均值为 0.046，变异系数为 0.726，相对人口规模扩张强度指数和经济开发强度指数，土地开发强度指数区域差异较大。土地开发强度最高的区域主要集中在长岛县和庆云县，其开发强度指数的平均值为 0.257，人均建设用地面积为 110.57m^2，建设用地占总面积的比例为 77.38%；土地开发强度较高的区域主要集中在胶州、胶南、兖州、莱州、高密、荣成、龙口等县市，黄河三角洲垦利和利津等县市，以及滕州、新泰、兖州等鲁中南县市和鲁西的平原、禹城等县市，其开发强度指数的平均值为 0.116，人均建设用地面积为 67.56m^2，建设用地占总面积的比例为 31.52%；土地开发强度中等区域主要分布在文登、即墨、蓬莱、莱阳、乳山等 21 个县市区，分布相对比较零散，其开发强度指数的平均值为 0.076，人均建设用地面积为 48.46m²，建设用地占总面积的比例为 24.20%；土地开发强度较低的区域主要分布在菏泽、临沂和潍坊等地区县市，其开发强度指数的平均值为 0.047，人均建设用地面积为 34.22m²，建设用地占总面积的比例为 18.90%；土地开发强度低的区域主要分布在日照全部、临沂、聊城和菏泽的部分县市，其开发强度指数的平均值为 0.020，人均建设用地面积为 21.75m²，建设用地占总面积的比例为 13.60%。整体而言，鲁东青烟威地区、鲁北黄河三角洲地区、鲁西北德州、聊城北部地区土地开发强度相对较高，而鲁南菏泽、济宁、临沂和日照以及聊城的土地开发强度相对较低。

2. 资源环境综合水平空间格局

根据上述计算模型和相关数据，计算山东省县级市资源环境支撑力指数、资源环境压力指数和资源抗压力指数以及三者之和的资源环境综合水平指数。县域资源环境综合水平指数的平均值为 0.605，变异系数为 0.228，县市之间空间差异相对较小。其中，3 个县市属于低资源环境水平类型，其面积、人口和 GDP 所占 91 个县市的比例分别为 4.04%、2.28% 和 1.56%；20 个县市属于较低资源环境水平类型，其面积、人口和 GDP 占 91 个县市的比例分别为 21.33%、25.72% 和 13.90%；17 个县市属于中等资源环境水平类型，其面积、人口和 GDP 占 91 个县市的比例分别为 18.60%、17.46% 和 13.54%；22 个县市属于较高资源环境水平类型，其面积、人口和 GDP 占 91 个县市的比例分别为 22.41%、24.25% 和 28.30%；29 个县市属于高资源环境水平类型，其面积、人口和 GDP 占 91 个县市的比例分别为 33.62%、30.29% 和 42.69%（见表 5-22）。

表 5-22　山东省县域资源环境综合水平类型占山东省面积、人口、GDP 比例

类型	个数（个）	面积比例（%）	人口比例（%）	GDP 比例（%）
低水平	3	4.04	2.28	1.56
较低水平	20	21.33	25.72	13.90
中等水平	17	18.60	17.46	13.54
较高水平	22	22.41	24.25	28.30
高水平	29	33.62	30.29	42.69

从91个县市的资源环境综合水平分布的空间格局来看，青岛、烟台、潍坊、威海地区的文登、乳山、荣成、莱州、胶南、莱西等县市资源环境综合水平相对较高，临沂地区的北部蒙阴、沂水和东营、滨州地区的利津、垦利等县市的资源环境综合水平也相对较高，而菏泽的曹县、定陶和郓城等大部分县市资源环境综合水平相对较低，济宁地区的梁山、金乡、兖州和嘉祥等县市以及临沂和德州、聊城的齐河、庆云和乐陵等部分县市资源环境综合水平同样相对较低。因此，资源环境综合水平的空间格局大体上呈现由东向西逐渐减弱的格局特征，但从资源环境综合水平指数的平均值分布来看，51个县市的资源环境综合水平指数高于0.605的平均值，表明山东省资源环境整体水平相对较高。

从资源环境的支撑力指数来看，县域之间的空间差异性相对较小，其中支撑力最高的地区主要集中在垦利、文登、惠民、乳山等县市，此类型支撑力指数平均值为0.283，其中人均耕地面积、人均水资源拥有量、建成区绿化覆盖率、人均绿地面积平均值为1.87亩、468.71m^3、37.24%、17.67m^2。较高支撑力地区主要集中在潍坊、日照的大部分县市，临沂北部蒙阴和沂水等县市以及利津、滕州、胶南等部分县市，指数平均值为0.229，其中人均耕地面积、人均水资源拥有量、建成区绿化覆盖率、人均绿地面积平均值为1.60亩、340.57m^3、35.95%、16.93m^2。烟台地区部分县市、青岛莱西以及潍坊、滨州和德州的部分县市支撑力指数属于中等类型区域，指数平均值为0.194，其中人均耕地面积、人均水资源拥有量、建成区绿化覆盖率、人均绿地面积平均值为1.51亩、263.04m^3、32.89%、14.35m^2。较低支撑力的区域主要分布在青岛地区的即墨、胶南以及临沂地区的沂南、苍山、平邑等县市，指数平均值为0.166，其中人均耕地面积、人均水资源拥有量、建成区绿化覆盖率、人均绿地面积平均值为1.33亩、200.67m^3、33.99%、13.65m^2。低支撑力区域主要分布在菏泽、济宁、聊城的大部分县市，指数平均值为0.127，其中人均耕地面积、人均水资源拥有量、建成区绿化覆盖率、人均绿地面积平均值为1.25亩、153.91m^3、24.18%、10.04m^2。总体而言，东部承载力较高，而西南部菏泽、聊城等地区的县市资源环境支撑力较弱。

从资源环境压力指数来看，91个县市的资源环境压力指数平均值为0.249，变异系数为0.327，资源环境压力指数的区域差异性不大，其中资源环境压力指数最高的地区，即资源环境压力最低的地区主要分布在潍坊青州、寿光、昌邑和高密等县市，胶东地区文登、乳山、胶南等县市，以及较为零散地分布在高青、肥城、无棣等县市，资源环境压力指数的平均值为0.342；资源环境压力较低地区主要分布在胶东地区的乳山、招远、莱西、海阳、胶州和莱州等县市，以及东营地区的利津和垦利等县市，其他分布相对零散，资源环境压力指数平均值为0.314；资源环境压力中等的地区主要分布在鲁南临沂地区、日照地区、枣庄地区、济宁地区和鲁西聊城地区的大部分县市，济南地区县市也基本为中等资源环境压力区域，资源环境压力指数平均值为0.271；资源环境压力指数较高的地区主要分布在菏泽地区大部、聊城西南部、济宁西北部等县市，分布较为集中，资源环境压力指数平均值为0.162；资源环境压力指数最低，也就是资源环境压力最高的县市主要分布在菏泽曹县和定陶县、德州地区齐河、武城、乐陵、宁津、夏津等县市的资源环境压力最高，资源环境压力指数的平均值为0.073。整体来看，资源环境压力呈现鲁东、鲁中、鲁北较高，而鲁西和鲁南资源环境压力较低的格局。

从资源环境抗压力指数来看，资源环境抗压力指数平均值为0.167，变异系数为0.213，91个县市之间的资源环境抗压力指数差异相对较小。其中，抗压力指数最高的地区主要集中在青岛、烟台和威海地区的莱西、莱州、蓬莱、招远、海阳等县市，以及潍坊地区的寿光、昌邑和青州等县市，淄博地区的桓台和沂源等县市，抗压力指数的平均值为0.200；抗压力较高的地区主要集中在青岛、烟台、威海、潍坊地区的大部分县市，济宁鱼台和微山、枣庄的滕州以及东营、淄博和滨州部分县市，抗压力指数的平均值为0.195；资源环境抗压力中等区域主要分布在济南、济宁和聊城地区的部分县市，其他分布比较零散，抗压力指数的平均值为0.180，昌乐、临朐、禹城等部分县市指数的平均值为0.146；资源环境抗压力指数最低的区域主要集中在临沂地区大部分县市、德州庆云、乐陵等部分县市，其他县市分布比较零散，指数的平均值为0.106。整体而言，呈现鲁东和鲁北地区的资源环境抗压力要明显好于鲁西和鲁南以及鲁西北地区的空间格局。

3. 人类活动强度和资源环境综合水平的组合类型

根据山东省县域人类活动强度和资源环境综合水平的阶段划分标准，将两者类型组合成21种不同的类型（见表5-23）。山东省91个县市人类活动强度和资源环境综合水平组合类型呈现多样化特征，其中人类活动较低强度资源环境较低水平类型、人类活动较低强度资源环境高水平类型、人类活动较高强度资源环境高水平类型、人类活动低强度资源环境中等水平类型等几种类型县市数量相对较多；人类活动低强度资源环境较低水平类型、人类活动低强度资源环境高水平类型、人类活动中等强度资源环境较高水平类型、人类活动较高强度资源环境较高水平类型也较多。

表5-23　山东省县域人类活动强度和资源环境综合水平的组合类型

类型	面积比例（%）	人口比例（%）	GDP比例（%）	数量（个）
人类活动低强度资源环境中等水平	7.78	8.54	5.00	7
人类活动低强度资源环境较高水平	5.64	4.33	2.93	5
人类活动低强度资源环境较低水平	7.82	9.18	4.05	6
人类活动低强度资源环境高水平	6.02	5.56	4.40	6
人类活动较低强度资源环境中等水平	2.84	3.36	1.77	3
人类活动较低强度资源环境较高水平	3.34	3.32	2.70	3
人类活动较低强度资源环境较低水平	9.29	10.73	5.15	9
人类活动较低强度资源环境高水平	9.87	7.83	8.04	8
人类活动较低强度资源环境低水平	2.66	1.82	1.16	2
人类活动中等强度资源环境中等水平	4.71	3.25	2.54	4
人类活动中等强度资源环境较高水平	6.28	6.35	6.69	6
人类活动中等强度资源环境较低水平	2.23	3.15	1.94	3
人类活动中等强度资源环境高水平	4.66	4.57	7.58	4
人类活动较高强度资源环境较高水平	4.73	7.96	10.92	6
人类活动较高强度资源环境较低水平	1.05	0.94	0.98	1
人类活动较高强度资源环境高水平	10.27	9.65	15.57	8
人类活动高强度资源环境中等水平	3.28	2.31	4.23	3
人类活动高强度资源环境较高水平	2.42	2.29	5.07	2
人类活动高强度资源环境较低水平	0.93	1.73	1.77	1
人类活动高强度资源环境高水平	2.79	2.69	7.10	3
人类活动高强度资源环境低水平	1.38	0.46	0.41	1

具体而言，7个县市属于人类活动低强度资源环境中等水平类型，其

面积、人口和 GDP 占山东省的比例分别为 7.78%、8.54% 和 5.00%，主要分布在莒南、平邑、微山等县市；5 个县市属于人类活动低强度资源环境较高水平类型，其面积、人口和 GDP 占山东省的比例分别为 5.64%、4.33% 和 2.93%，主要分布在沾化、济阳和商河等县市；6 个县市属于人类活动低强度资源环境较低水平类型，其面积、人口和 GDP 占山东省的比例分别为 7.82%、9.18% 和 4.05%，主要分布在梁山、阳谷和曹县等县市；6 个县市属于人类活动低强度资源环境高水平类型，其面积、人口和 GDP 占山东省的比例分别为 6.02%、5.56% 和 4.40%，主要分布在惠民、无棣、蒙阴等县市。

对于人类活动较低强度类型而言，其中 3 个县市属于人类活动较低强度资源环境中等水平类型，其面积、人口和 GDP 占山东省的比例分别为 2.84%、3.36% 和 1.77%，主要分布在安丘、鱼台和沂南等县市；3 个县市属于人类活动较低强度资源环境较高水平类型，其面积、人口和 GDP 占山东省的比例分别为 3.34%、3.32% 和 2.70%，主要分布在茌平、苍山和平阴等县市；9 个县市属于人类活动较低强度资源环境较低水平类型，其面积、人口和 GDP 占山东省的比例分别为 9.29%、10.73% 和 5.15%，主要分布在陵县、金乡和巨野等县市；8 个县市属于人类活动较低强度资源环境高水平类型，其面积、人口和 GDP 占山东省的比例分别为 9.87%、7.83% 和 8.04%，主要分布在平度、海阳和沂水等县市；2 个县市属于人类活动较低强度资源环境低水平类型，其面积、人口和 GDP 占山东省的比例分别为 2.66%、1.82% 和 1.16%，主要分布在乐陵和夏津。

对于人类活动中等强度类型而言，其中 4 个县市属于人类活动中等强度资源环境中等水平类型，其面积、人口和 GDP 占山东省的比例分别为 4.71%、3.25% 和 2.54%，主要分布在禹城、临邑、临沭、平原等县市；6 个县市属于人类活动中等强度资源环境较高水平类型，其面积、人口和 GDP 占山东省的比例分别为 6.28%、6.35% 和 6.69%，主要分布在章丘、宁阳、莱阳等县市；3 个县市属于人类活动中等强度资源环境较低水平类型，其面积、人口和 GDP 占山东省的比例分别为 2.23%、3.15% 和 1.94%，主要分布在武城、汶上和郯城等县市；4 个县市属于人类活动中等强度资源环境高水平类型，其面积、人口和 GDP 占山东省的比例分别为 4.66%、4.57% 和 7.58%，主要分布在寿光、广饶、诸城和乳山等县市。

对于人类活动较高强度类型而言，其中 6 个县市属于人类活动较高强度资源环境较高水平类型，其面积、人口和 GDP 占山东省的比例分别为 4.73%、7.96% 和 10.92%，主要分布在即墨、新泰、蓬莱等县市；1 个县市属于人类活动较高强度资源环境较低水平类型，其面积、人口和 GDP 占山东省的比例分别为 1.05%、0.94% 和 0.98%，县市数量相对较少，分布在齐河县市；8 个县市属于人类活动较高强度资源环境高水平类型，其面积、人口和 GDP 占山东省的比例分别为 10.27%、9.65% 和 15.57%，主要分布在胶南、肥城、莱西、高密、青州等县市。

对于人类活动高强度类型而言，其中 3 个县市属于人类活动高强度资源环境中等水平类型，其面积、人口和 GDP 占山东省的比例分别为 3.28%、2.31% 和 4.23%，分布在冠县、栖霞、泗水等县市；2 个县市属于人类活动高强度资源环境较高水平类型，其面积、人口和 GDP 占山东省的比例分别为 2.42%、2.29% 和 5.07%，分布在邹平和胶州；1 个县市属于人类活动高强度资源环境较低水平类型，其面积、人口和 GDP 占山东省的比例分别为 0.93%、1.73% 和 1.77%，分布在兖州；3 个县市属于人类活动高强度资源环境高水平类型，其面积、人口和 GDP 占山东省的比例分别为 2.79%、2.69% 和 7.10%，主要分布在桓台、滕州和荣成等县市；1 个县市属于人类活动高强度资源环境低水平类型。

4. 人类活动强度和资源环境综合水平协调类型分析

参考地级市人类活动强度和资源环境综合水平协调类型分析，采用协调度模型、阶段划分组合模型、基于水土资源的协调类型等方法，对山东省 91 个县市的人类活动强度和资源环境综合水平协调类型进行详细划分，有 3 个县市的人类活动强度和资源环境综合水平的耦合度在 0.80 以下，人类活动强度与资源环境水平之间呈现磨合状态，其余县市的耦合度指数在 0.80 以上，为高水平耦合状态。91 个县市的协调度指数差异较大，其中曹县、夏津和莘县等 15 个县市属于低度协调状态，平邑、东明、冠县等 62 个县市属于中度协调状态，莱西、肥城、新泰、莱州、即墨等 14 个县市处于高度协调状态（见表 5-24）。协调度、耦合度模型在一定程度上能够大致反映山东省 91 个县市地区的人类活动强度和资源环境综合水平的耦合协调程度，能很好地分析 91 个县市之间的协调度，但是对于耦合度的区分效果欠佳。

根据前面对于 91 个县市人类活动强度和资源环境综合水平阶段划分的组合类型（见图 5-25），参考 17 地市的人类活动强度与资源环境水平的

表 5-24　山东省县域人类活动强度和资源环境水平耦合程度与协调程度

地区	耦合度	协调度	耦合程度	协调程度	地区	耦合度	协调度	耦合程度	协调程度	地区	耦合度	协调度	耦合程度	协调程度
曹县	0.95	0.26	高水平耦合	低度协调	平邑县	0.90	0.32	高水平耦合	中度协调	郯城县	0.95	0.35	高水平耦合	中度协调
夏津县	0.99	0.26	高水平耦合	低度协调	东明县	0.80	0.32	高水平耦合	中度协调	齐河县	0.99	0.35	高水平耦合	中度协调
莘县	0.93	0.27	高水平耦合	低度协调	冠县	0.83	0.32	高水平耦合	中度协调	安丘县	0.91	0.35	高水平耦合	中度协调
乐陵市	0.99	0.27	高水平耦合	低度协调	商河县	0.81	0.32	高水平耦合	中度协调	沂南县	0.88	0.35	高水平耦合	中度协调
成武县	0.91	0.27	高水平耦合	低度协调	微山县	0.87	0.32	高水平耦合	中度协调	汶上县	0.95	0.36	高水平耦合	中度协调
栖霞县	0.79	0.27	磨合水平	低度协调	单县	0.94	0.32	高水平耦合	中度协调	莒县	0.81	0.36	高水平耦合	中度协调
定陶县	0.96	0.27	高水平耦合	低度协调	临朐县	0.84	0.32	高水平耦合	中度协调	平原县	0.95	0.36	高水平耦合	中度协调
郓城县	0.93	0.29	高水平耦合	低度协调	嘉祥县	0.93	0.33	高水平耦合	中度协调	利津县	0.78	0.36	磨合水平	中度协调
宁津县	0.95	0.29	高水平耦合	低度协调	金乡县	0.94	0.33	高水平耦合	中度协调	苍山县	0.88	0.37	高水平耦合	中度协调
梁山县	0.93	0.29	高水平耦合	低度协调	巨野县	0.93	0.33	高水平耦合	中度协调	蒙阴县	0.81	0.38	高水平耦合	中度协调
泗水县	0.82	0.29	高水平耦合	低度协调	济阳县	0.78	0.33	磨合水平	中度协调	昌邑县	0.78	0.38	磨合水平	中度协调
鄄城县	0.98	0.30	高水平耦合	低度协调	陵县	0.94	0.34	高水平耦合	中度协调	无棣县	0.81	0.38	高水平耦合	中度协调
五莲县	0.72	0.30	磨合水平	低度协调	沾化县	0.80	0.34	高水平耦合	中度协调	临沭县	0.94	0.38	高水平耦合	中度协调
费县	0.94	0.30	高水平耦合	低度协调	鱼台县	0.90	0.34	高水平耦合	中度协调	惠民县	0.81	0.38	高水平耦合	中度协调
武城县	0.99	0.30	高水平耦合	低度协调	莒南县	0.87	0.34	高水平耦合	中度协调	东平县	0.83	0.39	高水平耦合	中度协调
阳谷县	0.91	0.31	高水平耦合	中度协调	庆云县	0.97	0.34	高水平耦合	中度协调	任平县	0.87	0.39	高水平耦合	中度协调
平阴县	0.86	0.39	高水平耦合	中度协调	临清市	0.94	0.44	高水平耦合	中度协调	莱西市	0.94	0.51	高水平耦合	高度协调
沂水县	0.84	0.39	高水平耦合	中度协调	垦利县	0.83	0.44	高水平耦合	中度协调	肥城市	0.95	0.51	高水平耦合	高度协调
禹城市	0.96	0.39	高水平耦合	中度协调	乳山市	0.87	0.45	高水平耦合	中度协调	新泰市	0.96	0.51	高水平耦合	高度协调

续表

地区	耦合度	协调度	耦合程度	协调程度	地区	耦合度	协调度	耦合程度	协调程度	地区	耦合度	协调度	耦合程度	协调程度
沂源县	0.81	0.40	高水平耦合	中度协调	诸城市	0.89	0.46	高水平耦合	中度协调	文登市	0.90	0.51	高水平耦合	高度协调
东阿县	0.86	0.40	高水平耦合	中度协调	广饶县	0.90	0.46	高水平耦合	中度协调	即墨市	0.97	0.52	高水平耦合	高度协调
昌乐县	0.90	0.40	高水平耦合	中度协调	蓬莱市	0.93	0.46	高水平耦合	中度协调	胶州市	0.98	0.53	高水平耦合	高度协调
海阳县	0.85	0.41	高水平耦合	中度协调	邹城市	0.96	0.47	高水平耦合	中度协调	胶南市	0.95	0.54	高水平耦合	高度协调
高青县	0.82	0.41	高水平耦合	中度协调	寿光市	0.90	0.47	高水平耦合	中度协调	邹平县	0.99	0.55	高水平耦合	高度协调
高唐县	0.90	0.42	高水平耦合	中度协调	招远市	0.92	0.48	高水平耦合	中度协调	滕州市	0.97	0.55	高水平耦合	高度协调
临邑县	0.94	0.42	高水平耦合	中度协调	莱州市	0.91	0.48	高水平耦合	中度协调	兖州市	0.99	0.55	高水平耦合	高度协调
莱阳市	0.90	0.42	高水平耦合	中度协调	博兴县	0.96	0.49	高水平耦合	中度协调	荣成市	0.95	0.56	高水平耦合	高度协调
平邑县	0.86	0.42	高水平耦合	中度协调	曲阜市	0.99	0.49	高水平耦合	中度协调	龙口市	0.99	0.59	高水平耦合	高度协调
章丘市	0.93	0.42	高水平耦合	中度协调	青州市	0.92	0.50	高水平耦合	中度协调	桓台县	0.99	0.61	高水平耦合	高度协调
宁阳县	0.90	0.42	高水平耦合	中度协调	高密县	0.92	0.50	高水平耦合	中度协调	长岛县	0.98	0.64	高水平耦合	高度协调
阳信县	0.92	0.43	高水平耦合	中度协调										

协调类型的划分,把91个县市的人类活动强度与资源环境水平的协调类型划分为勉强协调型、不协调型、低水平协调型、中等水平协调型和高水平协调型5种类型,其中13个县市为勉强协调型,其面积、人口和GDP占91个县市的比例分别为13.90%、14.22%和11.00%,主要分布在临沂、德州和聊城等地区部分县市;23个县市为不协调类型,其面积、人口和GDP占91个县市的比例分别为25.36%、28.00%和15.47%,主要分布在菏泽和济宁的大部分县市;22个县市为低水平协调型,面积、人口和GDP占91个县市的比例分别为24.87%、21.04%和18.07%,主要分布在临沂北部和济南北部以及黄河三角洲地区;14个县市为中等水平协调型,面积、人口和GDP占91个县市的比例分别为15.65%、14.16%和16.81%,主要分布在潍坊、德州、聊城等地区县市,其他分布较为零散;19个县市为高水平协调型,主要分布在青岛、烟台和威海等大部分县市,枣庄、淄博、济宁和泰安也有部分分布,其面积、人口和GDP占91个县市的比例分别为20.21%、22.58%和38.65%。因此,从整体的协调度空间格局分布来看,鲁东、鲁中和鲁北的协调类型相对较好,鲁南、鲁西地区特别是菏泽和临沂地区的组合协调类型相对较差(见表5-25)。

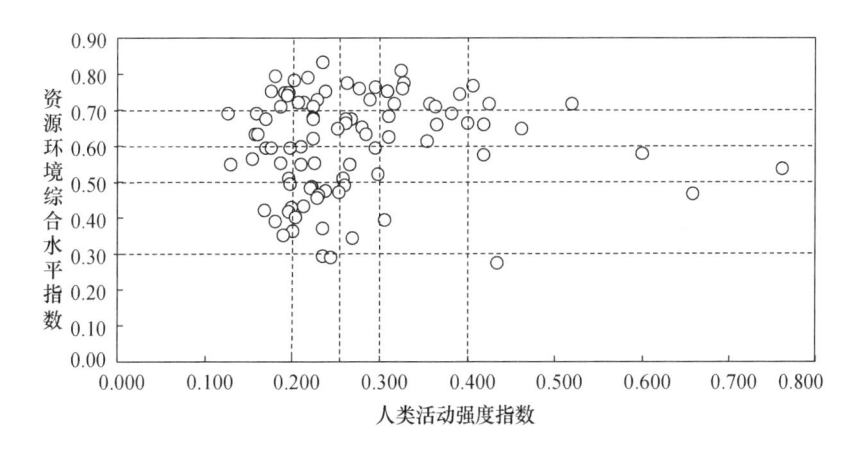

图5-25 山东省县域人类活动强度和资源环境综合水平的协调度类型

表5-25 山东省县域人类活动强度和资源环境综合水平的协调度类型比例

类型	面积比例(%)	人口比例(%)	GDP比例(%)	数量(个)
不协调型	25.36	28.00	15.47	23
勉强协调型	13.90	14.22	11.00	13

续表

类型	面积比例（%）	人口比例（%）	GDP 比例（%）	数量（个）
低水平协调型	24.87	21.04	18.07	22
中等水平协调型	15.65	14.16	16.81	14
高水平协调型	20.21	22.58	38.65	19

水土资源是资源环境要素最基本和最核心的要素，也是满足人类基本生存需要的最基本要素，同时水土资源的可流动性较差，计算发现山东省91个县市人均可利用水资源和人均土地资源的变异系数分别为0.330和0.459，区域之间差异性也较大，将17个地市人均水资源量和人均耕地资源量按照极差标准化后，各取系数为0.5权重，加和后求得各个地区的水土资源综合指数。可以看出，水土资源水平最高的区域分布较为零散，乳山、高密、文登、莱州等鲁东县市以及利津、垦利等鲁北县市相对较高，水土资源综合指数的平均值为0.575；水土资源较高水平区域分布相对零散，主要分布在诸城、滕州和昌邑等13个县市，水土资源综合指数的平均值为0.480；水土资源综合水平中等的区域主要分布在烟台、潍坊、滨州等地区，水土资源综合指数的平均值为0.404；水土资源综合指数水平较低的区域主要分布在菏泽、聊城、济宁和泰安的大部分县市，其水土资源综合指数的平均值为0.327和0.240。

取人类活动强度和水土资源的综合指数承载能力之商表示协调度（∂），采用聚类方法将协调度（∂）划分为5类：当$\partial \geq 1.50$时为极不协调；当$1.10 \leq \partial < 1.50$时为不协调；当$0.90 \leq \partial < 1.10$时为勉强协调；$0.60 \leq \partial < 0.90$时为协调；$\partial < 0.60$时为开发不足。其中，37个县市属于开发不足型，$\partial$平均值为0.45，其面积、人口和GDP比例分别为45.33%、36.19%和30.76%；32个县市属于协调型，∂平均值为0.71，其面积、人口和GDP比例分别为32.86%、37.15%和30.27%；9个县市属于勉强协调型，∂平均值为0.97，其面积、人口和GDP比例分别为10.12%、11.85%和15.23%；7个县市属于不协调型，∂平均值为1.25，其面积、人口和GDP比例分别为8.37%、9.30%和14.22%；6个县市属于极不协调型，∂平均值为4.27，其面积、人口和GDP比例分别为3.13%、5.50%和9.52%（见表5-26）。

表 5-26　　山东省县域人类活动强度和水土资源支撑力的协调类型

类型	∂值	面积比例（%）	人口比例（%）	GDP 比例（%）	数量（个）
开发不足型	0.45	45.53	36.19	30.76	37
协调型	0.71	32.86	37.15	30.27	32
勉强协调型	0.97	10.12	11.85	15.23	9
不协调型	1.25	8.37	9.30	14.22	7
极不协调型	4.27	3.13	5.50	9.52	6

从基于水土资源综合指数的人地关系协调状态类型的空间分布格局来看，开发不足型主要分布在临沂地区的中部和北部部分县市，日照全部和潍坊南部部分县市，黄河三角洲地区的部分县市，德州北部、聊城中部、济南北部等部分县市。协调型县市主要分布在菏泽大部分县市、聊城南部和北部以及德州东南部等县市，在其他地区也有零散分布；勉强协调型主要分布在临清、荣成、胶南、青州、莱西、章丘、博兴、招远和鄄城等县市；不协调型县市主要集中在即墨、肥城、曲阜、邹城、微山和邹平与新泰等县市，分布相对比较零散；极不协调型区域主要分布在长岛、龙口、兖州、桓台、胶州和庆云等县市。因此整体来看，基于水土资源综合指数的人地关系协调状态类型主要以开发不足型和协调型为主，分布零散，但呈现青岛、济宁和淄博的协调类型较差，菏泽大部和德州、聊城部分县市多为协调型区域，德州北部、济南北部和滨州部分连片区域、东营大部分区域、潍坊南部和临沂北部以及日照东北部县市属于水土资源开发不足型的空间分布特征。

第六章

山东省典型人地关系地域系统类型人地矛盾评估

区域概念的构成大致具有 3 个要素,一是具有一定尺度的国土空间单元,二是具有地理环境单元的相对一致性和连续性,三是具有共通的或互补的功能①,一个区域的各个组成部分在特性上具有同质性或者高度相关性,如区域内社会经济、文化、自然等诸多指标的同质性或均质性。区域是人类社会经济活动运行的基础,人类社会经济活动往往带有鲜明的区域特色,因此需要科学合理地划分区域类型,并能够综合分析区域的人地矛盾问题和根源所在,从而制定适当的政策制度措施,为区域性人地关系调控提供科学合理的重要理论与实践依据。

第一节 人地关系地域系统类型划分的基本原则与类型选取

人地关系地域系统是以地球表层一定地域为基础的人地关系系统,自然本底条件、社会经济条件、社会文化等条件的空间差异,以及在不同地域空间耦合的差异是人地关系地域系统区划的重要理论基础,在结合上一章山东省人地关系地域系统的时空格局分析以及对于山东省人地关系地域系统地域分异认识的基础上,提取与分析山东省典型人地关系地域系统类型。

---

① 梁龙男:《关于区域及类型分析的理论研究》,《人文地理》1995 年第 4 期。

一 基本原则

（一）突出生态环境的基础性作用原则

生态环境和自然资源是区域社会经济发展的基础性资源和基本条件，是人类社会经济活动的根本所在，自然资源的种类、数量和质量所反映的资源优势是确定专门化地域及区域产业结构的重要影响因素，同时生态环境的脆弱性、敏感性和重要性是人类社会经济活动的重要限制性和约束性因素。在人地关系演进的过程中，生态环境的基础性作用较为突出，决定人类活动的强度、内容和形式。不同生态环境和资源利用条件决定着不同的人类活动方式，形成了不同类型的人地关系地域系统，在生态脆弱区域，人类活动受到脆弱和敏感的生态环境条件限制，较低的人类活动强度也可能对生态环境造成显著的影响，从而进一步反馈于人类社会经济活动，使得生态环境成为人类社会经济活动的障碍性因素，形成脆弱型人地关系地域系统；资源丰富的地区往往使区域经济活动赋予资源富足的特征，资源型产业结构比例较大，资源型产业结构对地理环境的影响与作用尤为突出，但在资源储藏量变化的不同时期，特别是在资源枯竭时期，所面临的人地矛盾是比较突出的，也就是资源导向型城市人地矛盾突出。生态环境和自然资源为人地关系的演进与发展提供最初始的外生变量，当人类社会经济活动在利用外生变量的过程中不断地形成与强化影响自身发展的内生变量，并影响外生变量的数量、质量和效能，但在人地互为作用的过程中，始终带有生态环境和自然资源的影响，这也就需要在人地关系地域系统类型的划分过程中格外重视生态环境中自然资源的基础性作用。

（二）强调社会经济单元的地域性原则

人地关系类型的差异性还体现在社会经济条件方面，社会经济单元带有明显的地域性特色，不同地域由于自身发展基础条件的限制、发展机遇的把握等诸多内生和外生因素的影响，使得区域之间的发展阶段带有明显的差异性，而不同的发展阶段往往对应着不同的工业化和城市化以及农业生产的形式和强度、资源环境效应，产业结构、资源环境效率、发展模式和产业布局等，所面临的人地关系的压力、状态和响应也不相同，因此其人地关系地域系统的类型也不相同。地域单元内社会文化的差异性也是人地关系地域系统类型的重要体现，在前面人地关系演变的影响因素分析中已经明确地域社会文化对于人地关系演变的影响，区域空间单元内往往具有一定社会文化条件，虽然随着近现代文明的不断扩散，不同地域的社会文化趋同性增强，但是因受到地理环境和区域发展水平的影响，地域的社会文化属性是不可能消除且将长期存在并一直根植于人类社会经济活动之中，因此人类社会经济活动以及人地关系的调控也受到社会文化的隐性指导，也就是说，地域文化影响到人地关系中"人"的生产力、需求力以及调控力3个方面。因此，在人地关系类型确定的过程中要强调社会经济单元的地域性原则。

(三) 重视人地的不可分割原则

地理环境是人类社会存在和发展的物质基础，而作为社会活动主体的人类，其一切社会活动都会对地理环境产生重要影响，因此人类与地理环境存在不可分割的密切关系，而随着人口增长和经济发展，特别是区域性人口集聚特征的差异性和经济结构、增长方式以及产业布局的差异性使得区域内人文因素形成的差异性较大，同时也对地理环境造成了一定的影响。因此，在进行人地关系地域系统类型划分时必须要考虑到人在人地关系演化中的地位和作用，并能够做到正确地评估和预测。同时，人地关系地域系统类型的确定是为促进区域自然资源的合理开发和利用，对此种类型下人地关系主要矛盾和问题进行辨析，从而避免盲目开发资源和环境污染、生态破坏等人地矛盾性问题的出现，制定此种类型人地关系的调控性措施，有利于增强区域社会经济发展的生态环境支撑能力，促进区域人地关系的协调发展和区域可持续发展。此外，对于人地关系地域系统类型的确定还需要在结合区域社会经济发展水平与发展定位的基础上，吸收和消化相关规划和区划，对区域未来发展的突出性人地矛盾问题予以重视，使人地关系地域系统类型的确定具有前瞻性。

(四) 强调区域单元划分的连续性原则

人地关系是人地系统的相互组合，是在空间上连续分布的整体。任何人地关系地域系统类型的划定，需要是个体的、不重复出现的，并且在空间上尽可能是连续的，地域类型的划分要求是一个连续的地域单位，不存在独立于区域之外而又属于这一区域的地域单元，例如，在主体功能划分的过程中每个主体功能区域应当覆盖一定的国土空间范围，尽量保持地域分布上的集中连片，一般不以单个县级行政区单元或单个市辖区作为一个主体功能区域，需要充分考虑到区域单元划分的连续性原则来确定人地关系地域系统的类型。

(五) 把握综合性和主导性相结合的原则

人地关系地域系统类型是由多维度要素组成的具有一定尺度的综合性地域单元，而多维度要素在共生体系中处在相互作用的"链网"之中，其中一个要素的变化必然会影响到其他各个要素的变化，甚至会影响到整个"链网"结构、功能的变化，因此在人地关系地域系统类型划分的过程中，要综合上述影响因素的相互作用关系，找出主导和关键性影响因素，也就是决定整个体系变化的、使系统发生较大程度量变甚至是质变的关键性要素作为影响人地关系演变的主导因素。人地关系地域系统类型的区别体现在地域人地关系演变的主导因素和整体影响因素的空间差异上，其类型的选择必须全面地分析区域整体特征和其主导因素的差异性、区域内的相对一致性，以及其作为根源的地域分异因素，尤其是主导因素。因此在人地关系地域系统类型的确定过程中，要充分把握影响人地关系演化的主导性原则和综合性原则，这两个原则并不是对立的，而是相辅相成的。

二 类型选取

综合上述人地关系地域系统类型确定的基本原则，结合山东省的实际情况和前面对山东省人地关系时间序列和空间格局的具体实证分析，按照人地系统可持续发展的要求，选取在山东省乃至全国都具有典型代表性和借鉴性的 3 种典型人地关系地域系统类型作为研究重点，以期能够为区域人地关系的调控提供很好的指导和借鉴，选取的 3 种类型分别为生态脆弱型、海陆兼备型和资源导向型，其中黄河三角洲高效生态经济区、山东半岛蓝色经济区、西部隆起带以其鲜明的地域特色和不同人地相互作用的发展阶段分别代表生态环境脆弱型、海陆兼备型、资源导向型 3 种不同人地关系地域系统类型。

(一) 生态脆弱型——黄河三角洲高效生态经济区

黄三角高效生态经济区地理区位条件优越，自然资源尤其是土地资源优势突出，生态系统独具特色，具有发展高效生态经济的良好条件。但是由于其成陆时间较短，地下水矿化程度高，土地盐渍化严重；加之在长期资源开发中人们对生态环境的约束性认识不足，过分依赖石油资源，导致产业结构单一；同时又受到黄河断流现象和全球环境变化的影响，最终导致该地区生态环境相对脆弱，属于生态脆弱型的人地关系地域系统。

（二）海陆兼备型——山东半岛蓝色经济区

山东半岛蓝色经济区是依托海洋资源、以海洋产业为主要支撑的地理区域，是山东省经济最活跃、人口最密集的地区，环境容量大，生态基础相对较好。然而，海洋资源开发的诸多矛盾随着海洋经济的发展日益显露：一是海洋资源利用不合理，综合利用和多层次利用严重不足，只注重眼前利益，浪费和破坏现象严重，忽视了资源过度消耗和生态环境恶化问题；二是海洋生态环境恶化，近海环境污染严重，污染源主要为陆地废水排放、近海水产养殖废水、石油污染、海洋灾害等。人类不合理的开发利用行为严重影响了海洋生态环境的可持续发展，属于海陆兼备型的人地关系地域系统。

（三）资源导向型——西部隆起带

西部隆起带地处环渤海经济圈和长三角的交汇地带，在山东省经济发展中具有承南接北的重要作用。资源优势突出，是山东省重要的煤炭基地和水资源最为丰富的地区，交通等基础设施完善，产业体系比较健全，基础条件良好。但区域内经济总量偏小，竞争力不强，产业同构化严重，为"吃资源"的粗放式经济增长模式，目前仍属于山东省经济欠发达区域。长期以来以煤炭为主体的资源开采导致资源枯竭的同时，也带来环境污染、地面塌陷等一系列问题，极大地恶化了原本紧张的人地关系，影响了该区经济社会的协调发展，属于资源导向型的人地关系地域系统。

第二节 生态脆弱型人地关系地域系统研究

一 黄河三角洲高效生态经济区基本概况

黄河三角洲高效生态经济区（以下简称黄三角高效区）地处东经118°17′—119°10′、北纬37°20′—38°10′，为中纬度地带，背陆面海，渤海南部黄河入海口沿岸地区，位于中国环渤海经济圈的南翼，北临京津冀，与天津滨海新区和辽东半岛隔海相望，东靠胶东半岛，南靠济南都市圈，向西可连接广阔的中西部腹地，向南可通达长江三角洲南翼，地理位置十分优越，是以黄河历史冲积平原和鲁北沿海地区为基础，向周边延伸扩展形成的城镇地域空间，是一个非常年轻的河口三角洲，具有中国温带最广阔、最完整、最年轻的湿地，是环渤海经济圈的经济低谷地带，也是国家重要的能源基地和新兴的经济增长地区,在中国的区域经济布局中具有重要位置。

黄三角高效区包括东营和滨州两市全部以及毗邻且自然环境条件相似的潍坊北部寒亭区、寿光市、昌邑市、德州乐陵市、庆云县、淄博高青县和烟台的莱州市,涉及6个设区市的19个县市区,区域总面积达到2.63万km^2,占山东省土地总面积的16.08%,2011年黄三角高效区人口达996万人,占山东省人口比重10.32%,地区生产总值达到6325亿元,占山东省地区生产总值的14.20%,地方财政收入为366.1亿元,占山东省地方财政收入的10.62%,人均GDP 65357.7元,比山东省47138.9元的人均GDP高出38.65%,人均财政收入3668.3元,与山东省3585.8元基本持平(见表6-1)。

表6-1　　2011年黄河三角洲高效生态经济区社会经济基本概况

名　称	人口(万人)	GDP(亿元)	GDP增速(%)
黄河三角洲	996.0	6522.7	12.94
山东省	9637.0	45429.2	15.98
占山东比例(%)	10.34	14.36	80.99
名　称	人均GDP(元)	财政收入	人均财政收入
黄河三角洲	65357.7	366.1	3668.3
山东省	47138.9	3455.7	3585.8
占山东比例(%)	138.65	10.59	102.30

数据来源:魏建、李少星:《黄河三角洲高效生态经济区发展报告》,中国人民大学出版社2012年版,第6—15页。

黄三角高效区自然资源十分丰富,海岸线长达900km,浅海、滩涂面积达1.22万km^2,荒碱涝洼地达60万km^2,广阔的海滩和浅海地区蕴藏着丰富的石油、天然气、煤、海洋能和卤水等矿产资源,石油和天然气的地质储量达50亿吨和2300亿m^3,矿产资源40多种,同时地理区位相对优越,生态系统独具特色,产业基础发展相对良好,被誉为中国"最具开发潜力的三角洲"。2009年《黄河三角洲高效生态经济区发展规划》正式得到批复,中国三大河口三角洲之一的黄河三角洲正式上升为国家战略,自此黄河三角洲成为国家区域协调发展战略的重要组成部分,黄三角高效区获得了快速发展的世界契机。但作为中国最后一个待开发的河口三角洲,采取何种开发模式直接关系到整个区域社会经济发展的前景,特别是在生态环境保护意识日益得到重视并成为发展共识的背景下，对生态环境相对脆弱的黄三角高效区人地关系的研究成为开发之初的必然前提与根本所在。

二 黄河三角洲高效生态经济区人地关系主要矛盾辨析

（一）生态环境敏感而脆弱，限制性和约束性作用较强

黄三角高效区处于大气、河流、海洋与陆地的交接地带，多种物质和动力系统相互交汇和交融，陆地和海洋、淡水和咸水、天然和人工等多种类型的生态系统交错分布，是世界上典型的河口湿地生态系统，但由于黄三角高效区是黄河泥沙淤积而成，成陆时间短，土壤盐碱含量相对较高，地下水盐度大，加上蒸发强烈、海潮的侵袭以及海水的顶托，土壤的盐碱化程度相对较高，盐碱化面积占区域土地总面积的比例为7%，占山东省土地总面积的82%，同时植被覆盖率低，规划区内林木覆盖率仅为16.4%，低于全省0.8个百分点，森林生态功能相对较弱，加上旱、涝、风、沙、雹、潮等自然灾害频繁，风暴潮威胁较大，土地沙化面积不断扩大，使该地区生态环境比较敏感和脆弱，自我承载能力和恢复能力相对较低，对人类社会经济活动的限制性和约束性作用较强（见表6-2）。随着石油开采和农业资源的大规模开发，加上不合理用水以及林地和荒地等大规模开发，改变了黄河三角洲湿地的原始自然风貌，造成湿地面积日趋减少，湿地功能严重退化，使本已敏感和脆弱的生态环境面临着更加严峻的生态环境问题。

表6-2 黄河三角洲高效生态经济区开发的主要生态制约因素

生态环境问题	分布区域	不利影响
土地盐碱化、荒漠化	鲁北平原、滨海地区	不利于农业开发和城镇建设
旱、涝	鲁北平原、滨海地区	不利于农业生产建设和水利建设
水资源短缺	黄河三角洲	限制工农业生产和居民生活
风暴潮灾害	渤海沿岸	淹没陆地的部分面积
黄河入海泥沙问题	黄河口	泥沙输移范围大，建港条件差
岸线侵蚀	海岸带	岸线向陆地侵蚀
黄河尾闾摆动	黄泛平原	土壤频繁地改变其发育方向，影响项目布局
海平面上升	海岸带	海水入侵、海岸侵蚀

资料来源：顾朝林、杨焕彩：《黄河三角洲发展规划研究》，东南大学出版社2011年版，第22—23页。

(二) 土地资源质量较差,利用相对粗放

黄三角高效区土地资源总体比较丰富,其中人均土地占有量为 $0.26hm^2$,人均耕地占有量为 $0.11hm^2$,分别是全省平均水平的 1.53 倍和 1.38 倍,土地后备储量丰富,其中未利用土地面积占土地总面积的 20.06%,自然保留地面积占未利用土地总面积的 53.66%,后备建设用地资源潜力巨大,但由于区域生态环境脆弱,土地盐碱化程度较高,林木覆盖率低于全省平均水平,土地恢复整理与生态环境治理难度较大,不适宜农业开发的土地面积大,土地沙化面积大,旱、涝、风沙等自然灾害频繁发生,影响到土地资源的质量。区域土壤大部分是黄河泥沙淤积而成,土壤的矿化度高、盐分重、有机质含量低,根据最新的土地资源调查评估,区域宜农一等地、二等地和三等地分别占土地总面积的 2.90%、6.10% 和 18.80%,所占比例相对较低。

黄三角高效区建设用地占土地总面积的比例达 20.06%,远高于中国其他的两大三角洲——长江三角洲和珠江三角洲 16% 左右的平均水平,但单位面积的 GDP 产出效益却低于山东省平均水平,土地利用相对粗放,浪费严重造成利用效率偏低,农村建设用地也相对分散,空置、超占、面积大等特征明显,人均农村居民点用地面积为 $245.71m^2$,远高于国家相关规定标准。另外,开发区规划面积偏大、闲置土地较多也是造成土地利用相对粗放的重要原因。黄三角高效区小城镇密度为 0.71 个/$100km^2$,低于山东省 0.99 个/$100km^2$ 的平均水平,城镇之间的平均距离为 14.8km,大于山东省 10.1km 的平均水平。盐田等采矿用地面积占建设用地总面积的 35.99%,仅胜利油田占用区域工矿用地的比例为 11.93%。整体来看,土地利用效率和结构还需要进一步调整和优化。

(三) 淡水资源先天不足,人水矛盾问题突出

黄三角高效区多年水资源总量为 29.2 亿 m^3,人均水资源量仅为 $296m^3$,远低于山东省人均 $334m^3$ 的水平,是全国水资源平均量的 1/6 左右,即使计入黄河客水资源,人均水资源占有量为 $502m^3$,也低于国际公认的人均可利用水资源量 $1000m^3$ 的平均水平,属于人均水资源量低于 $500m^3$ 的资源缺水型区域。水资源年际变化幅度较大,其变差系数达 0.26,同时水资源年内变化剧烈,6—9 月份天然净流量占到全年的 75%—85%。水资源对于黄河水的依赖较大,多年平均引黄水量占总供水量的 50%,东营市 90% 以上的供水来自黄河水,但受到最新的用水分配指标限

制,造成水资源的供需矛盾突出。从水资源的空间分布来看,呈现由中西部向中部递减的特征,12个县市的人均水资源占有量低于全区平均水平,垦利县和莱州市的人均水资源量高于500m³,东营区、庆云县和滨城区低于200m³,其余14个县市区的人均水资源量为200—500m³,特别是庆云县的水资源由于数量少和质量差已经严重制约了全县农业和工业各个行业的发展。另外,由于对于地下水的过量开采,淄博、滨州、潍坊及莱州地区形成了面积达2800km²的漏斗区,沿海地区由于地下水的大规模开采,导致海水入侵面积达800km²,淡水资源的时间和空间变化与分布的不合理加剧了淡水资源的先天不足,使得淡水资源供需矛盾持续加剧。

(四) 环境污染状况堪忧,制约生态系统服务功能

过境河流众多,外来污水污染相对严重,以及区域工业化和城市化的快速推进、油田开发、相应的环境管制和技术设备跟不上等原因,使得该区域地表水环境污染问题突出。随着工业污水和生活污水排放量的增加,水质污染有加重的趋势,其中小清河、广利河等河流综合水质污染超过国家V类水质标准,同时由于陆源污染和油气开发形成的石油类污染造成的海水污染问题较为严重,导致近海海水水质下降,海洋生物的生存环境遭到严重破坏,主要优质经济鱼类资源数量锐减,从20世纪60年代的200余种减少到目前的113种,渔业资源的密度也从2.85t/km²降低到0.65t/km²,影响水生态系统服务功能的发挥,使得本已短缺的水资源更加稀少,严重威胁公众的身体健康,而且也破坏了当地的生态环境,进一步增加了开发利用当地地表水资源的难度。

另外,该区域大气环境质量基本达到国家环境空气质量的二级标准,但由于各个区域内生和外生条件的差异使得大气环境污染状况不同,但SO_2和烟尘是大气环境质量的主要污染物,随着人类活动强度的加大,大气环境质量面临着严峻压力。2010年黄三角高效区所涉及的固体废弃物排放量为3864.2万t,综合利用量3564.8万t,综合利用率92.25%,较全省平均水平低2个百分点。综上所述,黄三角高效区环境污染状况堪忧,在一定程度上制约了生态系统服务功能的充分发挥。

三 黄河三角洲高效生态经济区空间开发状态评估

(一) 指标选择及量化

根据黄三角高效区的实际情况以及指标体系的构建原则,采用相关指

标表征区域开发强度和区域资源环境供给能力。区域开发强度（DI）主要包括区域内的人口规模扩张强度（PEI）、经济开发强度（HDI）和土地开发强度（LDI），采用人口密度表示人口规模扩张强度、经济密度表示经济开发强度、建设用地占总面积的比重表示土地开发强度。区域资源环境供给能力主要由资源保障指数（RSI）、生态调控力指数（ECI）、生态重要性指数（EII）、环境敏感性指数（ESI）组成。

区域开发是人类社会经济活动在区域空间拓展的过程，区域开发强度（DI）主要是指社会经济活动对资源环境的占用程度，主要采用人口密度和城镇化率代表区域人口扩张强度指数（PEI），经济密度和非农化产业比率代表经济开发强度指数（HDI），建设用地占总面积的比重和人均建设用地面积代表土地开发强度指数（LDI），随着工业化和城市化的快速发展，区域开发强度也在不断增大，而人口密度和经济密度以及土地占比能很好地表征区域开发强度，人口密度和经济密度越大以及土地占比越高表征区域开发强度越大。

资源保障指数（RSI）主要反映区域开发建设所需要的水土等基本资源的数量和质量的保障程度，土地资源保障状况主要考虑人均耕地占有量，水资源的供给程度主要考虑人均水资源占有量。环境承载指数（ECI）主要计算黄三角高效区内大气环境和水环境承载指数，采用课题组山东省蓝黄重大课题中《黄河三角洲高效生态经济区资源与环境承载力》对于黄三角高效区大气环境和水环境承载力计算的综合承载指数。

生态重要性指数（EII）主要是指具有代表性的生态保护价值和自然生境维持的必要性程度，包括生态系统服务功能和开发过程中可能发生或具有相当修复难度的生态环境问题，不当的开发活动可能造成严重的生命和财产损失，包括自然灾害和地质灾害等。根据黄河三角洲实际情况主要选取山地、湿地和自然保护区等重要的生态系统服务功能区，生态易损性主要选取土地盐碱化和荒漠化等影响因素，以分布范围及其占土地总面积的比重表示。利用各个要素数据及图形资料进行数字化和误差纠正，并对相应的指标根据等级一一赋值，通过极差标准化加权计算生态重要性的指数。

调控能力指数（ESI）主要计算区域内资源环境的自身调控能力，采用单位 GDP 能耗、水耗以及环保投资比重和水土流失治理率指标来反映。

根据对于上述指标选取的分析和描述，构建黄三角高效区区域开发对资源环境影响的指标体系,并根据指标体系的特征和相关赋权重方法,确定相关指标的权重(见表6-3),用以反映人地关系空间格局,并为生态脆弱型人地关系地域系统调控提供借鉴。

表6-3　黄河三角洲高效生态经济区空间开发综合评估指标体系

系统层Ⅰ	子系统层Ⅱ	表达层分类	指标名称	单位	指标性质
人地关系地域系统	开发强度(SA)	人口规模扩张(PEI)	人口密度	人/km²	+
			城镇化率	%	+
		经济开发强度(HDI)	GDP密度	万元/km²	+
			非农化产业比率	%	+
		土地开发强度(LDI)	人均建设用地面积	m²/人	+
			建设用地占总面积比例	%	+
	供给能力(DI)	资源保障指数(RSI)	人均耕地面积	亩/人	+
			人均水资源拥有量	10⁴m³/人	+
		环境承载指数(ECI)	大气环境承载指数	—	+
			水环境承载指数	—	+
		生态敏感指数(ESI)	自然保护区面积比重	%	+
			沙化面积比重	%	−
			盐碱化面积比重	%	−
			森林覆盖率	%	+
	调控能力(RC)	调控能力指数(ESI)	单位GDP能耗	t标准煤/万元	−
			单位GDP水耗	m³/万元	−
			环保投资比重	%	+
			水土流失治理率	%	+

(二)模型构建

采取两种方法分析开发强度和供给能力的协调性程度,主要包括构建协调度模型∂,以及采用阶段划分法分析两者的协调类型。根据协调度模型∂计算公式,在开发强度和开发供给能力量化的基础上,对空间开发供给能力的引导要素采用指数函数,对约束要素采用对数函数,构建计量模型(SA):

$$SA = e^{\sqrt{RSI^2+ECI^2}} + |\lg EII| \qquad (6-1)$$

采用几何平均法计算开发强度（DI）：

$$DI = \sqrt[3]{PEI \times EDI \times LDI} \qquad (6-2)$$

取开发强度和开发供给能力两者之商表示协调度（DI/SA），并采用聚类方法判断各个单元开发状态。

（三）空间开发协调度分析

根据数据资料和相应的研究模型，计算黄三角高效区区域开发强度和供给能力、调控能力以及人地关系的协调度指数，分别从区域开发强度、供给能力、调控能力、协调度等几个方面予以分析。

1. 黄三角高效区开发强度分析

黄三角高效区区域开发强度呈现中部高、两翼低的空间格局。开发强度较高的地区主要分布在东营区、邹平县、滨城区、寒亭区、广饶县、寿光市、博兴县等县市区，区域开发强度指数的平均值为 0.613，占黄三角土地面积、经济规模、人口规模的比例分别为 30.56%、53.34%、45.06%，主要集中在黄三角高效区的中部地区；区域开发强度中等地区主要集中在庆云县、莱州市、乐陵县、阳信县、高青县、惠民县、昌邑县等县市区，区域开发强度指数的平均值为 0.392，占黄三角土地面积、经济规模、人口规模的比例分别为 31.04%、28.79%、39.31%，主要集中在黄三角高效区的西翼和东翼部分县市区；区域开发强度低等地区主要分布在无棣县、利津县、沾化县、垦利县和河口区等县区，区域开发强度指数的平均值为 0.077，占黄三角土地面积、经济规模、人口规模的比例分别为 38.40%、17.87%、15.62%，主要集中在黄三角高效区西翼偏北地区（见表 6-4）。

表 6-4　　黄河三角洲高效生态经济区区域开发强度类型及比例

类型	土地面积比例（%）	GDP 比例（%）	人口规模比例（%）	县市区个数（个）	强度平均值
高强度	30.56	53.34	45.06	7	0.613
中强度	31.04	28.79	39.31	7	0.392
低强度	38.40	17.87	15.62	5	0.077

区域开发强度指数主要包括人口规模扩张强度指数、经济开发强度指数和土地开发强度指数。就人口规模扩张强度而言，人口规模强度较高的

地区主要分布在滨城区、庆云县、乐陵市、邹平县、东营区、阳信县等县市区，人口规模强度指数平均值为0.318，主要集中在黄三角西翼和中部部分县市区；人口规模强度中等地区主要集中在博兴县、寒亭区、寿光市、惠民县、莱州市、高青县、广饶县、昌邑县等县市区，人口规模强度指数平均值为0.240，主要分布在黄三角高效区的中部和东翼县市区；人口规模强度低的地区主要分布在无棣县、沾化县、利津县、河口和垦利县，人口规模强度指数平均值为0.039，主要集中在黄三角高效区的中部偏北地区。

就经济开发强度而言，经济开发强度高的地区主要分布在邹平县、广饶县、滨城区、莱州市、寿光市，经济开发强度指数平均值为0.239，主要分布在黄三角高效区中部和东翼地区；经济开发强度中等的地区主要分布在博兴县、寒亭区、东营区、庆云县、高青县、昌邑县和乐陵市等县市区，经济开发强度指数平均值为0.109，主要分布黄三角高效区中部地区；经济开发强度低的地区主要分布在阳信县、垦利县、利津县、惠民县、无棣县、河口、沾化县，经济开发强度指数平均值为0.028，主要分布在黄三角高效区的西翼地区。

就土地开发强度而言，土地开发强度较高的地区主要集中在东营区、寒亭区和滨城区，土地开发强度指数平均值为0.197，主要分布在黄三角高效区的中部地区；土地开发强度中等区域主要分布在寿光市、邹平县、莱州市、博兴县、高青县、乐陵市、庆云县、惠民县，土地开发强度指数平均值为0.062，主要分布在黄三角高效区的中部和西翼地区；土地开发强度低的地区主要分布在利津县、昌邑县、河口区、阳信县、广饶县、无棣县、垦利县、沾化县等县区，土地开发强度指数平均值为0.020，主要分布在黄三角高效区的西翼地区。

2. 黄三角高效区供给能力分析

黄三角供给能力基本呈现由东翼向西翼逐级递减的空间格局。供给能力高的地区主要分布在莱州市、河口区、寿光市、高青县和寒亭区等县市区，主要集中在黄三角高效区的中部和东翼，供给能力指数平均值为0.572，占土地面积、经济规模、人口规模的比例分别为28.14%、30.06%、29.36%；供给能力中的地区主要分布在邹平县、东营区、惠民县、广饶县、滨城区、乐陵市、昌邑县、垦利县等县市区，主要集中在黄三角高效区的中部和西翼，供给能力指数平均值为0.393，占土地面积、经济规模、人口规模的比例分别为30.26%、18.44%、23.31%；供给能力低的区域主要分布在无棣县、沾化县、利津县、庆云县、博兴县和阳信县等县市，供给能力指数平均值为0.293，占土地面积、经济规模、人口规模的比例分别为41.60%、51.50%、46.83%（见表6-5）。

表6-5　　黄河三角洲高效生态经济区开发供给能力类型及比例

类型	土地面积比例（%）	GDP比例（%）	人口规模比例（%）	县市区个数（个）	能力平均值
高能力	28.14	30.06	29.36	5	0.572
中能力	30.26	18.44	23.81	8	0.393
低能力	41.60	51.50	46.83	6	0.293

资源环境供给能力指数由资源保障指数、环境承载指数和生态重要性指数组成。就资源保障指数而言，资源保障能力高的地区主要分布在河口区、垦利县、昌邑县和高青县等县区，资源保障指数平均值为0.215，主要分布在黄三角高效区的中部地区；资源保障能力中等的地区主要分布在庆云县、寒亭区、惠民县、邹平县、寿光市、广饶县和利津县等县市，资源保障指数平均值为0.067，主要分布在黄三角高效区的中部和西翼部分县市；资源保障能力低的地区主要分布在无棣县、阳信县、沾化县、莱州市、博兴县、滨城区、乐陵市和东营区等县市区，资源环境保障指数平均值为0.033，主要分布在黄三角高效区的中部和西翼地区。

环境承载指数高的地区主要分布在寿光市、寒亭区、高青县、莱州市、乐陵市、邹平县，环境承载指数平均值为0.258，主要分布在黄三角高效区的中部和西翼地区；环境承载指数中等的地区主要分布在东营区、滨城区、昌邑县、河口、广饶县、惠民县、沾化县、博兴县和阳信县等县市区，环境承载指数平均值为0.124，主要分布在黄三角高效区中部和西翼县市区；环境承载指数低的地区主要分布在利津县、无棣县和庆云县，环境承载指数平均值为0.050，主要分布在黄三角高效区的西翼地区。

生态重要性指数高的地区主要分布在河口区、邹平县、无棣县、沾化县和垦利县等县区，生态重要性指数平均值为0.226，主要分布在黄三角高效区的中部和西翼地区；生态重要性中等的地区主要分布在广饶县、昌邑县、寿光市、滨城区、惠民县、阳信县、东营区、利津县和博兴县等县市区，生态重要性指数平均值为 0.166，主要分布在黄三角高效区的中部和西翼地区；生态重要性指数低的地区主要分布在高青区、寒亭区、莱州市、乐陵市和庆云县等县市区，生态重要性指数平均值为 0.114，在黄三角高效区的分布相对零散，在西翼、中部和东翼均有较多分布。

3. 黄三角高效区生态调控能力分析

黄三角高效区生态调控能力呈现东西两翼高、中部最低的空间格局。生态调控能力高的地区主要分布在寿光市、莱州市、寒亭区、昌邑县和博兴县等县市区，主要集中于黄三角高效区的中部和东翼，其生态调控能力平均值为 0.729，占土地面积、经济规模、人口规模的比例分别为 26.46%、33.98%、34.29%；生态调控能力中等的地区主要分布在邹平县、阳信县、无棣县、庆云县、乐陵市、惠民县和滨城区等县市区，主要集中于黄三角高效区的中部和西翼，其生态调控能力的平均值为 0.542，占土地面积、经济规模、人口规模的比例分别为 30.81%、33.51%、39.43%；生态调控能力低的地区主要分布在沾化县、利津县、垦利县、河口区、广饶县、高青县和东营区等县市区，主要集中于黄三角高效区的中部，其生态调控能力平均值为 0.328，占土地面积、经济规模、人口规模的比例分别为 42.73%、32.50%、26.29%（见表 6-6）。

表 6-6　黄河三角洲高效生态经济区生态调控能力能力类型及比例

类型	土地面积比例（%）	GDP 比例（%）	人口规模比例（%）	县市区个数（个）	能力平均值
高能力	26.46	33.98	34.29	5	0.729
中能力	30.81	33.51	39.43	7	0.542
低能力	42.73	32.50	26.29	7	0.328

4. 黄三角高效区人地关系协调度分析

黄三角高效区人地关系协调度呈现整体开发不足、区域性开发强度与资源环境供给能力矛盾较为突出的特征。从区域开发和资源环境供给能力的供给与需求的角度，计算协调度 ∂ 值，采用聚类方法将水土资源协调度划分为 5 类，当 $\partial \geq 1.50$ 时为极不协调，当 $1.10 \leq \partial < 1.50$ 时为不协调，当 $0.90 \leq \partial < 1.10$ 时为勉强协调，当 $0.90 \leq \partial < 0.60$ 时为协调，当 $\partial < 0.60$ 时为开发不足。其中，无棣县、利津县、沾化县、垦利县、河口区为开发

不足区域，主要集中在黄三角高效区的中部和西翼地区，∂平均值为0.27，其面积、人口和GDP比例分别为38.40%、17.87%、15.62%；寿光市、惠民县、寒亭区、莱州市、昌邑县和高青县为协调型区域，∂平均值为0.81，主要集中在黄三角高效区的中部和东翼地区，其面积、人口和GDP比例分别为31.38%、34.72%、39.51%；乐陵市为勉强协调区域，∂平均值为0.99，其面积、人口和GDP比例分别为4.45%、3.36%、6.97%；阳信为不协调区域，∂平均值为1.20，其面积、人口和GDP比例分别为3.03%、2.12%、4.52%；东营区、滨城区、庆云县、邹平县、博兴县和广饶县为极不协调区域，主要集中在黄三角高效区的中部和西翼地区部分县市区，∂平均值为1.84，其面积、人口和GDP比例分别为22.74%、41.93%、33.38%。因此，黄三角高效区的人地关系地域系统类型主要为开发不足型和协调型，各占区域总面积的1/3左右，而极不协调类型也占有很高比例，占区域总面积的1/5以上，这也表明黄三角高效区区域开发强度较低，同时面临着局部较为严峻的资源环境压力，呈现整体开发不足、区域性开发强度与资源环境供给能力矛盾较为突出的特征（见表6-7）。

表6-7 基于协调度模型的黄三角高效生态经济区人地协调类型及比例

类型	∂值	面积比例（%）	GDP比例（%）	人口比例（%）	生态调控力	数量（个）
开发不足	0.27	38.40	15.62	17.87	0.350	5
协调	0.81	31.38	39.51	34.72	0.649	6
勉强协调	0.99	4.45	6.97	3.36	0.633	1
不协调	1.20	3.03	4.52	2.12	0.543	1
极不协调	1.84	22.74	33.38	41.93	0.488	6

区域开发强度和资源环境供给能力组合类型呈现多样化的特征。根据黄三角高效区阶段划分类型，黄三角高效区区域开发强度和资源环境供给能力划分为9种类型，其中低区域开发强度低资源环境供给能力类型为沾化县、无棣县和利津县，主要分布在黄三角高效区的西翼和中部，占土地总面积、GDP规模和人口规模的比例分别为21.90%、9.64%、11.23%；低区域开发强度中等资源环境供给能力类型为垦利县，分布在黄三角高效

区的中部,占土地总面积、GDP 规模和人口规模的比例分别为 8.37%、5.01%、2.22%;低区域开发强度高资源环境供给能力类型为河口区,分布在黄三角高效区的中部,占土地总面积、GDP 规模和人口规模的比例分别为 8.13%、3.22%、2.17%;其中中等区域开发强度低资源环境供给能力类型为阳信县和庆云县,分布在黄三角高效区的西翼,占土地总面积、GDP 规模和人口规模的比例分别为 4.94%、4.22%、7.66%;中等区域开发强度中等资源环境供给能力类型为乐陵市、惠民县和昌邑县,分布在黄三角高效区的西翼和东翼,占土地总面积、GDP 规模和人口规模的比例分别为 15.81%、11.24%、19.28%;中等区域开发强度高资源环境供给能力类型为莱州市和高青县,分布在黄三角高效区的东翼和西翼,占土地总面积、GDP 规模和人口规模的比例分别为 10.29%、13.33%、13.27%。其中高区域开发强度低资源环境供给能力类型为博兴县,分布在黄三角高效区的西翼,占土地总面积、GDP 规模和人口规模的比例分别为 3.42%、4.58%、4.91%;高区域开发强度中等资源环境供给能力类型为滨城区和邹城县,分布在黄三角高效区的中部,占土地总面积、GDP 规模和人口规模的比例分别为 17.41%、35.25%、25.33%;高区域开发强度高资源环境供给能力类型为寿光市和寒亭区,分布在黄三角高效区的中部和东翼,占土地总面积、GDP 规模和人口规模的比例分别为 9.73%、13.51%、14.82%(见表 6-8)。

表 6-8　黄三角高效区区域开发强度和资源环境供给能力的组合类型

类型	土地面积比例(%)	GDP 比例(%)	人口比例(%)	县市个数(个)
低区域开发强度低供给能力	21.90	9.64	11.23	3
低区域开发强度中等供给能力	8.37	5.01	2.22	1
低区域开发强度高供给能力	8.13	3.22	2.17	1
中等区域开发强度低供给能力	4.94	4.22	7.66	2
中等区域开发强度中供给能力	15.81	11.24	19.28	3
中等区域开发强度高供给能力	10.29	13.33	12.37	2
高区域开发强度低供给能力	3.42	4.58	4.91	1
高区域开发强度中等供给能力	17.41	35.25	25.33	4
高区域开发强度高供给能力	9.73	13.51	14.82	2

根据区域开发强度和资源环境供给能力阶段划分以及组合类型和区域发展的实际情况,划分人地关系地域系统类型(见表6-9),过度开发型主要包括邹平县、阳信县、庆云县、广饶县、东营区、滨城区和博兴县7个县市区,主要在黄三角高效区的中部和西翼,占黄三角高效区土地面积、GDP、人口的比例分别为25.77%、44.05%、37.90%;垦利县、河口区和高青县为开发不足型,主要分布在黄三角高效区的中部,占黄三角高效区土地面积、GDP、人口的比例分别为19.66%、10.91%、8.08%。协调型占到9个县市区,占黄三角高效区土地面积、GDP、人口的比例分别为54.57%、45.04%、54.01%,其中沾化县、无棣县和利津县为低水平协调型,主要分布在黄三角高效区的西翼,占黄三角高效区土地面积、GDP、人口的比例分别为21.90%、9.64%、11.23%;乐陵市、惠民县、昌邑县等为中等水平协调型,主要分布在黄三角高效区的中部和西翼,占黄三角高效区土地面积、GDP、人口的比例分别为15.81%、11.24%、19.28%;寿光市、寒亭区、莱州市为高水平协调型,分布在黄三角高效区的中部和东翼,占黄三角高效区土地面积、GDP、人口的比例分别为16.86%、24.16%、23.50%。

表6-9 基于组合类型的黄河三角洲高效区人地关系地域系统类型及比例

类型	面积比例(%)	GDP比例(%)	人口比例(%)	生态调控能力	数量(个)
过度开发型	25.77	44.05	37.90	0.496	7
开发不足型	19.66	10.91	8.08	0.348	3
低水平协调型	21.90	9.64	11.23	0.368	3
中等水平协调型	15.81	11.24	19.28	0.607	3
高水平协调型	16.86	24.16	23.50	0.764	3

综合上述分析,采取上述两种划分方式的结果基本一致,说明黄三角高效区的生态调控能力基本和人地关系类型的划分结果相一致。从第一种划分方式来看,从协调到极不协调,再从勉强协调到协调,生态调控力指数呈现递增趋势,开发不足型由于经济发展水平低等原因而呈现相对较低的趋势,但与当前人地协调状态基本一致;从第二种划分方式来看,从高水平协调型向开发不足型呈现生态调控能力逐渐递减趋势,在过度开发型

中生态调控能力略有提高，反映出当前区域开发强度的不断加大与资源环境有限性之间的矛盾所在，并且正处于矛盾激化时期，这也表明生态调控能力在人地关系耦合协调中起到重要作用。

第三节　海陆兼备型人地关系地域系统研究

一　山东半岛蓝色经济区基本概况

山东半岛地区是环渤海经济区和长三角经济区的最重要接合部，黄河流域地区最主要的出海通道，同时也是东北亚经济区的重要组成部分，海洋经济发展基础较好，在促进中国沿海经济区的发展中具有重要战略性地位。山东半岛蓝色经济区于2011年上升为国家级发展战略，成为中国沿海国家级经济区之一。规划主体主要包括山东省全部海域和青岛、东营、烟台、潍坊、威海、日照6市及滨州的无棣、沾化两个沿海县所属陆域，其中海域面积15.95万 km^2，陆地面积6.4万 km^2。结合2011年颁布的《山东半岛蓝色经济区发展规划》《全国主体功能区划》、2012年《山东省主体功能区划》，对于山东半岛蓝色经济区功能定位和组团划分，考虑不同区域自然和人文的本底条件，自身的社会经济联系的紧密性以及不同组团区域所处的区域发展阶段，同时考虑到东营、滨州以及德州的无棣、沾化在前面的黄河三角洲高效生态经济区中已经作为研究区域，因此山东半岛蓝色经济区主要包括青岛、烟台、威海和潍坊等传统意义上的胶东半岛地区。

胶东半岛地区利用其优越的区域本底条件、区位优势、海洋资源优势和良好的发展环境，积极发展外向型经济，对外开放力度不断加大，工业化和城镇化不断快速推进，处于山东省乃至全国社会经济发展的最前列，是山东省区域经济增长的重要增长极。2011年土地面积2.09万 km^2，人口总量2772.70万人，GDP总量为17175.22亿元，分别占山东省的比例为29.67%、28.77%、37.86%，占山东半岛蓝色经济区整体区域的67.64%、76.23%、75.06%，人均GDP达61994.03元，远高于山东省的平均水平47335.00元，因此胶东半岛地区具有一定发展基础与发展潜力，属于发展基础较好的优化开发区域。由于部分统计资料是以山东半岛蓝色经济区整体范围统计的，考虑到胶东半岛优化开发区域占整个蓝色经济区的范围在 3/4 左右，因此部分分析数据以蓝色经济区整体数据资料为主。

二　山东半岛蓝色经济区人地关系协调主要约束瓶颈

（一）传统渔业产业基础雄厚，结构性矛盾和深层次问题依然存在

区域海域和内陆水域辽阔，海岸线占中国的 1/6 左右，人均海域面积为 2.40 亩，比山东省人均耕地面积 1.18 亩高出一倍，是中国重点渔区和海珍品的主要产区，具有较好的空间以及生物资源优势条件。海洋渔业发展历史悠久、规模较大，渔业产业基础深厚，是山东省海洋产业中的传统支柱产业，2011 年水产品产量达到 783.4 万吨，增加值占农业的 14% 以上，水产品出口创汇占到中国水产品和山东省农业产品量额的 1/3 左右。2011 年海水养殖产量、海洋捕捞产量分别居沿海 11 个地市的第 1、2 位。但在渔业产业结构中也面临着严峻的结构性矛盾和深层次性矛盾，人类活动对海洋渔业资源的需求不断增加，使人类需求与海洋渔业资源有限供给之间的矛盾性问题较为突出，粗放型和资源掠夺型经营问题凸显，水域生态环境恶化和水生生物资源衰退的趋势并没有达到转变拐点，资源和环境的稀缺性日益成为影响渔业可持续发展的刚性约束条件，渔业基础相对薄弱，渔业产业发展模式较为粗放，渔业应对灾害和突发性事件的能力还需要进一步提高，渔业生态安全、水产品质量安全、渔业生产安全等形势不容乐观的诸多问题依然存在。

（二）海洋产业结构优势不明显，战略性新型产业有待突破

当前胶东半岛优化开发区形成了比较完备的海洋产业体系，各种海洋产业齐全，2011 年山东半岛海洋生产总值 7892.9 亿元，仅次于广东省，居全国第 2 位。2011 年海洋生产总值占国民经济总值的 18.1%，与上海、天津、福建和海南 4 省市 20% 以上的 GDP 比例还有较大差距，海洋第一产业的比例过高，达到 6.30%，与上海、广东等省市的 0.1% 和 2.4% 的比例相比有明显差距。海洋渔业、海洋盐业、海洋化工等传统产业在全国海洋产业中具有显著优势地位，但现代海洋化工、海洋生物、海洋新能源、海洋水产品精深加工、海洋船舶工业等海洋高科技和战略性新兴产业集群优势较弱。其中海洋盐业、海洋化工业约占全国的 66.16%、55.21%，但海洋盐业、海洋化工业产品种类少、新产品开发缓慢成为制约产业进一步发展的瓶颈。

临港重化工产业存在一些突出性的矛盾和问题,产业规模偏小,空间布局相对分散,产品等级层次低,产业链条短,产业结构雷同化现象严重,导致重化工业的发展受到制约。盐化工和海洋化工业发展过程中存在着产能扩张过快,布局过于密集,产能过剩,加工深度不够、附加值过低等问题,在能耗、结构和技术装备等方面与世界平均水平相比还存在较大差距。由于卤盐资源开发过度,导致盐田面积缩减,资源性优势相对减弱。综上所述,山东省海洋产业在传统的海洋渔业、海洋化工和海洋盐业等产业方面优势明显,但产业结构的高资源消耗和高污染特征较为明显,战略型新兴海洋产业还有待提高,未来应促进区域性人地关系协调,减轻人类活动对资源环境压力。

(三) 淡水资源严重不足,人均水资源占有量低于国际标准

该区域自然降水较多,但蓄水利用率低,淡水资源供需失衡,水资源紧缺性矛盾突出。区域内人均水资源占有量为 345.00m^3,与全省平均水平 335.08m^3 基本持平,但不到全国水资源总量的 1/6,按照区域耕地资源计算,亩均水资源占有量为 303.00m^3,仅为全国平均水平的 1/6,区域多年平均缺水量为 16.2 亿 m^3,缺水率为 18.7%,高于全省平均水平,属于资源型缺水、工程型缺水和水质型缺水并存的地区,按照国际公认的 M. Falkenmark 水资源紧缺性标准,该区域的人均水资源量远小于维持区域社会经济发展所需要的 1000 m^3 的临界值,属于水资源较为匮乏地区。另外,水资源利用效率较低,大型灌渠水资源利用系数不到 0.5,水资源浪费较为严重,加剧了人水矛盾。水资源的地区分布不均匀、年际年内变化大也在一定程度上加剧了区域性的人水矛盾。随着未来该区域工业化和城镇化的快速推进,区域性的水资源安全将日益成为发展的重要瓶颈因素。

(四) 区域性生态环境问题仍较严重,环境监管能力较薄弱

尽管区域进行了大量生态环境保护与建设的任务和工程,但区域性生态环境问题仍然较为严重,海岸带环境压力尤为突出。过度围填海对海洋生态环境造成负面影响,导致沿海滩涂的湿地面积变小,海湾属性弱化,从而降低生物多样性,造成渔业资源的减少,入海排污口(河流)超标排放使得河口及邻近海域水污染严重,海洋生态系统处于亚健康或者不健康状态,海岸带生物多样性受到严重破坏,生态环境受到严重的威胁。根据《中国海洋环境公报(2012 年)》显示,莱州湾海域海洋生态系统处于亚

健康状态，2006年以来莱州湾主要河流入海断面水质多为劣Ⅴ类，湾内海水水质呈明显恶化趋势，第Ⅳ类和劣于第Ⅳ类海水水质标准的海域面积约占整个海湾面积的30%。根据《青岛市海洋环境质量公报（2011）》显示，陆源污染输入给胶州湾海域带来了巨大的环境压力，环境的主要污染物为无机氮、活性磷酸盐和石油类，超过第Ⅳ类海水水质标准，青岛管辖海域浒苔最大分布面积 5662 km^2，最大覆盖面积 126 km^2，对滨海景观和海洋环境造成一定影响。

区域性水土流失问题严重，其中烟台市水土流失面积占烟台市土地总面积的16.66%，青岛市2011年水土流失面积1165 km^2，占青岛市土地总面积的14.56%，威海市2011年水土流失面积1200 km^2，占威海市土地总面积的22.00%，水土流失面积占土地总面积比例较高，直接造成严重土地退化、降低土地生产力、制约地区经济发展等问题。该区域的农业面源污染问题仍较严重，农用化学品的投入面广、量大，利用效率较低。据统计，区域内农药利用效率仅为20%—30%，化肥的当季利用率为30%，损失率高达45%，地膜使用量占到全省的30%以上，而回收率仅为40%—60%，对区域农业的可持续发展产生不利影响。

海洋生态环境保护和建设取得了明显成效，突出体现在海洋生态环境保护管理政策和规划体系不断完善、海洋生态环境的监测和应急能力建设得到不断加强和提升、保护区网络体系逐步形成、海洋生态治理与恢复广泛展开、海洋生态监测与评价体系逐步完善等方面，但还存在地方政府重视海洋经济发展，轻视海洋生态环境保护；重视海洋资源开发利用，轻视入海污染治理；重视滨海工业园区建设，轻视海洋生态整治修复等一系列不合理现象。海洋生态环境保护的法律法规执行不严，相关政策措施不够完善，管理责任不够落实，监管力度有待进一步提高，生态环境监管能力相对薄弱等严重制约了生态环境质量的改善，影响了区域性人地关系的协调发展。

三 山东半岛蓝色经济区人地关系可持续性综合评估

（一）指标选择及数据来源

根据指标体系选取的可得性、相关性、代表性、整体性和动态性等原则，构建山东半岛蓝色经济区可持续性评估的指标体系（见表6-10）。

表 6-10　山东半岛蓝色经济区可持续性评估指标体系

系统层 I	子系统层 II	表达层分类	指标名称	单位
人地关系地域系统	人类活动强度（SA）	人口规模扩张（PEI）	人口密度	人/km²
			城镇化率	%
		经济开发强度（HDI）	GDP 密度	万元/km²
			非农化产业比率	%
		土地开发强度（LDI）	人均建设用地面积	m²/人
			建设用地占总面积比例	%
		海洋开发强度（ODI）	海洋捕捞量	吨
			海水养殖面积	公顷
	资源能源消耗（RECI）	水土资源水平指数（RSI）	人均耕地面积	亩/人
			人均水资源拥有量	m³/人
		海洋渔业资源水平指数（ORI）	海洋渔业资源修复效果指数	—
		能源利用水平（ESI）	万元 GDP 能耗	t 标准煤/万元
	环境污染水平（EPI）	水环境质量（WPI）	COD 排放密度	kg/km²
		大气环境质量（EPI）	SO_2 排放密度	kg/km²
		海洋环境质量（OPI）	近岸海域环境功能区达标率	%
			海洋赤潮发生频率	%
	调控能力指数（GPI）	调控能力指数（ESI）	废水排放达标率	%
			SO_2 去除率	%
			城镇生活污水处理率	%
			工业重复利用率	%
			人均公共绿地面积	%

选取指标体系主要来源于《中国海洋统计年鉴（2000—2012）》《山东省统计年鉴（2001—2013）》《山东省环境质量公报（2000—2012）》《山东省海洋环境质量公报（2000—2012）》《山东省环境统计公报》等相关统计数据，其中海洋渔业资源修复效果指数主要采用山东省投入的海洋渔业资源修复资金等指标赋予修复效果系数，数据主要来源于山东省渔业厅网

站以及相关的《山东省渔业资源修复工程规划（2005—2015）》《山东省海洋功能区划（2008—2020）》《山东省渔业资源修复行动计划》等文件和公报。

（二）研究模型

1. 三角模型介绍

采用三角模型分析山东半岛蓝色经济区人地关系的可持续性。三角模型的优点在于其简单性，即使用一种三角模式对经济发展、资源—能源消耗和环境污染之间的关系进行可视性描述。使用软件 Grapher for windows 画出三角形图表，再利用"MS Word"进行修正，最终得到的三角模式（见图 6-1），其中 A、B、C、D、E 分别表示相对可持续性状况（见表 6-11）；T_1、T_2、T_3、T_4、T_5、T_6、T_7 分别表示相对可持续性趋势。图 6-1 中三角形为等边三角形，HDI 位于最高顶点，RECI 位于左下顶点，EPI 位于右下顶点。X、Y、Z 轴分别代表 EPI、HDI 和 RECI，每个轴分别沿逆时针方向从 0 到 1。每个轴平均分为 5 个范围："非常低"：0.0—0.2；"较低"：0.2—0.4；"中等"：0.4—0.6；"较高"：0.6—0.8；"非常高"：0.8—1.0。用一个三角形图表对 HDI、RECI 和 EPI 的相对比例结合情况进行说明。

表 6-11　　　　　　　　人地关系的相对可持续性状况评估

区域	指数值范围			相对指数			生态反映	相对可持续性
	HDI	RECI	EPI	HDI	RECI	EPI		
A	0.8—1.0	0.0—0.2	0.0—0.2	非常高	非常低	非常低—低	非常好	很强可持续性
B	0.6—0.8	0.0—0.4	0.0—0.4	高	非常低—低	非常低—中	好	强可持续性
C	0.4—0.6	0.0—0.6	0.0—0.6	中	非常低—中	非常低—高	中等	一般可持续性
D	0.2—0.4	0.0—0.8	0.0—0.8	低	非常低—高	非常低—高	差	弱可持续性
E	0.0—0.2	0.0—1.0	0.0—1.0	非常低	非常低—高	非常低—低	极差	不可持续性

另外，三角形又进一步细分为 5 个区域：A、B、C、D 和 E，来表示 5 个不同的可持续性状况，分别代表其不同的表现水平。在每个三角形内，根据 3 个综合指数方面的相对比例变化，有 7 种可能的运动趋势，分别代表 7 种不同的可持续性趋势（见表 6-12）。经过运算，根据数据点和另外数据系列的相对位置，可以对相应的可持续性状况和趋势进行评估。

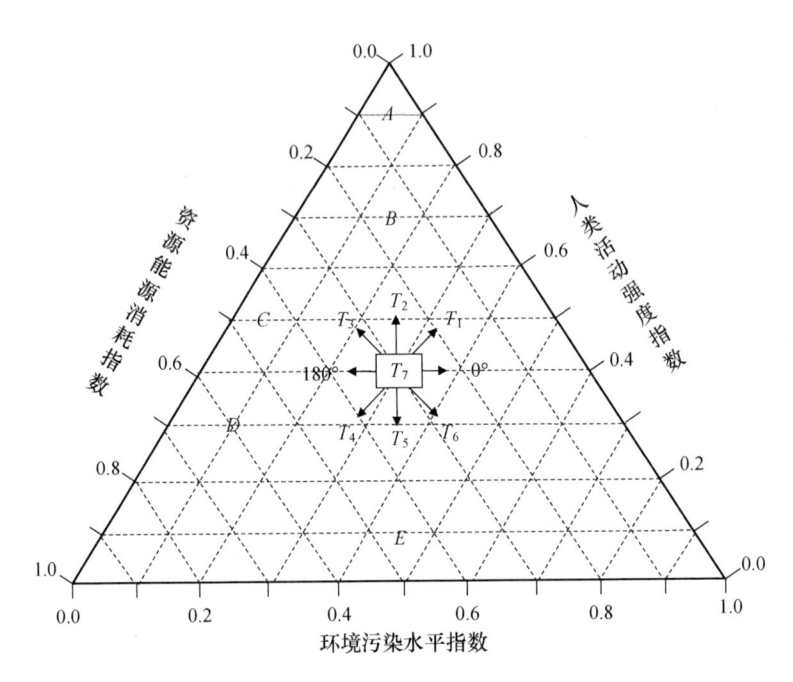

图 6-1 人地关系可持续性状况和趋势描述

表 6-12 人地关系相对可持续性趋势评估

趋势	变化范围	指数变化的相应百分比值			生态反映	相对可持续性
		HDI	RECI	EPI		
T1	0°—60°	↑	↓	↑	一般	一般可持续性
T2	60°—120°	↑	↓	↓	优	很强可持续性
T3	120°—180°	↑	↑	↓	一般	一般可持续性
T4	180°—240°	↓	↑	↓	差	弱可持续性
T5	240°—300°	↓	↑	↑	非常差	不可持续性
T6	300°—360°	↓	↓	↑	差	弱可持续性
T7	无变化	↑	↑	↑	差	弱可持续性
		↓	↓	↓	差	弱可持续性
		—	—	—	原始表现	原始状况

注：↑表示增加；↓表示减少；—表示无变化。

2. 可持续性评估的整体思路

使用三角模型来评估人地关系的可持续性包括下面 6 个方面的步骤：

①根据指标体系选取的可得性、相关性、代表性、可比性、整体性和动态性等原则，选择为计算 HDI、RECI 和 EPI 需要的单独指标；②数据收集和标准化；③确定所选的单独指标的权重系数；④分别计算三个综合指数，即 HDI、RECI 和 EPI；⑤构建三角形图形；⑥评估可持续性的状况和趋势，具体如下：

将人类活动强度指数指标、资源能源水平指数指标和环境质量水平指数指标做成二维数据矩阵。

$$HD_{yi} = (d_{yi}) = \begin{bmatrix} d_{11} & d_{12} & \cdots & d_{1n} \\ d_{21} & d_{22} & \cdots & d_{2n} \\ \cdots & \cdots & \cdots & \cdots \\ d_{s1} & d_{s2} & \cdots & d_{sn} \end{bmatrix} \quad (6-3)$$

$$REC_{yj} = (r_{yj}) = \begin{bmatrix} r_{11} & r_{12} & \cdots & r_{1m} \\ r_{21} & r_{22} & \cdots & r_{2m} \\ \cdots & \cdots & \cdots & \cdots \\ r_{s1} & r_{s2} & \cdots & r_{sm} \end{bmatrix} \quad (6-4)$$

$$EP_{yh} = (t_{yh}) = \begin{bmatrix} t_{11} & t_{12} & \cdots & t_{1k} \\ t_{21} & t_{22} & \cdots & t_{2k} \\ \cdots & \cdots & \cdots & \cdots \\ t_{s1} & t_{s2} & \cdots & t_{sk} \end{bmatrix} \quad (6-5)$$

式中，HD_{yi}、REC_{yj} 和 EP_{yh} 分别代表人类活动强度指数、资源能源水平指数和环境质量水平指数的原始数据矩阵。"y" 是第 y 个研究对象，在评估可持续性发展状况时代表不同的行政子单元，而在评估 2000—2012 年可持续性趋势时代表不同年份；"i" 是选择的第 i 个人类活动强度指数；"j" 是选择的第 j 个资源能源水平指数；"h" 是选择的第 h 个环境质量水平指数；d_{yi} 是第 y 个选定对象的第 i 个选定人类活动强度指数的一个具体原始数据；r_{yj} 是第 y 个选定对象的第 j 个选定资源能源水平指数的具体原始数据；t_{yh} 是第 y 个选定对象的第 h 个选定环境质量水平指数的具体原始数据。为使数据具有可比性，对 HD_{yi}、REC_{yj} 和 EP_{yh} 使用公式（6-6）—公式（6-8）分别进行标准化处理。

$$HD'_{yi} = (d'_{yi}) = \frac{d_{yi}}{d_{yi\text{标准}}} \quad (y = 1,2,\cdots,s; i = 1,2,\cdots,n) \quad (6-6)$$

$$REC'_{yj} = (r'_{yj}) = \frac{r_{yj}}{r_{yj\text{标准}}} \quad (y = 1,2,\cdots,s; j = 1,2,\cdots,n) \quad (6-7)$$

$$EP'_{yh} = (t'_{yh}) = \frac{t_{yh}}{t_{yh\text{标准}}} \quad (y = 1,2,\cdots,s; t = 1,2,\cdots,n) \quad (6-8)$$

式中，HD'_{yi}、REC'_{yj} 和 EP'_{yh} 分别为人类活动强度指数、资源能源水平指数和环境质量水平指数的标准化数据矩阵。$d_{yi\text{标准}}$ 是 HD_{yi} 矩阵中选定的第 i 个人类活动强度指标的标准值；$r_{yi\text{标准}}$ 是 REC_{yj} 矩阵中选定的第 j 个资源能源水平指数的标准值；$t_{yi\text{标准}}$ 是 EP_{yh} 矩阵中选择的第 h 个环境质量水平指数标准值。

根据公式（6-3）—公式（6-5）中的原始数据，HD'_{yi}、REC'_{yj} 和 EP'_{yh} 可分别通过公式（6-9）—公式（6-11），如下：

$$ED'_{yi} = (d'_{yi}) = \begin{bmatrix} d'_{11} & d'_{12} & \cdots & d'_{1n} \\ d'_{21} & d'_{22} & \cdots & d'_{2n} \\ \cdots & \cdots & \cdots & \cdots \\ d'_{s1} & d'_{s2} & \cdots & d'_{sn} \end{bmatrix} \quad (6-9)$$

$$REC'_{yj} = (r'_{yj}) = \begin{bmatrix} r'_{11} & r'_{12} & \cdots & r'_{1m} \\ r'_{21} & r'_{22} & \cdots & r'_{2m} \\ \cdots & \cdots & \cdots & \cdots \\ r'_{s1} & r'_{s2} & \cdots & r'_{sm} \end{bmatrix} \quad (6-10)$$

$$EP'_{yh} = (t'_{yh}) = \begin{bmatrix} t'_{11} & t'_{12} & \cdots & t'_{1k} \\ t'_{21} & t'_{22} & \cdots & t'_{2k} \\ \cdots & \cdots & \cdots & \cdots \\ t'_{s1} & t'_{s2} & \cdots & t'_{sk} \end{bmatrix} \quad (6-11)$$

式中，d'_{yi} 是第 y 个研究对象的第 i 个人类活动强度指数的具体标准化数据；r'_{yj} 是第 y 个对象的第 j 个资源能源水平指数的具体标准化数据；t'_{yh} 是第 y 个研究对象的第 h 个环境质量水平指数的具体标准化数据。

为增加权重系数的准确性，研究将"AHP"法和"Delphi"法相结合，并参考熵权法确定所选指标的权重系数。

HDI_y、$RECI_y$、EPI_y 可以分别通过公式（6-12）—公式（6-14）进行计算：

$$HDI_y = \sum_{i=1}^{n} (HD'_{yi} * W_i) \quad (6-12)$$

$$RECI_y = \sum_{j=1}^{m}(REC'_{yj} * W_j) \quad (6-13)$$

$$EPI_y = \sum_{h=1}^{k}(EP'_{yh} * W_h) \quad (6-14)$$

式中，HDI_y、$RECI_y$ 和 EPI_y 分别是第 y 个研究对象的人类活动强度指数、资源能源水平指数和环境质量水平指数（即部门、区域或年份）。W_i 是第 i 个人类活动强度指标的权重系数，所有选定的人类活动强度指标的 n 个权重系数总和是 1；W_j 是第 j 个资源能源消耗指标的权重系数，所有选定的资源能源消耗指标的 m 个权重系数的总和是 1；$W_j=1$；W_h 是第 h 个环境质量水平指数的权重系数，所有选定的环境质量水平指标的 k 个权重系数总和是 1。计算资源环境消耗指数 $RECI'_y$ 和环境污染指数 EPI'_y，公式如下：

$$RECI'_y = 1 - RECI_y \quad (6-15)$$

$$EPI'_y = 1 - EPI_y \quad (6-16)$$

为了使研究区域人类活动强度指数、资源能源消耗指数和生态环境污染指数具有相关性，需要对其进行相应处理，具体的处理方法如下：

$$HDI = \frac{HDI_y}{HDI_y + RECI'_y + EPI'_y} \quad (6-17)$$

$$EPI = \frac{EPI'_y}{HDI_y + RECI'_y + EPI'_y} \quad (6-18)$$

$$RECI = \frac{RECI'_y}{HDI_y + RECI'_y + EPI'_y} \quad (6-19)$$

根据上述公式计算系统自身的调控力度指数 ESI，以便更好地分析在人地关系互为作用的过程中，人类自身对于人类活动造成的资源能源消耗效应和环境污染效应的应对能力。

（三）可持续性综合评估

根据上述公式计算人类活动强度指数、资源能源利用水平指数和环境质量水平指数以及调控力度指数，并进一步处理上述计算指数，得到三者相互联系的人类活动强度指数、资源能源消耗指数和环境污染水平指数，以便能够将所计算数据与三角模型相匹配，探讨人地关系演化进程中的可持续性状态。

1. 人地关系地域系统指数的发展变化

人类活动强度指数呈不断上升趋势。从 2000 年的 0.500 上升到 2011

年的 0.834，人类活动强度指数不断扩大，表明 2000—2011 年期间山东半岛蓝色经济区人类活动强度不断增强。资源能源利用水平指数的变化波动较大，2000—2006 年期间呈现波动逐渐下降趋势，2006—2011 年呈逐渐上升趋势，资源能源利用水平指数由 2000 的 0.748 上升为 2010 年的 0.801。环境质量水平指数和资源能源利用水平指数在 2000—2005 年间呈现波动下降趋势，而在 2006 年之后呈逐渐上升趋势，这也说明了区域环境质量呈现先恶化后逐渐改善的趋势，其中环境质量水平由 2000 年的 0.771 上升为 2011 年的 0.900。综上所述，人类活动强度指数呈现逐渐上升趋势，而资源能源利用水平指数和环境质量水平指数呈现先波动下降后逐渐上升的趋势（见图 6-2）。

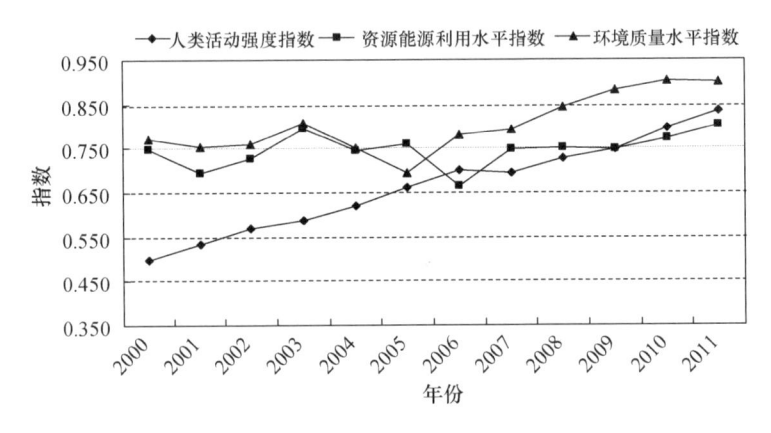

图 6-2 山东半岛蓝色经济区人地关系地域系统指数发展变化

从人类活动强度指数来看，人口规模强度指数变动趋势相对较小，个别年份甚至出现了下降趋势。人口规模扩张强度指数从 2000 年的 0.156 上升为 2011 年的 0.171，人口规模扩张强度总体较高但波动不大，经济开发强度呈逐渐上升的趋势，近年来上升的速率有所加大，从 2000 年的 0.032 上升为 2011 年的 0.165，土地开发强度指数也呈逐渐上升的趋势，由 2000 年的 0.074 上升为 2011 年的 0.079，表明近年来经济开发强度和土地开发强度持续增大，成为人类活动强度增大的重要影响因素。海洋开发强度指数呈现先下降后上升再下降再上升的趋势，由 2000 年的 0.279 上升至 2011 年的 0.319。从海洋开发强度指数的构成来看，海洋捕捞量由于渔业资源的短缺等因素呈逐渐下降、近年略微上升的趋势，而海水养殖面积呈逐渐上升的趋势，捕捞强度的相对降低与养殖强度的提高是造成海洋开发强度变动趋势不明显的原因（见图6-3）。

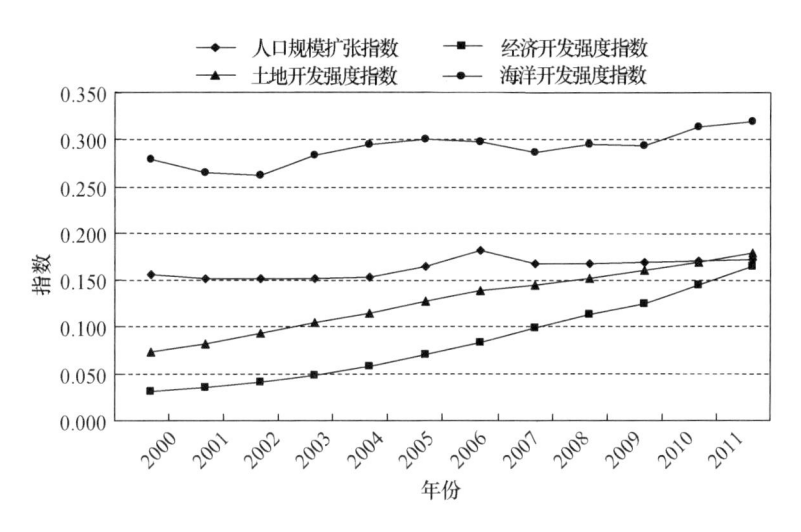

图6-3 山东半岛蓝色经济区人类活动强度指数发展变化

资源能源利用水平指数主要包括水土资源水平指数、海洋渔业资源水平指数和能源利用水平指数。其中，水土资源指数基本呈现在波动上升、波动下降、再波动上升的趋势，由2000年的0.280上升到2011年的0.304，其波动趋势的变化与水资源的季节性分配不均和耕地资源波动趋势有很大关系，海洋渔业资源水平指数呈现波动中下降，但2006年以来呈现略微上升趋势，表明2006年以来，在山东省渔业资源修复计划的推动下，渔业资源水平略微上升，但相比于2000年的0.364，2011年的0.317依然较低。能源利用水平指数呈现逐年上升趋势，其中2000年能源利用水平指数为0.105，到2011年为0.180，这与近年来区域加大节能减排力度和推进技术等措施的实施有很大关系，2011年区域内的万元GDP能耗为0.80t标准煤/万元，低于山东省0.86t标准煤/万元（见图6-4）。

从环境质量水平指数来看，环境质量指数主要包括海洋环境质量指数、水环境质量指数和大气环境质量指数。其中，海洋环境质量指数在2000—2005年呈现波动下降趋势，在2005年海洋环境质量指数最低为0.352，2006年之后海洋环境质量指数逐年上升，2011年海洋环境质量指数为0.484。从近岸海域环境功能区达标率来看，2005年达标率最低为

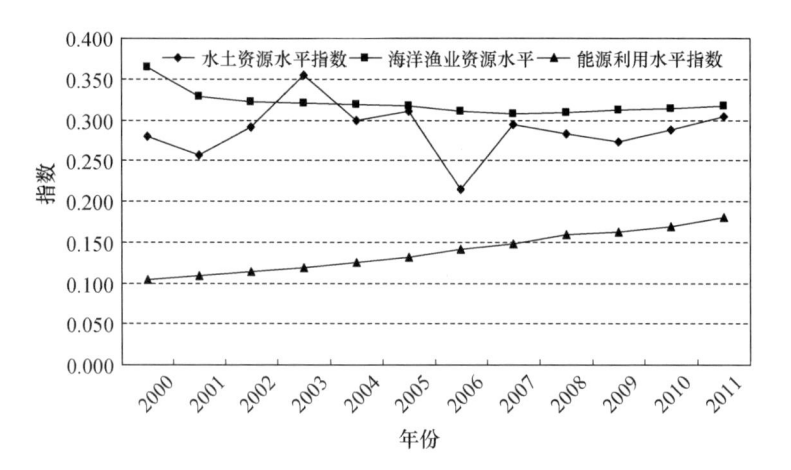

图 6-4　山东半岛蓝色经济区资源能源利用水平指数发展变化

70.3%，2011 年近岸海域功能区达标率为 96.7%，近岸海域功能区达标率较 2005 年有较大程度的提升。水环境质量指数基本呈现上升的趋势，由 2000 年的 0.186 上升为 2011 年的 0.270，表明水环境质量逐步改善。大气环境质量指数呈现先波动中下降，再逐年上升，但近两年有略微恶化的趋势，与大气环境治理的制度政策和工业结构有关（见图 6-5）。

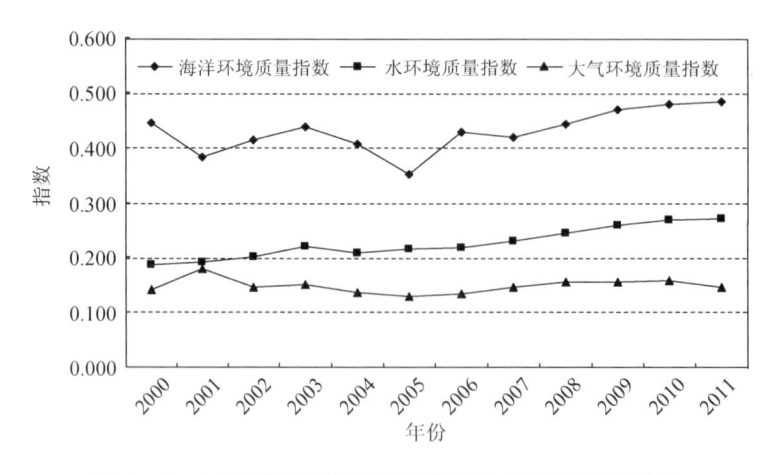

图 6-5　山东半岛蓝色经济区环境质量水平指数发展变化

2. 人地关系地域系统可持续性趋势发展变化

根据公式计算人类活动强度指数、资源能源消耗指数和环境污染水平指数,并将相关数值在三角模型中体现。从图6-6可以看出,2000—2011年山东半岛蓝色经济区人地关系的可持续性区域从 C 区域向 B 区域方向移动,表明该区域人地关系的可持续性正在由一般可持续性向强可持续性转变,特别是2005年以来,朝向强可持续性和很强可持续性方向快速发展。

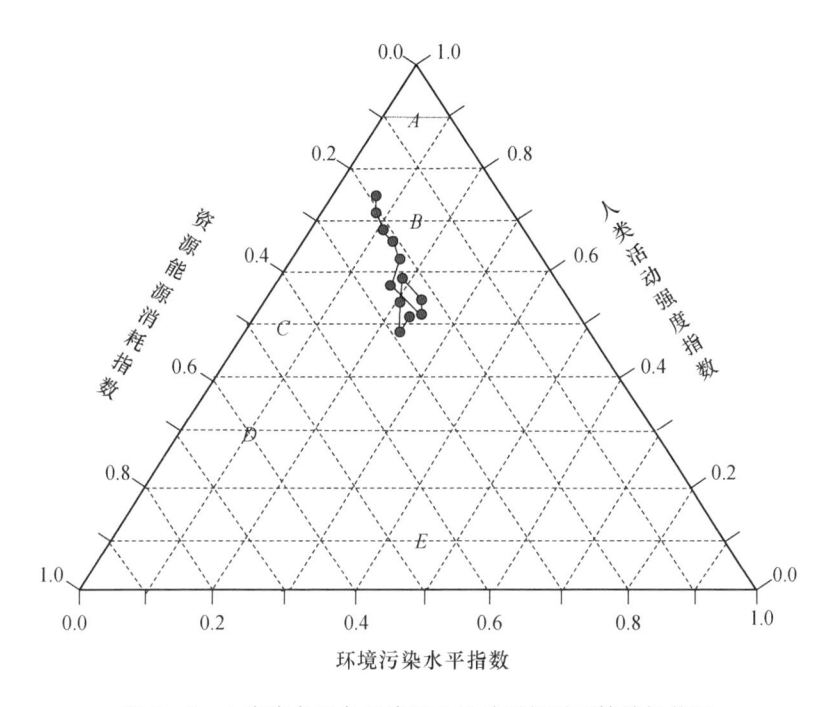

图6-6 山东半岛蓝色经济区人地关系相对可持续性状况

从2000—2011年半岛蓝色经济区人地关系演化的可持续性趋势来看,大致可以划分为3个阶段,分别为 T_1(2000—2003年)、T_2(2004—2005年)、T_3(2006—2011年),其中2000—2003年呈现出很强的可持续性,其人地关系生态反映为优,2004—2005年表现为弱可持续性,其人地关系生态反映较差,2006—2011年表现为很强可持续性,其人地关系的生态反映为优。表明在2000—2011年时期内,人地关系的演化呈现由强可持续性到弱可持续性再到很强可持续性等特征,2000—2005年更多地表现为人地关系演化的反复性,而在2006年以来更多地表现为朝向很强可持续性特征(见图6-7)。

这种特征与山东半岛蓝色经济区人地关系地域系统的调控能力有关(见图6-8),2000—2005年系统的调控能力指数基本介于0.700—0.850

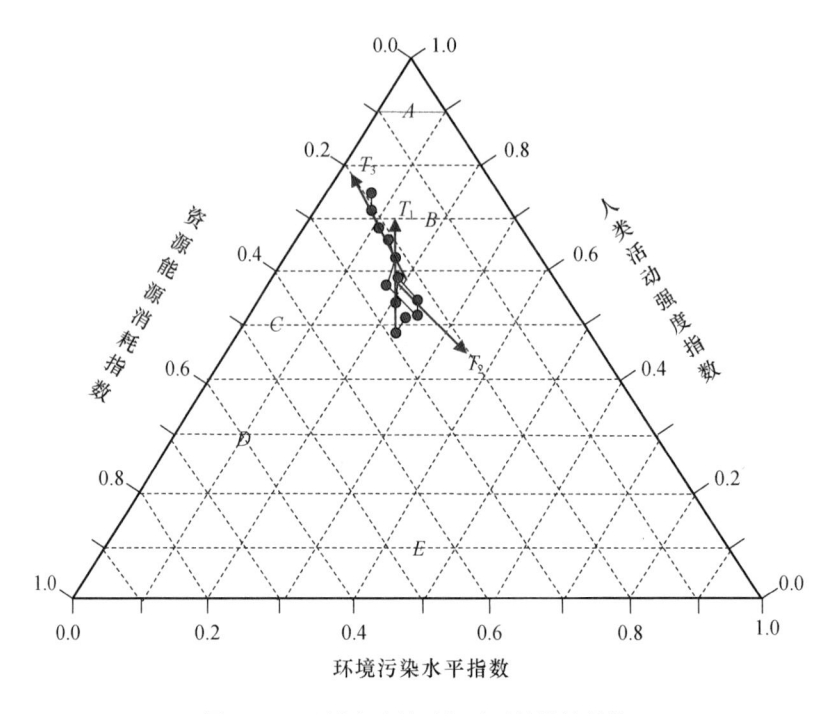

图 6-7 区域人地关系相对可持续性趋势

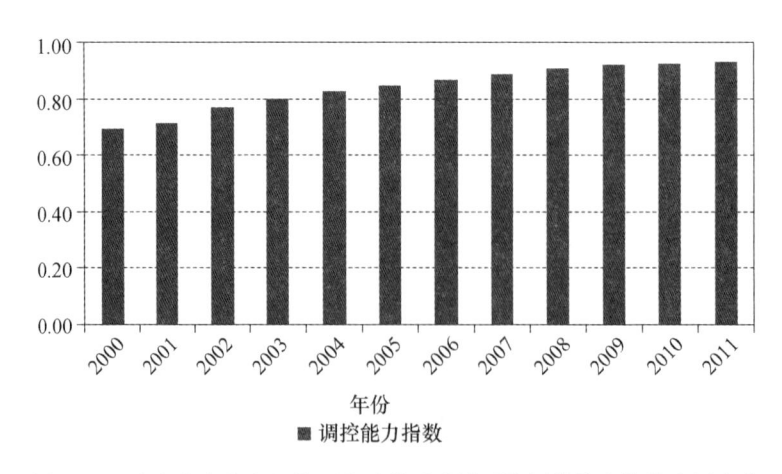

图 6-8 山东半岛蓝色经济区人地关系地域系统调控能力指数发展变化

之间，调控能力对于人地关系的可持续性调节相对较弱，资源能源消耗指数和环境污染水平呈现不断恶化的现象或者反复的现象时有发生，但进入 2006 年以来，系统调控能力指数基本高于 0.850，平均值达到 0.906，系统调控能力能够较好地降低资源能源消耗和环境污染水平，不断促进区域人地关系向强可持续性的方向发展。其中，2006—2011年工业废水排放达标率、二氧化硫去除率、城镇生活污水处理率、工业重复用水率、人均绿地面积等表征人地系统调控能力的相关指标的平均值分别为99.60%、99.29%、82.86%、89.81%、19.29m^2，指标状态数值相对较好。

2006年是山东半岛蓝色经济区人地关系演化的重要拐点，2005—2011年期间山东省在海洋资源环境实施的规划、方案、机制、措施等起到重要作用（见图6-9）。其中，2005年山东省实施了渤海碧海行动计划，到2005年底完成项目93个，总计投资达到43.35亿元；2006年实施《山东省渔业资源修复工程规划（2005—2015）》，编制完成了山东省《渤海碧海行动计划（2006—2010年）》《山东省保护海洋环境免受陆源污染现状工作报告》，组织实施了陆源入海排污口及邻近海域监测、莱州湾生态监控区、赤潮监测以及海水增养殖区、海洋自然保护区等10余项海洋环境监测；2007年参与国家《渤海环境治理总体规划》山东省部分的编写工作，并积极开展山东省入海河流、污染源基本情况专题调查和环渤海地区涉油污染企业排查；2008年积极筹划与编制《山东省海洋功能区划（2008—2020）》；2009年根据《关于开展海洋环境保护联合执法检查的通知》，以城镇污水处理厂、垃圾处理厂、排海企业、沿海开发区等为重点，积极开展山东省海洋环境保护联合执法检查工作；2010年根据《关于建立完善海洋环境保护沟通合作工作机制的框架协议》，组建山东省海洋工作协调机制，制定《山东省海洋环境保护联合执法检查工作方案》；2011年开展山

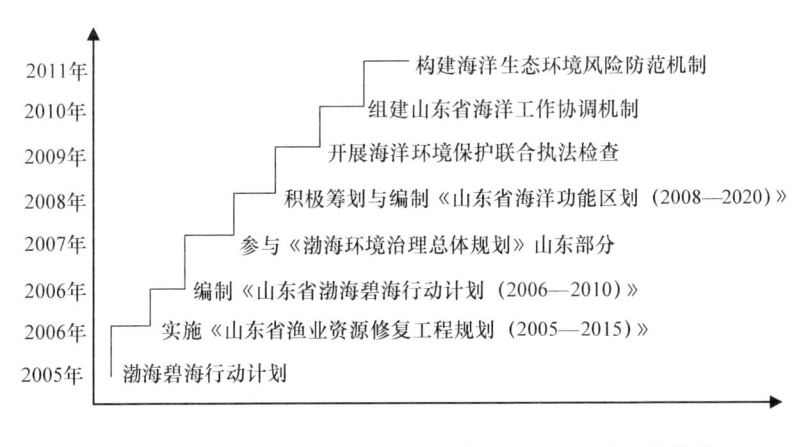

图6-9 2005—2011年山东半岛蓝色经济区主要的调控措施

东省海洋环保联合执法检查和陆源溢油污染风险防范检查，确保污染物入海量进一步削减。

第四节 资源导向型人地关系地域系统研究

一 西部隆起带基本概况

西部隆起带地处山东省腹地，同江苏、河南、安徽和河北 4 省中的 11 市接壤，南接长三角，北临京津冀，与半岛城市群、中原城市群相连，是山东与华北、华东和中西部地区的重要门户，是全国交通、通信通道的重要枢纽，在配置生产要素、拓宽市场空间方面具有重要的优势条件，地理位置十分优越，在全省社会经济发展中具有承东接西、引南联北的作用。西部隆起带范围包括菏泽、枣庄、济宁、临沂、德州和聊城等地区，面积 6.72 万 km^2，2012 年人口总量 4481.2 万人，GDP 总量 14620.0 亿元，面积、人口和 GDP 分别占山东省的 42.80%、46.50% 和 29.20%。

资源优势比较突出使西部隆起带发展具备良好的基础性条件，一是矿产资源丰富，区域内已发现的矿产有 60 多种，仅济宁、菏泽和枣庄预测的煤炭地质储量就达到 450 亿吨，占全省煤炭储量的比例达到 70% 以上，是全国 13 个亿吨级大型煤田之一，菏泽地区的石油和天然气储量也比较丰富，分别达到 16 亿吨和 3000 亿 m^3，同时区域内石灰石、石膏、花岗石和大理石的储量大、品质优。二是区域内水资源相对丰富，拥有南四湖、中运河、沂沭河、独流这入海的四大水系，黄河从菏泽进入山东，增加了客水的取用量，河流、湖泊、水库数量较多，年均水资源总量为 130.60 亿 m^3，占山东省国土面积的 42.80%，水资源总量占山东省的 47.64%，人均可利用水资源量为 311.30m^3，比全省平均水平高 10.02%，是山东省水资源总量最为丰富的地区。劳动力资源丰富也是区域的重要特点，2011 年西部隆起带劳动力人口数量超过 2000 万人，人力资源成本相对较低，为区域发展提供了较为有利的人力资源支撑。

2013 年国家发展和改革委员会公布的《全国资源型城市可持续发展规划（2013—2020）》中，涉及西部隆起带的枣庄、济宁和临沂，其中枣庄为衰竭型城市、济宁为成熟型城市、临沂为再生型城市。区域内丰富的矿产资源、水资源和劳动力资源为人类活动的开展提供了有利条件，但也因此产生了诸多矛盾与问题，区域发展的资源环境约束瓶颈也越来越大。

二　西部隆起带人地关系主要矛盾辨析

（一）发展阶段较低，经济增长方式相对粗放

该区域的发展起步相对较晚，区域经济发展阶段相对较低，区域工业化和城镇化发展阶段低于山东省及东部沿海发达地区，按照2012年美元汇率计算，该区域人均GDP为5204.00美元，低于山东省人均GDP的8256.99美元，远低于东部沿海青烟威地区人均GDP的11279.83美元。根据钱纳里对于工业化阶段的划分标准，可以看出该区域正处于工业化的初期阶段，落后于山东省工业化中期、青烟威地区工业化中后期阶段，因此相对于山东省和青烟威地区而言，西部隆起带工业化的发展阶段相对较低。2012年该区域人口城镇化率为33.22%，低于山东省总体人口城镇化率41.52%，远低于东部青烟威发达地区50.52%的平均水平。综上所述，西部隆起带工业化和城镇化发展阶段相对较低。

经济发展阶段低是不是意味着人类活动对地理环境的影响程度低呢？相反，在经济发展初期阶段主要采用粗放式经济发展模式，其能源消耗和污染物的排放要远高于山东省及青烟威等地区的平均水平。工业化的快速扩张，特别是以资源密集型产业为主导产业，导致生态环境问题产生和发展，经济发展方式相对粗放，经济发展的资源成本和环境成本相对较高。2012年该区域的废水排放量、SO_2排放总量分别占山东省的比重为37.11%、35.55%，高于其总产值占山东省总产值28.70%的比例。西部隆起带区域河流、湖泊众多，COD排放量是影响水环境质量的重要因素，从计算结果来看，济宁、德州、临沂、聊城、滨州、菏泽的万元COD排放量分别为4.48kg/万元、5.29kg/万元、7.65kg/万元、7.02kg/万元、7.36kg/万元、8.10kg/万元，高于山东省3.84kg/万元的平均水平，其他相关污染物排放强度几乎都高于山东省的平均水平（见表6-13）。2012年区域内济宁、德州、临沂、聊城、滨州、菏泽的万元GDP能耗为0.87t标准煤/万元、0.97t标准煤/万元、0.96t标准煤/万元、1.03t标准煤/万元、1.00t标准煤/万元、1.02t标准煤/万元，均高于山东省0.82t标准煤/万元的平均水平（见表6-13）。综上所述，西部隆起带处于经济发展低水平阶段，但相对山东省而言，污染物排放量大、能源消耗强度大等经济发展方式的粗放型特征较为明显，经济发展的成本相对较高，人类活动对地理环

境造成的压力较大。

表6-13　　西部隆起带各地市主要污染物排放强度　　（单位：kg/万元）

地区	废水	COD	二氧化硫	烟（粉）尘	氨氮
省平均	9579.47	3.84	3.50	1.39	0.34
济宁市	13302.30	4.48	4.55	1.95	0.45
临沂市	12032.63	5.29	3.84	1.74	0.59
德州市	9951.31	7.65	4.18	1.25	0.61
聊城市	10702.56	7.02	4.00	1.01	0.46
滨州市	14010.34	7.36	4.25	1.10	0.43
菏泽市	14618.83	8.10	5.42	2.38	0.78

（二）产业结构不合理，产业趋同性现象严重

区域农业规模化、专业化、标准化程度不高，工业产业链条不长，集约集聚发展不够，服务业占比较低，现代服务业发展相对滞后，产业发展存在趋同现象。以西部隆起带中鲁南地区的济宁、临沂、聊城和菏泽4市为例，地区内以资源为导向的资源密集型产业相对较多，各地区的主导产业主要集中在建材、机械、化工、纺织、采矿等传统产业和相关领域，2011年鲁南地区的煤炭、化工、建材、纺织、机械等行业的工业产值综合所占比重基本集中在48%—66%，其中枣庄、菏泽、临沂的化工业所占比重分别为11.28%、16.59%和10.81%，枣庄、济宁、临沂的机械制造业所占比重则分别为19.52%、22.52%和12.73%，枣庄、菏泽、济宁的纺织业所占比重分别为7.78%、10.92%和7.93%，区域内的资源密集型产业比重较高，挤压了服务业和制造业的良性发展。资源密集型产业具有资源专用性强、退出壁垒相对较高等特点，抑制了劳动力、资本、技术等生产要素从资源部门的流出，形成区域经济结构单一的产业，出现了产业结构的锁定与依赖，导致区域发展产生了过多资源依赖型产业（见图6-10）。

该地区煤炭开采和洗选业利税率为28.75%，高于山东省24.75%的平均水平，鲁南地区主导产业的利税率却低于山东省的平均水平2—3个百分点，例如，建材业、钢铁业利税率为5.06%、5.07%，低于山东省10.33%和5.55%的平均水平，主导产业所创造的利税率低于山东省的平

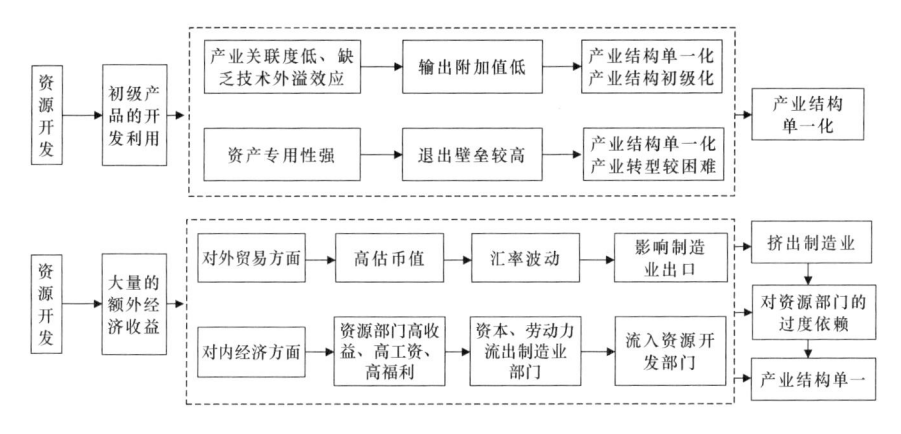

图 6-10　产业结构的单一化与制造业产业的挤出效应机制

均水平表明鲁南地区的化工、建材以及机械制造、钢铁等基础性产业技术含量相对较低，工业企业的规模相对较小，仍然以资源粗加工为主，产业优势并不突出且产业竞争力不强，资源优势并没有转化为经济优势和商品优势。资源密集型产业比重过高、竞争力弱是导致该区域能耗大、污染物排放强度大的直接原因。因此，低层次、以不可再生资源开发为主的资源型产业结构不仅加剧了对资源和能源的需求压力，而且增加了环境污染负荷和治理难度。

产业结构的同构现象较为严重是鲁南四地区产业结构的重要特征，从各个地区之间的产业结构相似系数来看，各个相似系数均在 0.5 以上，表明区域之间产业趋同性现象严重，其中多数地区产业结构相似系数在 0.8 以上，枣庄与济宁产业结构相似系数更是 0.98，产业结构的同构性最为严重（见表 6-14）。区域低技术、低附加值的产业结构雷同现象突出，产业结构的严重同构性既浪费了产能，同时也造成了产能过剩，不利于区域性产业结构向协调化和高级化发展。

表 6-14　2011 年西部隆起带各区域之间的主导产业结构相似系数

地区	相似系数	地区	相似系数
枣庄—菏泽	0.80	济宁—临沂	0.82
枣庄—临沂	0.82	济宁—菏泽	0.68
枣庄—济宁	0.98	菏泽—临沂	0.81

（三）矿产资源开采带来的生态环境问题比较突出

矿产资源的开发利用与生态环境之间表现为相互影响的制约关系，一方面区域内良好的生态环境条件是进行矿产资源开发等经济活动的基础，另一方面矿产资源的开发会直接或间接对生态环境产生干扰和破坏，矿产资源开采对生态环境的影响主要体现在资源毁损、地质灾害和环境污染3个方面，对土地资源、水资源、环境质量等都产生了不同程度的影响，使原有的生态系统结构和功能发生改变，破坏自然的生态平衡，导致自然生态功能遭到严重削弱甚至消失（见图6-11）。

矿产资源开采对生态环境的影响
{
资源毁损：煤矸石压占土地、地面沉降（坍塌）、崩塌、浪费土地、植被压占及破坏、土地沙化等

地质灾害：采空区地面沉陷（坍塌）、崩塌、泥石流、水土流失、滑坡等重要的地质性灾害

环境污染：废水、废渣、废气、地下水位下降、土壤污染、废水排放对水资源破坏等
}

图6-11 矿产资源开发与主要生态环境问题分类

西部隆起带地区的矿产资源开采活动主要为煤炭等能源矿产资源和石灰石等非金属矿产资源的开采，其中煤炭等能源矿产资源的开采是引发严重生态环境问题的重要驱动因素。随着济宁、枣庄等地对矿山、煤炭地不断开采，特别是企业为了追求利润而采取传统的采煤方式导致了区域性的塌陷地逐年增多，例如邹城市的采煤塌陷地在2007年达到53.53km^2，目前采煤塌陷地仍以每年1.67—2.00km^{2}的速度增加，据此推算，到2050年邹城市采煤塌陷地面积将达100km^2，将造成67个村庄搬离，20多万群众失去赖以生存的土地，相当一部分粮田将积水成湖，区域内的采煤塌陷形式十分严峻。截至2011年底，枣庄市煤炭开采的塌陷区面积达到133.33km^2，而塌陷区边缘地带水土流失严重，塌陷较浅的地方则土壤盐渍化现象严重。矿产资源开采使资源型城市转型的环境治理与生态环境恢复成本不断加大。

（四）流域湿地环境问题仍较严重，农业面源污染严重

南四湖流域、淮河流域、海河流域是西部隆起带的重要流域，其中南

四湖流域 2005—2010 年符合或优于国家《地表水环境质量标准》Ⅲ类水质标准，断面所占比例呈现上升趋势，但是 2010 年 V 类水质比例达到 36.11%，劣 V 类水质为 8.33%，水环境的状况依然堪忧，2010 年 COD 和氨氮平均浓度分别达到 27.31mg/L、0.89 mg/L，COD 平均浓度仍未达到Ⅲ类水质标准要求。根据南四湖流域的工业源普查数据，造纸及纸制品业、煤炭开采和洗选业、化学原料及化学品制造业，饮料制造业和纺织业等成为 COD 和氨氮排放的主要工业源类型。从单位 GDP COD 排放量、单位工业增加值废水排放量、单位工业增加值 COD 排放量、单位工业增加值氨氮排放量、化肥农药施用强度、农药施用强度等数据来看，这些指标近年来均呈下降趋势，但仍未达到《生态山东建设规划纲要》等相关标准[1]。2012 年淮河流域 56 个省控断面中，根据高锰酸钾指数、氨氮双因子评价，Ⅳ类以上水质比例达到 25%，水环境功能区的达标率为 87.5%，海河流域 27 个省控断面中，水质在 V 和劣 V 类比例占 63%，水环境功能区达标率仅为 40.7%，淮河流域和海河流域污染压力依然较大，其中以海河流域最为严重[2]。

湿地具有重要的生态价值、经济价值、社会价值和科研价值，西部隆起带地区拥有众多湿地，根据山东省 2012 年湿地普查数据，西部隆起带区域的 30 块重点调查湿地中，6 块湿地处于中等人为破坏程度，1 块湿地（沂河）处于严重人为破坏程度，其余处于轻微破坏程度，3 块湿地处于中等程度工业污染，其余湿地处于轻微程度工业污染，破坏面积大于 $30hm^2$ 的湿地地块有 13 块，9 块湿地破坏面积占湿地总面积比例大于 5%，调查发现，工业化、城市化推进引起的湿地污染和大面积围垦成为影响湿地功能、湿地面积萎缩的主要因素，人口密度大、农业生产强度的扩大也是造成湿地质量下降的重要原因。

在 2012 年公布的《山东省主体功能区划》中，西部隆起带大片区域被列为国家级农产品主产区，农业面源污染成为重要的区域生态环境问题，计算单位面积的耕地化肥使用量、农药使用量（折纯）和农膜使用量，结果分别为 $1.84t/hm^2$、$18.88kg/hm^2$、$36.61kg/hm^2$，其中化肥使用量和农药使用量（折纯）略高于山东省平均水平，农膜使用量略低于

---

[1] 赵丹婷：《南四湖流域水环境承载力研究》，硕士学位论文，山东师范大学，2012 年。
[2] 山东省环境保护厅：《山东省环境状况公报》，2012 年。

山东省平均水平,但要高于《国家级生态乡镇建设指标(试行)》《山东省全面建设小康社会环境保护指标体系》《生态山东建设规划纲要》等标准,农业面源污染问题成为影响生态环境的重要因素。此外,根据《山东省重点生态功能保护区规划(2008—2020)》,区域内临沂、枣庄等鲁中南山地丘陵地区水土流失问题较为严峻,是区域性的重要生态环境问题。

三 西部隆起带人地系统脆弱性评估——以资源衰竭型城市枣庄市为例

西部隆起带总体而言属于资源导向型区域,但是区域内5个地市的情况差异很大,很难建立对于5个地市的较为全面的人地关系可持续性评估指标体系,研究尝试建立某一种资源导向类型人地关系可持续性评估指标体系,《全国资源型城市可持续发展规划(2013—2020)》指出枣庄是山东省唯一的资源衰竭型城市,因此对资源衰竭型城市的人地关系可持续性进行评估具有很好的实践意义和理论意义。借鉴国内外对于资源衰竭型城市的理论与实证研究成果,研究主要对西部隆起带人地系统的脆弱性进行评估,分析在枣庄市煤炭开采过程中所面临的经济、社会和生态环境的脆弱性变化,以及枣庄市乃至山东省在资源衰退期对经济、社会和生态环境的应对能力,通过什么路径实现资源衰竭型城市的转变,以期对资源衰竭型城市未来发展具有更好的借鉴意义。

枣庄市位于山东省南部,是西部隆起带的重要城市之一,包括薛城、山亭、市中、峄城、台儿庄区5个城区和滕州市,土地总面积4563.22km^2,占西部隆起带和山东省国土面积的比例分别为9.21%、3.16%,2012年人口总量为377.20万人,占西部隆起带和山东省的比例分别为10.54%、4.02%,GDP总量为1072.92亿元,占西部隆起带和山东省的比例分别为10.73%、2.15%。在计划经济时期,枣庄市在煤炭、电力和化工等重要产业方面为国家建设和区域发展做出了重要贡献,其中煤炭、电力和化工等支柱产业在国家价格双规政策方面的贡献高达64亿元,相当于同期地方财政收入的1.53倍,但近年来由于资源日趋枯竭,进入资源衰退期,造成区域煤炭资源濒临枯竭、经济结构失衡、社会就业困难、民生发展落后、生态环境不断恶化等一系列的人地关系矛盾问题(见图6-12)。

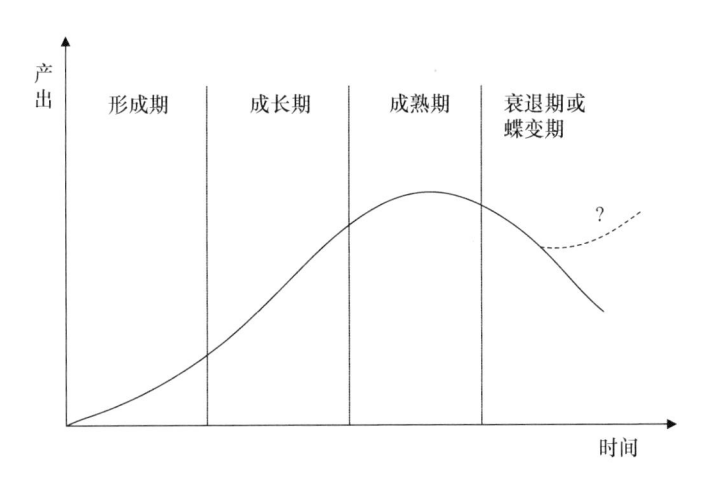

图 6-12 产业生命周期的一般形态

(一) 指标体系构建及数据来源

1. 指标体系构建

脆弱性概念能较为全面和准确地反映资源衰退型城市发展问题的复杂性、多元性及其动态性,并且系统的脆弱性也是阻碍资源衰退型城市可持续发展的重要因素,因此研究选用脆弱性分析作为人地关系地域系统的切入点,尝试引入集对分析解决人地关系地域系统中确定性和不确定性问题。其中,人地关系地域系统包括社会系统、经济系统和生态环境系统,主要分析各个系统的敏感性、应对能力和脆弱性程度,以便能更好地分析枣庄市在资源开采过程中面临的人地系统相互作用的脆弱性表现和脆弱性程度。根据指标体系建立的煤炭资源导向性、人地互为作用、系统基本性质等原则,构建枣庄市人地关系地域脆弱性指标体系(见表6-15)。

其中,个别指标需要解释和说明:资源型产业增长弹性系数=重工业产值的增长率/区域总产值的增长率,外贸依存度=进出口总额/全市GDP,非资源型产业比重=(全市GDP-重工业产值增加值)/全市GDP,依据资源开发程度和可供开发的资源量将枣庄市矿业城市划分为开采初期、幼年期、中年期和老年期4个阶段,并分别赋予相应系数,用以反映开采周期对城市就业的扰动强度,资源型产业就业比重=(采掘业人口+制造业人口)/就业总人口,土地利用强度=建设用地面积/区域总面积,规模以上工业资产负债率=规模以上工业企业负债总额/规模以上工业企业资产总额。

表6-15　枣庄市人地关系地域系统脆弱性评价指标体系

目标层	代码	敏感性指标名称及单位	代码	应对能力指标名称及单位
经济子系统脆弱性	ES_1	煤炭产量年增长率/%	ER_1	人均GDP/元
	ES_2	资源型产业增长弹性系数/%	ER_2	非资源型产业比重/%
	ES_3	采掘业产业比重/%	ER_3	固定资产投资密度/（万元/km^2）
	ES_4	外贸依存度/%	ER_4	地方财政自给率/%
	ES_5	地方财政收入增长率/%	ER_5	科技和地质勘查人员比重/%
社会子系统脆弱性	SS_1	矿业城市发展阶段	SR_1	GDP增长率/%
	SS_2	资源型产业就业比重/%	SR_2	第三产业从业人员比重/%
	SS_3	国有集体单位从业人员比重/%	SR_3	私营经济从业人员比重/%
	SS_4	城镇登记失业率/%	SR_4	城镇居民人均可支配收入/元
	SS_5	规模以上工业资产负债率/%	SR_5	教育投入占财政支出比重/%
生态环境子系统脆弱性	NS_1	工业废水排放强度/（$10^4 t/km^2$）	NR_1	工业废水排放达标率/%
	NS_2	工业COD排放强度/（t/km^2）	NR_2	工业SO_2去除率/%
	NS_3	工业SO_2排放强度/（t/km^2）	NR_3	工业烟尘排放达标率/%
	NS_4	工业烟尘排放强度/（t/km^2）	NR_4	工业固体废物综合利用率/%
	NS_5	工业固体废物排放强度/（$10^4 t/km^2$）	NR_5	节能环保投入占GDP比重/%
	NS_6	土地利用程度/%	NR_6	建成区绿化覆盖率/%

2. 数据来源

相关数据来源于《枣庄市统计年鉴（1992—2013）》《山东省环境统计公报（1991—2012）》《中国城市统计年鉴（1992—2013）》等统计年鉴以及《枣庄市社会经济发展公报》和《枣庄市资源城市转型与可持续发展规划（2010—2020年）》等相关公报规划统计资料。

（二）研究模型及权重确定

1. 研究模型

采用集对分析模型对资源枯竭型区域人地系统的脆弱性进行相应分析。集对分析（Set Pair Analysis，SPA）是由赵克勤提出的一种针对确定性和不确定性问题进行同异反定量分析的理论。集对分析对不确定性加以客观承认、系统刻画、具体分析，因而具有鲜明的辩证性，是解决多目标决策、多属性评价的有效途径，已在评价、管理、预测和规划等研究领域得以广泛应用。

集对分析的核心思想是将确定性与不确定性作为一个系统,把具有某种联系的 2 个集合 A、B 看成 1 个集对 H,在某个具体问题背景下按照集对的某一特性建立这 2 个集合的同一、差异、对立的联系度表达式并据此展开分析。根据问题 W 的需要,对由集合 A 和集合 B 所组成的集对 H 展开分析,共得到 N 个特性,其中有 S 个特性上相对立,在其余的 $F = N - S - P$ 个特性上既不对立又不同一。则集合 A 和集合 B 在具体问题 W 下的联系度 μ 可表示为:

$$\mu(W) = \frac{S}{N} + \frac{F}{N}i + \frac{P}{N}j = a + bi + cj \qquad (6-20)$$

式中,a、b、c 分别称为集合 A 和集合 B 在问题 W 下同一度、差异度和对立度,且满足 $a + b + c = 1$。i 和 j 一方面是差异度和对立度的标记,另一方面表示差异度和对立度的系数。其中 i 取值为 $[-1, 1]$,j 的取值规定恒为 -1。对于多属性评价问题,可记为 $Q = \{F, D, E, W\}$,其中,评价方案集 $F = \{f_1, f_2, \cdots, f_m\}$,评价指标集 $D = \{d_1, d_2, \cdots, d_n\}$,评价对象集为 $E = \{e_1, e_2, \cdots, e_k\}$,$e_k$ 为第 k 个被评价对象,评价指标权重集为 $W = \{w_1, w_2, \cdots, w_n\}$。在同一空间内进行对比确定各评价方案中的最优评价指标并构成最优评价集为 $U = \{u_1, u_2, \cdots, u_n\}$,各评价指标中最劣评价指标构成最劣评价集为 $V = \{v_1, v_2, \cdots, v_n\}$。集对 $\{F_m, U\}$ 在 $[U, V]$ 上的联系度为:

$$\begin{cases} \mu(f_m, U) = a_m + b_m i c_m j \\ a_m = \sum w_p a_{pk} \qquad p = (1, 2, \cdots, n) \\ c_m = \sum w_p c_{pk} \end{cases} \qquad (6-21)$$

式中,a_{pk} 和 c_{pk} 分别为评价指标 d_{pk} 与集合 $[v_p, \mu_p]$ 的同一度和对立度,w_p 为第 P 项指标的权重。

当 d_{pk} 对评价结果起正向作用时:

$$\begin{cases} a_{pk} = \dfrac{d_{pk}}{\mu_p + v_p} \\ c_{pk} = \dfrac{\mu_p v_p}{d_{pk}(\mu_p + v_p)} \end{cases} \qquad (6-22)$$

当 d_{pk} 对评价结果起负向作用时:

$$a_{pk} = \begin{cases} \dfrac{\mu_p v_p}{d_{pk}(\mu_p + v_p)} \\ c_{pk} = \dfrac{d_{pk}}{\mu_p + v_p} \end{cases} \quad (6-23)$$

方案 f_m 与最优方案集 U 的相对贴近度 r_m 可定义为：

$$r_m = \dfrac{a_m}{a_m + c_m} \quad (6-24)$$

r_m 反映了被评方案 f_m 与最优方案集 U 的关联程度，r_m 值越大，表示被评价对象越接近最优方案，反之亦然。

运用集对分析方法，针对资源型地区脆弱性这一具体问题，把多个集合（同一城市不同年份）组合到一起，按照城市经济系统、社会就业系统、生态环境系统脆弱状况展开具体分析，各系统的敏感性以 a_m 来表示，各系统应对能力以 c_m 表示，将城市脆弱性评价指标合成一个与最优评价集的相对贴近度 r_m 以反映脆弱性程度，r_m 值越大表示经济系统脆弱性程度越高，反之亦然。

2. 权重确定

权重系数是为了能更好地显示若干指标数量在总量之中所具有的重要性程度，并根据相应指标的重要程度赋予不同的比例系数，主要有专家咨询法、层次分析法、模糊评判法等相关方法确定指标权重，研究采取熵权法确定每个指标的权重，并根据专家咨询方法对求取的权重进行一定修正，以最终确定各项指标的权重。

（三）结果分析

1. 敏感性分析

敏感性是指在系统内部、系统与系统之间、耦合系统之间相互作用的关系中，用于表征某个系统应对其内部或者外部因素变化的响应程度，因此在脆弱性的实际研究中，往往把敏感性逐渐纳入脆弱性的研究中，其中敏感指数越高，敏感性越强，相应的系统也就越脆弱。结合系统自身具有的恢复力、弹性力和承载力特点，对系统的敏感性进行相应分析。

从图 6-13 可以看出，经济敏感程度在 1991—2012 年期间大致可以分为 5 个阶段，1991—1999 年期间属于高经济敏感程度阶段，此段时期的经济敏感程度指数平均值为 0.583，经济敏感程度相对较高，2000—2003 年属于经济敏感程度下降阶段，2004—2008 年属于经济敏感程度上升阶段，

2009—2010 年属于经济敏感程度下降阶段，但在 2011—2012 年期间经济敏感程度大幅度上升，2012 年经济敏感程度指数为 0.620，为历年最高。经济敏感程度指数变化波动性较大，与煤炭资源开采、资源型产业增长速率、以重工业为主的单一经济结构等都有较大关系，1991—2012 年期间重工业增加值占总工业增加值比例高达 65.88%、采掘业占 GDP 比重高达 15.98%，2012 年重工业增加值占总工业增加值比例为 73.60%、采掘业占 GDP 比重为 16.02%，由于煤炭产量的增长率、资源型产业增长弹性系数、财政收入增长率等指标变动幅度较大，经济敏感性程度的变动也相对较大。近年来，特别是进入 2000 年以来，由于煤炭资源日渐枯竭、资源型产业结构锁定等诸多不利因素，枣庄市经济敏感性呈现逐渐上升的趋势，其面对的经济增长矛盾和压力也随之显现。

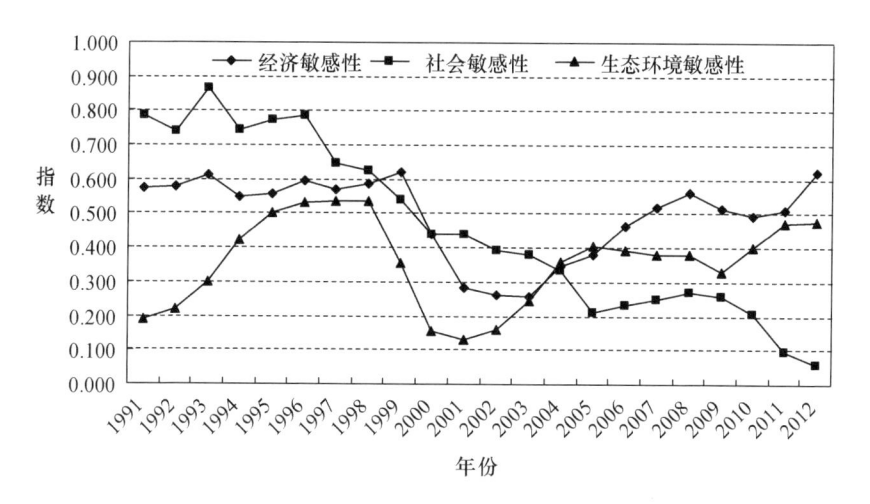

图 6-13 枣庄市各系统敏感性指数比较分析

从社会敏感性程度来看，枣庄市 1991—2012 年社会敏感性程度呈现逐渐下降趋势，社会敏感性程度指数的平均值为 0.458，变异系数为 0.547，进一步细分变化趋势大致可以分为 3 个阶段，1991—2005 年为社会敏感性程度逐年下降阶段，社会敏感性指数从 1991 年的 0.787 下降到 2005 年的 0.213，此段时期社会敏感性指数的平均值为 0.580，处于社会敏感程度相对较高的水平，资源型产业就业比重、国有集体单位从业人员比重等相关脆弱性指标值相对较高，国有企业转型压力巨大等是造成社会敏感性程度指数相对较高的重要原因；2006—2008 年为社会敏感性程度逐年上升阶段，社会敏感性程度指数有小幅度上升；2009—2012 年为逐年下降阶段，社会敏感性程度指数呈现小幅度下降趋势，进入 2005 年以来，社会敏感性指数呈上升或下降的波动趋势，但总体而言仍然是下降趋势较为明显，这也是近年来枣庄市大力实施加快产业转型、资源型结构调整、积极促进就业等诸多措施的结果。

从生态环境的敏感性指数来看，1991—2012 年生态环境敏感性指数的平均值为 0.358，变异系数为 0.359，其中 1991—1998 年生态环境敏感性指数呈现逐渐上升趋势，此段时期生态环境敏感性程度较高，生态环境敏感性指数的平均值为 0.404，各种污染物排放量以及土地利用程度指数基本呈现逐渐增加趋势；1999—2001 年生态环境敏感性指数呈现逐渐下降趋势，COD、SO_2 和烟尘、土地利用程度指数基本呈现逐渐下降趋势；2002—2005 年生态环境敏感性指数呈现逐渐上升趋势；2006—2012 年生态环境敏感性指数呈先上升后下降特征，其上升趋势与近年来工业经济规模的逐渐扩大、污染物排放量的增加有关。

2. 应对能力分析

应对能力是对人地系统内外条件变化所作出的一系列调整措施和路径设定，以实现人地系统协调可持续发展的核心目标，是人地系统的自我调控能力，能够有效降低脆弱性，增强人地系统的可持续性。一般而言，系统的脆弱性越强，其应对能力也就越差，而系统的脆弱性越低，其应对能力也就越强。从 1991—2012 年枣庄市各个子系统的应对能力来看（见图 6-14），除个别年份外均呈现上升趋势。其中，经济应对能力指数的平均值为 0.393，其变异系数为 0.274，经济应对能力变异系数从 1991 年的 0.384 上升为 2012 年的 0.661，社会应对能力指数的平均值为 0.355，其变异系数为 0.635，社会应对能力变异系数从 1991 年的 0.076 上升为 2012 年的 0.805，生态环境应对力指数的平均值为 0.631，其变异系数为 0.400，生态环境应对能力指数从 1991 年的 0.262 提升至 2012 年的 0.998，从中可以看出社会、生态环境应对力强度相对较高，属于比较理想的增长态势，而经济应对能力相对较弱，经济应对能力的变异系数相对较小，变化幅度相对较小。一方面反映出长期以来枣庄市一直将经济调整作为发展转型的重要措施，但同时也应该看到其经济转型力度还有待进一步加大。社会和生态环境的应对能力逐渐完善，第三产业就业比重、私营经济从业人员比重等相关指标均呈现逐年上升的趋势，各项污染物的治理率、排放达标率以及综合利用率等相关指标基本达到100%，也极大提高了生态环境的应对能力。

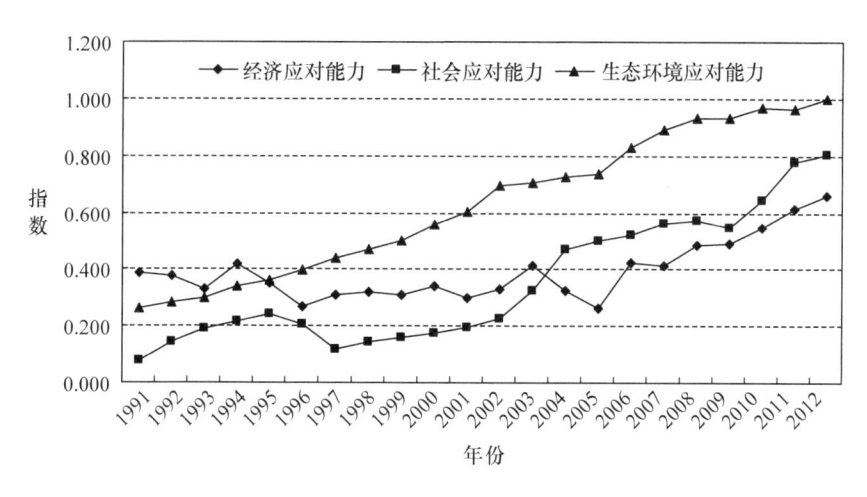

图6-14　枣庄市各系统应对能力指数比较分析

引入障碍度模型，以能够判定各个子系统应对能力的主要障碍因素，其计算公式如下：

$$A_i = w_i d_i / \sum_{i=1}^{n} w_i d_i \times 100\% \qquad (6-25)$$

式中，A_i为单项指标对于各个系统应对能力的影响程度；w_i为单向指标的权重值，d_i为单项指标的标准化值，n为各个系统的指标个数。为了找出主要的障碍因素，确定障碍度$A_i>5\%$为划分各年度障碍因素的标准值，并根据各年度障碍因素出现的频率来判定，以出现频率大于75%为主要的影响指标。

经济系统应对能力的主要影响指标中，按照出现频率的大小依次为非资源型产业比重、人均GDP、地方财政自给率、科技从业人员比重和固定资产投资密度，其中非资源型产业比重、人均GDP和地方财政自给率等指标出现频率大于75%成为经济应对力的主要障碍因素，上述经济指标的快速增长极大地增强了区域经济的总体实力，提高了枣庄市经济复杂化发展的应对能力，但从出现频率的大小也可以看出，调整经济结构、减小资源型产业比重是提高应对能力的最根本所在。

社会系统应对能力的主要影响指标中，按照频率的大小依次为私营经济从业人员比重、第三产业从业人员比重、GDP增长率、城镇人均可支配收入、教育投入占财政支出的比重，其中私营经济从业人员比重、第三产业从业人员比重、GDP增长率、城镇人均可支配收入等指标出现的频率大于75%成为社会应对力的主要障碍因素，可以看出大力发展第三产业和非公有制经济是提高社会应对力的重要途径，但同时保障GDP增长率也是保障就业的重要方式。据统计，1991—2011年期间尽管资源产业比重从1991年的63.27%下降到2012年的40.06%，国有集体从业人员比重从1991年的99.89%下降至2012年的67.26%，但在20余年内资源型产业比重高达49.16%左右，国有集体从业人员比重高达89.45%左右，而随着市场经济、私营经济和第三产业的发展以及居民素质的不断提高等极大增强了就业系统的应对能力。

生态环境系统应对能力的主要影响指标中，按照频率大小依次为工业废水排放达标率、工业SO_2排放达标率、工业烟尘排放达标率、工业固体废弃物综合利用率、建成区绿化覆盖率、节能环保占GDP比重，其中工业废水排放达标率、工业SO_2排放达标率、工业烟尘排放达标率、工业固体废弃物综合利用率等指标出现的频率大于75%，成为生态环境应对力的主要障碍因素，近年来工业三废处理率不断提高，以及投资环保力度不断加大和建成区绿化覆盖率不断增加都较好地推动了区域生态环境的恢复和改善。

3. 脆弱性分析

脆弱性能够有效测度系统在不利的扰动影响下的脆弱性程度和分析内外受到各种扰动的反应能力，反映在系统敏感性和应对能力共同作用下形成的系统状态。1991—2012年枣庄市各个脆弱性指数总体而言呈现不断下降趋势（见图6-15），属于较为理想的变化状态。其中经济系统的脆弱性指数从1991年的0.595下降至2012年的0.479，平均值为0.551，变异系数为0.129，社会系统的脆弱性指数由1991年的0.855下降到2012年的0.127，平均值为0.551，变异系数为0.418，生态环境系统脆弱性指数从1991年的0.464下降为2012年的0.240，平均值为0.363，变异系数为0.371，可以看出经济和社会系统的脆弱性指数相对较高，而生态环境的脆弱性指数相对较低，各个系统脆弱性指数的变异系数较小，表明系统脆弱性指数变化相对较小。

其中经济脆弱性指数波动性较大，大致可以分为4个阶段，1991—

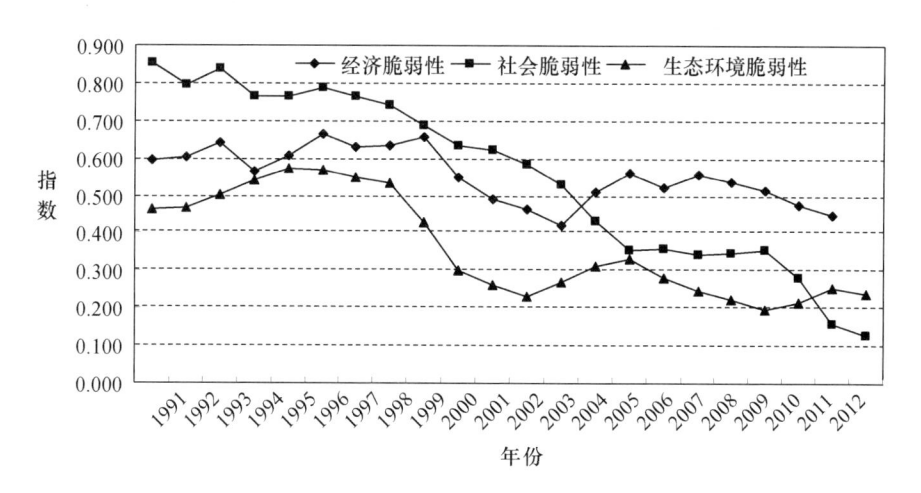

图 6-15 枣庄市各系统脆弱性指数比较分析

1999 年为经济脆弱性较高阶段，此段时期主要由于经济系统敏感性较强，应对能力相对较弱而导致经济系统脆弱性相对较高，经济系统脆弱性指数平均值为 0.621；2000—2004 年为经济脆弱性下降阶段，由于经济系统敏感性下降，应对能力不断提升导致经济系统脆弱性持续下降；2005—2006 年为经济脆弱性上升阶段，经济系统脆弱性在敏感性和应对能力的作用下发生轻微波动；2007—2012 年为经济脆弱性下降阶段，由于经济应对能力的持续提高和经济敏感性的略微下降而呈现下降趋势。

其中，社会脆弱性指数在 20 多年间波动性最大，社会系统的脆弱性指数从 0.855 下降为 0.127，表明社会系统脆弱性受到外界不利影响的扰动较小，特别是在其应对能力不断提高的情况下，降低了社会系统脆弱性。大致可以分为两个阶段，1991—2004 年期间，社会系统脆弱性一直呈现下降趋势，在 2005 年社会系统脆弱性平稳期后（2005—2009 年），又呈现持续下降趋势。

生态环境系统脆弱性的波动程度较大，大致可以分为 4 个阶段，1991—1995 年为生态环境系统脆弱性指数不断上升阶段，主要由于此段时期生态环境系统的敏感性指数呈现高位态势，生态环境系统的应对能力呈现上升态势；1996—2002 年为生态环境系统脆弱性指数不断下降阶段，生态环境系统敏感性不断下降而应对能力不断提高是主要原因；2003—2005 年为生态环境系统脆弱性指数上升阶段，生态环境系统敏感性指数上升是其主要原因；2006—2012 年为生态环境系统脆弱性指数不断下降阶段，生态环境系统敏感性不断下降而应对能力不断提高是造成脆弱性指数不断下降的主要原因。

4. 人地关系地域系统的脆弱性分析

借鉴当前地域人地系统脆弱性的相关研究成果，对枣庄市人地系统的经济系统、社会系统和生态环境系统分别赋予 0.4、0.3、0.3 的权重，运用状态值法计算枣庄市人地系统的敏感性、应对能力和脆弱性指数，计算公式为：

$$V_i = |M| = \sqrt{W_1 OE_i^2 + W_2 OS_i^2 + W_3 ON_i^2} \qquad (6-26)$$

式中，W_1、W_2、W_3 分别为经济、社会和生态环境子系统的敏感性、应对能力和脆弱性指数权重，OE_i、OS_i、ON_i 为 3 个子系统敏感性、应对能力和脆弱性指数值。根据上述公式计算 1991—2012 年枣庄市人地系统的敏感性、应对能力和脆弱性指数值。

根据计算结果（见图 6-16），1991—2012 年人地系统的敏感性从 1991 年的 0.334 下降为 2012 年的 0.287，其平均值为 0.272，变异系数为 0.287，和各个子系统的敏感性变化趋势一样，人地系统的敏感性变化指数也呈现变化的多阶段性，其中 1991—1996 年人地系统的敏感性指数处于高位阶段，此段时期人地系统的敏感性指数平均值为 0.349，人地系统面临着较高的经济、社会和生态环境压力，人地系统的敏感性相对较高；

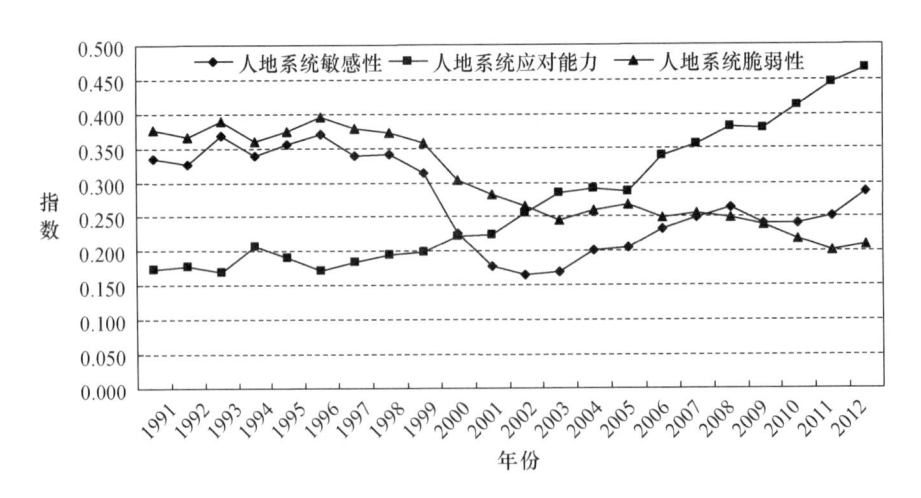

图 6-16 枣庄市人地系统脆弱性指数比较分析

1997—2002 年人地系统的敏感性呈现逐渐下降趋势，此段时期经济、社会和生态环境敏感性呈现相对下降趋势；2003—2008 年处于人地系统敏感性逐渐上升阶段，经济、社会和生态环境的敏感性呈现上升或者略微下降趋势；2009—2012 年人地系统的敏感性又呈现逐渐下降态势，社会敏感性下降是造成人地系统敏感性下降的主要原因。

从人地系统应对能力来看，1991—2012 年人地系统的应对能力从 1991 年的 0.174 上升为 2012 年的 0.467，人地系统的应对能力大致呈现不断上升趋势，也可大致分为两个阶段，1991—1996 年人地系统的应对能力呈现相对平稳但略微下降的趋势，此时间段内经济应对能力下降、社会应对能力变化幅度相对较小是造成人地系统应对能力稳中有降的主要原因。1997—2012 年人地系统应对能力大致呈上升状态，年均增长率达到 6.58% 左右，其中经济应对能力、社会应对能力和生态环境应对能力均呈现不断提高趋势，这是造成人地系统生态环境应对能力不断提高的主要源动力。

从人地系统脆弱性指数来看，1991—2012 年人地系统的脆弱性指数基本呈现逐年下降趋势，从 1991 年的 0.377 下降至 2012 年的 0.208，其脆弱性指数的平均值为 0.301，变异系数为 0.223。从曲线的大致变化趋势来看，人地系统的脆弱性大致可以划分为 4 个阶段，1991—1996 年为人地系统的脆弱性指数相对较高阶段，经济、社会和生态环境的脆弱性相对较高是造成人地系统脆弱性相对较高的原因；1997—2003 年人地系统的脆弱性指数呈现逐年下降趋势，经济、社会和生态环境脆弱性下降是人地系统脆弱性下降的主要原因；2004—2007 年人地系统的脆弱性指数呈现相对稳定的变化趋势，社会脆弱性下降效应抵消了经济和生态环境脆弱性升高效应；2008—2012 年人地系统的脆弱性指数呈现逐年下降趋势，此段时期内经济脆弱性下降、社会脆弱性稳定中下降、生态环境脆弱性不断下降是造成这一现象的主要原因。

因此整体而言，枣庄市人地系统的脆弱性基本在 0.208—0.377 之间，属于较低强度的脆弱性水平。其未来的发展目标和功能定位应该是不断降低系统敏感性水平、提高系统的应对能力，以便能更好地适应资源枯竭和经济结构转型的现实条件。

第七章

山东省人地关系地域系统优化路径与对策

人地关系地域系统优化的重心目标是协调区域人地关系，实现区域可持续发展。甚至从某种意义上来讲，区域可持续发展目标的实现实质是人地关系的协调。

第一节 人地关系地域系统优化的总体思路

一 人地关系地域系统优化的依据原则

人地关系地域系统的优化需要以人地系统的特征、发展机理等为基础，按照一定的依据和原则来指导系统优化调控（见图7-1）。具体而言，人地关系地域系统的优化需要遵循一定的依据与原则，其中主要包括系统优化调控的切入点——"人"的自为作用力、系统优化调控的约束力——"地"的空间承载力、系统优化调控的目标点——人地协调共生、系统优化调控的内在力——优化发展观念、系统优化调控的阶段性——识别发展阶段、系统优化调控的区域性——定位区域功能等几个方面。

（一）以"人"的自为作用力为调控切入点

按照耗散结构理论（Dissipative Structure Theory）的基本观点，人地关系地域系统是一个开放性的非平衡自组织系统，系统内的各个要素之间具有非线性的相互作用动态涨落机制。人地关系地域系统的形成、发展、演变是通过向其输入低熵能量、物质和信息产生负熵流而得以维持。人地系统的生物和非生物过程都不同程度叠加着强烈的人文过程，"人"在人地系统中既是"地"的产儿，又扮演着"地"的主宰者角色，因此人的利益追求与驱动是导致人地关系紧张的最关键因素。人类在满足自身需求的过

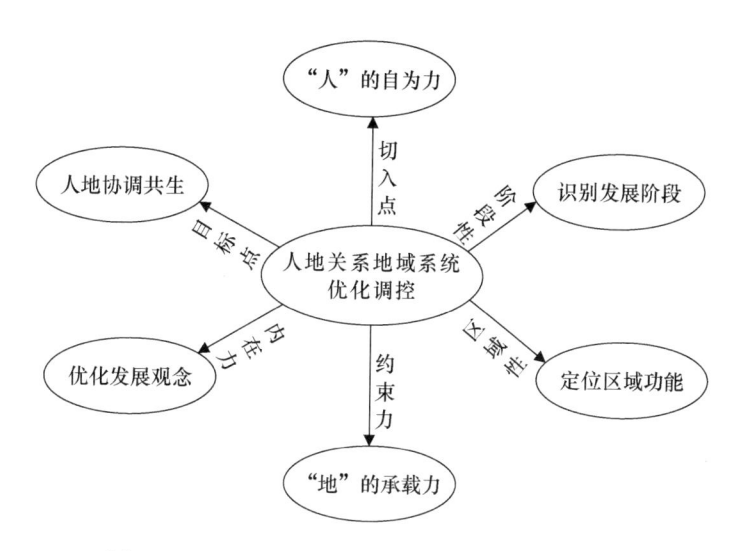

图7-1 人地关系地域系统优化调控的原则与依据

程中,不断采用原始技术、农业技术、工业技术持续获取高物质消费需求,但随之而来的资源超载极限、生态破损严重等问题造成地理环境的人类活动容量接近或者超过饱和状态,促使生态需求推动人地系统的整体进化与发展,因此人的需求成为人地矛盾演化的主要推动力。

同时,"人"具有识别和获取低熵信息,能够有效从人地系统中获取大量资源、环境和生态积蓄,促进人地系统的耗散结构从低级状态向高级状态转化,成为人地系统保持有序结构的重要保证。"人"是实现人地关系和谐发展的重要前提,伴随着自然人—经济人—生态人的过渡,"人"的自身发展方式、消费方式、智能方式等也随之转变。因此,无论从人地系统矛盾的问题所在,还是从人地系统的调控着眼,"人"是人地系统调控与优化的着眼点,也是人地系统调控与优化的重点,因此要把"人"的自为作用力作为人地关系地域系统调控的切入点,根据区域人地系统中"人"的自为作用力的内在与基本特点确定人地关系地域系统调控的引导与约束条件。

(二) 以"地"的空间承载力为调控约束力

"地"的空间承载力是指在一定的生产条件和生活水平的影响下,空间内所能够承载的人口、经济等社会经济活动的"量"的综合体,"量"存在着极限阈值。地理环境具有一定的空间承载力,是"人"从事生产的基地和赖以生存的物质基础，人类社会经济活动必然受到资源环境条件的强制性约束和生态平衡的弹性极限约束，"地"的空间承载能力局限于"地"自身的综合条件和人类能动作用的约束与人类消费行为的扩张。因此地域的"地"的空间承载力决定了空间内人类活动强度、生产结构、消费结构、空间组织结构等内容。"地"的空间承载力特点为人地关系的协调提供了约束性和引导性条件，对"地"的空间承载能力较强的区域，其调控的力度可以相对弱一些，以尽可能地满足公众的基本物质需要；而对"地"的空间承载能力较弱的地区，必须增强调控能力的强度，用以满足公众对于生态环境的基本需求和区域、区际生态环境的基本安全。另外，由于"地"的空间承载能力值通常随着已有社会经济条件出现相应变化，因此，人地系统调控还需要在已有"地"的空间承载能力及其影响因素的基础上进一步提高其承载的极限阈值。

（三）以人地协调共生为调控目标点

人地关系地域系统调控的最终目标是要促进系统内部各个要素关系的积极调整，尽可能地避免或者终止系统内各个要素之间的一切消极关系，最终实现"人"与"地"的协调发展。所谓协调，就是协调满足与人类全面需求有关的各种人类活动，并能够通过其协调进化促进人地关系地域系统的不断协调发展。人地系统协调主要是对人口生产、物质生产、生态环境生产和社会文化生产4种基本生产活动的协调。若将4种生产活动 i 时刻的调控效应分别记为 i_1、i_2、i_3、i_4，A_i 为生产活动效应数据标准化值，W_{ij} 是 i 时刻关于4种生产活动满意度的度量，有 $0 \leq W_{ij} \leq 1$，则特定区域在某一时刻人地系统协调发展的静态协调度为 $L_s(i)$ 符合：

$$L_s(i) = \prod_{j}^{n} W_{ij} A_i, 0 \leq H_s(i) \leq 1 \qquad (7-1)$$

$L_s(i)$ 值越大，在特定区域人地系统的协调状况越好。设定在 $(t-T):t$ 时刻，人地系统的静态协调度为 $L_s(t-T+1)$，$L_s(t-T+2)$，…，$L_s(t-1)$，则动态协调度可以记为 $L_d(t)$，计算公式如下：

$$L_d(t) = \frac{1}{T} \prod_{j=0}^{T-1} W_{ij} A_i, 0 \leq H_d(t) \leq 1 \qquad (7-2)$$

式中，T 为基准时间段，若 $t_2 > t_1$，且 $L_d(t_2) > L_d(t_1)$，区域人地系统协调处于不断协调的发展轨迹之中，这也是人地系统协调的目标点。

（四）以观念意识的不断优化为调控内在动力

人地关系地域系统调控需要以"人"的自为力为切入点、以"地"的空间承载力为约束力、以协调共生作为系统调控的目标点，特别要把发展观念、意识和文化的调控作为人地系统调控的重中之重，对人地关系影响的内在力不是人口规模和经济规模，而是"人"的发展观念、发展意识和文化理念，对人地关系协调冲击最大的不是"人"的数量、规模和作用强度，而是"人"的观念、意识、文化，因为人类社会经济活动均受"人"的观念、意识、文化的支配与引导，"人"的观念、意识、文化既具有破坏性，也具有建设性，"人"的观念、意识、文化决定着人类活动对地理环境的行为方式和对待人地关系问题的态度，"人"的消极观念、意识、文化往往带来无序的社会经济行为，引起较强的生态环境负效应，"人"的积极观念、意识、文化则往往会引发有序的社会经济行为，引起较好的生态环境正效应。因此，"人"的观念、意识、文化具有自觉终止不良社会经济行为、向不断改善人地关系方向发展的特点，从而促进传统发展观向可持续发展观转变。因此，对于观念、意识与文化的优化成为人地系统调控的内在力，将替代资金投入和技术等因素作为人地系统调控的最主要动力，是有效遏制人地关系恶化的关键途径。

（五）以对人地系统的发展阶段的判断识别为基础

人地系统的发展演变是一个长期的过程，不同发展阶段的演替在不同程度上修整着人地关系协调发展的目标。辨识不同发展阶段的可持续性问题，对于人地关系的协调具有重要意义。在传统发展观念下，区域发展阶段的划分基本上以经济形态为主，例如，按照产业主导部门的演替来确定发展阶段，而在可持续发展观念的指导下，往往是从人地系统的经济—社会—生态环境三维目标的协调出发，按照区域经济增长—区域经济发展—区域可持续发展的演化轨迹，不断识别在不同发展阶段人地矛盾问题和优化调控路径。无论从经济形态主导产业的类型发展出发，还是从人地系统发展结构要素协同出发，辨识在不同发展阶段的可持续性问题成为人地系统调控的重要内容，需要不断构建在时空演化下的发展问题约束并不断修正对人地关系地域系统调控的影响与完善机制。

不同发展阶段面临的生产结构、需求结构、调控结构有所差别，而其发展的观念、意识、文化、技术、信息等人文资源也呈现出不同的特征。一般而言，在低发展水平阶段通常由于观念、意识、文化、技术和信息等人文资源的积累不足，其生产力结构、消费结构和调控结构处在一个较低的运行水平，与较高发展水平阶段的人类活动系统结构相比，往往具有投入产出效益低、运行效率低下、发展方式相对粗放等特点，具有较强的生态环境负效应。因此，识别发展阶段，并能及时提高人文资源的积累或者不断根据现有生产结构、需求结构，及时对人地系统调控做出调整是影响人地系统调控的一项重要内容。

（六）以对人地系统的地域功能识别作为空间调控差别化手段

地域功能是指一定尺度区域在更大尺度的区域内，在地理环境系统的人类生产和生活活动中所能够履行的基本职能和发挥的基本作用。因此地域功能是自然生态系统提供的自然本底功能与人类因生产生活需要而赋予的开发利用功能的复合体，地域功能是地域系统的固有属性，具有综合性、控制性、动态性等特点。人地系统调控需要对区域系统内部和区际之间进行调控，而对于地域功能的定位成为制定区域差别化调控路径、协调区域之间人地关系的重要保证。作为复杂开放的空间地域单元，在其优化调控过程中，系统输入、输出的综合性和复杂性、多样性与区域之间要素输入、输出的复杂性，使区域之间空间结构的冲突突出体现在区域人地系统的地域本身与其地域之间形成的空间网络组织体系中，而这种协调决定着对区域人地关系地域系统发展的空间定位以及空间区位的合理分配，涉及空间协调共生问题。

因此，人地关系地域系统的空间协调需要以不同区域的地域功能作为基础，制定不同地域功能的调控目标和调控路径。例如，在主体功能区划中依据地域功能大致分为优化开发区、重点开发区、限制开发区和禁止开发区，其中对于不同类型区域在人地系统调控优化过程中，要使系统达到高度的协调发展，其不同功能定位类型区的人口行为、资源行为、生态行为、环境行为、经济行为和社会行为都需要根据不同类型区主体功能作为基础与参考借鉴（见图7-2）。综上所述，对人地关系地域系统的优化调控不仅在于人地关系地域系统内部各个要素的动态协调和优化，也要根据区域的功能定位实现区际人地关系地域系统的空间协调和优化，逐渐消除区际的盲目竞争、趋同、生态环境冲突，实现人类活动的社会经济行为对空间区位的合理占据，实现区际的协调发展和协调共生。

二 人地关系地域系统优化的总体思路构建

吴传钧院士在其《论地理学的研究核心——人地关系地域系统》中强调：任何区域开发、区域规划和区域管理都必须以改善区域人地相互作用

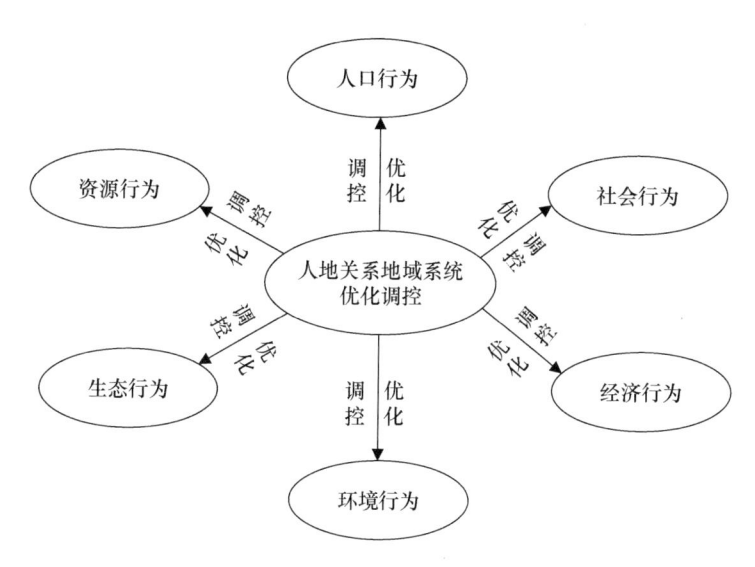

图 7-2　人地关系地域系统优化调控的空间行为

结构、开发人地相互作用潜力、加快人地相互作用在人地关系地域系统中的良性循环为主要目标,为有效进行区域开发和区域管理提供较好的理论依据。为了实现区域之间人地关系的协调发展,需要以人地系统地域功能识别作为空间调控差别化手段、以人地系统发展阶段的判断识别为基础、以观念意识的不断优化为调控内在动力、以人地协调共生为调控目标点、以"地"的空间承载力为调控约束力、以"人"的自为作用力为调控切入点等作为基本依据与原则,以一种战略的高度重新审视人地关系地域系统,采取多样化的手段调控区域、区际的人地关系,并以科学的理念指导实现系统内部和系统之间的协调共生目标,制定人地关系地域系统调控优化的整体思路。其中人地关系地域系统优化的总体思路主要包括人地关系地域系统内部调控机制、人地关系地域系统区际调控机制和人地关系地域系统适应性机制 3 方面内容。

(一) 人地关系地域系统内部调控机制的构建

在前述对于人地关系地域系统演变影响因素、机理以及系统调控原则和依据的基础上,构建人地关系地域系统调控的基本机制。首先需要把握好"人"与"地"的几个基本属性。其中,"地"的基本属性主要包括承载力、缓冲力和恢复力,承载力是"地"对人类活动生存与发展的支撑能力;缓冲力是指"地"在一定的结构、功能等前提条件下,所能够承受的变化，主要包括资源循环再生能力、环境污染自净能力、生态系统弹性能力等；恢复力是指"地"在扰动后重新恢复平衡的能力和速度。"人"的基本属性主要包括生产力、需求力和调控力，其中生产力是指在一定技术条件下使资源环境要素转换为社会产品的基本能力；需求力是指对人的基本生存需求和发展需求程度的衡量，往往与所处的生产力状态相适应；调控力是指人为了满足自身发展需要而采取的一系列调控"人"与"地"的能力，是保持人地关系地域系统协调稳定发展的重要因素。人地关系地域系统的调控实际上就是在于如何通过调控力提高"地"的承载力与缓冲力和恢复力、优化"人"的生产力、需求力的路径选择与调整。根据上述分析构建人地关系地域系统调控的整体思路（见图7-3）。

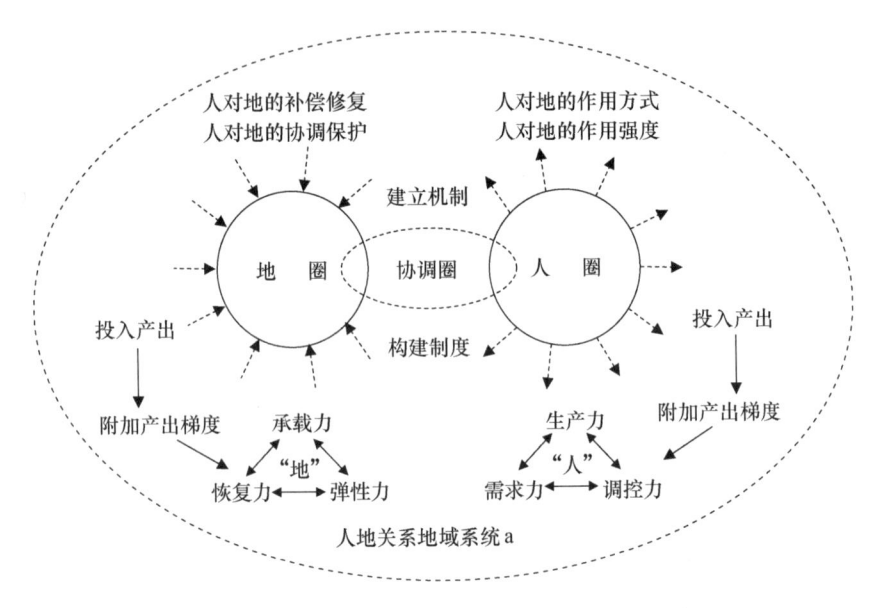

图7-3　人地关系地域系统a调控整体思路构建

从图7-3可以看出，人地关系地域系统调控的整体思路主要在于对"人"的调控、对"地"的补偿与修复、"人""地"之间机制的构建。首先，从"人"与"地"的直接作用方式与作用强度而言，调整"人"对"地"的作用强度和作用方式，包括是采取传统生产方式，还是采取清洁生产或者循环经济等生态产业生产方式；是采取粗放型的生产方式，还是采取集约型的生产方式；是采取传统发展观指导生产，还是采取可持续发展观指导生产；是放任区域开发强度的持续扩大，还是适度控制人类活动强度；是采取过度的消费发展模式，还是采取绿色消费发展模式等问题作出调整与选择。从"人"对"地"的生产、消费以及影响生产和消费的观念意识等方面予以相应调整，以能够更好地调控"人"对"地"的作用方式和作用强度。其次，在于如何对"地"进行一定的补偿，如何更加直接地保持或恢复"地"承载力、恢复力和缓冲力，"地"的功能的保持与修复是人类能够生存和进一步发展的主要基础与约束力，因此对于如何提高与恢复"地"的生态环境安全水平也是人地系统调控的重要内容。另外，如何在"人"与"地"之间搭建良好的机制促进人地关系地域系统的调控制度化，成为保障调控力稳定与可持续的重要内容，其制度的构建主要包括可持续综合决策机制构建、国民经济核算体系和政绩考评机制、自然资产产权制度和用途管制制度、区域节能评估和审查制度、生态环境政策制度体系和生态环境保护公众参与机制等多个方面。

（二）人地关系地域系统区际调控机制的构建

上述分析是某个区域的人地关系地域系统，而在实际的人地关系地域系统调控中，需要涉及区域之间的人地关系地域系统协调。"人"与"地"之间的相互作用在空间上主要体现在区际关系结构和空间开发结构等方面。区际关系结构主要包括区际的经济联系、社会联系和生态环境联系，因此整体而言，不仅是要获取经济要素的空间组合最优、集聚效益最大，更要促进区际整体的、可持续性的协调最优。合理的空间开发结构和合理的区际关系是相辅相成的，但在社会转型和可持续发展的过程中，应该以合理的空间开发促进和谐、互补的区际联系实现和不断发展。在前述的区域功能定位的基础上，逐步实现区际之间综合的社会、经济和生态环境的组织协调，不断减轻或消除区域之间的盲目竞争和区域冲突，逐渐实现人地系统经济社会行为对空间区位的合理占据与区域之间的协调发展（见图7-4）。

（三）人地关系地域系统适应性调控机制的构建

人地关系地域系统在调控过程中还需要根据系统外部条件的发展变化和内部要素的变化形成适应性机制，这也与人地关系地域系统发展的阶段性和动态性相一致（见图7-5）。外部发展环境的变化和内部发展要素的变化会不同程度地引起人地矛盾的显性体现、强度差异以及一系列发展目标的变化，那么需要对原有的调控路径是否合适、是否需要进行重新调整、如何调整等一系列问题重新做出审视，当原有的调控路径能够适应当

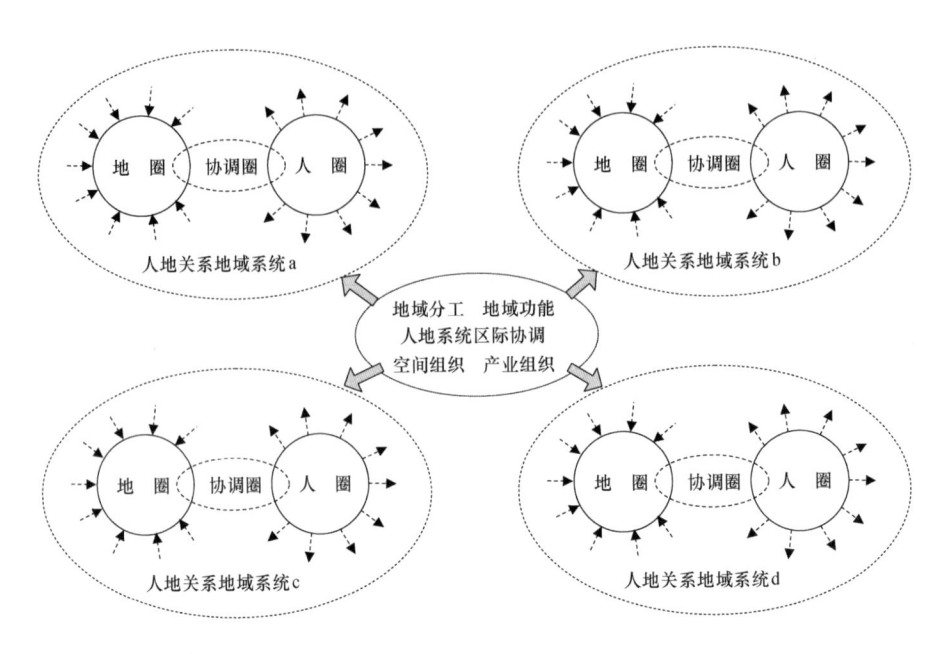

图 7-4　人地关系地域系统区际调控机制构建

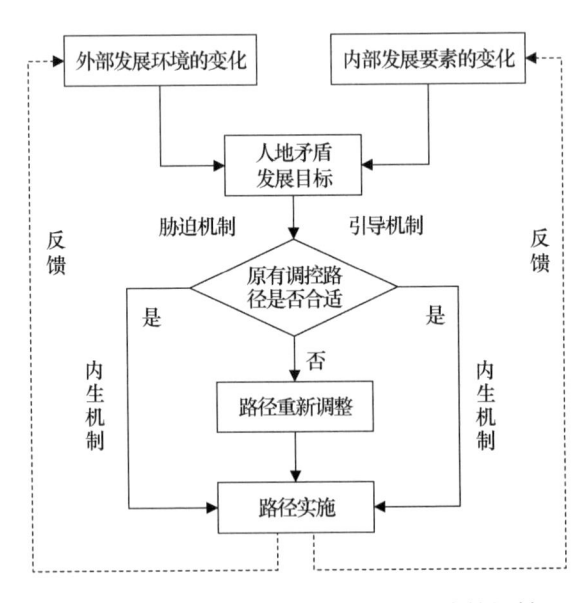

图 7-5　人地关系地域系统调控的适应性机制

前人地矛盾和发展目标变化时，不需要对调控路径进行调整；当原有调控路径不再适应当前人地矛盾和发展目标的变化时，就需要对路径进行重新调整，而调整后的调控路径又会反馈于外部发展环境、内部发展要素的变化。人地系统调控的适用性机制主要包括胁迫、引导和内生机制3方面的作用机制，由于外部发展环境和区域本身内部要素的不断变化，其资源环境问题的隐性暴露，促使人们重新审视原有发展模式与路径，从宏观、中观和微观等角度制定人地协调的协调引导机制，而人地系统本身具有的耗散结构、自组织和协同发展特性促使适应性重构的内生机制形成，人地系统调控的适应性机制正是在这3种机制相互作用下形成的。

第二节　山东省人地关系地域系统优化路径

一　优化调控"人"与"地"之间的相互作用方式与作用强度

（一）突出产业结构调整，积极促进经济转型

产业结构调整是山东省经济转型和保持经济长期增长的关键问题，同时也是降低"人"对"地"作用强度的最重要途径之一。产业结构是联结经济活动和生态环境的重要纽带，一方面从生产视角而言，产业结构可以比拟为资源的配置器；另一方面从生态环境保护角度而言，产业结构又可以比拟为资源消耗和环境污染的控制体（见图7-6）。由于在同技术水平和规制条件下的不同类型产业结构所产生的资源消耗效应和污染物种类及其数量差异很大，当对于微观的资源节约和环境污染的控制逐渐成为局限时，政府、公众便把产业结构调整作为降低资源消耗和环境污染的重要途

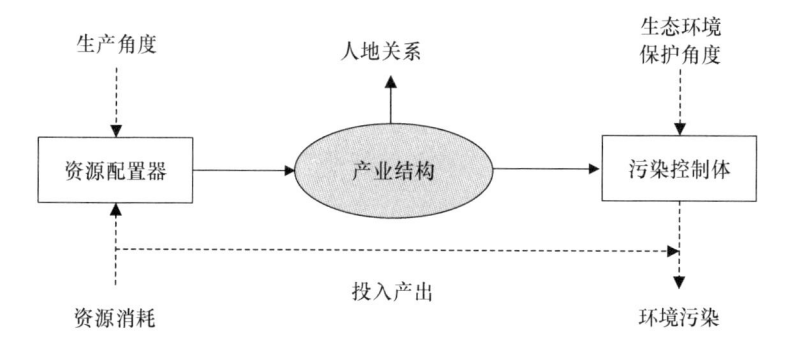

图7-6　产业结构调整的资源环境效应

径。积极发展生态产业、构建生态经济体系也成为优化"人"与"地"之间相互作用方式与作用强度的重要手段,旨在倡导和建立"通过提高资源利用和生产工艺的效率和可持续性,提高资源利用效率,处理好经济增长与环境退化的矛盾"的可持续性的生产方式。同时,加大经济转型力度,构建完善的市场经济机制,以尽可能地减少"人"对"地"的作用强度,促进"人"与"地"之间的协调。

1. 调整产业结构比例,促进产业结构比例的协调化

不断实施高端、高质和高效的产业发展战略,以经济发展效益和资源节约效益、环境保护效益相协调为导向,逐渐促进经济转型和产业结构调整,积极推动三次产业融合发展,加快建设结构优化、技术先进、清洁安全、附加值高的高度现代化和协调化产业体系。积极促进内源型经济和外向型经济比例的协调,提高本地区产品质量的整体水平、企业的基本开拓能力和产业的整体素质,不断强化产品的自主研发能力,形成外向型和内源型双重动力的经济发展模式。通过经济转型不断调整山东省过于"重工业化"的产业结构模式,形成重工业和轻工业相协调的工业结构模式。正确处理好传统产业和高新技术产业之间的比例关系,工业化要求发展传统制造业,而工业现代化和产业结构优化升级要求发展高新技术产业。从山东省整体考虑,两者均不可偏废,在发展对山东省经济增长具有重大带动作用的高新技术产业的同时,优化制造业结构,注重用高新技术改造传统制造业。山东省产业发展的主导方向和扩展经济增长的空间选择路径必须以本地的发展环境为基础,切忌盲目建设具有重复性的低水平产业结构(见图 7-7)。

2. 积极发展战略性新兴产业,促进产业结构发展高度化

加快培育和发展战略性新兴产业作为山东省转方式、调结构的重要切入点,加大资金和财政的支持力度,不断推动战略性新兴产业地快速健康发展。以加快转变经济发展方式为主线,实施高端、高质和高效的产业发展战略,提高财税对于高新技术产业的扶持力度,提升产业的自主创新能力,营造良好的市场环境,积极推动战略性新兴产业规模化和集群化的发展,逐步提升山东省战略性新兴产业的规模化和集群化发展水平,形成支撑区域可持续发展的先导性、支柱性产业(见图 7-8)。以市场主导、政府推动、科技先导、创新驱动、重点突破、开放拉动、链条延伸、集聚带动等作为战略性新兴产业发展的基本原则,逐步实现战略性新兴产业创新

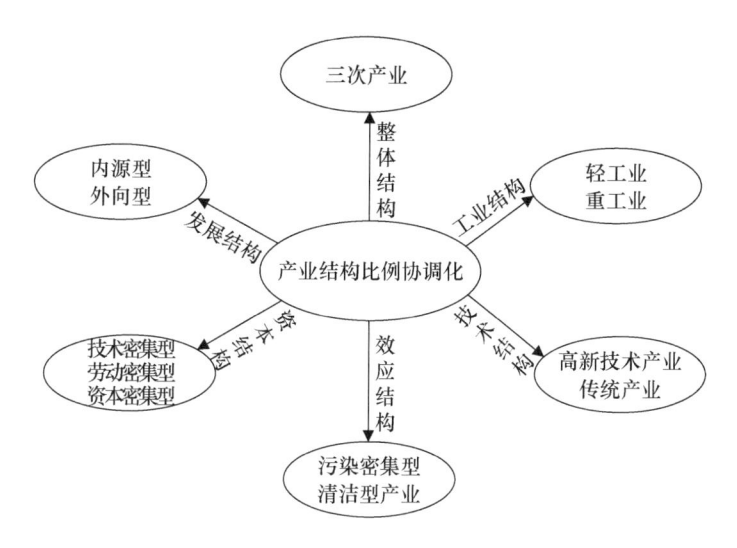

图 7-7 产业结构比例协调化的实施

图 7-8 山东省战略性新兴产业类型

能力明显增强、竞争优势大幅提高、引领带动能力显著提升的目标，突出新材料产业、新一代信息技术产业、新能源产业、新能源汽车、节能环保、新医药和生物产业、海洋开发产业、高端装备制造业等战略性新兴产业的发展，重点实施创新能力建设工程、产业集聚发展工程、人才队伍建设工程、新兴市场培育工程等，做好加强统筹协调、强化组织保障，推进体制机制创新、增强发展活力，深化开放合作、拓宽发展新空间，加大资金和政策支持力度、增强产业发展动力支撑，实施优惠土地政策，优化产业发展布局等几个方面的保障性措施。

3. 强化生态产业发展，减轻生态环境压力

（1）积极发展高产、优质、高效、生态、安全的生态农业

确保耕地面积数量与耕地质量的稳定，加大农田水利设施的投资建设力度，不断地提高农业综合生产能力。不断加快农业结构调整，积极推广"畜—沼—林"、"畜—沼—菜"以及农作物秸秆综合利用的农业循环经济模式，逐步建设一批具有特色的农产品生产基地、农产品产业区带和生态农业示范区、循环型农业示范基地和示范园区，构建与绿色消费、生态环境和安全健康的市场需求相适应的生态化产业。加快推进农业产业化，以促进农业生产的标准化、规模化和国际化为重点，扩大农业企业规模、提高农业企业层次。制定与完善农产品质量标准和安全标准，加强农产品质量安全的检测力度，提高农产品质量安全水平和市场竞争力。加强农业投入化肥、农药等监管和农产地的环境综合整治，提高农药和化肥的使用效率，积极推广标准化生产示范基地建设。建立有机农业协会，充分发挥农业企业的科技示范和产业带动作用。保护与利用渔业资源，积极推广绿色渔业养殖方式，发展高效生态养殖业。在此基础上，积极实施粮食安全工程、高效特色农业工程、农业产业化工程。

（2）积极发展创新、优化、提升与绿色的生态化工业

严格控制能源资源的消耗、污染物排放总量，积极实施单位增加值、单位产品的能源资源消耗和污染物排放强度评价制度，发挥能源、资源、生态环境保护、安全、技术以及土地资源综合利用等市场准入标准的引导作用机制和约束作用机制，强化项目的环境规划影响评价，严格新建工业项目的节能综合评估审查、环境影响综合评价、水资源节约条件的论证，抑制高消耗和高污染行业的不断增长。不断优化重点工业结构，装备制造业应积极发展高端产业，逐渐提高重点产业的自主化水平；积极控制冶金行业总量，不断优化行业的品种结构，研制和发展深加工产品和新型材料，不断地提高资源综合利用水平；石化行业应积极发展精细化工产业，严格限制对资源消耗大、环境污染严重、生态破坏严重的石化工业发展；建材行业以节能、节水和节材为方向，积极发展新型材料系列产品；轻纺

工业突出环保和质量安全理念，强化产业链建设。

积极推进新能源和节能环保产业的发展，围绕节能减排、生态修复、废弃物循环利用、日用环保领域、环境基础设施建设等领域，重点发展节能环保技术和装备、循环经济、循环化利用等产业集群，不断扶持和培育一大批节能环保产业基地的建设。大力发展循环经济，以高端化、绿色化、集约化和专业化为主要发展方向，引导生产要素和区域重点产业的集聚发展，不断吸引最新科技成果在园区转化，积极推进清洁生产、节能减排和污染物治理，对于"双超"和"双有"企业单位实施强制性清洁生产审核。同时，将重金属污染防治重点产业和产能过剩行业以及火电、造纸、化工、制药和印染等重污染行业作为实施清洁生产审核的重点。推进再生资源加工园区建设、循环化改造试点工作、循环经济示范园区建设、工业生态园区的创建工作。不断强化生产责任延伸制度，促进原材料企业废旧资源的利用，建立起有效的再生资源回收和循环利用体系。

（3）构筑规模集聚、结构优化、层次提升的生态友好型服务业

积极大力发展以绿色物流、节能环保、生态旅游、绿色商贸为重点的生态友好型服务业，加快传统服务业向生态友好型服务业转型。发展绿色物流，实现物流良性循环和资源减量化，不断减少环境污染，重视绿色物流体系的建设构建，积极发展共同配送、绿色包装、绿色运输、绿色仓储、绿色流通加工等，积极推动物流业绿色化体系构建，减少物流运输过程中的资源消耗。发展节能环保服务产业，完善技术服务产品的交易链和原料产品绿色供应链，培育规模化的节能服务公司和环境工程公司。推行合同能源管理，尽可能拓宽节能服务市场。探索建立碳排放权、节能和能耗指标交易中心，创新市场化发展方式和金融创新方式，降低山东省污染物排放、能源使用强度。积极发展生态旅游业，减少旅游业发展中一系列人地不协调现象，提高区域生态环境的承载能力。重点实施低碳消费和生态旅游示范区工程等重点工程。

（二）促进人口均衡发展，提高人力资本存量

近年来，山东省低生育水平总体得到保持和稳定，但人口总量大、增量多依然是山东省面临的主要人口难题，人口、资源、环境和经济之间的矛盾十分突出。建议将人口规划考核纳入区域发展规划的整体考核中，重视人口可持续发展战略研究，全面而深刻地理解把握人口规模、结构、空间规律，推动人口与经济社会协调发展，促进人口长期均衡发展，同时积

极实施评估,加强对于规划实施的动态监测和分析,确保规划目标的顺利实现。

人力资源的两个最重要的维度性指标是数量和质量,是人文资源的重要组成部分,这不仅是人类活动的产物,也是影响人类活动的主要因素。人力资源品位的高低直接决定着人地关系地域系统的发展水平。一般而言,"低品位"的人力资源往往使人类社会发展陷入低水平陷阱,而"高品位"的人力资源往往会从多个方面促进人类社会发展。因此,人力资源的开发正是由"低品位"向"高品位"转变的过程,在此过程中不断实现人力资源的有效积累对自然资源的有效替代。山东省未来人力资源开发的潜力在于人力资本的开发,将影响到发展转型的进程和质量,同时从多角度、深层次影响区域人力关系的演进与协调。

人力资本开发主要表现为人口素质的提高,对人类活动的产生深刻影响。一般而言,人口素质、劳动生产率和生育率之间会存在两种循环模式,一种是"高生育率—低人口素质—低劳动生产率—高生育率"的初级循环模式,另一种是"低生育率—高人口素质—高劳动生产率—低生育率"的高级循环模式,而解决山东省人口增长同资源与环境之间日益突出的矛盾,实现经济增长方式的转变,其关键则在于实现由低级循环模式向高级循环模式转变,而强制人口转型向自然人口转型调控的关键在于提高人口素质。提高人口素质需要积极宣传优生优育知识,加强公共卫生体系建设,不断缩小城乡之间基本公共服务水平的差距,大力实施科教兴省战略,优化各类学历教育,不断地提升整体教育质量,加大教育的政府投入、社会投入和教育投入,构建产学研相结合的合作交流平台,积极推动教育质量评估机制的构建,加大对专业技术人才和高技能人才的培养力度,不断促进人的全面发展。

(三)加强生态文化建设,提升生态文明水平

1. 加强生态环境教育,提高公众生态环境保护意识

从学校教育、媒体宣传以及领导干部培训等多种途径,开展多层次、多尺度的生态环境教育,改变传统的教育模式,将生态环境教育纳入学生日常管理和教育的各个环节中,并将生态环境教育作为干部培训和教育的重要内容,开展生态建设、循环经济和清洁生产等方面的宣传培训和教育,提高领导干部的环境决策能力,加强对于企业、社区、农村等基层群众的生态环境教育和科普宣传,倡导生态价值观、伦理观和美学观,不断

提升公众的环境保护意识、资源节约意识、可持续发展意识。介绍与宣传国际、国内和山东省生态环境建设与保护的成就，形成参与生态山东建设的良好氛围。建设一批级别、内容、方式不同的生态环境科普基地，不断丰富与完善生态文化研究和生态文明教育制度，广泛开展生态文明建设示范活动。

2. 倡导可持续性消费，减少资源浪费和环境污染

不可持续的生产消费是造成山东省生态环境质量退化的主要原因，在重视生产过程中节能、降耗和减污的同时，在消费的环节中也要积极地倡导可持续性的消费行为，使生产和消费环节相互促进，实现经济、社会和生态环境的可持续发展。联合国《可持续消费的政策因素》中提出了可持续消费的定义，即提供优质服务和产品以能够满足人类的基本需求，尽可能地提高生活质量，使用尽可能少的自然资源，使服务或产品的生命周期所产生的废物和污染物最少，是一种新的消费模式。可持续性消费的建立实际上是指综合考虑环境影响、资源效率、消费者权利的现代消费模式，同时也是超越自我的高层次理念，理念所带来的消费模式和消费结构等方面的变革体现出高品质、高层次、绿色文明的生活方式和消费模式，可持续消费体系构成大致包括绿色食品、绿色城镇建设、绿色交通体系、清洁能源、资源节约、生态旅游、绿色市场以及物质循环利用等几个方面（见图7-9）。

山东省目前的消费模式与上述可持续消费尚存在较大差距，在今后的经济发展过程中应积极处理好生产和消费的关系，注重消费行为对生态环境建设的影响，积极倡导可持续性消费体系的建立。加强绿色生态标志的推广与应用，按照科学与技术指标的原则确定生态基准，对绿色产品进行认证和相应的管理，为消费者区别与评价绿色产品和普通产品提供可以信赖的依据，提升产品环保质量，引导全社会的绿色消费行为；积极推进节能和清洁能源的使用，在工业方面，降低各主要工业产品的能源消耗，强制淘汰高耗能产品，推广高效节能产品，使用清洁能源代替新增能源的需求，减轻资源环境压力；建立绿色交通运输体系，特别是大力发展和完善公路运输网络、控制机动车保有量，减少机动车污染，改善交通管理，积极提倡环保型动力交通工具，积极推广非机动车、公共交通出行方式；使用节水、节电等产品和工具，积极推动垃圾分类和废弃物回收利用；提倡健康节约的饮食文化，积极抵制高耗能、高排放产品和过度包装商品，限

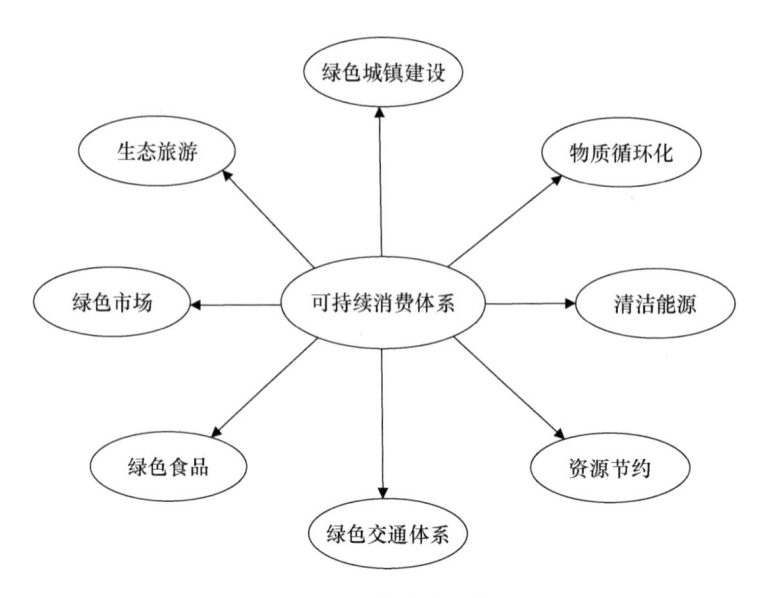

图 7-9 可持续消费体系

制一次性产品使用，促进形成符合生态文明要求的社会新风尚。

3. 大力发展生态文化产业，提升生态文化产业竞争力

建设生态文化产业，科学开发利用文化资源，全面提升生态文化创意水平，将生态文化产业的规模与质量作为重要工作。调整产业结构和布局，推广生态文化产业与相关产业融合发展，提升文化产业的引领力、创新力和竞争力，实现生态文化产业的跨越式发展；在生态文化遗产丰富的地区和保持较为完整的区域，建设一大批生态文化保护区，更好地维持生态文化多样性；实施重大项目带动战略的指导方针，发展与壮大生态文化骨干产业，积极构建与完善现代生态文化产业体系，发挥各公共场所在生态文化传播方面的积极带动作用；重点实施生态文化产业园区和基地建设工程，依托山东省已有的 86 个国家级、省级森林公园、湿地公园、地质公园、矿山公园等能够承载生态文化建设的重要平台，建设一批生态文化宣传教育基地；将生态认知提升为生态文化理论，从齐鲁文化中挖掘"天人合一"、"人地和谐"的古代生态文化精髓，开展生态文化建设项目研究，大力实施精品工程，为推进生态文明建设提供强大的理论支撑和思想支持。实现生态文化产业占国民经济比重有较为明显的提高，生态文化软实力得到进一步提升，将生态文明理念深入人心，促进公众生活方式、消费

模式向生态化转变。

二 提高"地"的生态环境承载能力，强化生态环境安全调控

（一）确定重点生态功能保护区的空间布局，划定生态红线

生态功能保护区是指在涵养水源、保持水土、防风固沙、维系生物多样性等方面具有重要作用的生态功能区内，有选择地划定一定面积予以重点保护和限制开发建设的区域。建设生态功能保护区，对于保持区域生态平衡、保障国家和地区生态安全、整合区域生态功能、促进区域协调发展具有重要意义。以统筹规划与突出重点、以点带面与分类指导、保护优先和防治结合、持续发展和和谐共进、政府引导和多方参与、优化重组和管理高效为原则，确定山东省生态功能保护区的空间格局和主体功能，形成较为完善的生态功能区体系，理顺各级各类生态功能保护的管理体制和投入机制，完善生态功能保护区的相关政策、法规和技术规范体系，使重点生态功能区生态环境保护质量得到逐步改善，逐渐恢复与提高生态功能，实现区域内经济、社会和生态环境良性循环。

根据《山东省重点生态功能保护区规划（2008—2020）》，确定鲁东丘陵生态区、鲁中南山地丘陵生态区、鲁西南平原湖泊生态区、鲁北平原和黄河三角洲生态区、近海流域与岛屿生态区5个生态区，包含31个重点生态功能保护区，类型涉及水源涵养、土壤保持、防风固沙、洪水调蓄、生物多样性保护、海洋生态等。根据区域类型，制定区域化的管理策略，对生态保护区采取分级管理的策略，分为严格保护区、重要生态功能控制区、生态功能保育区、生态缓冲区、引导性开发利用区、城市建设开发区等类型，根据其类型的划分、存在的生态环境问题、生态服务功能的差异化，采取不同的保护和控制政策。

十八届三中全会公报明确提出"划定生态红线"，生态红线是区域生态环境安全的底线，主要包括重要生态功能区保护红线、生物多样性保护红线和保障人居环境生态红线3个部分。生态红线的落地问题至关重要且具有较大难度，寻找生态环境保护和经济发展的平衡点是目前亟须解决的问题，根据生态红线划定技术指南，编制与完善生态环境功能区划，在重要的生态功能区、陆地和海洋生态环境敏感区、脆弱区等区域划定生态红线，并针对不同类别的功能区分别制定相应的环境标准和环境政策，对区域实行生态抚育和系统恢复，建立国土生态环境安全检测网络体系，构建

国土生态环境安全的综合数据库，建立警情评估、发布和应对平台，完善国土生态安全法律法规保障体系，切实保护生态红线，解决经济发展过程中资源开发与生态保护之间的矛盾。

(二) 积极保护建设生态环境，缓解"地"的显性矛盾

1. 建设维护国土生态安全的森林保障体系

大力建设与维护森林保障体系，以建设绿色山东为目标，积极推进林业改革，不断提升生态林业建设水平，形成覆盖全省、结构合理、分布均衡的森林网络体系，实现森林资源的有效供给，提高应对气候变化的能力，努力达到2020年30.0%的森林覆盖率水平。具体而言，以水系建设为重点，加快造林绿化步伐，大力开展植树造林，加快构筑沿海防护林体系、农田防护林网、道路林网、河流水源地防护林、城市森林、水土保持、荒山造林等生态屏障，建设国家级木材战略储备基地，构建"两带三网四区多点"为一体的国土绿化新格局①，实现森林资源的均衡和合理配置，增加森林碳汇；加强森林资源管护，调整树种结构，提高森林质量，加强森林有害生物的防控和林木资源及濒危物种的保护。重点实施水系林业生态工程、沿海防护林体系建设工程、流域防护林工程、森林经营工程和城乡人居环境绿化工程。

2. 维护湿地生态系统功能

维护湿地的生态系统服务功能，以山东省林业厅最新一轮湿地普查数据为基础，通过湿地生态系统及其生物多样性的保护和管理、湿地自然保护区的建设、污染控制等措施，尽可能减少人类活动因素对湿地面积萎缩的影响度，全面维护湿地生态系统的生态特征和基本服务功能，初步建立起湿地自然保护区、湿地公园互为补充的湿地保护管理体系，基本形成自然湿地保护网络，实现重要生态功能区的湿地恢复和综合治理，提高湿地的保护管理能力。具体而言，加强湿地自然保护区的建设，实施退耕还湿、退渔还湖，通过一系列搁置措施，实现湿地核心保护区内无经营性的生产经营活动，恢复湿地基本生态和生产功能；在滨州滨海湿地、东营黄河三角洲湿地、潍坊滨海湿地、小清河河口湿地、烟台河口滨海湿地等重点生态严重退化、生态功能受损区域，建立人工湿地的净化区，对河流污

---

① "两带"是指沿海防护林带和省界防护林带；"三网"是指水系林网、道路林网和农田林网；"四区"是指鲁中南山地丘陵区、鲁东丘陵区、鲁北滨海平原区、鲁西黄泛平原区。

水进行一定的缓冲和净化；合理调配与管理区域水资源，全面恢复与治理退化湿地，使湿地生态进入良性状态；加强湿地资源的动态监测、科研宣教、管理体系等建设，最大限度地发挥湿地生态系统的功能和效益，实现湿地资源的可持续利用。实施湿地保护工程、湿地恢复工程、湿地修复与重建工程、湿地生态补水工程以及"三退"工程等。

3. 修复与补偿生态环境

严格纠正生态破坏行为，树立以资源环境承载力为基础、以自然规律为准则的开发理念，加强对资源开发及其造成的生态破坏的环境监管，切实做到合理开发与有效保护统一。禁止在生态脆弱区、敏感区开展能引起生态系统功能退化的开发建设活动，禁止乱砍滥伐、乱采乱挖、过度捕捞、非法填海等损害生态环境和自然资源的不合理行为。严格执行地下水压采计划，实施回灌补源和海水入侵防治，逐步实现地下水的采补平衡。强化对于水土流失、破损山体、矿区地面塌陷、海（咸）水入侵、荒山及沙荒地等生态脆弱区和退化区的生态修复和保护，实施坡耕地退耕还林、还草，强化人类活动造成的水土流失综合防治。全面推进重点流域的生态修复，建设渤海湾南部、莱州湾东部、莱州湾中西部、山东半岛东北部、山东半岛东南部和海州湾北部六大海岸带生态修复功能区。实施矿区地面塌陷治理工程、矿区资源开采综合治理工程、流域综合治理工程、海岸带综合整治工程和山体生态修复工程。

4. 加强自然保护区建设

抢救性建设一批自然保护区，对符合建立国家级自然保护区条件或列入国家各部门自然保护区发展规划的自然保护区，引导地方政府按照相关程序晋升为国家级自然保护区，扩大省级自然保护区的数量和范围，新建一批生态功能保护区、生态示范区、森林公园、湿地公园、地质公园等自然保护区，增强自然保护区资源的监测、管理、科研、宣教、管护能力；制定较为完善的自然保护区相关政策法规和技术规范体系，理顺各级各类自然保护区地的归属关系、管理关系和投入机制，强化自然保护区的管护基础设施能力建设；合理布局全省的海洋自然保护区，提高海洋保护区管护能力，推进海洋特别保护区建设，重点加强海岛生态系统和海洋自然资源集中利用区域的保护，保护海洋生物多样性；实施对于不同保护功能的自然保护区分类管制、不同区域系统的自然保护区分区管制、不同等级的自然保护区分级协调管制策略，采取生态旅游开发管理、区域社区共管、经营利用管理、空间管制能力建设等空间管制路径，强化空间管制制度建设，促进自然保护区的规范化管理；制订实施基于自然保护区的山东省生物多样性保护战略与行动计划，强化生物物种资源保护，更好地保持生物多样性。实施国家级和省级自然保护区规范化建设工程。

（三）实施环境污染减排治理工程，提高生态环境安全水平

1. 加强环境污染综合防治

全面构建"治、用、保"的流域治污体系。以造纸、纺织印染、化工、皮革、农副产品、食品加工和饮料制造行业为重点，开展新一轮限期整改工作，逐步提高工业COD、氮氧化物等污染物排放、城市生活污水处理等收费标准，积极推进排污权交易试点建设工程。实施污水处理厂升级改造工程，提高污水处理厂运转负荷率和污水集中处理率。加大渔业、畜禽养殖和航运污染治理力度，实施重要流域、湖区功能区制度和养殖总量控制制度，强化规模化畜禽养殖污染治理。提高工业再生水的循环利用水平，以枣庄、济宁、泰安等市为试点开展区域再生水循环利用试点。加快南水北调地区湖泊生态保护试点方案推进，建设人工湿地水质净化工程，全面推进环湖沿河沿海大生态带的建设。加强城镇集中式饮用水源地的保护工作，制定实施超标和环境风险大的饮用水源地综合整治方案，强化水源地第一类污染物的管控。开展地下水污染状况普查，对于地下水问题突出的工业危险废物堆存、垃圾填埋、矿山开采、石油化工行业生产等地区，选择典型地下水污染修复试点，逐步改善地下水水质。

突出重点实施大气污染防治的新突破，将可吸入颗粒物、氮氧化物和SO_2作为大气污染治理的关键，将工业废气、扬尘污染、汽车尾气排放作为大气污染治理的重点，努力实现大气污染防治的新突破。加强SO_2的污染控制，新建燃煤机组全部配套建设脱硫设施，脱硫效率达到95%以上，加快现有脱硫设施的淘汰、改造或安装，提高煤电厂、钢铁行业、石油冶炼业、焦化行业等SO_2排放密集型产业的综合脱硫效率。实施氮氧化物控制，新建燃煤机组全部配套建设脱硝设施，钢铁行业和水泥行业建设脱硫脱硝一体化建设示范工程。加大颗粒物的污染防治力度，强化工业烟尘（粉尘）污染防治，原辅材料堆料扬尘控制，建立主要污染源的监控网络系统，积极进行除尘设施改造，加强除尘设施配置，对扬尘产生的环节采取抑尘和降尘处理，拓宽秸秆综合利用渠道，严格控制秸秆焚烧。强化机动车污染防治，实施国家第Ⅳ阶段的机动车污染物排放标准，全面提升车

用燃油品质，积极鼓励使用新型清洁燃料，加速高排放汽车、黄标车和低速载货车淘汰过程，倡导绿色交通模式。

强化固体废弃物的综合防治，加强固体废弃物综合利用技术的开发，拓宽综合利用产品市场，不断提高固体废弃物综合利用水平。对黑色金属冶炼及压延加工业、煤炭开采和洗选业、有色金属矿采选业等重点行业采取严格强制性的清洁生产审核制度。预防与打击废物的非法进口，积极推动生产者责任延伸制度，规范且有序地发展电子废物处理行业。做好危险废弃物的安全处置工作，提高危险废弃物准入门槛，对企业开展一系列风险评估和监督管理，积极促进危险废弃物处置的产业化、专业化和规模化发展，加快山东省固体废弃物处置中心、鲁南危险废物处置中心的建设力度。实施城市垃圾分类回收体系，不断提高垃圾回收利用的资源化水平，制定城市垃圾资源化利用和无害化处理方案，提高垃圾无害化处理率。

强化土壤污染防治。开展土壤污染状况成果调查，客观评价土壤环境质量，划分土壤环境功能区，建立土壤污染监测体系，构建土壤环境质量动态数据库，对土壤污染的重要敏感区和浓度高值区进行加密监测、跟踪监测和风险评估，建立优先修复污染土壤清单，在粮食、蔬菜等重要敏感区和浓度高值区进行相应的污染修复并调整种植结构。提高科技支撑能力，加大土壤污染修复的技术支持。在灌溉区时间较长或者工矿企业周边重金属较为严重的区域开展重金属污染修复治理工程，全面开展济南裕兴化工厂、青岛红星化工厂等场地土壤修复工作的实施。增强石油污染和农田农药污染防治工作力度，促使土壤污染环境问题得到有效防治。

在环境污染综合防治方面，重点实施总量控制与环境质量改善工程、水污染治理工程、大气污染防治工程、固体废物污染防治工程、土壤污染防护治理工程、"四带三区两湖一环"水系生态建设工程以及重要敏感区和浓度高值区的土壤修复工程。

2. 强化城市环境综合整治

在城市总体规划和城镇体系规划中，合理布局城市区域内重要的环境基础设施，合理控制环境容量，规划布局与完善城市污水处理、公共交通、垃圾处理、集中供热、燃气设施、绿地绿化等市政公用基础设施，建立城市公共环境卫生体系和科学合理的城市绿地系统。加强城市生态环境建设，建设生态城市、宜居城市、国家级森林城市和环境保护模范城市，不断提高城市生态文明水平。以节水型城市创建为契机，推进城市用水阶梯水价的顺利实施，积极提高城市节约用水率、地下水开发利用与保护以及城市供水管网的优化。提高规划建设污水处理设施和再生利用设施，尽可能提高水污染的排放达标率和水资源的再利用率。实施垃圾无害化处理工程，提高垃圾的无害化处理水平，实现一县一个规模化以上垃圾处理厂的规划建设目标，实现所有县市的集中供热，积极推进环境公共服务均等化。重点实施污水处理厂工程、城市垃圾处理工程、城市集中供热与燃气工程和城市绿化工程等。

3. 推进农村生态环境保护

加大农村"以奖促治"支持力度，全面启动"连片整治"工作，积极开展农村环境连片整治示范区，主要体现在村庄饮用水的安全保障、农村环境基础设施建设、农村环境废弃物的综合利用、农村工业污染与养殖污染治理、农村生态修复与保护等方面。在村庄饮用水安全保障方面，划定水源地保护区、加强水源地防护建设与污染治理、增强饮用水应急保障措施；在农村环境基础设施建设方面，按照统一规划、统一建设、统一管理原则，建立符合农村实际情况的垃圾处理设施，并建立长效的运营管理机制，优化村镇环境基础设施配置，实现村镇环境基础设施的共建和共享，"十二五"期间经济水平高的县市区争取达到村镇生活污水处理率为100%，生活垃圾城乡一体化处置率为100%；在农村环境废弃物综合利用方面，加快农业生产废弃物能源化的利用步伐、提高农作物秸秆综合利用率、重视农业废物的技术研究与相关产业开发；在农村工业污染与养殖污染治理方面，加强工矿企业的管理，避免污染向农村转移，严禁引进国家淘汰、禁止名录的落后工艺、技术和设备，实施村企入园工程，落后工艺改造和污染源强化治理等工程，通过沼气、有机肥等处理方式治理畜禽养殖污染问题；在农村生态修复与保护方面，严格矿山审批，制止私采乱挖矿产资源行为，开展区域性地生态恢复与重建，恢复与治理农村生态环境。

4. 有效改善海洋生态环境

不断加强海洋污染防治和生态环境保护，坚持陆海统筹，削减入海污染负荷，加强污水排海点源的控制和管理，完成近岸海域功能区划调整，落实《山东省海洋功能区划（2011—2020）》，强化海洋及海岸带工程建设管制，增强海洋资源开发活动的环境管制力度。建立与健全海洋环境保护长效管理机制，加强重点污染企业的监控和监管，严禁超标排放，制定一系列流域—河口—近岸海域相协调的污染防治规划，缓解河口地区生态环境污染严重问题。集中资金、人力治理小清河河口、莱州湾、胶州湾等受到陆源污染严重的河口和海湾污染问题，综合整治河流入海口的湿地生态环境，防治湿地生态功能退化。加强赤潮、绿潮监测、监视和预警能力建设，构建与完善相应的灾害防治技术支撑体系。合理布局山东省的海洋自然保护区，提高海洋保护区的监管能力，推进海洋特别保护区的建设，加强海岛生态系统和海洋自然资源的集中利用区域保护。降低滨州、东营、莱州、招远和长岛附近的海洋水产养殖污染物的排放强度，科学利用海洋资源，解决海岸带的无序利用，降低有毒有害物质的排放量，提高海水水质水平。强化港口、航运的污染防治，在沿海地区实施船舶、港口污染防治系统工程。建立应急反应基地、应急清污船和溢油应急处置的相关设备，减少环境突发事件对海洋生态环境的影响。

三 调控与优化人类活动与地理环境之间相互作用的空间结构

（一）协调区际关系，建立可持续发展的空间结构

1. 协调区际生态环境关系，促进区际人地关系协调有序发展

区际生态环境管理是指区域与区域之间基于资源环境的有限性、生态环境利益的局部性、生态环境系统的整体性特征，按照生态环境效益最大化和生态环境利益的公平分配等原则形成一种相互依存和相互制约的区际管理关系。山东省是中国东部沿海地区的重要省份，在区际生态环境方面具有重要而明显的地位，是中国环境管理的典型，也是中国的一个缩影。山东省的区际生态环境管理目标应该符合山东省在中国区际生态环境管理格局中的重要地位，主动融入中国生态环境管理的框架体系内，其中具有区际意义的生态环境管理对象主要有黄河流域、海河流域和淮河流域等跨省区界流域生态环境管理、跨行政区界渤海—黄海海岸带生态环境管理、南水北调沿线区际生态环境管理、跨行政区界大气环境治理、区域内的跨区界流域和海域、特殊保护区和生态脆弱区的生态环境管理。区际生态环境合作的基本原则主要有环境利益的均衡分配原则、环境容量的限制性原则、环境权利的自由实现原则等，其主要目标体现在保障区域生态环境安全、提高区际生态环境效率、实现区际利益的平等均衡、支持区域的可持续发展等。根据山东省的实际情况，应该根据政府主导和公众参与、整体规划和一体化管理、执法协作和加强协商、联合评估和生态补偿、利益均

衡和有所区别、监测合作和信息共享等原则开展与周边省份和省内各个行政区之间的生态环境合作。

为加速与周边省份在海河流域、黄河流域和淮河流域以及南水北调东线输水干线等重要区域的环境合作以及区域内的跨界环境合作，山东省应该努力建立区域生态环境安全预警机制、区域生态环境冲突协商解决机制、区域资源环境配置机制、区域生态补偿机制、区域环境信息共享机制和区域环境科技交流与合作机制。加强政府间环境管理的交流与合作，不断完善区际的生态环境保护规划和相关立法工作，特别是政府之间的环境磋商和协调机制在生态环境合作中具有不可替代的作用，例如地方政府首长生态环境保护联席会议、地方政府组织的生态环境保护研讨会议、区际性质的生态环境保护组织等。建立有效的区际生态环境预警、磋商、谈判、协调、监督和执法检查的途径与措施，制定区际内统一的环境标准、制度和法律，不断扩大社会组织、学术团体、企业以及公众参与区域生态环境保护的广度和深度，完善公众参与机制，催生各类相关生态环境公众参与平台的建立。

2. 实施主体功能区战略，完善主体功能区政策体系

主体功能区的划分是根据不同区域资源环境承载能力、现有的开发密度和发展潜力，统筹谋划未来的人口分布、经济布局、国土利用和城镇化格局，将国土空间划分为优化开发区、重点开发区、限制开发区和重点开发区4类。确定主体功能定位，明确开发方向，控制开发强度，规范开发秩序，完善开发政策，逐步形成区域人口、资源、环境与经济相协调的空间开发格局。山东省于2013年颁布主体功能区划，构建不同类型的主体功能区，要促进主体功能区战略的顺利实施，需要按照不同区域的发展现状和不同主体功能设计体系完整的配套政策。其政策是主体功能区研究的重要有机组成部分，其目的主要包括促进不同区域主体功能的实现、保证宏观区域结构的有序性。合理设计差别化的区域政策是加强和改善区域调控的重要措施，是保障主体功能区划实施效果的必要条件，有利于促进区域之间的协调有序发展。

各级各类主体功能区的规划实施是优化国土空间的重大措施，也是推进区域可持续发展的重要保障。由于当前山东省正处于工业化和城镇化加速发展阶段，经济发展任务艰巨，而主体功能区划中的各类主体功能定位可能对经济发展目标造成一定的约束和限制，尤其是限制开发区和禁止开

发区,是在国土空间利用上由经济增长和发展的唯一功能到增加生态和社会功能的约束,反映到各级政府就是发展空间和权力的利益争夺。省域主体功能区的划分由于尺度单元比较小,再加上地方利益驱动,几经调整的方案呈现"破碎化"的局面,影响了区域整体功能的形成和实现,因此必要而完备的政策体系是主体功能区实施的关键,尤其是省域层面不同类型区域财政政策、投资政策、产业政策、土地政策、人口政策和环境政策体系的形成(见表7-1)。

表7-1　　　　　　　　主体功能区政策体系的功能与作用[①]

类别	作用
财税政策	鼓励资本和劳动力等生产要素在区域间流动,进而进入或移出特定的区域,使生产要素得到合理的配置;为特定地区改善发展所需的基础设施提供特定的支持;支持特定地区增强提供公共产品的能力,或向特定地区的居民提供特定的公共产品;在特定地区进行生态环境基础设施建设;对某些企业的发展进行鼓励或限制;调动市场参与者节约资源、保护环境的积极性
投资政策	对其进行交通、通信、生态环境保护等基础设施建设;鼓励或抑制特定地区固定资产投资的增长;在特定地区创造增长极;引导社会的投资方向
产业政策	促进资本和劳动等生产要素在空间上进行合理配置,使产业的空间分布更加合理;在鼓励和限制特定区域产业发展的同时,优化特定区域的产业结构;鼓励或限定的开发活动,促进资源开发和生态环境的协调
土地政策	采取差别化的土地利用政策,提高土地集约利用效益,优化土地经济人口集聚度,提高土地生态环境效益,促进区域开发和生态环境的协调
环境政策	对其进行生态环境保护工程的建设;鼓励或限制特定产业在特定地区的发展;调节特定地区的生产和消费活动,促进人与自然的和谐相处
人口政策	引导城乡居民迁入或迁出某特定的地区;对某地区的人口生育率和人口增长率进行调节,合理引导劳动力在空间上的流动,使劳动力要素在空间上配置更加合理

按照市场与政府合理定位、区域政策系统设计、各级政府财权和事权对称、兼顾相同类型区政策一致性和差异性、兼顾短期利益和长期利益、循序出台和分步实施等原则,从财政政策、投资政策、产业政策、土地政策、人口政策和环境政策等方面制定山东省优化开发区、重点开发区、

---

① 郭凯:《山东省主体功能区政策体系研究》,博士学位论文,山东师范大学,2013年。

限制开发区等不同类型主体功能区的主要政策框架（见图7-10—图7-12），从各种政策的作用路径、作用点和作用目标等角度确立各类型区政策体系的构建和作用机理。在具体的政策实施的过程中，各种政策之间要充分衔接，同时相同类型政策的统一性和差别化应以适当方式得以体现，注意政策实施的循序渐进与切实可行及其连续性。

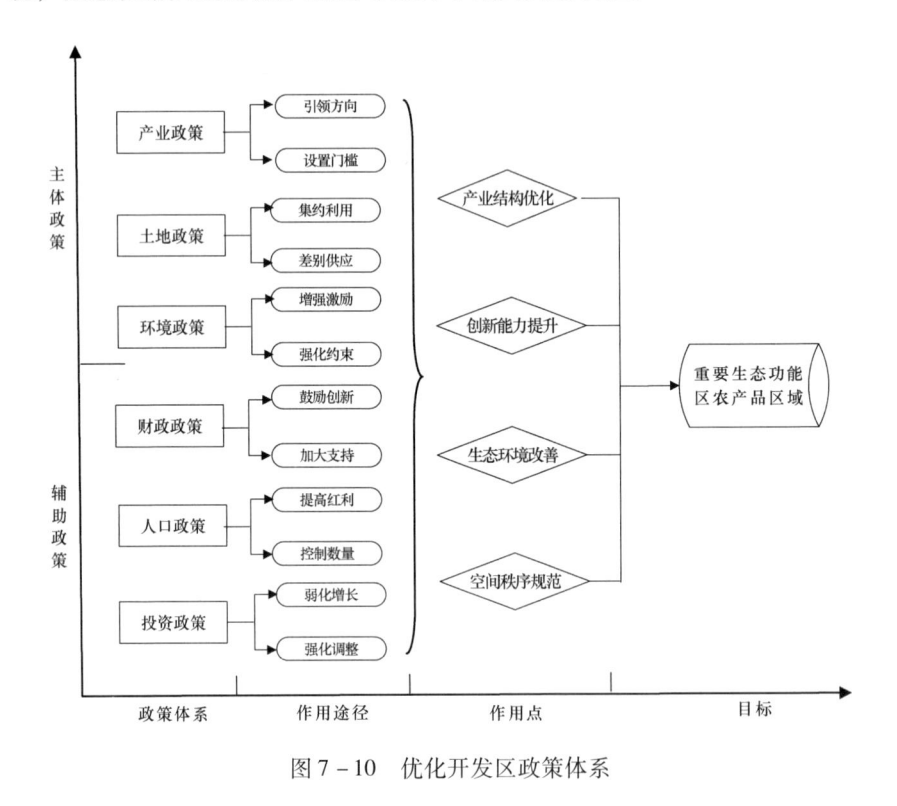

图7-10 优化开发区政策体系

除了实施可操作、有差别的政策体系外，支撑主体功能区规划的核心政策是绩效考核政策，必须要改变过去的传统绩效评价指标，实行区域差别化的绩效考核指标，避免一些不具备条件的地区盲目发展，难以实现区域空间均衡发展的要求（见表7-2）。具体而言，在优化开发区域，实行转变经济发展方式优先的绩效评价，强化对经济结构、资源消耗、环境保护、自主创新以及外来人口公共服务覆盖面等指标的评价，弱化对经济增长速度、招商引资和出口等指标的评价；在重点开发区域，实行工业化和城镇化水平优先的绩效评价，综合评价经济增长、吸纳人口、质量效益、产业结构、资源消耗、环境保护以及外来人口公共覆盖面等内容，弱化投

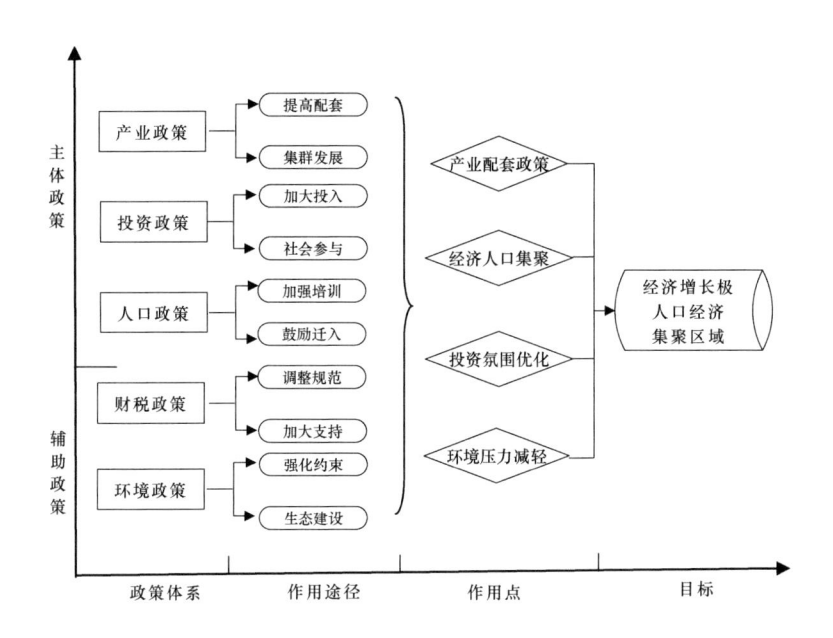

图 7-11 重点开发区政策体系

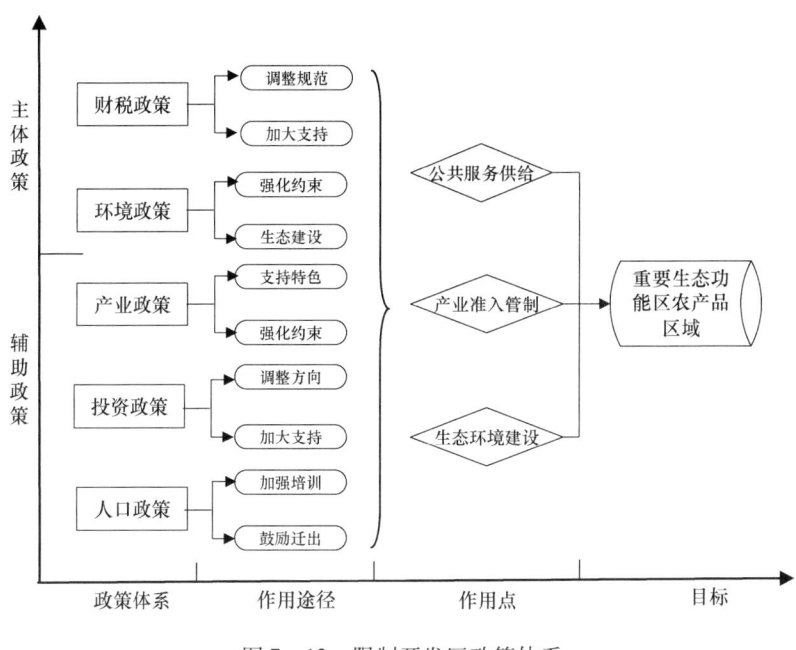

图 7-12 限制开发区政策体系

表 7-2　政府绩效考核内容

考核内容	优化开发区	重点开发区	限制开发区 农产品主产区	限制开发区 重点生态功能区	禁止开发区
绩效考核目标	实行转变经济发展方式优先的绩效评价	实行工业化、城镇化水平优先的绩效评价	农产品主产区实行农业发展优先绩效评价	重点生态功能区实行生态保护优先的绩效评价	自然文化资源保护为优先绩效评价
强化考核指标	经济结构、资源消耗、环境保护、自主创新以及外来人口公共服务覆盖面等指标的评价	综合评价经济增长、吸纳人口、质量效益、产业结构、资源消耗、环境保护以及外来人口公共服务覆盖面等内容	农产品保障能力的评价	提供生态产品能力的评价	自然文化资源原真性和完整性保护情况的评价
弱化考核指标	经济增长速度、招商引资、出口等指标评价	投资增长速度等指标的评价。对中西部地区的重点开发区域，还要弱化吸引外资、出口等指标	工业化、城镇化相关经济指标的评价	工业化、城镇化相关经济指标的评价	旅游等相关经济活动指标
主要考核指标	服务业增加值比重、高新技术产业比重、研发投入经费比重、单位地区生产总值能耗和取水量、单位工业增加值能耗和取水量、单位建设用地面积产出率、二氧化碳排放强度、主要污染物排放总量控制率、"三废"处理率、大气和水体质量、吸纳外来人口规模等指标	地区生产总值、非农业就业比重、财政收入占地区生产总值比重、单位地区生产总值能耗和取水量、单位工业增加值能耗和取水量、二氧化碳排放强度、主要污染物排放总量控制率、"三废"处理率、大气和水体质量、吸纳外来人口规模等指标	农业综合生产能力、农民收入等指标	大气和水体质量、水土流失和荒漠化治理率、森林覆盖率、森林蓄积量、草原植被覆盖度、草畜平衡、生物多样性等指标	依法管理的情况，污染物"零排放"情况，保护对象完好程度以及保护目标实现情况等内容
不考核指标			地区生产总值、投资、工业、财政收入和城镇化率等指标	地区生产总值、投资、工业、财政收入和城镇化率等指标	旅游收入等经济指标

资增长速度等指标的评价。对于中西部地区的重点开发区，还要弱化吸引外资、出口等指标的评价；在限制开发区域，农产品主产区实行发展优先的绩效评价，强化对农产品保障能力的评价，弱化工业化、城镇化等相关经济指标的评价。重点生态功能区实行生态保护优先的绩效评价，强化提供生态产品能力的评价，弱化对工业化和城镇化相关经济指标的评价；在禁止开发区域，将依据法律法规和规划要求，按照保护对象的评价内容，强化对自然文化资源原真性和完整性保护情况的评价。

（二）形成合理的空间开发格局，促进区域协调发展

改革开放以来，山东省在区域发展战略制定、政策体系构建等方面做出了积极努力，关注区域开发格局发展，既注重山东省在全国区域经济空间格局中的地位和分工角色，也注重自身的各大经济板块的重构与分工，2008年和2009年山东半岛蓝色经济区和黄河三角洲高效生态经济区分别上升为国家战略，实现了山东省国家级发展战略零的突破，对于提升山东省自身竞争力、加快区域经济发展具有重要的战略性意义（见表7-3）。但山东省区域之间的发展差距、各个板块之间的发展差距以及城乡之间的发展差距依然较大，近年来区域与城乡之间的发展差距没有得到很好地改善。合理的空间开发结构与合理的区际关系是相辅相成的，因此在山东省社会转型和可持续发展过程中应以合理的空间开发促进和谐、互补的区际关系的实现和发展。具体而言，主要体现在塑造与优化区域空间开发格局、实施空间均衡发展战略、促进城乡协调发展等几个方面形成合理的空间开发结构，促进区域协调发展。

表7-3　　　　　　　　改革开放以来山东省区域发展战略

年份	区域发展战略
1983	以沿海城市为突破口，确定了以沿海重点城市带动、大片开发的战略方针，提出将全省划分为济南、东部沿海地区、淄博及鲁北地区、鲁中南地区、鲁西北五大片区工作布局
1984	执行"沂蒙山区建设计划"，提出建设沿海滩涂、海岛、渤海湾岸线、东平湖、南四湖、黄淮海平原和黄河三角洲的梯次发展战略
1988	"东部开放、西部开发、东西结合、共同发展"战略
1991	"海上山东"，加速发展"蓝色产业聚集带"
1995	加快"海上山东"和黄河三角洲两大发展战略

续表

年份	区域发展战略
2000	"全面开放、重点突破、梯次推进、东西结合、加快发展"战略
2003	"胶东半岛制造业基地"
2004	"一个龙头、三个突破、东西联动、城乡统筹、协调发展"战略、建设山东半岛城市群
2006	"一体两翼"区域发展规划，海洋经济发展战略，"山东半岛城市群"、"省会城市群经济圈"、"鲁南经济带"、"黄河三角洲高效生态经济区"及"海洋经济区"五大板块
2009	建设"黄河三角洲高效生态经济区"上升为国家战略
2010	胶东半岛城市群和省会城市群一体发展规划，推进形成主体功能区布局，实施分类引导、细致配套、更有针对性的区域政策
2011	实施"山东半岛蓝色经济区"战略
2011	国务院批准沂蒙革命老区参照执行中部政策
2012	菏泽市、聊城市、东平县列入"中原经济区"发展规划
2013	"西部隆起带战略"枣庄、济宁、临沂、德州、聊城、菏泽和泰安市宁阳县、东平县

1. 塑造与优化区域空间开发格局

在经济全球化和区域经济一体化的推动下，区域竞争优势和创新以及资源与产业的区域性整合成为影响区域经济发展日益重要的因素，当区域空间开发格局从一个低级状态向高级状态整合与优化时，表现为生产力要素组合趋好，资源配置趋优，专业化分工趋强，发展成本将趋低，区域发展将获得非线性增长。山东省的区域空间开发格局曾经做出多次调整，根据山东省现有区域空间开发格局以及山东省目前所处的发展阶段，塑造与优化山东半岛蓝色经济区、省会城市群、黄河三角洲高效生态经济区、西部隆起带等主要经济板块。

促进山东半岛蓝色经济区发展，优化海陆空间布局。根据山东半岛蓝色经济区战略定位、资源环境承载能力、现有基础和发展潜力，按照以陆促海、以海带陆、海陆统筹等原则，不断优化海洋产业布局，不断推进现代海洋产业结构的转型升级，构筑现代海洋产业体系。提升以青岛为龙头、烟台和潍坊及威海等沿海城市为骨干的胶东半岛高端海洋产业集聚区的核心地位，建设全国海洋高新技术产业基地和具有先进水平的高端海洋产业集聚区，培育与壮大鲁南临港产业集聚区和黄三角高效生态海洋产业集聚区两个重要的增长极，将鲁南临港产业集聚区打造成区域性的物流中心和东部沿海地区重要的临港产业基地，黄河三角洲高效生态海洋产业集聚区发挥滩涂和油气资源丰富的优势，培育成为具有高效生态特色的重要增长极，不断优化海岸与海洋开发保护格局，构筑海岸、近海和远海三条开发保护带，不断优化沿海城镇布局，推动青岛—潍坊—日照、烟台—威海、东营—滨州三个城镇组团协同发展，打造中国东部沿海地区的重要城市群，其中青岛—潍坊—日照组团建设成为国家级创新型城市和西海岸经济区，成为全国重要的海洋产业发展先行区、东北亚国际航运枢纽、国际海洋科研教育中心，烟台—威海组团建设成为全国重要的海洋产业基地、对外开放平台，东营—滨州组团打造成为环渤海地区新的增长区域和生态宜居城镇组团，为海洋经济的集聚发展提供支撑，逐渐形成"一核、两极、三带、三组团"的总体开发框架。

促进省会城市群"一个核心，两个圈层"的空间发展格局，加速城市城镇产业集聚，加速培育增长极，努力建成重要的全国性枢纽型城市群，加强省会城市济南的建设与发展，建设新型文明、舒适、便利、绿色与宜居的特大型城市，加快建设具有国内竞争力和国际影响力的区域性经济文化中心、科技人才中心、金融贸易中心、旅游发展中心和总部经济集聚中心。高标准建设东部新区、西部新区和滨河新区，实施"北跨"战略，推进济莱协作区建设，拓展省会发展空间，建设和完善两个圈层，以70km为半径建设以济南为中心的周边区域紧密圈层和以150km为半径的淄博、泰安、德州、聊城和滨州为节点的辐射圈层，推进交通一体、产业链接、服务共享、生态共建，努力形成区域经济发展的新高地；发展"一个高地，两条产业带"的产业空间布局。建设城市经济发展高地，延伸区域产业链和价值链，建设布局合理、错位发展、协作密切的区域产业体系，加快服务经济发展高地、总部经济集聚高地、新兴产业创新高地、产业分工协作高地的建立，积极推进与周边各市的合理分工与协作配套，壮大区域优势产业集群，促进区域整体实力的提高，逐渐成为区域融合发展的"服务型"和"创新型"增长极。形成两条产业集聚带，即滨淄济聊产业带和德济泰莱产业带，成为支撑经济圈发展的"十"字形发展轴。

积极优化布局黄河三角洲高效生态经济区。按照生态优先、统筹兼顾、互利共赢、改革开放等原则，将黄河三角洲高效生态经济区建设成为全国重要的高效生态经济区特色产业基地、后备土地资源开发区与环渤海地区重要的增长区域，依据总体功能定位和资源环境承载能力，综合考虑生态保护、经济布局和人口分布，不断优化空间结构，逐渐形成核心保护区、控制开发区和集约开发区合理分布的总体框架。其中核心保护区主要包括自然保护区、水源地保护区和海岸线自然保护带等；控制开发区主要包括浅海滩涂、高效生态农业区和黄河入海口区等；集约开发区主要包括陆域沿海防潮大堤内未利用土地和国家级以及省级级的开发区和城镇建设用地，是产业与人口的重要集聚区域和推进工业化和城镇化的重点开发空间。

促进西部隆起带区域空间开发格局的合理化，以注重发挥优势、注重"四化同步"、注重环境保护、注重改革创新、注重开放带动、注重改善民生为主要原则，以提高西部隆起带综合实力、质量效益和基础设施建设、城乡建设协调、生态环境优越、人民生活水平提高等为发展目标。积极推进生产要素的合理流动和优化配置，提高产业集中度，建设特色经济转型和经济文化融合、"两型"社会建设和商贸物流、统筹跨越和生态低碳、科学发展和临边经济发展四大高地，构筑京杭运河、临枣济菏、德聊菏3条发展主轴，从园区的发展重点和创新园区发展水平2个方面提高园区发展水平，建设具有较强区域竞争力的西部隆起带。选准发展的突破口和着力点，突破瓶颈制约和薄弱环节，强化产业升级、基础设施、重大项目、科技创新、人力资源等发展要素的支撑力度，将西部地区的后发优势转变为产业优势、经济优势和发展优势。

2. 实施区域一体化发展战略

区域之间发展的最终目标是打破行政壁垒，最终形成区域经济、社会与生态环境运行一体化的态势，通过基础设施规划与建设一体化、制度政策制定与实施一体化、产业分工与布局一体化、产品与要素市场一体化、生态环境保护一体化和文化认同一体化，形成联系较为紧密、布局较为合理、功能较为完善的区域发展格局，进而不断实现要素的自由流动、制度政策的合理化，产业结构的合理分工，资源要素优化配置的区域一体化发展态势。基础设施的一体化需要实现区域内电信网络、交通运输设施、能源设施、物流网络等基础设施的对接，促进整体效益的发挥和资源的有效配置；以区域资源环境承载能力和总体上的功能定位为基础，综合考虑区域的经济布局、人口布局、生态保护以及资源环境禀赋和发展潜力，不断优化区域的总体空间布局；依托空间布局的不断优化，促进产业布局的协调发展，贯彻区域发展的重大战略，实现产业集群式发展，发挥资源、资金、人才、技术等生产要素的共享效应，实现产业布局的优化与调整；在综合考虑区域内资源环境要素和经济技术条件的基础上，根据不同区域的资源禀赋条件、生产要素优越性，坚持整体规划、统筹兼顾和因地制宜原则，不断实现区域内各种资源要素的有序组合和共享；立足于现有的产业优势和资源优势，以内陆地区为支撑，促进山东乃至整个中国对外经济的快速发展；从环保制度政策的共建、生态建设战略一体化等方面实施区域一体化发展战略。

实现区域一体化的发展战略，需要做好以下几个方面的工作。①加强宣传，提高一体化发展的意识。充分认识到一体化发展战略的重要性作用，经由强核、外溢、布网、耦合、整合等发展阶段，整合资源，以便更好地实现区域发展，推进基础设施的一体化建设。规划好高速公路、铁路与海运和航空等不同交通运输方式的组合和衔接，加快区域内城际快速、城际铁路通道的建设，促进港口群的协调发展和区域分工，发展综合交通体系，促进区域协调发展。②深化资源要素配置，推动市场一体化建设。建立相对开放和统一的市场体系，实现货物、资金和服务的自由流通，实现资本、技术、劳动力等生产要素在区域内部的自由流动，降低交易成本，提高资源效率。③完善合作政策，强化一体化发展制度建设。发掘政策潜力、制定配套政策，形成政策的叠加和集成效应，提高区域一体化的工作效率。④统筹保护生态环境，建立一体化的生态环境保护机制。构建环境标准体系、环境执法体系、环境质量监控体系、环保基础设施共享体系等环境污染共同防治体系，构建区际环境冲突协商解决机制和环境科技交流合作机制，促进区际之间的环保一体化建设。⑤统筹组织重大活动，提高自主创新能力。重视区域的宣传以及招商引资工作，创建科技人才合作和交流平台，实施高端人才培养计划，建设高技能人才队伍，促进国家级、省级和地区级的科研创新平台建设。

3. 促进城乡之间的协调发展

改革开放以来，山东省地区之间的发展差距并不完全体现为东部、中部和西部以及区域经济板块之间的发展差距，最大的地区差距甚至体现在城乡之间，是一个典型的二元结构问题。因此，需要在遵循城乡一体化发展客观规律的基础上，强力推进工业化、城镇化和农业现代化的进程，缩小区域之间发展差距，不断实现城乡之间的协调发展。实现城乡协调发展，需要从以下几个方面提出战略对策。①建立健全城乡一体化规划体系，科学地推进城乡一体化。强化规划意识，转变发展观念，发挥规划的龙头带动作用，建立规划的规范约束和实施保障机制，同时提高规划的社会参与度，充分重视和发挥区域规划的作用。②改革创新，构筑有利于城乡一体化的户籍制度、劳动就业制度、社会保障制度、农村卫生管理体制、农村土地制度、农村征用制度、农村金融体制和财政体制等创新性的机制和体制。③加速城镇化进程，充分发挥城镇的集聚辐射带动作用，坚持大中小城市和小城镇协调发展战略，发挥城镇对区域发展的主导性作用，注重发展有产业支撑力的小城镇，积极推进乡村城镇化，强化城乡一体化发展的产业支撑。④推动乡村工业化、农业产业化和现代化的发展，利用好乡镇企业的发展优势，推动农村经济的全面发展。⑤县域统筹，建设城乡一体化的实现主体，为县域统筹城乡发展创造宽松有利的环境，壮大县级财政实力，推进城乡一体化进程。⑥政府转型，主导城乡一体化有序推进，在转变政府职能和作用机制等方面取得初步成效，发挥市场在资源优化配置中的基础性作用，同时提高政府的宏观调控力度、解决市场失灵问题、促进城乡协调有序发展。

第三节　创新人地关系地域系统优化调控对策

一　构建区域发展综合决策机制

根据 IPAT 方程，环境污染的负荷直接与社会经济指标有关，因此生态环境问题的根本解决方法必须立足于社会经济系统采用综合手段，解决社会经济与生态环境系统之间系统性、协调性、平衡性、持续性问题，因此要把污染物总量削减与社会经济的相关发展模式联系起来，通过社会经济的调整路径和措施实现生态环境保护目标。区域发展的综合决策是指转变单纯依靠经济效益的决策方式，在决策过程中对环境与经济目标进行综合考虑与调整，对于区域发展的综合决策来说，根据区域资源环境的综合承载能力及其结构特点进行社会经济发展战略、经济布局和产业结构的调整，区域发展的综合决策以提高区域的资源与环境配置效率为基础条件，从而防止资源枯竭、环境污染和生态破坏，是实现区域可持续发展的重要保证。

构建区域发展综合决策机制，需要建立协调一致的综合决策制度、落实和完善战略性环境影响评价制度、构建综合决策责任制和定量考核制度、区域发展综合决策结果公示制度。其中建立协调一致的综合决策制度，从全局的角度设立政策体系，考虑决策的宏观背景、运行环境和相互作用的内在机制，实现综合决策的一体化、协同化、科学化、民主化和规范化，改革管理部门相互分割的管理体制，构建综合决策的管理制度，以在决策时能够综合考虑环境与经济发展的目标。落实和完善战略性环境影响评价制度，加强区域性资源环境综合承载力评估和环境影响评价制度体系，制定环境与发展的综合决策目标体系，为综合决策制度提供量化依据。构建综合决策责任制与定量考核制度，增强政府公共服务功能，改革以 GDP 为核心的政绩考核体系，实施绿色 GDP 核算体系，将综合决策效果作为衡量地方考核的主要指标。建立区域发展综合决策结果公示制度，强调信息公开，促进公众的广泛参与和决策。

二 创新区域（省域）生态环境管理模式与机制

区域（省域）生态环境管理具有承上启下的系统关联性，强调区域性、综合性与全局性，强调区域共性和个性的相辅相成、生态环境问题属地管理与部门管理和行政管理最纠结的区域等特性。区域（省域）生态环境管理包括区际生态环境管理、区域生态环境管理、次区域生态环境管理等方面，山东省作为中观尺度区域，其区域（省域）生态环境管理的空间范围见表 7-4。

构建区域（省域）生态环境管理机制的关键在于管理模式与机制的创新，其中针对地理环境单元之间属地分割的局限性区际生态环境管理目标采用"N 个属地协商管理模式"，对于各个属地制定共同但有区别的责任，能够实现区际生态环境问题的协商管理，因此相对于传统的"属地/行政区生态环境管理"，其具有责任共担、权责对等和协调统筹等特点。对于事关全局的可持续发展区域环境管理目标，采用"相关部门整合管理模式"，整合各部门之间的管理，寻求"生态环境—经济—社会"效益最大化，尽可能避免决策的片面性，实现综合决策效益的最大化。对于次区域生态环境管理则将采取"行政管理向公共管理模式"转变，促使政府由管制型向服务型转变，运用财政转移支付手段解决生态环境公共产品修复、维护和补偿需求，从而能够保障生态环境功能的延续和对经济社会持续发展的有力支撑。

表7-4　中观尺度区域（省域）生态环境管理空间范围——山东省

层次	类型	空间范围
区际	综合自然地理分区	自然区划：综合自然区划和自然要素区划中跨省界的分区单元
	流域	主要地形区：华北平原
	海域	黄河流域、海河流域、淮河流域、南水北调东线工程
	生态系统	渤海、黄海
	特殊保护区	跨省的森林、湿地等自然生态系统和农田、城市等人工生态系统
	生态脆弱区	跨省界的国家级生态功能保护区和国家自然保护区等
	经济区	跨省区界的生态脆弱区
		经济圈、跨省界的区域发展规划等
区域	省域	省级行政区
次区域	地市和区县级区域	省域行政区以下的地市级和区县级行政区
	城市和城市群	省域内的地级市和县级市及城市群
	农村	省域内的农村地区（包括乡镇级行政区）
	流域和海域	流域和海域（包括跨省区际流域和海域落在该省域的部分以及该省域所独有的小流域）
	特殊保护区	仅位于各自所属的省域内的国家级生态功能保护区、各省单独划定的本省重点生态功能保护区；国家级、地方级的自然保护区、森林公园、海洋特别保护区；省区内的饮用水源保护区等
	生态脆弱区	国家划定的生态脆弱区落在本省区内的部分
	经济区	国家战略层面的经济区域
	开发区	国家级开发区
	其他	水土流失重点防治区；城乡接合部；资源开发区等

实现上述区域生态环境管理模式，需要促进区域生态管理机制的创新，对"政府、企业、个人"重新进行角色定位和权利、职责和义务履行。实现政府从"管理者"身份向"管理者+服务者"双重身份的角色转换，既是生态环境保护发展目标、生态环境保护规划、制度标准的制定

者，同时也是属地协商、部门整合、公共服务的协调者，从传统的"面向问题"向"面向对象"转变。企业经营管理者实现从理性经济人向生态理性经济人的角色转变，弥补理性经济人的人性缺失、自然价值缺失、生态伦理缺失，重建生态意识和生态智慧。实现公众从"旁观者"身份向"参与者"角色转变，提高行政机制的透明度，逐渐实行行政公开化，体现公众在参与生态环境保护工作的推动作用，公众和一些社会团体也成为生态环境管理的主体。

三 加快生态文明制度建设

(一) 创新生态环境法规政策体系

环境政策、法律与管理手段是环境保护的基石，直接影响着环境保护的各个方面。随着环境问题与经济社会发展矛盾的日益突出，环境管理也越来越受到高度重视。近年来，山东省在环境污染防治领域、自然资源保护领域、循环经济、资源利用领域、环境损害赔偿领域构建了包括排污收费、排污权交易、生态补偿、生态环境税收等方面的环境经济政策，发布涉及水环境、大气环境、固体废弃物环境和产品技术标准规范以及相关的地方性法律法规等，形成了较为规范化的框架，环境政策体系逐渐完善，为环境和自然资源的保护提供了制度依据和保障。根据当前的环境政策体系，需要从以下几个方面作出相应的调整。

首先，完善环境法规体系和执法力度，在国家相关基本法和部门法的基础上，明确环保主体的权利和义务、环境保护基本政策，协调好各种法律法规之间的法律关系，鼓励地方政府进行相关立法探索，推进多层次梯度立法，并对立法的效果进行及时的效能评估，总结相关工作经验；其次，加大财政投入力度，提高经济发展的政策保障能力，形成统一而具有一定规模的环境发展专项资金，综合运用补贴、贴息、奖励和担保等多种形式，建立中央与地方多级共同投入机制，强化财政资金的绩效管理，充分发挥财政支出在环境保护中的有效作用；再次，推进税收制度改革，强化税收手段对提高资源利用效率、降低环境风险和环境污染等方面的作用，推进资源税改革的力度，调整相关消费税，开征独立的环境税，并实施相关的减税范围；最后，创新环境标准，将政府对创新研发领域的各类支持与更加严格的环境标准有效结合，通过标准刺激创新，成为低成本、大规模和高速发展的重要保障。

（二）完善绿色经济发展的市场经济体制

改革开放以来，山东省紧随中国市场经济体制改革逐步建立起市场经济体制，其在资源配置中起到的作用也越来越明显，但由于市场经济体制改革长期不到位、资源价格扭曲等一系列不合理的现象依然存在，导致资源利用的低效率，因此还需要进一步完善市场经济体制。完善市场经济体制，一方面需要通过深化政府职能、财税改革、金融体制等一系列改革，构建能够反映资源稀缺程度的价格机制；另一方面改变政府职能，政府尽可能地制定一系列规章制度引导市场化，减少在区域、企业或者行业之间直接进行配置资源，以免资源配置效率不高，对于在市场失灵的条件下，政府对微观经济领域的调控，应该尽可能地采取价格和市场等间接手段予以配合。同时，政府应该尽可能减少对微观经济领域的支配，在提升公共产品、公共服务方面发挥重要的作用。

深化体制改革，逐渐建立起市场经济体制。完善市场监管体制，逐渐构建与完善较为合理的政府市场监管职能体系，尽可能地解决监管缺位、错位和监管素质不高等在市场监管中存在的问题。逐级简化程序与规范管理相结合，增强市场监管的执法力度，强化经济各市场监管主体之间的协调联动，积极促进市场监管行为的统一、规范和高效开展。构建与完善市场调节功能，健全绿色经济的市场调节准入机制，构建并完善多层次的资本市场体系，形成合理的绿色融资和服务环境，积极促进社会化的市场监管，充分发挥行业管理在市场监管中的作用，拓宽公众与社会监督的渠道和方式。

加快形成现代市场体系也是构建完善市场经济体制的重要体现。加快发展要素市场，尽可能地减少和消除生产要素流动的障碍，加快完善能够反映市场供求关系以及资源稀缺程度的生产要素和资源产品价格的形成机制，通过价格来有效地配置资源。长期以来，资源低价政策造成资源的大量浪费和无效率，资源低价造成无力支付资源开采所带来的补偿成本。因此，需要深化价格的改革机制，使生产要素和资源产品的价格能够合理准确地反映要素或者资源的稀缺性程度和环境损害成本。综上所述，在市场经济体制完善的过程中，要逐渐消除计划经济体制形成的烙印，完善实施市场经济体制，扮演好市场与政府在公共物品管理中的角色，协调好微观经济问题管理机制和宏观经济问题的调控关系，通过市场体制建立环保企业成本激励机制、绿色产品价格形成机制、绿色产品有效需求机制和资源产品价格合理机制（见图 7-13）。

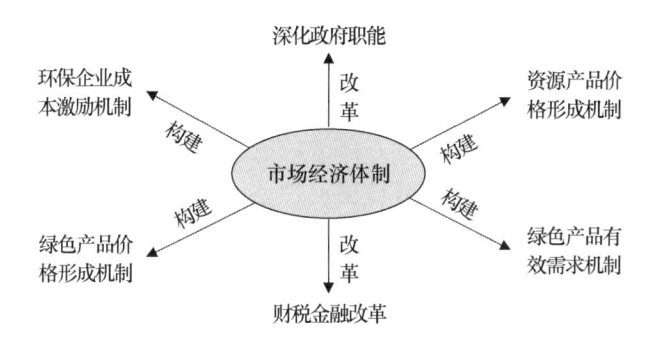

图 7-13 市场经济体制改革的基本机制

（三）健全资源资产产权制度和价格形成机制

当前自然资源产权制度正面临着可持续发展的巨大挑战，现有自然资源国家所有权制度未能充分发挥保障可持续发展的基本功能，面临着资源供需"峰极相逼"的威胁、水土资源供需矛盾突出的自然资源瓶颈，生态环境持续恶化、生态风险与日俱增的生态安全危机，代际公平、代内公平的社会公平隐忧等诸多现实性问题。因此需要对水流、森林、山岭、草地、滩涂等自然生态空间进行统一的确定登记，形成归属清晰、权责明确、监管有效的自然资源资产产权制度。对于狭义的生产资源，在保持资源最终公有制的前提下，通过招标、资源产权入股、有偿划转等方式将资源的使用权有序转移给相关微观主体，同时与微观经济主体订立长期合约，明确其占有资源、使用资源并获得收益的权利以及履行保障资源可持续性使用和保护资源的义务；对于广义的生产资源，需要对区域的生态环境付费，并对后期环境质量承担完全责任。完善排污权等非传统资源的产权界定，促进资源优化配置。

完善资源性产品价格形成机制。价格是市场机制配置稀缺资源的基本手段，长期以来实行的资源低价政策造成资源极大浪费和低效使用，不适合两型社会建设的需求。合理的资源价格应以全成本为依据，主要包括资源生产成本、资源消耗成本和环境污染成本 3 部分。需要进一步确立资源产权，调整优化相关资源价格形成机制和使用方法，建立健全能够灵活反映市场供求关系、资源稀缺性程度和生态环境损害成本的资源性产品价格形成机制，积极推行阶梯价格制度，促进结构调整、资源节约和环境保护。

(四) 完善实施生态补偿机制

生态补偿是以保护自然生态系统的服务功能、促进人地和谐为目的，运用财政、税费、市场等多种手段，调节生态环境保护相关利益方与经济利益的关系，相对公平地分配各方保护环境的责任和义务，采取一系列制度选择和政策措施，实现生态环境保护效益内部化。生态补偿问题涉及多个部门和地区，因此具有不同的补偿类型、补偿主体、补偿内容、补偿方式。按照破坏者付费、使用者付费、受益者付费与保护者得到补偿的原则，参照生态保护者投入和机会成本的损失、生态受益者的获利、生态破坏的恢复成本、生态服务功能的价值等确定生态补偿的相关标准，增强对生态环境保护作出重大贡献的财政转移支付，发挥财政资金在生态补偿激励中的引导作用，设立生态公益林、环境整治和保护建设的专项资金，实施资源和环境容量的有偿使用政策，对相关区域采取财政转移支付、差异性区域政策、生态保护项目实施、环境税费制度等政府补偿措施，采取公共支付、一对一交易、市场贸易、生态（环境）标记等市场补偿方式，建立健全生态补偿立法、处理好生态补偿中的中央与地方、政府与市场、生态补偿与扶贫、造血补偿与输血补偿、新账与旧账、综合平台与部门平台的关系，对流域生态补偿、矿产资源生态补偿、森林生态补偿、自然保护区生态补偿、区域性生态补偿等。在上述分析的基础上，构建包括区域补偿、流域补偿和要素补偿在内的山东省生态补偿政策体系（见图7-14）。

对山东省现行生态补偿政策的实施效果进行评估。搜集山东省相关生态补偿政策办法，对南水北调以南段及省辖淮河流域和小清河流域试点城市生态补偿办法、环境质量改善"以奖代补"政策、省级自然保护区能力建设"以奖代补"工作、退耕还湿试点市县生态补偿政策等内容，对现行生态补偿和以奖代补政策实施情况进行评估，评估实施的效果以及存在的具体问题，并提出完善相关政策的建议。根据山东省需求，筛选并确定山东省近期生态补偿与"以奖代补"政策的跨区域饮用水源、环境质量改善、自然保护区和退耕还湿、退渔还湖4个重点领域，明确上述4个领域的补偿主体、补偿客体、补偿对象、补偿原则、补偿内容、补偿标准、补偿方式和途径、资金来源、运行效果评估机制等基本要素，构建上述4个领域的生态补偿实施机制（见图7-15）。

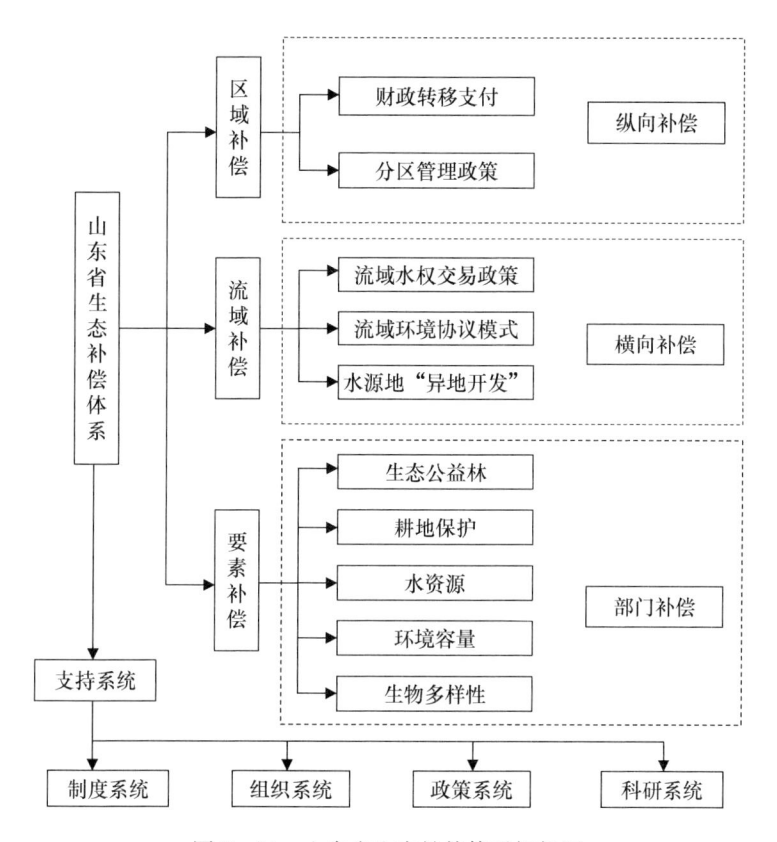

图 7-14　山东省生态补偿体系框架图

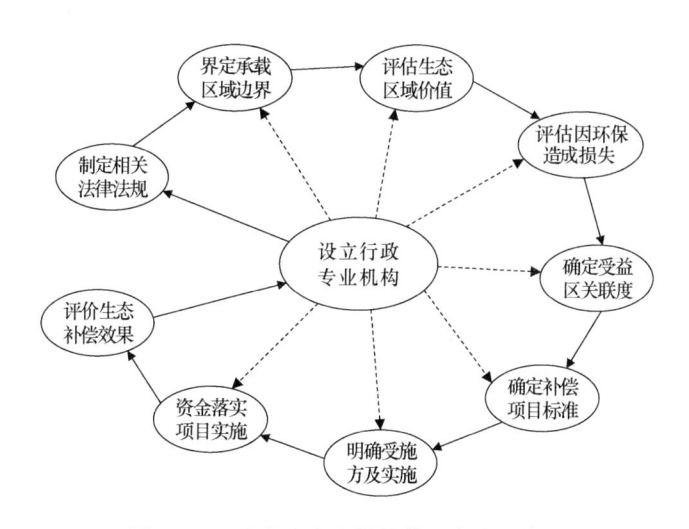

图 7-15　山东省生态补偿管理实施示意图

（五）建立完善区域节能评估和审查制度

能源是经济社会可持续发展的重要因素，如何有效抑制能源消费过快增长、促进能源科学合理利用、从源头上杜绝能源浪费是重要而紧迫的任务，也是实现人地关系协调的重要内容。山东省2011年实施区域节能评估和审查制度，通过能评的项目多达1798个，涉及钢铁、煤炭、电力、石化等20余个行业，能源评估与审查制度基本确立并取得显著成效，但仍然存在部分企业和基层单位对能评工作认识不到位、能评工作现行管理体制尚不统一等现象，造成能评作为立项前置要件的实质性作用难以发挥、项目节能评估文件编制质量普遍较低、能评标准过于陈旧或严重缺失、影响能评实效因素较多、节能评审经费尚未真正落实、能评工作全过程监管还不到位等问题。

建立完善区域节能评估和审查制度，需要做好以下几个方面的工作：①完善相关的配套制度体系，强化能评工作地位，切实发挥能评效力。将能评作为固定资产投资活动能源消耗进行管理和约束的重要手段，将能评作为一项行政审批事项，在实现节能目标、能源消耗总量目标和碳排放目标等方面发挥重要作用，加大能评的宣传力度，提高各级部门对能评工作认识的重要性。②修订完善实施细则，加强高耗能项目审查。积极修订实施细则，为能评工作奠定基础，做好能评分类管理工作和有效期工作，强化地方政府节能减排的主体责任。③落实相关配套措施，提高能评质量和效率。借鉴"国家节能中心项目评审管理信息系统"的经验加强能评信息管理平台建设，强化预警联动机制，严格效能指标分析，完善能评能效标准。④实施机构备案制度，强化节能评估资质管理。明确能评机构的基本条件，测评现有的能评机构，构建节能评估备案制度，实现节能评估的分级管理、分类管理和动态管理。⑤研究委托评审办法，落实评审经费保障。出台评审办法，提高评审质量和保证评审经费。⑥加强能评后期管理，实现能评全过程监管。创新能评验收制度，开展能评项目验收、能评落实情况监督检查、维护好能评的权威性和实效性，切实发挥能评的作用。

（六）推进生态环境保护公众参与机制

在国家、省市的相关环境保护法规中已经将公众参与机制列为基本的原则之一，但由于缺乏明确的、具有可操作性的具体规定，在具体实施过程中往往不能有效发挥作用。山东省应以地方性法律法规为基础，在重要的工程项目、环境影响评价和"三同时"管理中积极发挥公众参与的作用,并成为影响环境决策的重要力量,弥补政府监管不足之处,尽可能提高决策的科学性。需要做好以下几个方面的制度建设:首先需要明确公众参与权在宪法和法律中的地位,这是构建公众参与机制的首要明确内容,是参与过程的权利依据和来源;其次要健全和完善相关环境信息公开制度,环境信息公开制度是环境保护与决策的前提条件,因此政府应逐渐强化信息公开的执行力度,构建环境信息的披露制度,明确公众具有获取相关环境信息的权利,同时相关政府部门也具有发布相关环境信息的义务;最后要进一步规范公众参与程序,创新公众参与方式。制定专门的规章或条例对公众参与的相关方式和具体程序作出详细规定,通过媒体和听证会形式公布环境保护的重大政策、产品认证、执法检查和违法处理等相关信息。

第八章

结论与展望

随着人地矛盾的加剧，生态环境安全成为人地系统可持续发展的瓶颈。以山东省及选取的生态环境脆弱型、海陆兼备型和资源导向型3种人地系统类型为研究对象，进行人地系统可持续性评估和人地矛盾定量判断，最后提出人地系统可持续发展调控的整体思路与具体措施，为人地系统动态优化调控与集成整合手段提供技术支持，并为不同类型地域可持续发展提供实践借鉴。

第一节 主要观点与结论

以人地关系为主线，采取文献查阅和实地调研相结合、定性和定量相结合、理论研究与实证研究相结合、综合比较和归纳论证相结合、宏观分析和微观分析相结合的方法，在综合分析人地关系地域系统演变机理的基础上，解析山东省人地关系演变的时空演变过程，并辨析生态脆弱型、海陆兼备型和资源导向型地域系统类型人地主要矛盾和协调状态，由此提出人地系统优化调控的整体思路，得出以下观点和结论。

一 理论上辨析相关概念，梳理人地关系地域系统影响因素与演变机制

在对人地关系地域系统基本理论综合认知的基础上，梳理人地关系、人地系统、人地关系地域系统的基本概念、特征、结构、功能与原理。由人地关系向人地系统、人地关系地域系统的转变是对人地关系理论与认知的新发展，强调了人地关系研究的整体观念和整体、部分与层次之间的辩证关系，在人地关系研究中具有重要意义，并能将系统的研究方法引入研

究中。

运用地理熵模型构建人地关系地域系统演变的协调共生型、矛盾冲突型、警戒协调型等人地系统演变状态类型。构建人类活动对地理环境影响的 Logistic 模型,模拟人地关系演化曲线与耦合模式类型。在索罗模型的基础上,引入资源要素和环境要素,运用数理计量方法推导资源环境要素对经济增长的约束程度。人地关系地域系统发展演化具有综合性与多维性,解析影响人地关系地域系统演化的自然地理环境、人文地理环境、人类活动因素、需求结构因素、区际关系、区域发展环境、空间管治措施 7 个要素,构建包括上述 7 个要素在内的人地关系地域系统演变总体框架。归纳人地关系地域系统演变的内部作用机制、外部作用机制和整体作用机制。

二 实践上从不同尺度、不同地域系统属性选择山东省进行案例剖析

在综合分析山东省区域开发资源环境条件及其影响的基础上,发现山东省人地关系整体状况逐步改善,但资源环境约束性作用依然较强,良好的环境质量供给与需求矛盾持续突出。从人口规模扩张、经济开发和土地开发等角度构建人类活动强度指标,并从资源环境支撑力、资源环境压力和资源环境抗压力等方面构建资源环境水平指标,构建人类活动强度和资源环境水平的耦合度模型以及人类活动强度对资源环境水平的响应度模型。山东省近 20 年来人类活动强度指数呈现逐步上升趋势,而资源环境水平呈现小幅度波动下降趋势,近年来资源环境水平下降趋势逐渐放缓,但资源环境压力依然严峻。人类活动强度和资源环境水平属于高水平耦合,协调度由良好协调向高度协调转变。人类活动强度指数的不断增长对资源环境水平的影响变化具有一定对应性和连续性,始终表现出负响应特征,但胁迫效应幅度逐年缩小。其中,市场化程度和区域开发效率是造成响应度减小的最主要因素。

从地级市和县级市两个角度分析人地关系地域系统空间格局。从地级市视角来看,济南、青岛、淄博人类活动强度水平相对较高,而德州、聊城、临沂、菏泽则相对较低,沿海地市资源环境综合水平相对较高,而鲁中、鲁南地区资源环境综合水平相对较低,资源环境综合水平呈现由沿海向内陆逐渐恶化的格局。根据组合类型划分,威海、青岛属于高水平协调型,枣庄、滨州、潍坊和泰安属于中等水平协调型,日照、临沂、东营、

烟台和德州属于低水平协调型，淄博、莱芜和济宁属于不协调型，济南、聊城和菏泽属于勉强协调型；从县级市角度来看，半岛地区县市和泰安西南部、济宁东北部、枣庄滕州一线县市的人类活动强度相对较高，鲁西、鲁南地区县市相对较低，资源环境综合水平呈现由东向西逐渐减弱的格局。从整体协调度空间格局来看，鲁东、鲁中和鲁北地区的协调类型相对较好，但鲁南、鲁西地区特别是菏泽和临沂地区县市协调类型相对较差。

选取生态脆弱型、海陆兼备型和资源导向型人地关系地域系统类型，并分别以黄河三角洲高效生态经济区、山东半岛蓝色经济区和西部隆起带为案例进行分析。生态环境敏感脆弱、淡水资源先天不足、环境污染严重是黄河三角洲高效生态经济区人地主要矛盾，运用协调度和组合类型两种方法对人地协调类型区域的划分结果基本一致，黄三角高效区中部和西翼开发过度，而黄三角高效区东翼和中部部分县市区人地关系相对协调；渔业生产中结构性和深层次矛盾、海洋产业结构不合理、淡水资源不足、区域性生态环境问题等是山东半岛蓝色经济区存在的主要人地矛盾。根据三角模型计算结果，半岛蓝色经济区人地关系的可持续性正在由一般可持续性向强可持续性转变，特别是2005年以来，人地关系逐渐向强可持续性和很强可持续性方向演变；经济发展方式粗放、产业结构不合理、矿产资源开采的生态环境问题严重、流域环境问题、农业面源污染等是西部隆起带主要的人地矛盾，通过对资源衰竭型城市进行定量分析发现，枣庄市人地系统的脆弱性基本介于 0.208—0.377 之间，属于较低强度的脆弱性水平，其未来应逐渐降低系统的敏感性水平，提高系统应对能力，以更好地适应资源枯竭和经济转型的现实条件。

三 方法上运用数理模型和计量方法综合剖析人地关系地域系统

人地关系地域系统研究的复杂性、综合性和动态性使得对于相关问题的研究十分广泛，其研究内容涉及多个学科的交叉融合，研究方法与手段亦呈现多样化特征。研究中采用数理模型和计量方法综合剖析人地关系地域系统，构建协调度、耦合度和响应度模型分析山东省人地关系地域系统时间演变协调度、耦合度和响应度，并运用相应的数理统计方法，综合分析人地关系响应度的影响因素。在典型人地关系地域系统综合研究中，运用熵权 TOPSIS 方法、三角模型、集对分析方法综合分析山东省及典型区域人地关系地域系统的可持续性状态。数理模型和计量方法的运用提高了研究的科学性和可信度。

四 从人地内在机理入手，构建人地关系地域系统优化调控总体思路

在特定的时间和空间角度下，人地关系研究的目标是协调人地关系，促进人地关系地域系统的不断优化，实现区域可持续发展。以对人地系统的地域功能识别作为空间调控差别化手段、以对人地系统发展阶段的判断识别为基础、以观念意识的不断优化为调控内在动力、以人地协调共生为调控目标点、以"地"的空间承载力为调控约束力、以"人"的自为作用力为调控切入点等作为基本的依据与原则，以一种战略的高度重新审视人地关系地域系统，采取多样化的手段调控区域、区际的人地关系，并以科学的理念指导实现系统内部和系统之间协调共生的目标，制定人地关系地域系统调控优化的整体思路。其中，人地关系地域系统优化的总体思路主要包括人地关系地域系统内部调控机制、区际调控机制和适应性机制。

五 从可操作性层面，提出山东省人地关系地域系统优化对策建议

根据对于不同尺度和不同人地关系地域系统属性选择山东省以及典型地域类型分析，从优化"人"与"地"相互作用方式与作用强度、强化生态安全调控、优化"人"与"地"相互作用的空间结构等方面提出山东省人地关系地域系统优化调控的整体思路。具体而言，从产业结构调整和促进经济转型、控制人口数量和提高人力资本存量、加强生态文化建设和提升生态文明水平等方面优化"人"与"地"相互作用方式与作用强度，从确定生态功能保护区和划定生态红线、建设生态环境和缓解"地"的显性矛盾、实施污染减排治理工程和提高生态环境安全水平等方面强化生态安全调控，从协调区际关系和建立可持续发展空间结构、形成合理空间开发格局和促进区域协调发展等方面提出优化"人"与"地"相互作用的空间结构。根据山东省人地关系地域系统的优化路径，需要从区域发展综合决策机制、区域生态环境管理模式与机制、生态文明制度构建等方面提供制度保障。

第二节 研究展望

人地关系地域系统的研究是一个复杂的系统性问题，涉及多方面的内容。虽然研究已围绕人地关系地域系统的理论与实证方面进行了详细探索，但对于该领域理论与实际问题的解决，这只是浩大研究问题的开端，尽管在研究过程中力求保持研究的严密性、科学性与系统性，但是由于研究题目复杂以及在知识结构、文献资料收集等方面还有不足之处，有些理论仍需要进一步细化，值得进一步思考。在今后人地关系地域系统研究中将重点讨论和研究以下几个方面。

一 强化研究方法与技术手段的创新

当前对于人地关系的研究相对较多，但对人地关系的科学合理研究相对较少，加强研究方法和技术手段的创新是一项重要研究内容。虽然对人地关系协调的指标体系进行探究，但也仅仅是一种尝试，旨在为评价区域人地关系建立一种途径，指标体系仍不完备，如缺乏生态系统类型和生物多样性等指标，因此仍需要进一步建立科学化、体系化和实用化相结合的指标体系，同时对于指标体系的分级结果也需要进一步加强。对于所采用的社会经济污染普查等统计指标如何有效合理地定量到行政区的土地利用数据内是一项值得推进研究的工作，以能够更大限度地增强研究的可信性（见图8-1）。同时，对人地关系地域系统进行深度解析仍然需要进一步探讨，特别是一些局部严重的人地矛盾问题可能被掩盖，因此需要将遥感（RS）和地理信息系统（GIS）等技术方法和数理统计方法更好地运用到人地关系地域系统研究中，以能够全面准确地分析并总结人地矛盾的诸多限制性因素。

二 强化对不同尺度的人地关系地域系统理论与实证研究

理论与实证相结合的研究是人地关系地域系统研究的重要着眼点。本研究属于人地关系地域系统的理论研究以及中观尺度的实证研究，在理论上需进一步分析不同尺度下各个影响要素对"人"与"地"相互作用的影响方式、作用强度，增强影响机理研究的针对性和具体性。在实证研究

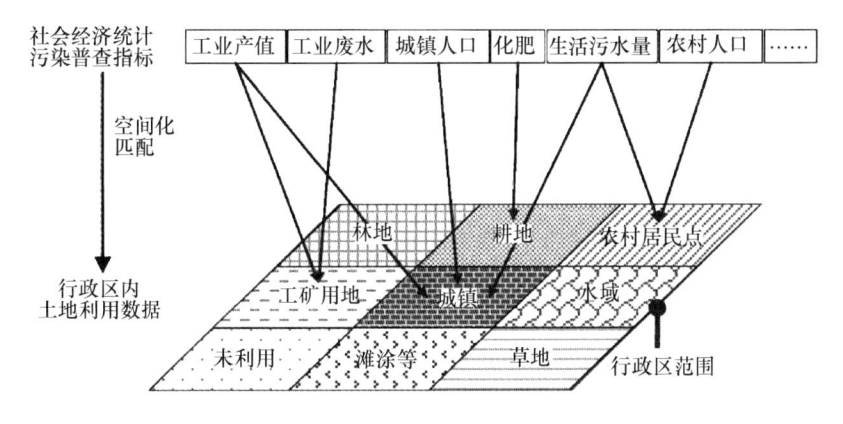

图 8-1 社会经济数据的空间化与土地利用数据匹配示意图

中,需要解析宏观、中观和微观尺度下人地关系地域系统类型的人地矛盾,揭示不同尺度下"人"与"地"作用机理和表征矛盾以及优化调控措施,全面解析威胁人地失衡的各种具体限制性因素,特别是一些局部严重的生态环境问题。

三 强化对人地关系地域系统生态环境安全的动态监测和预警预测研究

在对人地系统可持续性综合分析的基础上,根据各类型的地域特点和生态环境问题的初步辨识,首先进行生态环境安全的定量评价,根据与人地系统可持续发展密切相关的生态环境要素,通过计算生态环境安全指数确定其安全程度。其次依据生态环境安全评价程度,采用"3S"集成技术、GIS 与环境模型耦合、EIS-GIS 联合系统等相关技术预测各类人地系统未来可持续发展可承载的人口、经济规模和生态环境相冲突的可能。未来可建成以地理信息系统为载体,融合大型数据库分析计算模型和各种环境模型,具有动态监测、分析评价、环境模拟、预警预报、决策分析及信息发布等多功能的一体化集成系统,为人地系统可持续发展与优化调控奠定基础。

参考文献

一 中文著作

彼得·巴特姆斯:《数量生态经济学》,社会科学文献出版社2010年版。

蔡昉:《科学发展观与增长的可持续性》,社会科学文献出版社2006年版。

蔡莉:《中国新东部海洋渔业资源人口承载力研究(2010—2020)》,中国社会科学出版社2012年版。

蔡运龙、叶超、陈彦光等:《地理学方法论》,科学出版社2011年版。

陈建军:《要素流动、产业转移和区域经济一体化》,浙江大学出版社2011年版。

陈小英、刘大海:《黄河三角洲生态环境分析与评估》,海洋出版社2012年版。

陈银娥、高红贵:《绿色经济的制度创新》,中国财政经济出版社2011年版。

陈志:《经济增长的资源障碍研究》,经济管理出版社2010年版。

程志光、汪建坤、马驰:《产业生态转型与区域生态安全》,浙江大学出版社2012年版。

仇方道:《东北地区矿区城市产业生态系统适应性研究》,科学出版社2011年版。

戴斯·贾丁斯:《环境伦理学》,北京大学出版社2002年版。

冯俊新:《经济发展与空间布局:城市化、经济集聚和地区差距》,中国人民大学出版社2011年版。

付保宗:《中国产业区域转移机制问题研究》,中国市场出版社2008年版。

傅京燕:《环境规制、要素禀赋与贸易模式:理论与实证研究》,经济科学出版社2010年版。

高文武、关胜侠:《消费主义与消费生态化》,武汉大学出版社2011年版。

龚雪:《产业转移的动力机制与福利效应研究》,法律出版社2009年版。

顾朝林、杨焕彩:《黄河三角洲发展规划研究》,东南大学出版社2011年版。

顾朝林、赵民、张京祥:《省域城镇化战略规划研究》,东南大学出版社2011年版。

顾海波:《基于可持续发展观的环境技术政策创新》,东北大学出版社2004年版。

国务院发展研究中心课题组:《转变经济发展方式的战略重点》,中国发展出版社2010年版。

何承耕:《地理学视角的生态补偿理论和应用研究年版》,中国环境出版社2011年版。

洪大用:《中国环境社会学——一门建设中的学科》,社会科学文献出版社2007年版。

侯伟丽、钟水映:《中国经济发展中的人口资源环境问题》,山东人民出版社2009年版。

胡兆量、陈宗兴:《地理环境概述》,科学出版社2010年版。

黄寰:《区际生态补偿论》,中国人民大学出版社2012年版。

季斌、沈红军:《城市发展的可持续性——经济·环境·协调机理研究》,东南大学出版社2008年版。

贾华强:《经济资源的可持续性运行与发展》,中国环境科学出版社2011年版。

简新华、余江:《中国工业化与新型工业化道路》,山东人民出版社2009年版。

杰拉尔德·G. 马尔腾:《人类生态学——可持续发展的基本概念》,商务印书馆2012年版。

金碚:《资源环境管制与工业竞争力》,经济管理出版社2010年版。

E. 库拉:《环境经济学思想史》,上海人民出版社2007年版。

莱斯特·R. 布朗:《崩溃边缘的世界——如何拯救我们的生态和经济环境》,上海世纪出版集团2005年版。

劳承玉:《自然资源开发与区域经济发展》,中国经济出版社2010年版。

李成威:《公共产品的需求与供给评价与激励》,中国财政经济出版社2005年版。

李方明:《反贫困开发与可持续发展——新疆和田地区与哈巴县案例研究》,经济科学出版社 2009 年版。

李静:《中国地区环境效率的差异与规制研究》,社会科学文献出版社 2012 年版。

李文华:《生态系统服务功能价值评估的理论、方法与应用》,中国人民大学出版社 2008 年版。

李晓明:《人的基本需求与自我成长》,中国财富出版社 2012 年版。

李星洲、邵波:《山东省经济与资源环境协调发展研究》,山东大学出版社 2010 年版。

刘冬梅:《可持续经济发展理念框架下的生态足迹研究》,中国环境科学出版社 2007 年版。

刘盛和、陈田、张文忠:《沿海地区城市土地利用扩展的时空模式》,商务印书馆 2008 年版。

刘卫东:《经济地理学思维》,科学出版社 2013 年版。

刘燕华、李秀彬:《脆弱生态环境与可持续发展》,商务印书馆 2007 年版。

刘毅、刘卫东:《理解正在变化的星球——地理科学的战略方向》,科学出版社 2011 年版。

刘宇辉:《基于生态足迹模型的经济—生态协调度评估》,中国环境科学出版社 2009 年版。

鲁西奇、张建民:《历史时期长江中游地区人类活动与环境变迁专题研究》,武汉大学出版社 2011 年版。

陆大道、樊杰、刘卫东等:《中国地域空间、功能及其发展》,中国大地出版社 2011 年版。

马瑞婧:《中国城市消费者绿色消费行为的影响因素研究》,中国社会科学出版社 2011 年版。

马子红:《中国产业转移与地方政府的政策选择》,山东人民出版社 2009 年版。

梅雪芹:《环境史研究述论》,中国环境科学出版社 2011 年版。

蒙吉军:《综合自然地理学》,北京大学出版社 2005 年版。

莫宏伟、任志远:《基于 GIS 的关中地区土地利用及土地生态安全动态研究》,中国环境科学出版社 2011 年版。

聂华林、赵超:《区域空间结构概论》,中国社会科学出版社 2008 年版。

潘玉君、武友德:《地理科学导论》,科学出版社2013年版。

彭立志:《贸易与环境》,格致出版社2009年版。

彭少麟、陈宝明、赵琼:《弹性思维——不断变化的世界中社会—生态系统可持续性》,高等教育出版社2009年版。

彭文慧:《社会资本与区域经济增长——基于空间计量经济学的研究》,社会科学文献出版社2013年版。

齐晔:《中国环境监管体制研究》,上海三联书店2008年版。

乔家君:《典型农业村域人地系统定量研究——河南三个不同类型村的实证分析》,科学出版社2005年版。

邱桂杰:《区域开发与环境协调发展的动力与机制研究》,吉林大学出版社2010年版。

邱秋:《中国自然资源国家所有权制度研究》,科学出版社2005年版。

邱寿丰:《探索循环经济规划之道》,同济大学出版社2009年版。

屈燕妮:《资源型区域经济发展与环境约束——以内蒙古自治区为例》,经济科学出版社2013年版。

任建兰:《基于全球化背景下的贸易与环境》,商务印书馆2003年版。

荣跃动、徐之顺、谢利根:《转方式·调结构·促增长》,上海人民出版社2010年版。

沈坤荣:《经济发展方式转变的机理与路径》,人民出版社2011年版。

沈正平、欧阳军:《改革开放30年的区域发展》,江苏人民出版社2009年版。

石刚、王卉彤:《承载能力与中国区域功能规划》,中国人民大学出版社2011年版。

石敏俊、马国霞:《中国经济增长的资源环境代价》,科学出版社2009年版。

史培军、周涛、王静爱:《资源科学导论》,高等教育出版社2009年版。

宋艺湘、赵帮宏:《发展经济学》,清华大学出版社2012年版。

田丰、李旭明:《环境史:从人与自然的关系叙述历史》,商务印书馆2011年版。

童玉芬:《首都人口与环境关系——理论与实证研究》,中国劳动社会保障出版社2012年版。

童玉芬:《西北地区人口—资源—环境协调发展研究》,中国人口出版社

2009年版。

万本太、邹首民：《走向实践的生态补偿——案例分析与探索》，中国环境科学出版社2011年版。

王凤：《公众参与环保行为机理研究》，中国环境科学出版社2008年版。

王吉会、范晓虹：《循环经济——迫在眉睫的生态问题》，上海世纪出版集团2012年版。

王金南、夏光、高敏雪等：《中国环境政策改革与创新》，中国环境科学出版社2008年版。

王利华：《徘徊在人与自然之间——中国生态环境史探索》，天津古籍出版社2012年版。

王亚菲：《经济系统物质流核算与中国经济增长若干问题研究》，中国人民大学出版社2009年版。

王永洁：《东北地区典型湿地的水环境及其可持续性度量研究》，中国环境科学出版社2010年版。

王玉婧：《环境成本内在化环境规制及贸易与环境的协调》，经济科学出版社2010年版。

魏建、李少星：《黄河三角洲高效生态经济区发展报告》，中国人民大学出版社2012年版。

吴舜泽、王金南、邹首民：《珠江三角洲环境保护战略研究》，中国环境科学出版社2006年版。

吴玉麟：《山东省可持续发展研究》，山东人民出版社2011年版。

席玮：《中国区域资源、环境、经济的人口承载力分析与应用》，中国人民大学出版社2011年版。

谢高地：《自然资源总论》，高等教育出版社2009年版。

谢花林：《区域土地利用变化的生态效应研究》，中国环境科学出版社2011年版。

闫军印、赵国杰、孙卫东：《区域矿业资源开发生态经济系统》，中国物质出版社2011年版。

严黎钧：《科学发展阶段论》，上海社会科学院出版社2008年版。

严立冬、刘加林、郭晓川：《循环经济的生态创新》，中国财政经济出版社2011年版。

晏维龙：《海岸带产业成长机理与经济发展战略研究》，海洋出版社2012

年版。

杨朝飞、里杰兰德:《中国绿色经济发展机制和政策创新研究综合报告》,中国环境科学出版社 2012 年版。

杨朝飞、王金南、任勇:《环境经济政策改革与框架》,中国环境科学出版社 2010 年版。

杨柳青:《生态需要的经济学研究》,中国财政经济出版社 2004 年版。

杨世伟:《国际产业转移与中国新型工业化道路》,经济管理出版社 2009 年版。

姚德文:《产业结构优化升级的制度分析》,经济科学出版社 2012 年版。

姚旻:《生态文明理念下的产业结构优化——以贵州省为例》,经济科学出版社 2010 年版。

张红凤:《环境规制理论研究》,北京大学出版社 2012 年版。

张宏艳、刘平养:《农村环境保护和发展的激励机制研究》,《经济管理出版社》2011 年版。

张惠远、邹首民、王金南:《广东省环境保护战略研究》,中国环境科学出版社 2007 年版。

张建平:《中国区域开发问题研究》,中国经济出版社 2008 年版。

张雷、刘毅:《中国区域发展的资源环境基础》,科学出版社 2006 年版。

张连国:《复杂科学范式下的生态省发展战略研究》,群众出版社 2012 年版。

张嫚:《环境规制约束下的企业行为——循环经济发展模式的微观实施机制》,经济科学出版社 2010 年版。

张平宇、李鹤、佟连军:《矿业城市人地系统脆弱性——理论·方法·实证》,科学出版社 2011 年版。

张琦:《土地利用与可持续发展》,商务印书馆 2012 年版。

张效莉、黄硕琳:《人口、经济发展与生态环境系统协调型测度原理及应用》,中国环境科学出版社 2013 年版。

张兆福:《城镇化进程中土地利用变化理论及实证研究》,中国科学技术大学出版社 2012 年版。

赵红:《环境规制对中国产业绩效影响的实证研究》,经济科学出版社 2011 年版。

赵云昌:《要素流动、经济增长与贸易模式变化》,中国经济出版社 2011

年版。

郑贵斌:《蓝色战略与蓝色经济区》,经济管理出版社 2011 年版。

郑红娥:《社会转型与消费革命——中国城市消费观念的变迁》,北京大学出版社 2006 年版。

中国科学院区域发展领域战略研究组:《中国至 2050 年区域科技发展路线图》,科学出版社 2009 年版。

中国 21 世纪议程管理中心可持续发展战略研究组:《发展的格局:中国资源、环境与经济社会的时空演变》,社会科学文献出版社 2010 年版。

钟若愚:《基于物质流分析的中国资源生产率研究》,中国经济出版社 2009 年版。

周德禄:《人力资本配置效益研究》,山东人民出版社 2012 年版。

周国富:《系统自然地理学——理论与方法》,气象出版社 2010 年版。

左玉辉、林桂兰:《海岸带资源环境调控》,科学出版社 2005 年版。

二 中文期刊

曹丽军:《区域可持续发展轨迹及其度量》,《中国人口·资源与环境》1998 年第 2 期。

荼娜、邬建国、于润冰:《可持续发展研究的学科动向》,《生态学报》2013 年第 9 期。

陈小良、樊杰、孙威等:《地域功能识别的研究现状与思考》,《地理与地理信息科学》2013 年第 2 期。

丁哲澜、陈东、樊杰:《基于区域均衡视角的中国县级财政地域差异性分析》,《经济地理》2013 年第 2 期。

樊杰:《"人地关系地域系统"学术思想与经济地理学》,《经济地理》2008 年第 2 期。

樊杰、周侃、陈东:《生态文明建设中优化国土空间开发格局的经济地理学研究创新与应用实践》,《经济地理》2013 年第 1 期。

樊杰、周侃、孙威等:《人文—经济地理学在生态文明建设中的学科价值与学术创新》,《地理科学进展》2013 年第 2 期。

樊杰:《主体功能区战略与优化国土空间开发格局》,《中国科学院院刊》2013 年第 2 期。

冯佺光:《中国山地农业资源人地结构属性及其功能区划的理论框架简

论》,《中国农业资源与区划》2013年第3期。

哈斯·巴根、李同昇、佟宝全:《生态地区人地系统脆弱性及其发展模式研究》,《经济地理》2013年第4期。

贺丹、赵玉林:《产业结构变动对生态效益影响的实证分析》,《武汉理工大学学报》(社会科学版)2012年第5期。

黄细兵、赵定涛:《三维结构下的区域可持续发展模式选择》,《科学学与科学技术管理》2007年第1期。

吉拉昌:《人地关系操作范式探讨》,《人文地理》1994年第7期。

李博、韩增林:《沿海城市人地关系地域系统脆弱性研究》,《经济地理》2010年第10期。

李方一、刘卫东、唐志鹏:《中国区域间隐含污染转移研究》,《地理学报》2013年第6期。

李树奎、李同昇、王武科等:《西安PRED协调发展的系统动力学模拟研究》,《地域研究与开发》2009年第5期。

刘春腊、刘卫东、陆大道:《1987—2012年中国生态补偿研究进展及趋势》,《地理科学进展》2013年第12期。

刘卫东、陆大道:《新时期我国区域空间规划的方法论探讨》,《地理学报》2005年第6期。

刘文新、张平宇、马延吉:《资源型城市产业结构演变的环境效应研究》,《干旱区资源与环境》2007年第2期。

陆大道:《关于地理学的"人—地系统"理论研究》,《地理研究》2002年第2期。

陆大道、刘卫东:《论我国区域发展与区域政策的地学基础》,《地理科学》2000年第6期。

陆大道:《中国区域发展的新因素与新格局》,《地理研究》2003年第3期。

吕拉昌、黄茹:《人地关系认知路线图》,《经济地理》2013年第8期。

毛汉英:《县域经济和社会同人口、资源、环境协调发展研究》,《地理学报》1991年第4期。

齐晔、蔡琴:《可持续发展理论三项进展》,《中国人口·资源与环境》2010年第4期。

任建兰:《可持续发展观与传统发展观的反思与比较》,《地理科学》1998

年第3期。

任建兰、张淑敏：《山东省产业结构生态评价与循环经济模式构建思路》，《地理科学》2004年第6期。

任建兰、周鹏：《山东省发展轨迹比较与反思》，《地理科学》2006年第5期。

尚海龙、潘玉君：《西安市人地关系协调状态评价及动态预测》，《人文地理》2013年第2期。

沈镭、刘立涛：《中国能源可持续发展区域差异及其因素分析》，《中国人口·资源与环境》2010年第1期。

史培军：《人地系统动力学研究的现状与展望》，《地学前缘》1997年第1期。

陶纪明、徐珺、浦亦稚：《上海人地关系现状、情景与对策研究》，《上海经济研究》2013年第4期。

田亚平、向清成、王鹏：《区域人地耦合系统脆弱性及其评价指标体系》，《地理研究》2013年第1期。

万薇、张世秋、邹文博：《中国区域环境管理机制探讨》，《北京大学学报》（自然科学版）2010年第3期。

王海建：《经济结构变动对环境污染物排放的影响分析》，《中国人口·资源与环境》1999年第3期。

王黎明、毛汉英：《我国沿海地区可持续发展能力的定量研究》，《地理研究》2000年第2期。

王黎明：《面向PRED问题的人地关系系统构型理论与方法研究》，《地理研究》1997年第2期。

吴传钧：《论地理学的研究核心——人地关系地域系统》，《经济地理》1991年第3期。

杨多贵、牛文元、陈绍峰等：《中国区域可持续发展综合优势能力评价》，《科学管理研究》2000年第5期。

杨青山：《对人地系统协调发展的概念性认识》，《经济地理》2002年第3期。

杨青山、梅林：《人地关系、人地关系系统与人地关系地域系统》，《经济地理》2001年第5期。

袁绪英、曾菊新、吴宜进：《㵲水河流域经济环境协调发展系统动力学模拟》,《地域研究与开发》2011 年第 6 期。

张耀光:《从人地关系地域系统到人海关系地域系统》,《地理科学》2008 年第 1 期。

钟祥浩:《加强人山关系地域系统为核心的山地科学研究》,《山地学报》2011 年第 1 期。

张宗斌、汤子玉、辛大楞:《城市化与城市规模对中美对外直接投资区位选择的影响研究》,《中国人口·资源与环境》2019 年第 12 期。

三 外文文献

Agyeman, J., *Sustainable Communities and the Challenge of Environmental Justice*, New York: New York University Press, 2005, p. 68.

Allen, H. and Albert, A., *Environmental Indicators: A Systematic Approach to Measuring and Reporting on Environmental Policy Performance in the Context of Sustainable Development*, World Resource Institute, 1995, p. 134.

Altieri, M. A., *Agroecology: the Science of Sustainable Agriculture*, Colorado: Westview Press, 1995, p. 145.

Andrewsa, S. S., Karlen, D. L. and Mitchell, J. P., "A Comparison of Soil Quality Indexing Methods for Systems in Northern California", *Agriculture, Ecosystems and Environment*, Vol. 90, No. 6, June 2002.

Atkinson, G., Dubourg, R. and Hamilton, K., *Measuring Sustainable Development: Macroeconomics and the Environment*, West Midlands: Edward Elgar Publishing Ltd., 1997, p. 49.

Bansal, P., "Evolving Sustainably: a Longitudinal Study of Corporate Sustainable Development", *Strategic Management Journal*, Vol. 26, No. 3, March 2005.

Berkes, F., *Common Property Resources: Ecology and Community-based Sustainable Development*, Mississippi: Belhaven Press, 1989, p. 289.

Berndt, R. M. and Berndt, C. H., *Man, Land & Myth in North Australia: the Gunwinggu People*, East Lansing: Michigan State University Press, 1970, p. 34.

Beyer, A., Cohen, D. A. and Lys, T. Z., "The Financial Reporting Environment: Review of the Recent Literature", *Journal of Accounting and*

Economics, Vol. 50, No. 2, February 2010.

Bulkeley, H. and Betsill, M., "Rethinking Sustainable Cities: Multilevel Governance and the Urban Politics of Climate Change", *Environmental Politics*, Vol. 14, No. 1, January 2005.

Conway, G. R. and Barbier, E. B., *After the Green Revolution: Sustainable Agriculture for Development*, London: Routledge, 2013, p. 47.

Ding, G. K. C., "Sustainable Construction—the Role of Environmental Assessment Tools", *Journal of Environmental Management*, Vol. 86, No. 3, March 2008.

Doughty, C. E., "Preindustrial Human Impacts on Global and Regional Environment", *Annual Review of Environment and Resources*, Vol. 38, No. 1, January 2013.

Eden, C. and Ackermann, F., *Making Strategy: the Journey of Strategic Management*, London: Sage, 2013, p. 89.

Edwards, B. and David, T., *Sustainable Housing: Principles and Practice*, London: Taylor & Francis, 2013, p. 85.

Elliott, J., *An Introduction to Sustainable Development*, London: Routledge, 2012, p. 93.

Evans, N. G., Hills, K. and Levine, A. C., "How Should the WHO Guide Access and Benefit Sharing during Infectious Disease Outbreaks?" *AMA Journal of Ethics*, Vol. 22, No. 1, January 2020.

Freeman, R. E., *Strategic Management: a Stakeholder Approach*, Cambridge: Cambridge University Press, 2010, p. 34.

Gandy, M., "Crumbling Land: the Postmodernity Debate and the Analysis of Environmental Problems", *Progress in Human Geography*, Vol. 20, No. 1, January 1996.

Gao, C., Lei, J. and Jin, F., "The Classification and Assessment of Vulnerability of Man–Land System of Oasis City in Arid Area", *Frontiers of Earth Science*, Vol. 7, No. 4, April 2013.

Gatlin, D. M., Barrows, F. T. and Brown, P., "Expanding the Utilization of Sustainable Plant Products in Aquafeeds: a Review", *Aquaculture Research*, Vol. 38, No. 6, June 2007.

Gibs, D. and Healey, M., "Industrial Geography and the Environment", *Applied Geography*, Vol. 17, No. 7, July 1997.

Haberl, H., Schulze, E. D. and Körner, C., "Response: Complexities of Sustainable Forest Use", *GCB Bioenergy*, Vol. 5, No. 1, January 2013.

Hay, J. E., "Small Island Developing States: Coastal Systems, Global Change and Sustainability", *Sustainability Science*, Vol. 8, No. 3, March 2013.

Hopwood, B., Mellor, M. and O'Brien, G., "Sustainable Development: Mapping Different Approaches", *Sustainable Development*, Vol. 13, No. 1, January 2005.

Hu, J., Cui, H. and Li, Y., "Reconstruction of the Evolution History of Man-Land System since the Holocene in the Xiliao River Basin", *Scientia Geographica Sinica*, Vol. 22, No. 5, May 2002.

Jackson, T., *Motivating Sustainable Consumption: a Review of Evidence on Consumer Behaviour and Behavioural Change: a Report to the Sustainable Development Research Network*, Guildford: Centre for Environmental Strategy, University of Surrey, 2005, p. 246.

Jones, S., "No Man's Land: Globalization, Territory, and Clandestine Groups in Southeast Asia", *Australian Journal of International Affairs*, Vol. 66, No. 1, January 2012.

Kerry Turner, R., *Sustainable Environmental Management: Principles and Practice*, Mississippi: Belhaven Press, 1988, p. 110.

Lesert, R. Brown, "Redefining National Security", *World Watch Paper*, Vol. 14, No. 3, March 1997.

Loorbach, D. A., *Transition Management: New Mode of Governance for Sustainable Development*, Rotterdam: Erasmus University, 2007, p. 67.

Mastroeni, M., Tait, J. and Rosiello, A., "Regional Innovation Policies in a Globally Connected Environment", *Science and Public Policy*, Vol. 40, No. 1, January 2013.

McKenzie-Mohr, D., *Fostering Sustainable Behavior: an Introduction to Community-based Social Marketing*, Gabriola: New Society Publishers, 2011, p. 78.

Meadows, D. H., Meadows, D. L. and Randers, J., *Beyond the Limits:*

Global Collapse or a Sustainable Future, London: Earthscan Publications Ltd., 1992, p. 49.

Messerli, B., Martin Grosjean and Thoma, "From Nature – dominated to Human – dominated Environmental Changes", *IGU Bulletin*, Vol. 19, No. 14, July 2000.

Monbiot, G., *No Man's Land: An Investigative Journey through Kenya and Tanzania*, London: Macmillan, 1994, p. 11.

Omer, A. M., "Energy, Environment and Sustainable Development", *Renewable and Sustainable Energy Reviews*, Vol. 12, No. 9, September 2008.

Paasi, A., "The Institutionalization of Regions: a Theoretical Framework for Understanding the Emergence of Regions and the Constitution of Regional Identity", *Fennia – International Journal of Geography*, Vol. 164, No. 1, January 2013.

Pappu, R. S. and Deo, S. G., *Man – Land Relationship during Palaeolithic Times in the Kaladgi Basin, Karnataka*, South Carolina: Deccan College Post – graduate and Research Institute, 1994, p. 69.

Pingjun, S. and Chunliang, X., "Coupling Degree Assessment of the Man – Land Coupling System of the Mining City from the Vulnerability Perspective", *Areal Research and Development*, Vol. 29, No. 6, June 2010.

Post, J. and Preston, L., *Private Management and Public Policy: the Principle of Public Responsibility*, California: Stanford University Press, 2012, p. 56.

Rees, W. and Wackernagel, M., "Urban Ecological Footprints: Why Cities Cannot Be Sustainable – and Why They Are a Key to Sustainability", *The Urban Sociology Reader*, Vol. 157, No. 4, May 2012.

Seuring, S. and Müller, M., "From a Literature Review to a Conceptual Framework for Sustainable Supply Chain Management", *Journal of Cleaner Production*, Vol. 16, No. 15, August 2008.

Smeets, E. and Weterings, R., *Environmental Indicators: Typology and Overview*, Copenhagen: European Environmental Agency, 1999, p. 4.

Smith, A., Stirling, A. and Berkhout, F., "The Governance of Sustainable Socio – technical Transitions", *Research Policy*, Vol. 34, No. 10, October 2005.

Sneddon, C. S., "'Sustainability' in Ecological Economics, Ecology and Livelihoods: a Review", *Progress in Human Geography*, Vol. 24, No. 4, April 2000.

Steven, A. E., "Toward a Recycling Society: Ecological Sanitation – closing the Loop to Food Security", *Water Science & Technology*, Vol. 43, No. 4, April 2001.

Tidd, J. and Bessant, J., *Managing Innovation: Integrating Technological, Market and Organizational Change*, The USA: Wiley. com, 2011, p. 47.

Tong, C., "Review on Environmental Indicator Research", *Research on Environmental Science*, Vol. 13, No. 4, April 2000.

Verdu, E. F., Armstrong, D. and Murray, J. A., "Between Celiac Disease and Irritable Bowel Syndrome: the 'No Man's Land' of Gluten Sensitivity", *The American Journal of Gastroenterology*, Vol. 104, No. 6, June 2009.

Vermeir Iand Verbeke, W., "Sustainable Food Consumption: Exploring the Consumer 'Attitude – Behavioral Intention' Gap", *Journal of Agricultural and Environmental Ethics*, Vol. 19, No. 2, February 2006.

Vikhanskiy, O., Churkina, N. and Zaverskiy, S., "Business Response to Environental Challenges: Three Cases of Russian Industrial Companies", *Oñati Socio – Legal Series*, Vol. 2, No. 3, March 2011.

Wang, J. J., Zhang, W. Y. and Liu, X., "Modifying Wind Speed Data Observed from Manual Observation System to Automatic Observation System Using Wavelet Neural Network", *Physics Procedia*, Vol. 25, No. 12, December 2012.

Yakovlev, A. S., Plekhanova, I. O. and Kudryashov, S. V., "Assessment and Regulation of the Ecological State of Soils in the Impact Zone of Mining and Metallurgical Enterprises of Norilsk Nickel Company", *Eurasian Soil Science*, Vol. 41, No. 6, June 2008.

Yang – ling, O. U., "Evaluation of Man – Land Coordination Degree at Village Scale in the Farming – Grazing Transition Belt of the Horqin Sandy Land: A Case in the Muzishan Village of Aohan Banner of Inner Mongolia, China", *Journal of Desert Research*, Vol. 31, No. 5, May 2011.

Zadeh, L. A., "Knowledge Representation in Fuzzy Logic", *IEEE Transactions on Knowledge and Data Engineering, Vol. 1, No. 1, January 1989.

Zhang, J., Li, T. and Wang, W., "The Simulation of Man – land Areal System in the Wei River Basin", *Progress in Geography*, Vol. 29, No. 10, October 2010.

Zhao, G., *Man and Land in Chinese History: an Economic Analysis*, California: Stanford University Press, 1986, p. 103.

Zhao, L., Zhang, Y. C. and Tang, W., "The Influence of Regional Natural Environment on Yongning Mosuo's Architectural Forms and Building Materials", *Applied Mechanics and Materials*, Vol. 368, No. 8, August 2013.

后　　记

  人地系统是地球表层人类活动与地理环境相互作用形成的开放的、复杂的巨系统。从古代的"天人合一"思想到近代的人地关系协调思想，升华到现代的可持续发展理论，其思维主线始终围绕人地和谐共生这一核心展开。近年来，全球工业化和城市化的快速推进以及强大科技手段的运用，强烈地改变着各地区的经济社会结构和生态环境结构，人类对资源的使用、生态的干预、环境质量的影响以及空间的占有都达到了空前规模，人地关系矛盾日益突出，人地系统的性质及人地关系的内涵在演进中不断深化。主体功能区、城市群规划、生态文明和美丽中国等，都是新形势下人地关系理论的具体实践形式，充分体现了人地协调发展理论在指导国家和地区可持续发展战略中的重要地位和作用。在理论与实践层面对人地系统的综合研究，对促进区域人地协调和可持续发展具有重要意义。

  工作六年来，我陆续获得国家自然科学基金面上项目、青年项目，山东省重点研发计划、山东省自然科学基金和博士后基金特别资助等项目的资助，在《中国人口·资源与环境》《地理研究》《经济地理》等期刊发表了一系列与人地关系相关的论文，在人地系统理论和实证研究方面取得了一些成绩，为本书的顺利开展奠定了坚实的基础。在科研教学过程中，意识到尽管人地系统研究对学科发展和实现区域可持续发展具有重要意义，但当前对人地系统理论和实证研究，还有进一步提升的空间，相关著作相对还比较缺乏。由此，在博士毕业论文和前期研究基础之上，出版一本"人地系统演变与优化"著作的想法由来已久。2014年以来，经过近六年的不懈努力，初稿得以完成，以著作形式付梓出版。

  本书的顺利出版得到山东省唯一的特色重点学科——人口、资源与环境经济学、山东省优秀青年科技创新团队支持计划、中国博士后基金的资助。同时，得到国家自然科学基金"典型人地系统可持续性评估与生态环境安全预警""中国东部地带欠发达地区污染密集型产业空间演变机理、环境效应与优化调控研究"、山东省重点研发计划"山东省可持续发展实验区现状分析与绩效评价体系研究"等项目的资助。

　　研究是在任建兰教授的悉心指导和全力支持下完成的。从选题到写作以及修改完善，无不凝聚着老师不倦的教诲和智慧的启迪，没有老师的指导和帮助，我不可能完成此项研究。在无数次与老师的交谈中，她不时地鼓励我每一个尝试，指导我每一个不成熟的想法，在近距离接触过程中，领略着老师的大家风范。老师在思想上高屋建瓴的指导、学业上悉心的雕刻、生活上无微不至的关怀，帮助我克服了一个个的困难，使我取得了更为长远的进步。工作以来，每每遇到困惑和不解，还是习惯于向老师请教，这使我得以更快也更扎实地成长。老师博学深邃的学术思想、严谨求实的科研作风、一丝不苟的科研态度深刻影响着我。同时，深深地感谢在山东师大读书和工作期间给予我帮助和支持的老师们。

　　本书的最终出版离不开中国社会科学出版社刘艳老师的帮助，刘老师认真负责、细致耐心，在本书的校对、编辑和出版过程中付出了大量辛勤劳动，在此向她表示衷心的感谢。

　　感谢家人对我的帮助和支持。父母一向是支持我求学深造的坚定支持者，虽然他们不清楚我的研究究竟是什么，他们也不用任何方式影响我的决定，却身体力行地让我明白我所拥有的担当，父母厚重的恩情是我前行的永恒动力，多年来父母在潜移默化中塑造了我，回顾三十余年的求学和工作经历，逐渐明白了农村人培养出一个博士的艰辛与不易。感谢姐姐对我的精神鼓励和物质支持，使我义无反顾的一路前行。感谢爱人王亚平女士一直以来对我的支持与理解，期待一家人未来的生活更美好。

　　在从事科学研究的日子里，还有许多支持我、关心我、爱护我的良师益友们，他们也一样让我感动，在此一并表示感谢。

　　本书是作者用心之作，然而由于受到学科视野和实践经验的局限，以及本学科涉及管理学、经济学和地理学多学科交叉的边缘学科性质，还有许多领域需要不断的探索，我将在此基础上继续开展研究。不足之处亦难免，敬请读者批评指正。

　　十年一瞬，遍地韶华。笔下充盈的是千言万语的回忆，如今带着梦想来的我，依旧怀着梦想继续前行，终究是不能懈怠和骄傲的，还需要在人地系统相关领域深入研究。本书的完成是实现人生理想和人生价值的一部分。未来的路还很漫长，慢慢的走，偶尔停留回头看，幸福一笑，继续为未来而忙碌，也不失为人生的乐趣。

程钰

2020 年农历七夕于泉城